부패의 경제학

'보이지 않는 발'의 원리로 부패와 싸우는

부패의 경제학

Johann Graf Lambsdorff

심양섭 옮김

KOREA
UNIVERSITY
PRESS
고려대학교
출판문화원

The Institutional Economics of Corruption and Reform: Theory, Evidence, and Policy
by **Johann Graf Lambsdorff**

마리아, 필립, 프레드릭, 그리고 펠릭스에게 이 책을 바친다.

한국어판 저자 서문

지난 20년 동안에 반부패 개혁에 관한 많은 저작들이 저술되었다. 그러나 우리는 여전히 반부패 개혁에 대하여 일치된 견해를 갖고 있지 못하다. 정치학, 경제학, 법학, 심리학, 사회학에 이르기까지 다양한 학문 영역에서 반부패 개혁을 위하여 많은 노력을 기울였고, 그 결과 우리의 지식은 상당히 향상되었다. 그러나 우리는 부패와의 전쟁에서 최선의 방법이 무엇인지에 관한 합의점에 도달하지 못하고 있다. 이 때문에 반부패 개혁에 관한 저술들은 흔히 피상적 수준에 머물러 있다. 반부패 개혁에 관하여 정치권은 단기적인 정치적 선전 목적으로 접근하고, 기업은 겉치레만 하고, 언론은 특종 경쟁에 몰두하고, 나머지 모든 사람들은 도덕적 비난만 일삼고 있는 것이다. 이 책은 좀더 절제된 접근방법을 취하고 있다. 즉, 부패와의 전쟁에 도움이 될 수 있는 몇 가지 작은 방안들을 찾아내려고 한다. 비용이 적게 들고 논란의 여지는 적지만 효과는 똑같은 방안들이다. 부패 거래 자체가 지니는 내적인 취약성에 초점을 맞춤으로써 이 책은 '보이지 않는 발(invisible foot)'이라고 하는, 반부패 개혁에 다가가는 독특한 방법을 제시한다. 이러한 방법으로 반부패 개혁의 아이디어를 개발하는 것은 여전히 공개적으로 진행 중에 있다. 국제투명성기구(TI)의 부패인식지수(CPI)를 개발했던 나에게는 최근 몇 년간에 걸쳐 반부패 개혁에 관한 많은 아이디어들이 모이고 있고, 그중 상당수는 몇 해 안에 실천 방안으로 개발될 것이다. 반부패 개혁에 관한 아이디어들을 모으고 검증하는 이러한 공개적인 작업은 상당 기간 계속될 것 같다. 내 책이 한국어로 번역되어 출간된다는 소식을 들으니 기쁘다. 이 책에서 제시하는 반부패 개혁의 접근법이 한국적 상황에서도 효과를 발휘하여 반부패 개혁을 위한 영감을 자극하게 되기를 희망한다.

2015년 5월 독일 파소에서 요한 람스도르프

감사의 글

이 책은 1994년 이래의 연구 결과를 묶은 것이다. 출간되기까지 꼬박 12년이 걸린 셈이다. 초기 단계에 이 책의 일부는 매우 유명해졌다. 다름아닌 부패인식지수(Corruption Perceptions Index: CPI) 때문이다. 부패인식지수는 국제투명성기구에서 쓸 목적으로 1995년에 설계되고 그때부터 파소대학교에서 나의 지휘하에 산출되었다. 부패인식지수는 처음부터 부패에 관하여 정치권과 일반대중에게 경종을 울리기 위한 도구로 설계된 것은 아니다. 애초의 목적은 학문적 연구를 위한 출발점으로 삼는 데 있었다. 그 후로 부패에 관한 연구 분야에서 상당한 진척이 이루어졌다. 이 책에서 다루고 있는 실증적인 조사 결과들을 살펴보면 그 점을 알 수 있다.

많은 친구와 동료들이 비평과 코멘트로 도움을 주었다. J. 아렌스Ahrens와 I. 아문젠Amundsen, L. 바젝Bajec, H. 다부디Davoodi, D. 델라포르타 Della Porta, W. 이스털리Easterly, B. 에프론 Efron, G. 엥겔Engel, O.-H. 프젤트슈타트Fjeldstad, B. 프랑크Frank, P. 헤이우드Heywood, A. K. 제인Jain, P. 매노Manow, P. 모로Mauro, K. 마이어Meyer, H. 묄러드비어Möller-deBeer, B. 무케르제Mukherjee, M. 넬Nell, G. 페퍼만Pfeffermann, J. 포프Pope, S. 로즈애커만Rose-Ackerman, M. 쉰케Schinke, C. 쉰케, A. 슈미트Schmidt, R. 슈베르트Seubert, V. 탄지Tanzi, U. 텍소즈Teksoz, 그리고 무수히 많은 심사위원들에게 감사하고 싶다. 이 책에서 제시한 다양한 개념들을 통합하여 일관된 책

으로 엮을 수 있도록 도와주신 두 분의 익명의 심사위원에게 감사한다.

W. 주치니Zucchini에게 특별히 감사한다. 주치니는 부패인식지수를 위한 통계적 방법론을 세련되게 다듬는 데 값으로 따질 수 없을 만큼 소중한 도움을 주었고, 적절한 알고리즘을 설계하는 데에 많은 시간과 노력을 쏟아부어 주었다. 괴팅겐대학에서 나의 교수 자격 획득 과정을 지도해준 H.-J. 자코브Jarchow에게 크게 감사한다. 그는 내가 새로운 연구 분야에 노력을 집중할 자유를 주었고, 정확한 비평으로 나를 성원하였다. 피터 아이겐Peter Eigen에게도 특별히 감사한다. 그가 국제투명성기구를 통하여 조직적으로 도와주지 않았다면 내 연구의 많은 부분이 초기 단계에 이미 광범위한 청중에게까지 뻗어나갈 기회를 갖지는 못했을 것이다. 프랑크 보글Frank Vogl, 제러미 포프Jeremy Pope, 조지 무디스튜어트George Moody-Stuart, 로렌스 콕로프트Lawrence Cockroft, 그 밖에 국제투명성기구에 있는 많은 사람들에게도 마찬가지로 감사의 뜻을 표한다. 이 분들의 도움이 없었으면 이 책은 생명 없는 책이 되었을 텐데 이 분들이 함께 이 책에 생명을 불어넣어 주었다. 이 책은 학문적인 엄격성을 우선하여 쓴 것이지만 바로 그러한 생명력이 일부나마 앞으로도 계속 남아 있기를 바란다.

파소대학교, 2007년 10월 6일

이 책을 잘 읽으려면

거리낌없이 부패 행위를 하는 사람들은 정직하게 행동할 수 없게 된다. 이것이 이 책에서 창안하여 이용하고 있는 핵심 주장이다. 부패 행위자들은 일반대중을 위하여 정직하게 헌신적으로 일할 수도 없고, 부패 거래의 상대방에게 믿을 만한 상호 간의 약속을 할 수도 없다. 부패는 경제적으로나 사회적으로나 참혹한 결과를 초래하는데 그러한 부패를 이해하려면 바로 이 점을 명심하지 않으면 안 된다. 그와 동시에 이 개념은 반부패 개혁의 방안을 도출할 때에도 핵심적으로 고려할 만하다. 뇌물 수취자와 뇌물 제공자는 정직과 관련하여 자꾸 이랬다저랬다 하는 정신분열증 환자와 같은 관계이다. 그들은 윗사람과 일반대중을 배신하지만 서로에게는 혜택을 주고받는 상호주의reciprocity의 신호를 보내려고 한다. 그러나 그러한 상호주의의 신호를 보내지 못하고 실패하는 일이 잦다. 반부패 개혁의 전략은 그러한 실패를 이용하여야만 한다. 뇌물 제공자는 흔히 그 대가로 무엇을 얻을지 알지 못하는데, 바로 이것이 부패 거래의 아킬레스건이다. 이 점은 부패 거래에 거리낌없이 관여하는 사람들의 심각한 약점이다. 그러므로 반부패 개혁에서는 적의 약점을 이용하는 유도 선수의 전술을 취할 수 있다.

경제학적 사고의 위력은 '보이지 않는 손'이라는 개념과 함께 생겨났다. 경쟁은 제 생각만 할 줄 아는 행위자들을 일반대중에게 봉사하도록 이끎으로써 자비심을 대체했다. 부패와의 싸움에서 우리는 그다지 강력한 메커니즘을 확보하지 못하고 있다. 부패를 척결할 강력한 메커니즘에 근접한 어떤 것이 있다면 그것은 부패 행위자들이 서로를 배신할 가능성이다. 이러한 배신은 좋은 일이다. 나는 이것을 '보이지 않는 발'의 원리라고 부른다.[1] 거리낌없이 뇌물을 받게 되면 부패 행위자들에게 오히려 불리한

1 '보이지 않는 발'이라는 용어는 원래 브로크와 매기(Brock and Magee 1984)가 창안한 것이다. 그들은 이 용어를 사용하여 렌트를 추구하는rent-seeking 경쟁에서 일어나는 복

결과가 초래된다. 이 점을 알면, 제 생각만 하는 개인이라고 할지라도 뇌물 받을 기회를 찾기보다는 정직하게 행해야 하는 이유를 발견할 수 있을 것이다.

이 책은 부패와 싸우는 방법을 마치 요리의 레시피를 제공하듯 독자들에게 알려주지는 않는다. 대신 이 책은 방법론적 접근을 제시하는데 이러한 방법론적 접근이 향후 반부패 활동에 영감을 불어넣어 주었으면 하는 것이 나의 바람이다. 이러한 방법론적 접근이 옳다는 것은 여러 사례를 통해 거듭 입증되었다. 1장은 방법론적인 측면에서, 그리고 양적인 측면에서 세부사항을 제시한다. 부패를 어떻게 정의하며 부패를 어떻게 측정할까? 반부패 개혁의 방향을 안내하는 좀더 오래된 원리들 중에는 왜 실패한 것들이 있을까? 이에 나는 정부 규모를 줄이거나 공적 의사결정을 분권화하거나 공공재산을 사유화하거나 경쟁을 강화하는 것과 같이 각개약진해서는 부패를 제거할 수 없다고 주장한다. 부패는 그야말로 새로운 도전이기 때문에 새로운 응전이 필요하다. 경쟁이라는 보이지 않는 손은 좋은 시장을 만들어내지만 좋은 거버넌스를 만들어내지는 못한다. 이 점을 1장에서 보여줄 것이다.

2장에서는 반부패 개혁의 실증적 결과 중에서 일부를 살펴볼 것인데 거기에는 반부패 개혁의 성과가 종종 빈약했던 점도 포함된다. 2장에서는 또한 이 책의 핵심 개념을 제시한다. 부패와 싸우는 많은 다른 접근들을 하나씩 비판적으로 검토한 후에 보이지 않는 발의 원리를 자세히 살펴볼 것이다.

3장과 4장에서는 부패 행위자들의 정직성 결여가 부패로 인한 복지 손실의 핵심 원인임을 탐구한다. 3장에서는 뇌물을 받는 관료들의 사례에서

지 손실을 설명하였다. 나는 여기서 '보이지 않는 발'이라는 용어를 다르게 사용한다. [옮긴이] 원래 렌트(rent)란 지대(地代)를 의미하지만 오늘날의 경제학이나 정치학에서는 사적 영역의 집단들이 생산적 활동이 아니라 로비나 시위 같은 비생산적 활동으로 국가 부문의 자원과 영향력에 접근하여 얻는 수익을 말한다.

그 원리를 도출할 것이다. 흔히 뇌물을 받는 것이 이기적인 관료에게는 효용 극대화 전략임은 의심할 나위가 없다. 그러나 거리낌없이 뇌물을 받는 행위에는 부정적인 결과도 따르는데 뇌물 수취자들의 책무가 매우 중요한 직업 영역에서 일자리를 박탈당한다는 것이다.

이와 비슷한 생각은 정부의 수반들에게서도 드러나는데 이것을 4장에서 다룬다. 정부의 수반들은 공적 자금을 자기 개인 호주머니에 넣을 수 있다. 그러나 그들이 법을 존중하지 않으면 투자자들의 불신을 받는다. 뇌물로 인한 이득이 이번에는 그 행위자들에게 악영향을 미치는 것이다. 이 점이 권력형 비리의 사회적 비용을 이해하는 데 있어서 핵심 요소이다. 권력형 비리란 위계질서의 가장 높은 곳에서 일어나는 부패 유형이다.

3장과 4장에서는 공히 실증적 연구와 이론적 연구 둘 다에 대한 최근의 평가를 독자들에게 제공한다. 이러한 평가는 또한 이 책의 다양한 글상자에서도 볼 수 있는데 글상자들을 통해 독자들은 실증적 연구를 신속히 파악할 수 있다. 그렇다고 이러한 세부사항에 함몰되어 이 책의 핵심 메시지를 놓치지 말았으면 하는 것이 나의 바람이다. 부패는 수많은 사회적 비용을 초래한다. 이로써 확실히 알 수 있는 것은 우리가 부패의 부정적 결과를 피할 수는 없지만 부패 그 자체와 싸워야만 한다는 것이다. 부패를 줄이기 위하여 노력을 다하는 것밖에 어떠한 대안도 우리에게는 없다.

5장은 우리가 부패를 허용해야 할지, 아니면 막아야 할지를 묻는다. 후자의 선택이 옳다는 것은 바로 알 수 있다. 그러나 전통적 렌트 추구 이론은 이와 달리 주장했다는 사실을 기술하지 않으면 안 된다. 렌트 추구 이론은 부패를 이용하는 쪽을 선택했는데, 왜냐하면 그렇게 하지 않을 경우 특혜를 받기 위한 경쟁의 과정에서 로비를 하거나 변호사를 고용하여 소송을 제기하거나 혹은 정치인을 괴롭히는 운동을 벌이느라 자원을 낭비할 것이라고 보았기 때문이다. 이러한 결론은 오도된 것임을 보여주겠다. 요컨대 부패의 거래 비용을 증대시키는 방향으로 우리의 노력을 경주해야만 한다.

6장에서는 부패 행위자들이 실제로 어떻게 서로 혜택을 주고받는 상호주의를 실현하려고 하는지를 보여준다. 부패 행위자들은 이 장을 자칫 뇌물 받는 법에 관한 길잡이로 오해할 수도 있다. 그러나 뇌물을 주고받는 방식을 알아야 반부패 개혁을 효율적으로 실행할 수 있다. 적을 물리치려면 바로 그 적을 알아야만 한다. 따라서 부패 행위자들이 서로를 배신하려는 유혹에 사로잡힌다는 점을 우리가 이해함으로써 그러한 배신행위가 촉진되도록 해야만 한다.

7장에서는 국제적인 영역에서의 부패를 고찰한다. 경쟁이라는 보이지 않는 손은 좋은 시장을 만들어낸다. 보이지 않는 손이 좋은 거버넌스를 파괴하기도 하는가? 보이지 않는 손이 좋은 거버넌스를 파괴한다고 전제한다면 주제와 너무 동떨어지게 될 것이다. 뇌물을 주지 않고는 사업을 할 수 없다는 시장의 압력에도 불구하고 윤리가 살아남는 이유는 부패 거래에 필요한 기술과 관련이 있다. 그러므로 실증적 질문을 제기함으로써 이 주제를 다루려고 한다. 즉, 뇌물을 주고받는 기술의 유무가 무역에 영향을 미치는가? 수출업자 중에는 부패한 시장에 진입함으로써 이득을 보는 경우도 있는가? 답은 명백히 "그렇다"이다. 대규모 수출국가들의 무역 방식에서 나타나는 일부 현저한 차이들을 이해하는 데에는 뇌물 수수의 기술이 매우 중요하다. 뇌물을 요구하는 시장의 압력에도 불구하고 윤리적 행동은 살아남는다. 행위자들 중에는 도덕적인 염려 때문에 부패를 삼가는 경우가 있는 반면, 단순히 부패 행위에 소질이 없기 때문에 안 하는 경우도 있다. 이 점을 잘 보여주는 한 가지 사례가 부패한 중개인들의 경우이다. 이들은 부패에 소질이 없는 사람들에게 부패 거래의 전문적 지식을 제공해 준다. 반부패에 기꺼이 헌신하려는 중개인들을 대상으로 증명서를 발급해야 한다.

8장에서는 7장의 국제적 관점을 계속 이어간다. 다만 그 문제에 도전적인 관점으로 직면한다. 나는 부패를 막으려면 부패의 거래 비용을 증대시켜야 한다고 주장하는데, 그 한편으로 투자자들이 부패의 예측 불가능성에 대해 불평하는 소리를 듣게 된다. 부패가 예측가능해지는 일이 좋은 것인가? 신뢰성과 상호주의는 언제나 좋은 것인가? 이것은 학문적 토론이 아니다. 부패가 관련되었을 때조차도 국제적 상호주의를 보장하는 데에는 흔히 정치가 끼어든다. 이러한 관행은 반드시 중단되어야 한다. 부패의 예측 불가능성이야말로 정확히 부패를 종식시킬 수 있는 것이다. 우리는 부패가 언제나 위험하고 변덕스러운 활동이 되도록 만들지 않으면 안 된다.

9장에서는 부패 행위자들이 어떻게 상호작용하는가의 문제로 돌아간다. 부패 거래는 흔히 일반적이며 합법적인 상거래에 내재되어 있음을 이 장에서 알 수 있다. 일반적이며 합법적인 상거래는 불법 거래에 참여하는 데 필요한 신뢰와 상호주의를 확립해 줌으로써 부패가 생겨날 토양을 제공한다. 이 장은 '부패가 거래되는 장터'는 없다는 것을 이해하는 데 결정적으로 중요하다. 부패 거래의 수요와 공급이 일정하여 뇌물 거래의 체결 비율이 평형점에서 결정되는 일은 없다. 부패는 기존의 연결망을 가진 내부자에게 한정된다. 부패는 오랜 관계를 이용하여 범죄 거래를 맺는 사람들에게만 열려 있다.

10장에서는 전술한 내용들을 요약한다. 처벌 강화, 예방, 혹은 투명성 같은 반부패의 다른 지도 원리들은 효과가 없을 수 있다. 보이지 않는 발의 원리가 반부패 개혁의 핵심이 되고, 향후에도 영감을 제공할 것이다. 이 원리에서 부패를 막는 매우 다양한 전략들이 나올 수 있다. 그러나 이 책에서 그 모든 방법들을 설명하지는 않는다. 한 가지 주목할 것은 법적 체계의 설계이다. 공무원 개인에게 처벌은 자칫 부패 경력의 출발점으로 기록될 수 있다. 벌칙을 비대칭적으로 설계하면 이러한 문제점을 피할 수 있고, 부패의 상호주의도 차단할 수 있다. 이것은 보이지 않는 발이라고 하는 대단히 중요한 원리의 한 가지 사례에 불과하다. 다시 말하면 부패 행위자들은 일반대중을 위해 정직하게 봉사할 수도 없고, 부패 거래의 상대방에게 상호주의를 신뢰하도록 약속할 수도 없다. 개혁은 부패 거래에 내재된 이러한 문제점을 이용하는 것이다.

차례

글상자 목록

부패의 경제학

제1장

서론

유혹을 이기는 몇 가지 좋은 방법이 있지만
가장 확실한 방법은 도망가는 것이다.
— 마크 트웨인, 《적도를 따라서》, 1897.

1.1. 이 책을 쓰는 이유

부패는 공적인 권력을 사적인 이익에 오용하는 것인데 사회과학에서는 비교적 새로운 연구주제로 다뤄지고 있다. 부패는 수 세기 동안 정치와 사회 방면의 쟁점이 되고 있지만, 이를 체계적이고도 과학적으로 다루기 시작한 것은 최근에 와서이다. 그러나 연구자들 대부분은 적정성 여부는 고려치도 않은 채 부패를 그저 기존의 이론의 또 다른 적용으로 간주한다. 이것은 새 포도주를 헌 부대에 담는 일과 같다고 나는 믿는다. 새 포도주가 낡은 부대를 터지게 하는 것과 똑같이 부패는 기존 이론을 찢어 놓을 뿐이다. 헌 부대에 새 포도주를 담으면 포도주를 잃어버리는 것과 똑같이 부패 그 자체에 내재된 역학과 논리를 고려하지 않으면 부패를 이해할 수 없게 될지도 모른다. 낡은 이론을 적용해서는 현상을 적절히 이해할 수 없다.

나는 부패의 경제학에 관한 강의를 게임으로 시작한다. 즉 합법적인 방법으로는 충분한 자금을 마련할 수 없을 때 과연 어떤 방법으로 경쟁입찰에서 승자가 될지에 관한 전략을 학생들은 모색해야 한다.[1] 학생들은 온갖

희한하고 혁신적이며 완전히 범죄에 속하는 제안들을 내놓아 나를 놀라게 한다. 여기서 부패란 무엇인가라는 정의가 도출된다. 바로 누군가가 다른 사람들이 기대하지 않는 방식으로 게임의 규칙을 위반하는 것이 부패이다. 그러므로 완벽한 예측, 합리적 기대, 편평한 운동장에서의 경쟁을 상정하는 모델이나 그와 유사한 모델들을 적용해서는 부패 문제를 규명하기 어렵다.[2] 이러한 의미에서 부패에 관한 다양한 정통적 접근들은 생각만큼 유용하지 못한 것 같다. 여기서 몇 가지 예를 들어보자.

우선 뇌물 형태의 부패에는 상호 이익이 되는 교환이 있다는 논란의 여지가 없는 개념으로 시작하는 경제학자들이 있다. 미시경제학자들은 그와 같은 교환을 바람직하고도 불가피한 것으로 생각한다. 또 기능주의자들은 부패가 존재한다는 사실 자체가 부패의 유용한 기능을 보여준다고 상정한다. 뇌물 제공자와 수뢰자가 부패한 거래를 체결한 후에 형편이 더 나아진다면, 무슨 근거로 그 거래가 경제적인 복지를 저해한다고 주장할 수 있는가? 그러나 이러한 생각들은 부패가 의사결정을 어떻게 제약하는지를 고려하지 않는다는 점에서 문제가 있다. 공무원들이 고객에게 가욋돈을 받지 않겠다는 믿을 만한 약속을 할 수 없을 때, 그들은 애초부터 신뢰할 만하지 못하고 우선 고용하는 일부터 불가능할 것이다. 불법 거래를 체결할 기회를 가진 사람들에게도 부패는 해로운 것으로 판명된다.

예를 들면, 좋은 품질의 도로를 건설하는 것은 당연히 가치 있는 일이다. 그러나 감리자에게 제공된 뇌물 때문에 도로의 질이 나빠질 것이라고 예측된다면 정부는 도로 공사의 취소를 택할 수 있다. 혹은 공정하고 효율적인 세금 체계가 확립되어야 할 텐데도 세무공무원들이 납세자들의 세금 축소 보고를 눈감아주는 대가로 뇌물을 받는 행위를 막을 수 없다고 상상

---

1 나는 이 아이디어를 불가리아 소피아Sofia 소재 '시장경제연구소'의 크라센 스탄체프Krassen Stanchev에게서 얻었다.

2 [옮긴이] 흔히 합리적 기대를 가정하는 경제학 이론은 부패 규명에 적절하지 않다. 합리성과 완벽한 경쟁 같은 매우 강력한 가정 위에 성립하는 그런 이론을 적용하는 학자들의 한계를 저자는 여기서 지적하고 있다.

해보라. 국가는 낡은 제도를 계속 유지하지 않으면 안 될지도 모른다. 국가의 회계감사관이 뇌물의 대가로 거짓 보고를 올리지 않을 것임을 보장할 수 없다면, 그가 하는 일은 아무런 가치가 없다. 그런 사람은 애초에 고용돼서도 안 될 것이다. 반면에 부패하지 않은 정직한 거래를 하게 되면 모두가 혜택을 볼 것이다.

다음으로 부패 그 자체와 싸우지 말고 부패의 원인을 뿌리뽑아야 한다고 주장하는 연구자들도 있는데 그들은 부패의 원인 중에서도 과도한 정부 개입, 시장 제한, 그리고 부담을 주는 관료체제가 대표적이라고 주장한다. 이러한 주장들은 초기 저자들(Bayley 1966; Nye 1967; Huntington 1968; Leff 1964; Morgan 1964)에게 지적되었고, 여전히 맨키브(Mankiw 2000: 123)와 같은 현대 경제학자들의 교과서에 등장한다. 그들에 의하면 부패는 국가의 부적절한 개입이 낳은 증상 이외에는 아무것도 아니게 된다(Ades and Di Tella 1999). 이렇게 되면 부패라는 문제가 경제 이론과 유사한 그 어떤 것으로 바뀌어버린다. 국가의 개입은 경제학에서 널리 다루어진다. 거기서 부패를 막는 일반적인 처방은 국가의 개입을 제거하는 것이다. 관리들이 현장의 일을 빨리 승인하는 대가로 배관공사 도급자들에게서 돈을 받은 필라델피아 주의 인허가검사부Department of License and Inspections의 예를 들어보자.

> 기본 '팁'은 20달러이고 배관공에게 모종의 곤란한 문제가 생기면 팁의 액수는 올라간다고 소식통은 말했다. "배관공이 파이프를 묻은 곳에서 굴착 구멍을 닫을 필요가 있을 때 그렇게 팁을 주고받는 일은 비일비재하게 일어나고, 검사관이 굴착 구멍 닫는 것을 승인할 때 비로소 구멍이 닫힙니다. 그러니까 당신은 당신의 팀원들과 함께 마냥 기다리든지, 아니면 검사관을 찾아 그리로 빨리 오게 한 다음 감사의 뜻을 전하든지 할 수 있습니다"라고 그 소식통은 말했다. … 검사관들에게 팁을 주는 일은 수년 간에 걸친 관행으로 의심되지만 그런 관행을 타파하기는 힘들다. 왜냐하면 뇌물을 제공하는 사람들이 빠른 업

무처리에 만족하기 때문이다. (《필라델피아 데일리 뉴스》, "배관공들, 검사관에게 뇌물 제공 의혹", 2001.3.14)

이 사례를 보면 검사관의 승인을 얻도록 한 규제로 인하여 어떻게 부패가 초래되는지 알 수 있다. 그러나 동시에 정부 규제를 혁파하는 극히 단순한 처방이 현실적으로는 쉽지 않다는 사실도 알 수 있다. 적절한 품질의 달성을 보장하기 위해 검사는 필요하다. 검사를 하지 않으면 해악이 줄어드는 게 아니라 오히려 늘어날 수 있고, 심지어는 부패를 심화시킬 수도 있다.

체계적 부패의 가장 큰 사례는 시장 왜곡과도 관련되었다. 1995년부터 2003년까지 이라크 석유-식량 연계 프로그램Iraqi Oil-for-Food Program[3]에 따라서 이라크 정부는 인도주의적인 물자를 수입하는 조건으로만 석유를 수출할 수 있었다. 매우 필요한 물자에 대한 일반대중의 욕구가 극단으로 치달으면서 가격을 올릴 충분한 기회가 생겼을 뿐 아니라 유엔의 고위관리들이 대규모 부패에 눈을 감는 결과까지 초래되었다.[4] 한 가지 추산에 의하면 사담 후세인 정권은 18억 달러를 모을 수 있었다. 그 프로그램에 참여한 4,500개 사기업 중에서 절반 가까이가 뇌물 제공에 연루되었다. 한 가지 전형적인 사례는 다임러 크라이슬러 사에서 판매한 트럭에 관한 것이다. 통상적인 가격은 13만 달러였는데 그 회사는 14만 3천 달러에 공급하고 차액인 1만 3천 달러는 이라크 고위공무원의 스위스은행 계좌에 송금했다. 그와 유사하게 이라크 석유는 너무 싼값에 수출되었고, 그 대가로 뇌물이 제공되었다. 이 사례는 시장 제한으로 초래된 왜곡 효과로 부패를 설명하는 일반 경제학 이론에 잘 부합된다. 그와 같은 제한은 체계적 부패의 기회를 창출한다. 그러나 동시에 시장 제한을 제거하려는 경제학의 통상적인 처방은 명료한 것과는 거리가 멀다. 통상의 경제적 처방이라면 유

---

3 [옮긴이] 유엔 결의안 986호에 따라 이라크에 무역주권을 부여하지 않은 경제 제재 하의 한시적 무역 시스템으로 석유 수출과 인도주의 물자 수입을 연계하는 것이었다.

4 볼커 위원회Volcker Commission의 보고서 전문은 www.iic-offp.org에서 이용할 수 있다. 2006년 11월 검색.

엔 안전보장이사회로 하여금 국가들에 대한 제재 방안으로써 무역제한을 채택하지 못하게 하는 것일 터이다. 그러나 이런 제안이 논란 없이 받아들여질 가능성은 전혀 없다. 이라크 석유-식량 연계 프로그램의 경험은 외려 구매를 어떻게 더 잘 감시하고 부정 행위를 더 잘 통제할 것인지 생각하도록 유도할 것이다.

필라델피아 인허가검사부와 이라크 석유-식량 연계 프로그램의 사례는 다른 많은 부패 사례 중에서 대표적인 경우이다. 규제는 많은 경우 정부 쪽의 통합적이며 매우 필요한 요소이다. 규제를 회피하려는 제안들은 개혁을 위한 유용한 기여보다는 대개는 정부를 향한 작성자의 부정적인 태도를 더 많이 드러낸다.

지난 10년간 경제학자들의 대부분은 이전 학자들보다 부패 문제를 훨씬 더 심각하게 인식하였고 부패가 복지에 미치는 역기능을 분명히 강조했다. 그러나 그들이 제안한 처방을 보면 정통 경제학의 범주를 벗어나지 못한다. 그중에는 정부에 철저히 비판적인 것이 있었다. 즉, 그 성원들이 치부致富를 하려고 하는 이기적인 정부가 부패에 연루되었다면 그 정부 자체를 엄중하게 단속할 필요가 있다는 것이다. 이에 대해 베커(Becker 1994)를 참조하고 그에 대한 비판적인 서평은 오처드와 스트레튼(Orchard and Stretton 1997)을 보라.

보이코와 그의 동료들(Boyko et al. 1996)은 민영화가 부패를 줄이면서 동시에 효율을 증대시키는 수단이라고 제안한다. '움켜쥐는 손 체제grabbing hand regime'[5]의 규모를 축소하면 시민의 돈을 짜낼 기회도 줄어들 것이다(Shleifer and Vishny 1998). 이 주장은 시장을 신뢰하는 반면에 정치

5 [옮긴이] 아르빈드 K. 제인Arvind K. Jain은 1998년에 출간한《부패의 경제학Economics of Corruption》이라는 책에서 정부의 역할을 '보이지 않는 손 모형invisible hand model', '도와주는 손 모형helping hand model', 그리고 '움켜쥐는 손 모형grabbing hand model'으로 나누었다. 여기서 '움켜쥐는 손'은 제재나 통제를 말한다. 따라서 '움켜쥐는 손 체제'는 부패한 정권이라고 할 수 있다. 부패는 정치인 또는 관료들이 민간 부문에 대한 바로 그러한 통제권을 사적 이익을 위하여 오용하거나 남용할 때 발생한다.

인은 불신하는 경제학자들의 주장과 같은 범주에 속하며, 공공부문을 최소화함으로써 부패를 막을 수 있다는 제안으로 연결된다. 그러나 글상자 1에 나타난 연구 결과는 그러한 주장을 뒷받침하지 않는다.

글상자 1. 부패와 공공부문의 크기

국내총생산(GDP) 대비 정부 총예산 규모가 클수록 부패 수준이 높다[양(+)의 상관관계]는 주장이 있다.[6] 라팔롬바라(LaPalombara 1994: 338)가 그렇게 주장했는데, 그는 스칸디나비아 국가들을 예외로 취급하여 제외하고 나머지 국가들을 대상으로 조사했다. 한편 그와는 상반된 연구 결과를 내놓은 학자들도 있다. 엘리어트(Elliott 1997: 182−183)는 83개 국가를 대상으로 한 연구에서 GDP 대비 정부 예산 규모가 클수록 부패의 수준이 낮아진다[음(−)의 상관관계]고 주장했다. 이 주장은 아드세라와 그의 동료들(Adsera et al. 2000)에 의하여 뒷받침되었다. 그런가 하면 게링과 태커(Gerring and Thacker 2005: 245−246)는 GDP 대비 예산 규모와 부패 수준 사이에서 통계적으로 의미가 있는 결과를 얻지 못했다고 결론을 내렸다. 그래프와 멜코프(Graeff and Mehlkop 2003)도 고소득 국가에서 정부의 규모가 커짐에 따라 부패가 오히려 크게 줄어드는 것을 발견했다.

이에 따라 부패 유발 가능성이 있는 특수한 형태의 정부 지출에 초점을 맞추면 정부 규모가 커질수록 부패도 많아지는 것[양(+)의 상관관계]을 발견할 수 있지 않을까 하는 생각이 대두되었다. 이러한 의미에서 다른 정부 활동과 달리 재분배 활동은 부패를 유발할 가능성이 더 크다는 주장이 제기되었다. 라포르타와 그의 동료들(La Porta et al. 1999: 242)은 GDP 대비 정부 이전지출government transfers[7]과 보조금 총액이 클수록 부패도 많다[양(+)의 상관관계]는 것을 보여준다. 그러나 정부에 의한 이전지출과 보조금 총액은 정부 지출 총액과 서로 너무나 가까운 관계에 있기 때문에 전술한 문제들을 야기한다. 요컨대 정부 지출 규모가 부패의

---

6 [옮긴이] 독자의 편의를 위하여 통계학의 용어를 풀어 쓰는 대신에 통계학 용어는 괄호 속에 표기하였다. 양(+)의 상관관계/영향/연관성이라는 표현이 등장하는데 상관관계는 'correlated/correlation', 영향은 'impact/effect', 연관성은 'associated/association'을 각각 옮긴 것이다.

7 [옮긴이] 정부에 의한 이전지출이란 정부가 재화나 서비스를 구매하지 않고 사회보장을 위해 가계에 지급하는 금액이다. 이러한 지출은 가계의 소득에 영향을 주지만 한 경제의 생산과는 관련이 없다.

원인이라는 확실한 증거는 없다.

엘리어트(Elliott 1997)는 정부 활동의 유형이 그 예산 규모보다 중요할 수 있다고 결론을 내린다. (GDP 대비) 정부 예산을 기준으로 부패를 회귀분석[8]할 경우 결과(부패)가 원인(GDP 대비 정부 예산 총액)에 영향을 미치는 역인과성reverse casualty에 의해서도 영향을 받을 수 있다. 즉, 부패한 정부는 세금을 부과하든 채권을 발행하든 간에 그 어떤 방법을 통해서도 재원을 마련하기 어렵다. 그 개별 사례는 글상자 21을 보라. 이렇게 재원이 부족하게 되면 부패한 정부들은 오히려 적은 예산으로 움직인다. GDP 대비 정부 총예산 규모가 클수록 부패의 수준도 높아진다[양(+)의 상관관계]는 라팔롬바라의 가설에 대한 또 하나의 비판은 허스테드(Husted 1999: 342, 350, 354)에 의하여 제기되었다. 권위를 더 많이 수용하는 특징이 있는 사회들에서 정부가 더 크다고 허스테드는 주장한다. 그와 같은 권위의 수용은 부패와 정부 예산 규모 둘 다를 문화적으로 결정하는 요소일 것이다.

글상자 1에서 보듯이 전반적으로 볼 때 공공부문의 전체 규모와 부패 사이에는 거의 상관관계가 없다. 민영화에는 그 경제적 이점이 명백히 존재하지만 민영화가 부패를 막는 효과는 모호한 것 같다. 이것은 민영화된 기업들의 경우 "민영화된" 형태의 부패를 경험하기 때문일 것이다. 전에 준공무원인 국유기업 직원들에게서 뇌물을 받았던 정치인들이 이번에는 사기업 직원에게 뇌물을 요구할 것이다. 민영화를 한다고 해서 새로 창립된 단위들이 정치인과 관료의 사적 이익을 위하여 복무하지 않으리라는 보장도 없다. 그와 비슷하게 정부 규모가 축소되면 시민들을 덜 쥐어짤지의 여부도 의문이다. 다시 말해 민영화된 기업도 똑같이 정치인과 관료에 의한 간섭과 뇌물 요구에 노출될 수 있다. 정치인과 관료들은 전에 국유기업으로부터 받아낸 뇌물을 이번에는 사기업으로부터 갈취한다. 대개 사

---

8 [옮긴이] 회귀분석regression analysis이란 어떤 변수(요인)가 다른 변수(요인)에 의해 설명된다고 보고 그 함수관계를 조사하는 통계적 해석 기법을 말한다. 회귀regression라는 용어는 유전학자 F. 골턴(F. Galton, 1822-1911)의 연구에서 키가 작은 아버지를 가진 아들의 키는 평균치보다 작지만 아버지의 키보다는 커서 평균치 쪽으로 '회귀'하는 경향이 있다고 하여 생긴 것이다.

기업들은 국유기업에 비하여 정치인이나 관료들과의 인적 네트워크가 취약하기 때문에 뇌물을 더 많이 제공한다(Lambsdorff and Cornelius 2000: 76-77). 마지막으로 체제전환 국가들의 경제를 살펴보면 민영화 프로그램을 추진하는 과정에서 대규모 부패를 경험하는 경우가 많다. 아마 이러한 이유 때문에라도 특히 체제전환의 과도기에는 공공부문을 축소해도 그것이 부패를 줄이는 데 도움이 되지 않을 것이다. 장기적으로는 민영화의 긍정적 효과가 확실하게 나타날 수 있는데 관료적 통제보다는 경쟁의 압력이 비효율과 부패를 없애는 데 더 뛰어나기 때문이다. 그러나 그러한 이점이 나타나려면 민영화 작업을 최대한 잘 이행할 필요가 있을 것 같다.

비슷한 관점에서 분권화를 실시하면 국가가 시민을 착취하지 못하게 하고 정부로 하여금 국민과 더 가까워지게 함으로써 부패를 줄일 수 있을 것이라고 상정하는 저자들도 있다. 그러나 대규모의 중앙집권화된 공공부문을 분권화하여 대안을 마련한다고 했는데 정작 강력한 지방 토호세력에게 사로잡힌 약체 지방정부를 종종 보게 된다. 그와 같은 약체 지방정부는 (대규모의 중앙집권화된 공공부문과) 똑같이 투자자들에게는 매력적이지 못하고, (대규모의 중앙집권화된 공공부문과) 비슷하게 복지를 훼손하는 결과를 초래할 가능성이 아주 높다. 글상자 2에서 보듯이 분권화와 같은 단순한 경제적 '처방'으로는 부패 문제를 확실하게 개선하지 못한다. 분권화의 장단점은 중요한 쟁점이다. 그러나 부패를 막는 데 있어서는 분권화 찬반 논쟁은 도움이 되지 못한다.

분권화에 관한 주장은 분권화를 어떻게 정확하게 양적으로 측정하는가에 달려 있는 것 같다. 이 점이 바로 글상자 2에서 부각된 한 가지 쟁점이다. 국가에 따라서는 분권화와 부패 척결 둘 다를 추진하는 문화적 결정요소들을 갖춘 경우도 있다. 예를 들면 잘 발달된 지방 단위들을 가지고 있는 국가들뿐만 아니라 국민들 사이에 시민적 협조와 신뢰가 잘 형성된 국가들도 분권화와 부패 축소를 동시에 달성할 수 있다.

글상자 2. 부패와 분권화

총 인구수로 측정되는 국가 규모가 클수록 부패도 많아진다[양(+)의 상관관계]고 말하는 저자들이 있다(Fisman and Gatti 2002; Root 1999; Treisman 1999). 이러한 상관관계는 다른 변수들을 포함해도 영향을 받지 않고 유지된다. 이것을 분권화가 옳다고 증명하는 지표로 간주할 수도 있다. 작은 국가들은 질이 좋은 정부를 세우고 정치인들을 감시하기에 더 좋은 여건에 있다. 같은 시점[9]의 여러 국가에서 나온 결과들을 이용하면 정부권력의 분권화가 부패 방지 수단이 될 수 있음을 보여줄 수도 있다.

그러나 내크와 아즈파르(Knack and Azfar 2003)는 그와 같은 주장에 대하여 명백한 경고장을 던진다. 부패와 인구 규모 사이의 상관관계는 조사 대상 국가를 선정하는 문제 때문임을 그들은 보여준다. 다국적 투자자들이 많은 이해관계를 가지고 있는 국가들만을 상대로 부패를 평가한 것이다. 이러한 국가들은 큰 국가이거나, 작은 국가들 중에서는 잘 다스려지고 있는 국가일 경향이 있다. 내크와 아즈파르(Knack and Azfar 2003)는 더 많은 국가들을 조사 대상으로 삼아 회귀분석을 행한 결과 부패와 인구의 상관관계는 사라진다는 것을 관측했다. 다마니아와 그의 동료들(Damania et al. 2004)은 69개 국가를 대상으로 조사하여 인구밀도가 높으면 부패가 감소한다는 것을 보여준다. 그의 이러한 발견이 내크와 아즈파르가 제안한 표본선택 검증을 통과하여 살아남을 수 있을지는 더 두고 봐야 한다.

후트와 샤(Huthe and Shah 1998), 그리고 피스만과 가티(Fisman and Gatti 2002)도 분권화의 정도를 측정하는 또 다른 변수를 제시했다. 이들은 공적 지출 총액에서 지방정부의 지출이 차지하는 비중을 분권화 측정 기준으로 삼았다. 80개국을 대상으로 한 조사에서 전체 공적 지출 중 지방 지출의 비중이 높을수록 다양한 측면에서 좋은 거버넌스를 보여주는 것으로 나타났다[양(+)의 상관관계]. 후트와 샤는 분권화 수준과 부패가 적은 것과의 상관관계가 0.5보다 크다고 보고한다. 그러나 이들은 더 많은 설명변수들을 포함하고 있지 않다. 더 많이 발전한 국가들이 부패가 적으면서 동시에 더 분권화되어 있을 가능성도 배제할 수 없다. 그러므로 편향된 상관관계일 수 있다. 피스만과 가티는 똑같은 변수를 사용하지

9 [옮긴이] '횡단면cross section'이라는 말 대신에 '같은 시점'이라는 용어를 사용한다. 횡단면 분석은 일정한 시점에 공간적인 차이를 바탕으로 변수(요인) 간의 관계를 분석하는 방법이며, 시계열time series 분석은 시간의 변화에 따른 요인 간의 관계를 분석하는 방법이다.

만 다른 변수들을 포함해도 그 결과가 영향받지 않고 유지되는지를 검증한다. 이들은 광범위한 세부사항들을 고려하더라도 정부 지출에서의 재정 분권화는 부패가 적은 것과 통계적으로 의미 있는 연관성이 있다는 것을 발견했다. 또한 세금 징수가 여전히 중앙정부의 통제 하에 있는 상황에서 지출이 분권화될 때는 부패가 더 늘어날 수도 있다는 주장도 제기한다. 이들의 실증적 발견은 미국 주정부들의 부패 수준을 근거로 하고 있다. 아리칸(Arikan 2004)은 분권화에 관한 다양한 측정치들을 사용하여 대체로 분권화와 부패 사이에는 통계적으로 유의미한 관계가 없음을 관찰한다. 그러나 전체 정부 고용 대비 지방정부 고용의 비율이 높을 경우 부패의 수준은 낮아지는 듯하다.

트라이스만(Treisman 1999)은 분권화의 영향을 조사하면서 좀더 직접적인 방법을 택한다. 그는 부패를 총인구와 관련하여 회귀분석하지 않고 연방국가와 중앙집권국가를 구분한다. 이를 통해 중앙집권국가보다 연방국가가 더 부패한다는 통계적으로 의미 있는 결과를 보고한다. 그러나 트라이스만은 다른 변수를 포함하게 되면 그러한 관계는 무의미해진다고 주장한다. 아드세라와 그의 동료들(Adsera et al. 2000), 그리고 파니자(Panizza 2001)도 통계적으로 의미 있는 결과를 얻지 못했다. 다마니아와 그의 동료들(Damania et al. 2004)은 심지어 연방주의가 부패를 줄이는 데 통계적으로 의미 있는 영향을 미친다고 보고한다. 반면에 골드스미스(Goldsmith 1999: 878), 쿠니코바(Kunicova 2002), 쿠니코바와 로즈에커만(Kunicova and Rose-Ackerman 2005)은 연방주의가 부패를 심화시키며, 심지어는 1인당 GDP는 동일하다고 전제[10]할 때에도 그러하다고 주장한다. 좀더 최근에 출간된 연구에서 게링과 태커(Gerring and Thacker 2004) 역시 연방주의가 부패를 심화시키는 통계적으로 유의미한 영향을 미친다는 점을 지지하고 있다. 이들은 비非연방, 반半연방, 연방국가를 구분하고 이러한 구분을 양원제의 확립 정도와 혼합했는데 양원제의 확립 정도에는 상원이 없거나 있더라도

---

10 [옮긴이] 1인당 GDP는 동일하다고 전제했다는 것은 1인당 GDP 변수를 통제했다는 의미이다. 이하에서도 "동일하다고 전제했다"는 표현은 "변수를 통제했다"는 것을 뜻한다. 변수 통제란 회귀분석에서 연구자가 관찰하고자 하는 독립변수 이외의 변인이 종속변수에 영향을 미치지 않도록 혼재변수들을 통제하여 연구를 설계하는 것을 말한다. 혼재변수에 대한 통제가 이루어지지 않을 경우 독립변수와 종속변수 간의 인과성을 확신할 수 없게 된다. 변수 통제는 독립변수 외의 변인의 영향을 없애고 피실험자의 실험 상황을 동일하게 만들기 위하여 다양한 방법으로 분석 환경을 조작하거나 분석 설계를 달리함으로써 이루어진다.

권한이 미약한 경우, 상원이 하원의 지배를 받지 않는 경우, 그리고 양원 간에 상이한 정당 분포로 인하여 서로 간에 지배가 존재하지 않는 경우가 있다. 이 저자들은 다양한 회귀분석을 통하여 연방국가가 부패가 심하고 단일 중앙집권 정부가 부패가 덜하다는 결과를 도출했다.

테스타(Testa 2003)는 단원제와 양원제 사이의 차이를 조사했다. 같은 시점에 43개 민주국가들을 조사한 결과, 그녀는 민족언어학적으로 상당히 동질적인 국가에서 양원제가 부패를 감소시킨다는 것을 보여주었다. 그러나 민족언어학적 분열이 심한 국가에서는 양원제가 부패를 증가시켰다. 이러한 결과가 도출된 이유는 양원제의 경우 로비를 통하여 매수해야 할 의원의 숫자가 배가됨으로써 로비하기가 어려워지고 따라서 부패도 줄어들기 때문이다. 그러나 분열이 심한 국가에서는 양원의 정치가 다를 가능성이 크기 때문에 의원들은 타협을 모색하는 데 익숙하고, 그렇기 때문에 로비를 하는 데 별 어려움이 없을 것이고, 따라서 부패는 더 심해질 수밖에 없다. 분열의 정도에 대해서는 알레시나와 그의 동료들(Alesina et al. 2003)도 조사했다. PRS/ICRG[11]가 부패와 관련된 정치적 불안정성에 관하여 조사한 결과에서 민족, 언어, 혹은 종교적 분열이 심한 국가들은 더 나쁜 평가를 받았다.

많은 경제학자들이 부패의 가장 중요한 한 가지 원인을 지적한다. 바로 나쁜 규제이다. 정책 결정이자, 관료, 그리고 일반대중 모두에게 나쁜 동기를 부여하는 여러 요인 중에서도 잘못 설계된 제도가 가장 큰 요인으로 간주된다. 글상자 3에서는 나쁜 규제와 부패의 밀접한 상관관계를 지지하는 연구들을 살펴본다. 모든 규제가 다 나쁜 것이 아니라 나쁜 규제가 문제라고 하는 그와 같은 관점에서 보면, 시장지상주의자들의 주장과 달리 정부는 유용한 기능을 수행하고, 따라서 단지 정부 규모를 축소하는 것은 반부패 개혁의 비전이 아닌 것으로 된다. 개혁은 정부 규모를 축소하기보다는 복잡한 규칙이나 혹은 다스리기 힘들고 개인의 의사결정에 맞추어 조정하

---

11 [옮긴이] ICRG는 미국의 리스크 분석기관인 정치위기관리그룹(Political Risk Services: PRS) 그룹이 발표하는 전 세계적인 국가 위기 지수International Country Risk Guide이다. 예를 들면 청렴도가 높은 국가일수록 경제 위기를 겪을 가능성이 낮게 나타난다.

기 힘든 규칙을 제거하는 것이 되어야 한다. 그러므로 '좋은' 규제 중에는 부패를 막는 데 도움이 되는 것도 있다. 예를 들어, 동유럽의 민영화는 부패로 이어졌는데 왜냐하면 '좋은 규제'가 너무 부족했기 때문이다. 즉, 부패 거래를 제한하는 법규가 거의 없었다.

그 결과 나쁜 규제와 오도된 국가 개입을 찾아내면 부패가 일어날 소지가 많은 영역을 발견하는 데 도움이 될 수 있다. 그러나 나쁜 규제와 부패는 흔히 같은 동전의 양면이다. 지역의 회사가 공공입찰에서 특혜를 받으면 이것은 제도가 부패를 유발한 것으로 볼 수도 있지만, 그와 반대로 공적 자금을 차지하는 강력한 사적 이해가 그러한 제도를 만들어낸 것으로 볼 수도 있다. 그런가 하면 부패가 나쁜 규제를 만들어내는 것이지, 나쁜 규제가 부패를 초래하는 것은 아닌 경우들도 있다.

> 파키스탄의 한 가지 사례는 퍽 놀랍다. 예전엔 금 거래가 규제 받지 않았고 밀수는 흔히 있는 일이었다. 1993년에 베나지르 부토Benazir Bhutto가 총리로 복귀하자, 두바이에 있는 파키스탄의 금 수입업자가 한 가지 거래를 제안했다. 금 수입 독점권을 주면 금 밀수도 없앨 수 있고 또 그 대가로 정치자금도 제공하겠다는 것이었다. 1994년 부토 여사의 남편에게 1천만 달러가 제공되었다. 1994년 11월 파키스탄의 상무부Commerce Ministry는 그 금 수입업자에게 서한을 보내 파키스탄의 유일한 합법적 금 수입업자로서의 지위를 부여했다. 즉, 막대한 이윤을 추구할 수 있는 독점 지위를 부여한 것이다.
>
> – 싱가포르, 《스트레이트 타임스》, "관련 문서에서 부토 불법 비자금 드러나", 1998.2.1. 그리고 "사건들", 1998.6.2.

뇌물의 대가로 독점권이 부여되면 그것은 어쨌든 시장을 왜곡시키는 부패이다. 그런데 부패를 없애기 위해 독점권을 박탈해야 한다는 주장은 잘못된 것 같다. 왜냐하면 문제의 핵심은 범죄에 뛰어난 정치인과 기업인, 그리고 나쁜 규제를 만들어내는 그들의 능력에 있지, 금 수입 독점권이 먼저 존재했던 것은 아니기 때문이다. 마지막으로 중요한 것은 '나쁜' 규제와 '좋은' 규제의 차이는 전혀 확연하지 않다는 것이다. 규제가 부패의 기회를 창출하는지의 여부가 하나의 기준이 될 수는 있을 것이다. 그러나 이 경우 우리는 순환론에 빠지게 되어 부패의 원인 이론에서 멀어지게 된다. 전반적으로 볼 때, '나쁜' 규제를 찾아내면 부패를 색출할 일부 실마리는 얻게 되지만 반부패 개혁의 결정적 조치가 되기에는 부족하다.

글상자 3. 규제의 질과 부패

브로드만과 레카나티니(Broadman and Recanatini 1999)는 유럽과 중앙아시아의 체제전환국들을 대상으로 조사했는데 시장 진입 장벽이 높을수록 부패도 심한 것으로 나타났다. 잔코브와 그의 동료들(Djankov et al. 2002)도 똑같이 진입 규제의 성격에 관심을 가졌다. 이들은 같은 시기의 71개 국가를 대상으로 창업에 필요한 절차의 숫자, 창업에 걸리는 시간, 창업에 소요되는 공식적인 경비를 변수로 결정했다. 그 결과 이 변수들과 한 국가의 부패 수준 간에 강한 상관관계가 있음을 발견했는데, 다양한 세부사항을 고려하고 다른 변수들은 동일하다고 전제한 가운데 분석했을 때에도 마찬가지였다. 스벤슨(Svensson 2005: 29)은 영업일business days을 기준으로 하여 새로운 기업이 법적 지위를 획득하는 필요한 일수日數가 많을수록 부패도 늘어난다는 것[양(+)의 상관관계]을 발견했다. 이러한 결과는 진입 규제가 시장 실패를 교정하는 데 도움이 되지 못하는 경우가 많고 오히려 그 자체의 문제를 불러일으킨다는 주장을 뒷받침한다.

트라이스만(Treisman 2009)은 '국가 개입'이 부패를 증가시키는 경향이 있다는 것을 발견했다. 국가 개입이라는 변수는 스위스 로잔에 있는 국제경영개발원(International Institute for Management Development: IMD)이 편집한 주관적인 지수로 측정했다. 그러나 다른 설명변수들이 회귀분석에 포함되자, 그러한 상관관계는 깨져버렸다. 세계은행(World Bank 1997: 104, 168)도 31개국을 대상으로 조사를 실시하여 부패와 정책 왜곡의 정도 사이에 상관관계가 있다는 것을 제시했다. 불행하게도 그 연구에서는 정책 왜곡이 무엇인지 정확하게 정의하지 않았다. 또 그러한 상관관계가 얼마나 견고하게 유지되는지에 대해서도 다른 설명변수들을 포함시켜 검증하지 않았다.

게링과 태커(Gerring and Thacker 2005)는 규제의 질이 높을수록 부패가 감소한다[양(+)의 상관관계]고 보고했다. 아데스와 디텔라(Ades and Di Tella 1997; 1999)는 정책 왜곡에 대하여 더 자세히 분석했다. 이들은 "공공조달이 외국 입찰자bidders에게 개방된 정도"를 측정하는 지수와 "세금 부과와 관련하여 모든 기업을 동등하게 취급하는 정도"를 측정하는 지수를 사용했다. 그 두 가지 변수는 물론이고 부패 변수도 IMD의 조사에서 데이터를 취했다. 그 두 가지 변수는 부패의 수준을 통계적으로 의미 있게 설명했는데 다른 설명변수들은 동일하다고 전제할 때에도 마찬가지였다. 이렇게 되자 저자들은 정책 개입이 부패를 야기한다고 결론을 내렸다. 고엘과 넬슨(Goel and Nelson 2005)은 정부의 금융부문에 대한 규제와 간섭이 클수록 부패도 심하다[양(+)의 연관성]는 것을 관찰했는데 정부의 금융부문에 대한 규제와 간섭에 관한 지표는 헤리티지 재단Heritage Foundation의 것을 사용했다. 63개국을 대상으로 한 그 조사의 결과는 다양한 검증 과정에서도 영향을 받지 않고 유지되었다.

많은 저자들이 부패가 정책 왜곡을 야기하지 그 역은 성립하지 않는다는 것을 인정하는데 여기서 동시성 오차simultaneity bias의 문제가 발생한다. 아데스와 디텔라(Ades and Di Tella 1997)는 정책 왜곡에 대하여 자신들의 도구변수[12]로 조사해본 결과 부패와 정책 왜곡 중에서 어느 것이 원인이고 어느 것이 결과인지의 방향성이 분명해졌다고 주장한다. 확실히 정책 왜곡과 부패는 동전의 양면에 불과한 경우가 너무나 많다. 이러한 경우에 도구변수들로 정책 왜곡과 부패라고 하는 두 변수 간의 인과관계의 방향을 입증하기란 결코 쉽지 않다.

람스도르프와 코넬리우스(Lambsdorff and Cornelius 2000)는 아프리카 26개국을 대상으로 삼아 한 가지 단순한 상관관계를 제시했다. 이들은 "정부 규제가 모호하면서도 느슨할수록" 부패도 심하다는 것[양(+)의 연관성]을 보여준다. 이 결과는 초점을 규제의 전반적인 양적 부담에서 규제의 적용으로 옮겨준다는 점에서 흥미롭다. 규제가 모호하고 규제의 적용마저 느슨하면 뇌물을 요구하는 데 필요한 관료적 재량권을 공무원들이 가지게 된다. 규칙이 명확하면 업무는 힘이 들 수 있지만 필연적으로 부패를 촉발시키지는 않을 것이다. 그러나 이 조사의 회귀분석은 아직 다른 변수들을 고려하는 검증 절차를 거치지 않았고, 조사의 범

12 [옮긴이] 도구변수instrumental variable란 외생적이면서 오직 또 다른 종속변수(이 종속변수는 내생성의 영향을 받을 수 있다)를 통해서만 회귀분석의 종속변수에 영향을 미치는 변수를 말한다.

위를 넓혀 더 많은 국가를 대상으로 삼지도 않았다.

그와 유사한 맥락에서 가티(Gatti 1999)는 무역 관세율이 지나치게 복잡다단하면 관세 담당 관리들의 뇌물 수취 행위가 늘어나는 반면에, 무역 관세율이 단일화되어 있으면 관리들이 수입업자에게서 뇌물을 뜯어낼 수 있는 여지가 제한된다고 주장한다. 그녀는 34개국이라는 소규모 표본을 가지고 조사한 결과 무역관세의 표준편차가 클수록 부패 수준도 높다[양(+)의 연관성]고 보고한다. 관세 규제와 부패 중에서 어느 것이 원인이고 어느 것이 결과인지를 분간하기는 어려운데 왜냐하면 부패한 공무원은 뇌물을 요구하기 좋게 하기 위하여 관세를 복잡하게 부과할 수 있기 때문이다.

부패는 단지 경제적 경쟁의 부재를 반영할 뿐이라고 주장하는 연구자들도 있다. 이에 대한 실증적 증거는 글상자 4를 보라. 공급자 사이에 경쟁이 있으면 가격은 내려간다. 예를 들어 공공조달에서 사기업에 돌아가는 렌트는 감소한다. 결과적으로 공무원과 정치인은 뇌물을 받는 대가로 '팔아먹을' 것이 줄어들고, 부패에 발을 들여놓을 계기도 줄어든다. 반면에 경쟁이 제한된 곳에서는 뇌물을 제공한 대가로 기업의 이윤이 증가하고 정치인은 이러한 이윤을 배분할 기회를 움켜쥘 수 있다. 그래서 우리는 경쟁이 부패를 감소시킨다는 이러한 일반적인 연관성을 좋게 생각할 것이다. 그러나 그 주장은 경쟁을 제한하는 것이 비록 드물더라도 이로운 경우가 있을 수 있는지의 여부, 그리고 자연독점[13]을 다루는 방법에 관한 경제학의 전반적인 논의에 별로 도움이 되지 못한다. 게다가 경쟁이 심할수록 부패가 줄어든다는 주장은 그 역도 성립한다는(즉, 거꾸로 부패가 경쟁의 부재를 낳는다는) 반박에 쉽게 흔들릴 수 있다. 부패로 이득이 생길 것 같으

13 [옮긴이] 자연독점natural monopoly이란 생산량을 늘릴수록 평균비용이 감소하는 규모의 경제로 인해 독점이 발생하는 것을 의미한다. 규모의 경제가 존재할 경우에는 생산량을 늘릴수록 평균비용이 감소하므로 여러 생산자가 나누어 생산하는 것보다 한 생산자가 생산하는 것이 유리하다. 국가적 기간산업인 전력이나 전화, 상수도 같은 초기 고정비용이 거대한 산업의 경우 자연독점이 잘 나타난다.

면 사기업은 뇌물을 제공할 동기를 부여받을 수 있고, 정치인은 시장을 제한하는 규제를 만들 동기를 부여받을 수 있다. 전술한 파키스탄의 금 수입 독점권 부여 사례가 이 점을 보여준다. 결국 우리는 악순환에 빠질 것이다. 경쟁을 독려하면 부패가 감소한다는 반부패 개혁의 아이디어를 얻는 것이 아니라, 오히려 경쟁을 독려하는 것과 부패를 감소시키는 것은 선후관계에 있는 것이 아니라 동전의 양면처럼 같이 가는 것임을 관찰하게 될 것이다.

다른 한편, 경쟁은 종종 부패를 감소시키기보다는 증가시킬 수 있다. 회사들이 가격보다 질로 경쟁하는 곳에서는 경쟁으로 말미암아 회사들이 장기적인 품질 향상 계획을 세워 실천해 나가기보다는 근시안적 행동을 하지 않을 수 없게 될 수도 있다. 회사들이 고품질이라는 평판을 얻으려고 하기보다는 검사관에게 뇌물을 제공하여 검사관들로 하여금 기준 이하 품질의 공급에 눈을 감게 할 것이다.

글상자 4. 부패와 사기업 간의 경쟁

정부가 경제적 자유를 제한하면 경쟁을 줄이고 그리하여 부패를 고무할 가능성이 있다. 헨더슨(Henderson 1999)은 경제적 자유에 관한 여러 지표로 보아 경제적 자유가 많을수록 부패는 줄어든다[음(−)의 상관관계]고 주장한다. 이러한 주장은 66개국을 대상으로 1인당 GDP는 동일하다고 전제한 가운데 회귀분석을 실시한 골드스미스(Goldsmith 1999: 878)에 의해 뒷받침되며, 77개국을 대상으로 더 많은 설명변수를 포함하여 조사한 팰덤(Paldam 2002)에 의해서도 뒷받침된다. 고엘과 넬슨(Goel and Nelson 2005)도 비슷한 결과를 보고한다. 그러나 이와 같은 주장은 동어반복적일 수 있다. 예를 들어 헤리티지 재단의 경제적 자유 Economic Freedom 측정치에는 부패에 대한 평가가 포함된다. 이것은 종속변수인 부패에 관한 측정치가 등식의 독립변수인 경제적 자유 쪽에 놓이는 것을 의미한다(Sandholtz and Gray 2003).

그래프와 멜코프(Graeff and Mehlkop 2003)는 과트니와 로손(Gwartney and Lawson 2000)이 64개국을 대상으로 작성한 경제적 자유 지수의 하위 구성요소들이 부패에 미치는 영향을 조사한다. 더 영향력 있는 많은 변수들은 동일하다고 전제한 상태에서 조사한 결과, 그들은 이러한 다양한 하위 구성요소들이 부패와 통계적으로 의미 있는 상관관계에 있지 않음을 발견했다. 사적 소유권의 법적 보장에 대한 평가, 계약의 실행 가능성, 법치는 부패를 감소시키며 특히 부유한 국가에서 그러하다. 부패를 감소시키는 것과 연관성이 있는 또 한 가지 경제적 자유의 측면은 자본시장과 금융시장에서의 거래의 자유이다. 그러나 자본시장과 금융시장에서의 거래의 자유에 관한 이러한 주장에는 논란의 여지가 있다. 이 변수에는 민간은행이 보유한 예금의 비율과 사적 부문에 제공된 융자의 비율이 포함된다. 그와 같은 지표들은 부패의 원인이 아니라 오히려 부패가 적은 환경의 산물로 나타날 수가 있다. 흥미롭게도 시민이 국내나 해외에 외화 은행계좌를 보유할 자유는 적어도 조사 대상 국가 중에서 가난한 국가에서는 부패를 증가시키는 것으로 나타났다. 규제 중에도 부패 거래의 거래 비용을 증대시킴으로써 부패를 막는 규제가 있기 때문에 경제적 자유의 모든 측면이 부패를 막지는 않는다고 그래프와 멜코프는 결론을 내렸다. 그와 연관된 조사에서 니만과 그의 동료들(Neeman et al. 2003)은 부패로 얻은 이득이 한 국가에 재투자되기보다는 해외로 유출될 수 있으므로 금융 개방은 발전을 저해한다고 주장한다. 자세한 것은 글상자 16도 참조하라.

아데스와 디텔라(Ades and Di Tella 1995)는 경쟁의 두 가지 다른 지표들을 검증한다. 이 지표들은 IMD의 조사에서 도출된 것이다. '시장 지배'라는 주관적인 지수는 제한된 숫자의 기업에 의한 지배가 새로운 사업 발전을 저해하는 정도를 측정한 것이다. '독점금지법anti-trust laws'이라는 또 다른 지수는 비경쟁적 관행을 검사하는 데 있어서 이러한 법률들이 지니는 효율성을 측정했다. 시장 환경이 덜 경쟁적일수록 부패의 정도는 더 높아질 것이라고 아데스와 디텔라는 결론을 내렸다. 그러나 이들은 원인과 결과가 뒤바뀔 수 있는 인과관계의 문제를 기술하고, 정치인의 독점 지지 동기를 부패가 부여할 수 있다는 점을 인정한다. 즉, 경쟁의 제한이 부패를 심화시키기도 하지만, 역으로 부패가 경쟁의 제한을 초래할 수도 있다는 것이다.

경쟁의 압력에 관한 한 가지 측정치는 국가가 글로벌 경제에 통합되는 것이다. 경쟁이 부패를 감소시킨다면, 국제 무역과 투자를 더 많이 개방할 경우 부패가 줄어들어야 할 것이다. 실제로 포린 폴리시(Foreign Policy 2000)의 한 보고서에 의하면 세계화가 심화되면 부패는 줄어드는 연관성이 있다고 한다. 그러나 그 연구는 더 많은 변수들을 고려하지 않았고 인과관계의 문제가 제기될 가능성에 대해서도 관심을 기울이지 않았다. 산드홀츠와 그레이(Sandholtz and Gray

2003)는 한 국가가 더 많은 국제기구에 가입하고 유엔, 관세 및 무역에 관한 일반협정GATT/세계무역기구WTO, 그리고 국제통화기금IMF과 같은 주요 국제기구에 더 오래 속해 있을수록 부패의 수준은 낮아진다고 보고한다. 나아가 1인당 국제통화 시간과 1인당 비행기 탑승 시간과 같은 개방성의 다른 요인들에 따라서도 부패는 감소한다고 그들은 보고한다. 글상자 2에서 서술하였듯이 내크와 아즈파르(Knack and Azfar 2003)가 그에 대해 비판하고 나서자, 산드홀츠와 그레이(Sandholtz and Gray 2003)는 표본 선택의 기준이 자신들의 결과에 영향을 미친 것은 아님을 보여주었다.

아데스와 디텔라(Ades and Di Tella 1995; 1997; 1999)는 GDP 대비 수출업자의 비율로 정의되는 개방성이 클수록 부패는 줄어든다[음(-)의 연관성]는 것을 보여준다. 이들은 BI(같은 시점의 55개국 대상 조사)[14]와 IMD(같은 시점의 32개국 대상 조사)의 부패에 관한 자료를 적용했다. 두 가지 자료에서 공히 다른 설명변수를 포함해도 같은 결과가 유지되었다. 그리하여 국제적인 경제적 경쟁은 부패를 감소시킨다고 아데스와 디텔라는 결론 내렸다. 성과 추(Sung and Chu 2003), 그리고 게링과 태커(Gerring and Thacker 2005)도 비슷한 결과를 보고했다. 그러나 트라이스만(Treisman 2000)은 국제투명성기구(TI) 지수를 사용한 조사에서 그와 같은 영향을 보여주는 통계적으로 유의미한 결과를 얻지 못했다.

한 국가에서 경쟁의 정도는 그 국가가 무역을 개방한 연수年數로도 측정할 수 있는데 삭스와 워너(Sachs and Warner 1995)가 바로 그렇게 측정했다. 트라이스만(Treisman 2000), 그리고 라이테와 와이더만(Leite and Weidermann 1999)은 한 국가가 무역을 개방한 연수가 부패의 수준에 부정적이고도 유의미한 영향을 준다는 증거를 제공한다. 그러나 무역을 개방하더라도 상당한 시간이 지나야 부패가 줄어든다. 자유화가 즉각적으로 부패를 감소시키지는 않는다는 것을 여기서 알 수 있다. 실제로 자유화의 즉각적 효과로 인하여 부패는 감소하기보다 오히려 증가한다고 타바레스(Tavares 2005)는 주장한다. 일단 관세가 40% 미만으로 인하되거나, 비관세 장벽이 수입의 40% 미만에 대해서만 존재하거나, 사회주의 경제 체제를 버리거나, 암시장에서의 외화 거래에 그다지 큰 웃돈이 주어지지 않거나, 국가가 더이상 주요 수출 산업을 독점하지 않게 되면, PRS/ICRG가

---

14 [옮긴이] BI는 비즈니스 인터내셔널Business International의 약어이다. BI는 나중에 영국의 글로벌 경제분석기관인 이코노미스트 인텔리전스 유닛(Economist Intelligence Unit: EIU)에 통합된다.

측정하는 부패의 수준은 증가한다는 것이다. 그러나 부패의 수준이 어떤 경향을 보이는지에 관하여 우리가 여전히 제한된 지식밖에 없다는 점을 고려하면, 그와 같은 결과에 대해서는 좀더 확인할 필요가 있을지도 모른다.

부패와의 싸움에서 '지름길'을 찾으려고 노력하는 연구자들도 있다. 부패의 형태 중에는 다른 것에 비하여 괜찮은 것도 있다고 생각하는 경우가 그러한 지름길의 예이다. 예를 들어 크루에거(Krueger 1974: 302)는 경쟁적 렌트 추구 형태의 부패보다는 정부의 정실주의情實主義favouritism로 인한 부패를 선호한다. 툴로크(Tullock 1980b: 109-111)는 경쟁적 로비로 인한 부패보다는 족벌주의nepotism에 의한 부패가 상대적으로 문제가 적다고 생각한다(5장에서 이 쟁점을 좀 더 자세히 다룰 것이다). 이러한 주장들은 이상하게 들릴 수도 있는데, 크루에거와 툴로크는 반부패 개혁의 방법을 제공하지 않고 부패의 일부 유형에 대하여 변명하는 경향이 있다. 그와 유사하게 머피와 그의 동료들(Murphy et al. 1993: 413)도 부패한 통치자가 뇌물을 효율적으로 모을 때 부패의 문제는 완화된다고 주장한다. 부패와 싸우기보다는 부패를 개량하는 것이 개혁의 길이라고 제안하는 것이다.

그러나 다면적 문제에 대한 적절한 토의의 바탕이 될 모델이 극히 한정되어 있는 한에 있어서는, 그와 같은 결론이란 사람들을 오도하는 것이다. 비슷한 맥락에서, 부패의 반대 효과는 주로 부패에 수반되는 불확실성과 관련된다고 생각하는 사람들도 종종 있다. 뇌물은 한번 주어지고 나면 합법적으로 돌려받을 수 없고, 증여자는 외려 뇌물을 더 달라는 요구의 위협에 직면한다. 투자자들을 훼방 놓는 것은 이러한 유형의 불확실성이지, 부패 그 자체라고 하기는 어렵다고 생각하는 연구자들도 있다. 그러나 더욱 예측 가능한 형태의 부패는 다른 안 좋은 점이 있다. 예측 가능한 부패의 경우 투자자는 합법적인 대안을 찾아야 한다는 압력을 덜 받게 되고, 그 결과 그런 유형의 부패는 더욱 용이하게 확산된다(이 쟁점에 대해서는 7장에서 더 검토할 것이다). 부패가 매우 다양한 파괴적인 결과를 초래한다는 점을 고려하면 한 가지 유형의 부패를 다른 유형의 부패보다 선호하기는 어려워진다. 부패가 복잡한 현상이고 부패의 다양한 형태에 따라 아주 다른 결과가 초래될 가능성이 있는 것은 분명하다. 그렇다고 해서 우리가 이런 부패보다 저런 부패를 합리적으로 선호할 수 있는지는 여전히 논란의 여지가 있다.

1.2. 부패 정의하기

부패를 어떻게 정의할 것인가에 관한 논의가 반드시 독자에게 실제적인 가치가 있는 것은 아니다. 그러나 이 영역에서 자신들의 노력을 잘 보여주는 연구자들도 있다. 그들은 시간을 소모하는 토론에 기꺼이 뛰어들어 이런 정의보다는 저런 정의가 낫다고 열변을 토한다. 그러나 그와 같은 토론을 하다 보면 다른 곳에서 절실하게 필요한 정력이 크게 소모되는 경향이 있다. 이 점을 인식한 동료들 중에는 부패를 특별히 정의하지 않고 있는 사람들도 있는데 이들은 대부분의 부패 사례에 대하여 대부분의 관찰자들이 분명하게 인지하고 있다고 주장한다. 이것은 베버(Weber 1920: 30)가 자본주의 정신을 정의했던 노선을 상당히 따르는 것이다. 그는 정의하기를 거부하고 이 용어는 자신의 후속 저술에서 제공할 다양한 부분들과 개념들로 구성되어 있다고 주장했다. 이것은 미국 연방대법원 판사 포터 스튜어트 Potter Stewart가 1964년에 "나는 포르노그래피를 정의할 수 없지만 그것을 보면 안다"고 주장했을 때 직면한 문제와 유사하다.

그와 같은 관점에서, 나는 이 책의 서두에서 부패를 정의하기보다는 이 책을 읽어나가다 보면 마지막에 부패가 저절로 정의되는 것이 좋다고 생각한다. 이러한 생각을 독자들이 함께 했으면 하고, 따라서 부패를 정의하고 있는 다음 단락을 독자들은 그냥 건너 뛰어도 된다고 제안한다. 그럼에도 불구하고 나는 완벽을 기하고자 부패라는 용어를 어떻게 이해할지에 대하여 비교적 논란의 여지가 적은 범위에서 간략히 묘사하고 설명하겠다. 독자들 중에는 이 책을 다 읽고 나서 이 구절을 읽을 때 더 많은 것을 얻을 사람도 있을 것이다.

부패는 흔히 **사적 이익을 위하여 공적 권력을 오용하는 것**으로정의된다. '사적 이익'이라는 용어는 돈이나 값진 자산을 받는 것을 뜻하지만, 거기에는 권력이나 지위의 향상도 포함된다. 친척과 친구를 위한 **미래**의 혜택이나 이익을 약속받는 것도 사적 이익으로 간주될 수 있다. 친척과 친구에게 주는 혜택과 관련해서는 족벌주의nepotism와 정실주의favouritism라는 용어도 많이 사용한다.

'공적 권력'은 임명직 공무원인 관료와 선출직 공무원인 정치인에 의하여 행사된다. 그와 같은 공적 권력은 다양한 부문에서 집행되는데 예를 들면 사법부, 공공조달, 기업 규제와 인허가, 민영화, 외환(세관, 무역 허가, 그리고 국제 금융 거래 포함), 세금(면세 혜택 포함), 경찰, 보조금, 공공사업(상수도, 전기, 전화, 쓰레기 수거, 건강보험), 그리고 정부 행정 서비스(건강, 교육)이다.

'오용'은 공직(선출직이든 임명직이든 간에)의 공식적인 임무—비공식적인 규칙(국민의 기대로 확립되거나 행위 규범으로 어느 정도 표준화된)과 대조되는 의미—에서 벗어나는 행동을 말하거나, 더 일반적으로는 국민의 더 큰 이익을 희생한 채 협소한 이익을 추구하는 것을 말한다. 정부 제도가 운영되는 과정에서 그 두 가지 정의는 하나로 귀착된다. 즉, 국민의 이익은 공직 보유자에 대한 국민의 기대로 나타난다. 그리고 공직 보유자에 대한 이러한 국민의 기대는 국민의 이익과 함께 법적인 의무를 정의하게 된다. 그림 1.1을 보라. 그러나 부패는 정부 실패에 관한 것이고, 그런 점에서 부패에 관한 우리의 정의에는 약간의 문제가 있다. 그러므로 실제 세계에서 일어나는 현상으로서의 부패는 우리가 좀 전에 부패를 공식적으로 정의한 것의 기초를 무너뜨린다.

법적인 의무를 제정하는 사람들이 국민의 기대를 무시한 채 행동하면, 부패를 정의할 때 더는 법적인 의무를 말할 수 없다. 이러한 문제는 국회의원들에게서 종종 발견된다. 그들은 자기 자신들에 관한 엄격한 규칙의 준수를 꺼리고 그와 관련된 입법을 오히려 반대한다. 이렇게 되면 국회의원들 스스로가 뇌물을 수취하는 것이 가능해진다. 그러므로 뇌물을 받는 것이 법을 위반하지는 않지만, 국민의 기대와는 명백하게 모순된다. 그러므로 법적인 의무에 협소하게 매달리는 부패의 정의는 거의 쓸모가 없어진다. 그 대신 부패를 정의하려면 국민의 기대를 직접적으로 언급하지 않으면 안 된다. 그 경우에 용어의 정확성이 줄어드는 손해를 감수하게 되는 것은 사실이다. 내전이나 인종적 혹은 사회적 균열과 같은 예외적인 몇몇 경우에 있어서 국민은 공직 보유자의 행동에 대한 일관되며 일반적으로 공유되는 기대를 더는 발전시키지 않을 수도 있다. 그러므로 부패는 훨씬 더 추상적인 용어에 대하여 언급해야만 한다. 바로 국민의 이익이다. 국민의 이익을 바탕으로 하는 그와 같은 부패의 정의가 모호해지는 경향이 있는 것은 말할 나위도 없다. 그러나 내전이나 인종적 혹은 사회적 균열과 같은 극히 예외적인 조건하에서 부패를 제대로 이해하기 위해서는 국민의 이익을 언급하지 않을 수 없다.

부패 없는 세계는 공무원들이 국민을 위해 일하려고 할 때 가능한데 그것은 내재적인 동기, 인센티브, 처벌 위협, 혹은 동료의 압력에 의해서 가능하다. 그와 같은 행동을 확실히 하도록 하는 데 도움이 되는 제도에 대해서는 적어도 네 가지 측면이 흔히 강조된다. 첫째, 팔 길이의 원리arms-length principle인데 이것은 개인적인 관계가 공적인 의사결정에 관한 논거를 무색하게 해서는 안 된다는 것과 모든 경제 행위자들을 동등하게 취급해야 한다는 것을 말한다. 둘째, 시민의 참여와 관여인데 공적 의사결정 과정에서 국민에게 발언권을 주는 것이다. 셋째, 공적 의사결정에 관한 투명한 절차인데 이는 공직 보유자들의 재량권을 제한하는 것이다. 넷째, 공직 보유자 간의 경쟁인데 이는 유권자와 고객에게 약속을 지키지 않는 공직자들을 다른 사람들로 바꿀 기회를 부여하는 것이다.

확실히 부패는 세계의 각 지역에 따라 다르게 정의된다. 국가에 따라 국

그림1.1. 부패를 정의하기

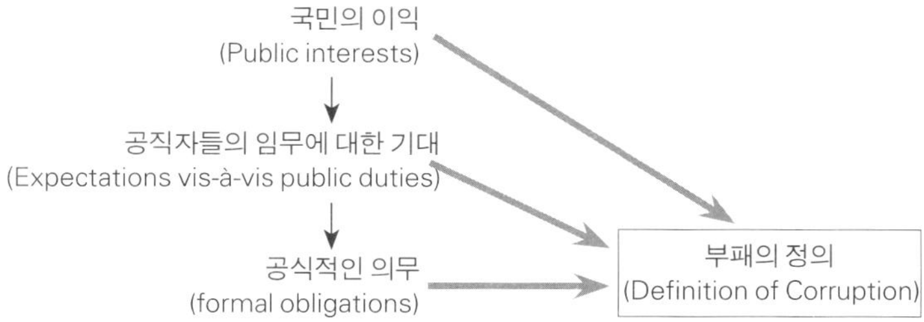

민들이 공직자의 역할에 대해 갖는 기대도 다르다. 관리들이 국민을 위해 어떻게 일해야 할지는 순전히 그 나라 국민들의 취향에 달렸다고 할 수 있다. 위에서 공직자들이 국민을 위해 일하도록 하는 네 가지 방안을 말했지만 각각의 방안이 갖는 비중은 국가에 따라 다를 것이다. 예를 들어 공직 보유자들이 특혜를 제공해 주리라고 친척과 친구들이 기대하는, 바꿔 말하면 강력한 개인적인 관계를 특징으로 하는 사회에서는 모든 경제 행위자들을 동등하게 대우하는 것이 그다지 큰 의미가 없을 것이다. 오로지 적절한 주장만이 관료들에게 먹혀 든다고 확신하는 사회에서는 투명성과 참여가 별로 중시되지 않을 것이다. 그러나 정치인과 관료의 이기적 행동이 국민의 기대와 이익을 노골적으로 무시하는 것으로 이어질 경우 국민들이 흔히 그러한 정치인과 관료의 이기적 행동을 부패로 간주하는 것은 보편적 현상일 것 같다.

부패는 두 행위자, 즉 대리인agent과 고객 간에 특혜를 주고받는 것이다. 안드릭과 프젤트슈타트(Andrig and Fjeldstadt 2000)를 보라. 대리인은 자신의 상급자, 즉 주인principal에게서 권력을 위탁받았다.[15] 주인은 하급자, 즉 자신의 대리인에게 과업을 위임하고 이 과업을 어떻게 달성해야 하는지에 대하여 규칙을 세운다. 대리인은 이러한 규칙에 따라 고객을 섬겨야 한다.

15 이 책을 통틀어 나는 대리인agents, 감독supervisors, 그리고 중개인middlemen에 대해 여성 대명사를, 그리고 주인principals과 고객clients에 대해서는 남성 대명사를 사용한다.

공공부문에서 뇌물bribe, 갈취extortion, 횡령embezzlement, 그리고 사기fraud는 부패 행위의 다양한 형태들로서 대리인이 규칙을 따라야 하는 행동에서 '떠나는' 것이 된다. **뇌물**의 경우 고객은 뇌물제공자로서 대리인에게 뇌물(리베이트, 사례금, 감미료, 가욋돈, 급행료 또는 윤활유로도 불린다)을 주며, 뇌물을 받는 대리인은 수뢰자로 불린다. 뇌물 제공의 대가로 고객은 자신이 획득할 자격이 없는 서비스나 허가와 같은 이점을 취하는데 예를 들면 세금 환급이나 정부 계약이다. **갈취**의 경우 대리인은 자신의 권력을 이용하여 고객에게서 돈이나 다른 이익을 뽑아낸다. 고객은 그와 같은 것을 주지 않고도 합법적으로 어떤 서비스를 획득할 자격이 있음에도 불구하고 그 서비스의 값을 치르지 않으면 안 된다. 대리인은 이와 같은 뇌물을 획득하기 위하여 강압, 폭력, 또는 위협을 사용한다. 그와 대조적으로 **횡령**은 대리인이 공공자원을 그냥 도둑질하는 것이다. 고객은 관여하지 않은 상태에서 충성스럽지 아니한 대리인이 주인의 것을 훔친다. 뇌물, 갈취, 횡령은 주인의 규칙이 위반되고 주인의 이익이 훼손되는 것을 의미한다. 대리인은 보통 자기 일과와 그것을 달성하기 위한 자신의 노력에 관하여 더 자세히, 더 잘 안다. 이것은 대리인이 정보의 이점을 활용하여 이익을 취할 수 있다는 것을 의미한다. 대리인은 협잡, 사기, 기만, 정보의 조작이나 왜곡을 통하여 주인에게는 정보를 의도적으로 숨기기도 한다. 이러할 경우에 사기라는 용어가 사용된다. 지금까지 설명한 부패 행위의 네 가지 다른 형태(뇌물, 갈취, 횡령, 사기)를 개관하려면 그림 1.2를 보라.

부패는 사적인 당사자들만 관여하는 다른 형태의 범죄 행위와 구분되어야만 한다. 탈세, 밀수, 암시장, 주식 거래에서의 내부자 거래, 위폐 제조, 그리고 보조금 사기는 공적인 권력을 사용하지 않고도 행할 수 있다. 그와 같은 활동에 관여하는 행위자들은 예를 들면 납세자같이 사적으로 사업을 하는 사람들인데 이들은 공적인 권력을 위탁 받은 사람들이 아니다.[16] 넓

16 공직 보유자들이 뇌물을 받고 기소를 하지 않거나 처벌을 면제하거나 범죄 기회에 관한 내부 정보를 제공할 때에는 탈세를 비롯한 이러한 행위들에도 부패가 수반될 수 있다

그림1.2. 주인-대리인-고객 모델에서의 부패

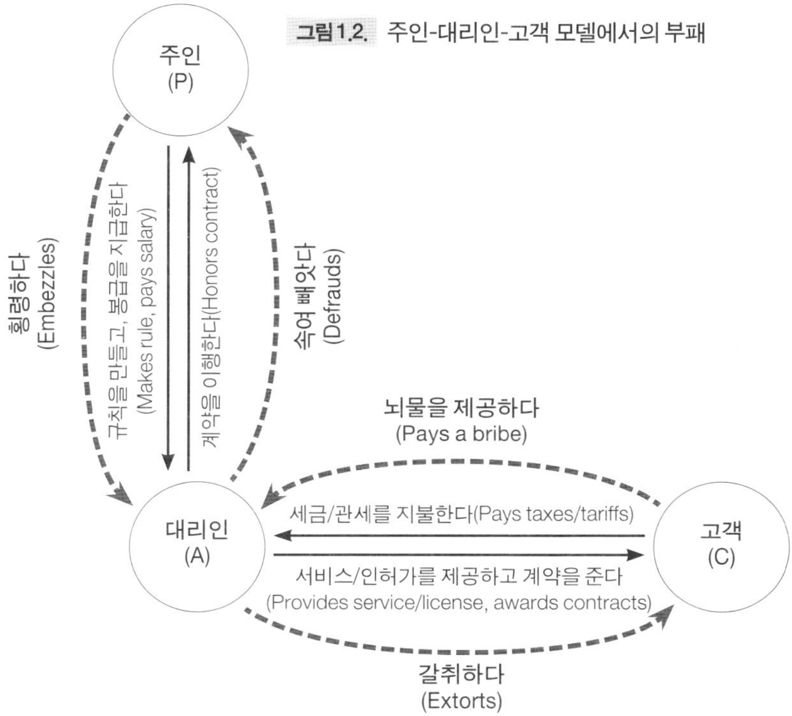

은 의미로 부패를 정의할 때는 이와 같은 유형의 행동도 포함된다. 사기업의 영업부장이 계약의 대가로 뒷돈을 받을 때 그는 '위탁받은' 권력을 오용한다. 그러나 그러한 권력의 지위는 국민이 부여한 게 아니며, 따라서 부패의 일반적인 정의와는 차이가 난다.

다른 기준에 의거하여 부패의 다양한 형태를 구분하는 사람도 있을 수 있다. 한 가지 기준은 뇌물제공자와 수뢰자 중에서 누가 더 큰 이익을 획득하느냐인데 그것은 주로 어느 쪽의 협상력이 더 큰지에 달렸다. 뇌물제공자가 더 큰 이익을 획득하면 '고객형clientilist' 부패가 일어나고, 수뢰자가 더 큰 몫을 차지하면 '가산제적patrimonial'[17] 부패가 발생한다. 그런가 하면

---

17 [옮긴이] 가산제家産制란 통치자와 관료들 간의 관계가 아버지의 절대적인 권위와 자식의 자발적인 복종을 바탕으로 형성되는 체제를 말하며, 따라서 가산제적 국가에

소규모 부패와 대규모 부패를 구분하는 사람도 있을 수 있는데 소규모 부패는 서열이 낮은 공직자에게 자주 소액의 뇌물을 주는 것인 반면에 대규모 부패는 고위공직자에게 한번에 거액의 뇌물을 주는 것을 말한다. '정치적' 부패와 '행정적' 부패의 구분은 핵심 행위자에 따라 구분되는데 핵심 행위자가 정치인이면 '정치적' 부패이고 관료이면 '행정적' 부패이다.

모든 관찰자가 대개 부패라고 규정하는 행위가 있을 것이다. 그러나 관점에 따라 다르게 볼 수 있는 '회색지대'도 존재한다. 로비는 바로 그와 같은 회색지대의 한 가지 사례이다. 로비가 존재한다는 것은 공공부문의 결정을 시장 메커니즘에 맡겨두는 것을 의미할 수 있지만, 로비는 보통 합법적이며, 투명하고도 경쟁적인 방법으로 이루어지고, 개인의 협소한 이익이 아니라 광범위한 기업 부문의 이익과 관련된다. 공직자에게 선물을 주는 것도 회색지대에 해당한다. 선물 제공 행위에는 받는 사람의 의존성과 호혜적 상호주의라고 하는 위험이 수반되지만 부패의 특징인 불명확성은 수반되지 않을 수 있다. 뇌물과 달리 선물은 항상 공개적이고도 투명한 방식으로 제공될 수 있다.

1.3. 부패 측정하기

부패에 대한 최근의 관심을 고려하면 부패의 정도를 계량화하려는 시도는 매우 값진 것이다. 그러한 시도 중에서 가장 뛰어난 것은 국제투명성기구(Transparency International: TI)의 부패인식지수(Corruption Perceptions Index: CPI)인데 이 지수는 같은 시점에서 여러 국가들을 대상으로 부패 수준에 대한 인식을 평가하는 것이다. 부패인식지수는 여러 상이한 자료를 편집하여 구성한 지수로서 국가 리스크 분석 기관들의 평가와 엘리트 기업인

서 국가는 가계의 확장된 형태를 띤다. 가산제적 국가에서는 국가의 안전에 위협이 되지 않는 한도 내에서 관료들이 백성들을 착취하는 것을 허용하는 공개적 부패 구조open corruption가 형성되었다.

들을 대상으로 한 조사를 이용한다. 인식은 현실과 결코 혼동되어서는 안 되지만, 인식을 수집하면 실제 부패 수준에 관한 정보를 얻을 수 있다는 모종의 자신감이 하나의 컨센서스로 깔려 있다.

부패인식지수는 연간지수이고 1995년부터 작성되었다. 나는 괴팅겐대학교에서 여러 해 전에 이 지수를 만드는 작업을 했다. 이 일은 지금 파소대학교에서 나의 감독 하에 수행되고 있다. 이 지수는 부패의 원인과 결과에 관한 연구에서 중심적인 위치를 점하고 있는데 같은 시점의 국가들을 대상으로 회귀분석을 하는 것이다. 이 책의 부록에 이 지수를 도출하는 방법론에 관한 기술적인 세부사항이 서술되어 있다. 역사적 데이터뿐만 아니라 1996년부터 2005년까지의 모든 데이터는 인터넷부패연구센터의 웹사이트(www.ICGG.org)에서 구할 수 있다.

부패인식지수는 여러 국가들의 부패를 더 잘 인식할 수 있는 데이터를 제공하는 데 목표를 두고 있다. 이 지수를 활용하면 부패의 실제 수준과 그것이 나라별로 어떻게 다른지를 좀 더 잘 이해할 수 있다. 부패는 복잡하고도 논쟁적인 영역이기 때문에 완벽한 표본 프레임, 만족할 만한 조사 대상 국가의 범위, 그리고 비교평가를 가능하게 하는 충분히 설득력 있는 방법론 세 가지를 다 갖춘 하나의 자료나 설문방법은 아직 개발되지 않았다. 그렇기 때문에 부패인식지수는 여러 상이한 자료를 합성하여 종합지수를 도출하는 방법을 선택했다.

글상자 5. 2005년 부패인식지수CPI에 사용된 자료

- 2003년 콜럼비아대학(Columbia University: CU)의 국가역량조사State Capacity Survey: 주로 미국의 학자들로 구성된 전문가 패널이 95개 국가를 평가했다.
- 영국의 글로벌 경제분석기관인 이코노미스트 인텔리전스 유닛(Economist Intelligence Unit: EIU)의 2005년 국가 위험도 서비스 및 국가 전망(Country Risk Service and Country Forecast 2005), (www.eiu.com): 직원들이 156

개 국가를 평가했다.

- 프리덤하우스Freedom House의 2005년 체제전환국가Nations inTransition 조사(www.freedomhouse.org/research/nattransit.htm): 전문가 패널이 27개 체제전환 국가들을 평가했다.
- 스위스 로잔 소재 국제경영개발원(International Institute for Management Development: IMD)의 세계경쟁력연감World Competitiveness Yearbook. 나는 2003-2005년 데이터를 사용했다(www.imd.ch). 또한 국내 및 국제 회사의 최고 및 중간 지위에 있는 현지 경영자들이 응답한 매년 4000여 개의 답변을 토대로 51개 국가를 평가했다.
- 국제정보기구(Information International: II)의 2003년 자료 (www.information-internatioal.com): 165명의 해외 거주 기업 경영자들의 382개 평가를 토대로 31개 국가를 평가했다.
- 국제무역상그룹(Merchant International Group: MIG)의 2005년 회색지대 역동성 평가Gray Area Dynamics Rating(www.merchantinternational.com): 전문 직원과 현지 응답자들의 네트워크가 155개 국가들을 평가했다.
- 홍콩 소재 정치경제위험자문공사(Political and Economic Risk Consultancy: PERC)의 아시아정보 뉴스레터Asian Intelligence Newsletter. 나는 2003-2005년 데이터를 사용했다(www.asiarisk.com/). 또한 해외 거주 기업 경영자들이 응답한 매년 대략 1000개의 답변을 바탕으로 14개 아시아 국가들을 평가했다.
- 유엔아프리카경제위원회(United Nations Economic Commission for Africa: UNECA)의 2005년 아프리카 거버넌스 보고서(www.uneca.org/agr/): 국가당 대략 100명의 현지 전문가 패널이 아프리카 28개 국가들을 평가했다.
- 세계시장연구센터(World Markets Research Centre: WMRC)의 2002년 자료 (www.wmrc.com): 직원들이 186개 국가들을 평가했다.
- 세계경제포럼(World Economy Forum: WEF)의 세계경쟁력보고서Global Competitiveness Report. 나는 2003-2005년 자료를 사용했다(www.weforum.org). 또한 국내 및 국제 회사들의 현지 경영 지도자들이 응답한 1만 900여 개의 답변을 바탕으로 2005년에 117개 국가들을 평가했다.

수집된 자료가 실제 현상이 아니라 인식을 말하는 것이라면 그와 같은 인식이 실제 부패 수준에 관한 우리의 이해를 향상시키는지에 대해 고려하지 않으면 안 된다. 실제 부패 수준은 직접적으로 결정될 수 없기 때문에 우리의 안내자가 될 수 있는 것은 인식밖에 없는지도 모른다. 그러나 수집된 부패 인식 자료가 편향되었다면, 부패인식지수를 통해 부패 수준을 이해하는 방법은 적어도 어느 정도는 무너져버린다. 그와 같은 편향 가능성은 응답자의 특수한 문화적 배경에서 비롯될 수 있다. 예를 들면 베일리(Bayley 1996: 721)는 다음과 같이 주장한다.

> 그 서구 출신 관찰자는 불편한 선택에 직면했다. 그는 서구식 사고방식을 고수하는데, 이처럼 서구식 사고방식을 고수하는 경우에 그는 대단히 비판적이라는 비난을 초래하게 되며, 비정상적 행동이 아니라 통상적이며 수용 가능한 작동 절차를 자신이 비난하고 있다는 것도 알게 된다. … 다른 한편, 부패를 도덕적으로 비난할 필요가 있다면 부패는 문화에 따라 달라진다는 사실까지 받아들일 수 있다. … [그리고] 그렇게 되면 어떤 공무원이 감사의 선물을 받지만 그 공무원이 부패한 사람은 아니라고 바로 주장할 필요가 있을지도 모른다.

응답자의 문화적 배경에 따라 부패에 대한 인식이 편향될 수 있다는 이러한 관점을 취하게 되면, 부패인식지수에 사용된 자료의 응답자들은 어떻게 부패를 정의하고 계량화하는지 반드시 조사할 필요가 있다. 부패인식지수에 사용한 자료들은 공히 부패의 정도를 측정하는 데 목적을 두고 있지만, 조사 대상 집단의 선정은 상당히 다르다. 기본적으로 서로 다른 세 가지 유형의 조사 대상 집단을 선정했다. 첫 번째 유형에 속하는 1차 자료는 CU(콜럼비아대학교), EIU(이코노미스트 인텔리전스 유닛), FH(프리덤하우스), MIG(국제무역상그룹), 그리고 WMRC(세계시장연구센터)의 것인데 이 자료들에서는 비영주권자들의 인식을 수집하며, 그 비영주권자인 전문가들이 외국에 대해 갖는 의견을 제출한다. 이러한 평가를 수행하는 사람들은 주로 북미와 서유럽 같은 서반구 선진국 출신의 응답자들이다.

이들은 베일리가 말하는 '불편한 선택'에 직면하는 응답자일 것이다.

두 번째 유형에 속하는 1차 자료는 II(국제정보기구)의 것밖에 없는데 이것도 비영주권자의 인식을 수집하지만 여기서는 주된 응답자가 저개발국 출신이다. 이들은 '모국 편향home-country bias'의 영향을 받지 않기 때문에 외국에 대해 편견 없이 인식하는 이점이 있다. '모국 편향'이란 응답자가 순전히 현지 기준에 따라 자기 나라를 평가하는 것이다. 현지 기준은 문제가 될 수 있는데 왜냐하면 그것은 나라마다 다를 수 있어서 국가 간 비교의 타당성을 훼손하기 때문이다.

세 번째 유형에 속하는 1차 자료는 IMD(국제경영개발원), PERC(정치경제위험자문공사), 그리고 WEF(세계경제포럼)의 것인데 이 자료들은 거주자가 자국의 반부패 개혁 추진 실적에 관하여 내린 평가를 모은 것이다. 거주자인 응답자 중에는 그 나라 국민도 있지만 다국적기업 출신의 외국인도 있다. 그와 같은 자료에는 전술한 '모국 편향'이 개입되기가 쉽지만, '서구 기업인들의' 관점이 지나치게 지배적이기는 어렵다. 외국인이 한 국가의 문화를 제대로 이해하지 못한다면 그와 같은 관점은 적절하지 못할 것이다.

이러한 조사 대상자의 차이와 상관없이 자료들은 서로 잘 연관된다. 상관관계가 높기 때문에 전술한 편향 중에서 결과에 중요한 영향을 미친 것이 있지 않을까 하는 우려는 줄어든다. 그러므로 거주자들은 오히려 보편적인 윤리 기준을 갖게 되며 외국과의 비교를 통해 자기 나라를 적절하게 자리매김한다. 그와 마찬가지로 외국을 평가하는 비영주권자인 응답자들은 한 국가의 문화를 잘 파악하고 그 점에 비추어 적절한 평가를 하는 것 같다. 요컨대 부패인식지수는 부패의 실제 수준을 더 잘 이해하는 데 기여하고 있다.

매우 흥미롭게도 부패인식지수는 실제 경험과도 잘 연관된다. 경험을 바탕으로 한 자료는 유엔의 국제범죄피해조사국(International Crime Victim Survey: ICVS)에서 만든 것이다. 여기서 조사자들은 40개 국 이상의 일반대중에게 설문했다. 1996년에는 "일부 영역에서 정부 관리나 공직자 사이에서 부패의 문제가 있었다. 1995년 한 해 동안 당신이 속한 국가에서 예를 들면 세관 담당 직원, 경찰, 또는 검사관 같은 정부 관리가 자신의 직무에 대한 대가로 당신에게 뇌물 제공을 요구하거나 기대한 적이 있습니까?"라고 물었다. 대부분의 선진국에서는 1% 미만이 동의한 반면에, 저개발국에서는 3분의 1(즉 33% 가량)까지 수치가 올라갔다. 이러한 자료는 분명히 개인의 경험을 말한다. 그러나 43개국을 표본으로 한 조사에서 부패인식지수에 들어가는 자료들과 실제 자료가 잘 연관되며, 대개 0.8이 넘는 상관관계 계수를 보인다. 이것은 부패인식지수의 타당성을 뒷받침한다.

더 최근에는 갤럽Gallup International이 국제투명성기구가 의뢰한 부패 관련 질문을 포함시켰다. 갤럽은 매년 54개 국가의 국민들을 대상으로 '국민의 소리Voice of the People'라는 조사를 하는데 2004년 조사에서 국제투명성기구의 부패 관련 질문을 포함시켰던 것이다. 질문 5는 이러하다. "지난 12개월 동안 당신이나 당신의 가구에 사는 사람 중에서 어떤 형태로든 뇌물을 제공한 적이 있습니까?" 그에 대한 응답과 2004 부패인식지수의 상관관계를 보여주는 산포도가 바로 그림 1.3이다. 여기서 우리는 두 자료 간의 상관관계 계수가 0.70임을 알 수 있고, 이는 다시 부패인식지수의 타당성을 뒷받침한다.[18]

---

18 모칸(Mocan 2004)도 그와 비슷하게 실제적인 부패 경험과 부패에 대한 인식 간의 깊은 상관관계를 보고했는데 그녀는 유엔 지역간 범죄 및 정의 연구소(United Nations Interregional Crime and Justice Research Institute, www.unicri.it/icvs)가 부패 경험 여부를 설문 조사한 자료를 다루었다. 그러나 한 국가의 제도의 질은 동일하다는 전제 하에 회귀분석을 하면 그러한 관계는 깨져버린다고 그녀는 주장한다. 부패에 대한 인식은 '실제' 부패 수준보다 설문조사에서 부패를 경험했다고 응답한 비율로 표시되는 지표들과 더 많은 연관성을 지닌다고 그녀는 결론을 내린다. 그러나 이러한 결론은 쉽게 과장된다. 첫째, 부패 경험 응답비율로 표시되는 자료는 부패인식지수와 다른 방식으로 배분된다. 그리하여 잔차residuals가 정규 분포를 보이지 않는 일이 쉽게 일어나게 된다. 나 자신이 회귀분석을 할 때는 관계를 위한 더 적절한 함수 형태를 선택한다. 이렇게 되면 잔차도 정규 분포를 보이게 되고 부패인식지수는 통계적으로 강한 의미가 있게 되는데 제도의 질에 관한 다른 변수들은 동일하다고 전제할 때도 그러하다. 둘째, 부패 경험 응답비율로 표시되는 자료가 반드시 '실제적인' 것은 아니다. 정의하는 기준이 나라마다 다

그림1.3. 상관관계: CPI 대 뇌물제공 응답 비율

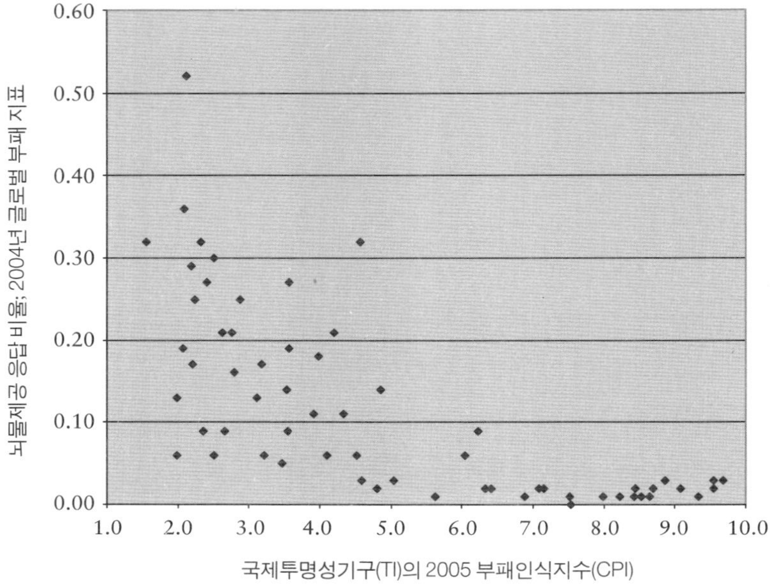

이러한 결과에서 또한 알 수 있는 것은 부패에 관한 인식이 언론 보도로 왜곡되지 않는다는 것이다. 응답자들은 언론 보도나 다른 사람들에게 들은 이야기에 의존할 수 있다. 확실히 이러한 영향은 배제될 수 없고, 반드시 인식에 영향을 미친다. 그러나 그와 같은 영향은 극단적으로 말하면 응답자들이 오직 전해 들은 말에만 의존한다는 이야기가 될 수 있다. 이러한 영향은 문제가 될 수 있다. 그렇게 되면 한 국가에 대한 평가가 사건을 폭

를 수 있기 때문이다. 노르웨이에서는 작은 선물도 이미 뇌물로 규정될 수 있는 반면에, 니카라과에서 급행료facilitation payments는 정당한 것으로 간주될 수 있다. 노르웨이에서는 공직자의 먼 친척에게 주는 돈도 부당한 것으로 여겨질 수 있는 반면에, 니카라과에서는 관리에게 직접적으로 혜택이 가는 것만이 뇌물로 규정될 수 있다. 셋째, 개인이 접한 부패란 각 가구 단위로 길거리 수준에서 관찰한 작은 형태의 부패를 지칭할 가능성이 더 많다(Svensson 2005: 23-24). 부패인식지수에는 대규모 부패의 정도도 포함되며, 부패인식지수는 부패가 사업 비용에 미치는 영향에 초점을 맞춘다. [옮긴이] 잔차residual란 종속변수와 독립변수의 관계를 밝히는 통계모형에서 모형에 의하여 추정된 종속변수의 값과 실제 관찰된 종속변수 값과의 차이를 말한다. 잔차는 통계모형이 가정하는 분포의 적절성을 검정하는 데 유용하다.

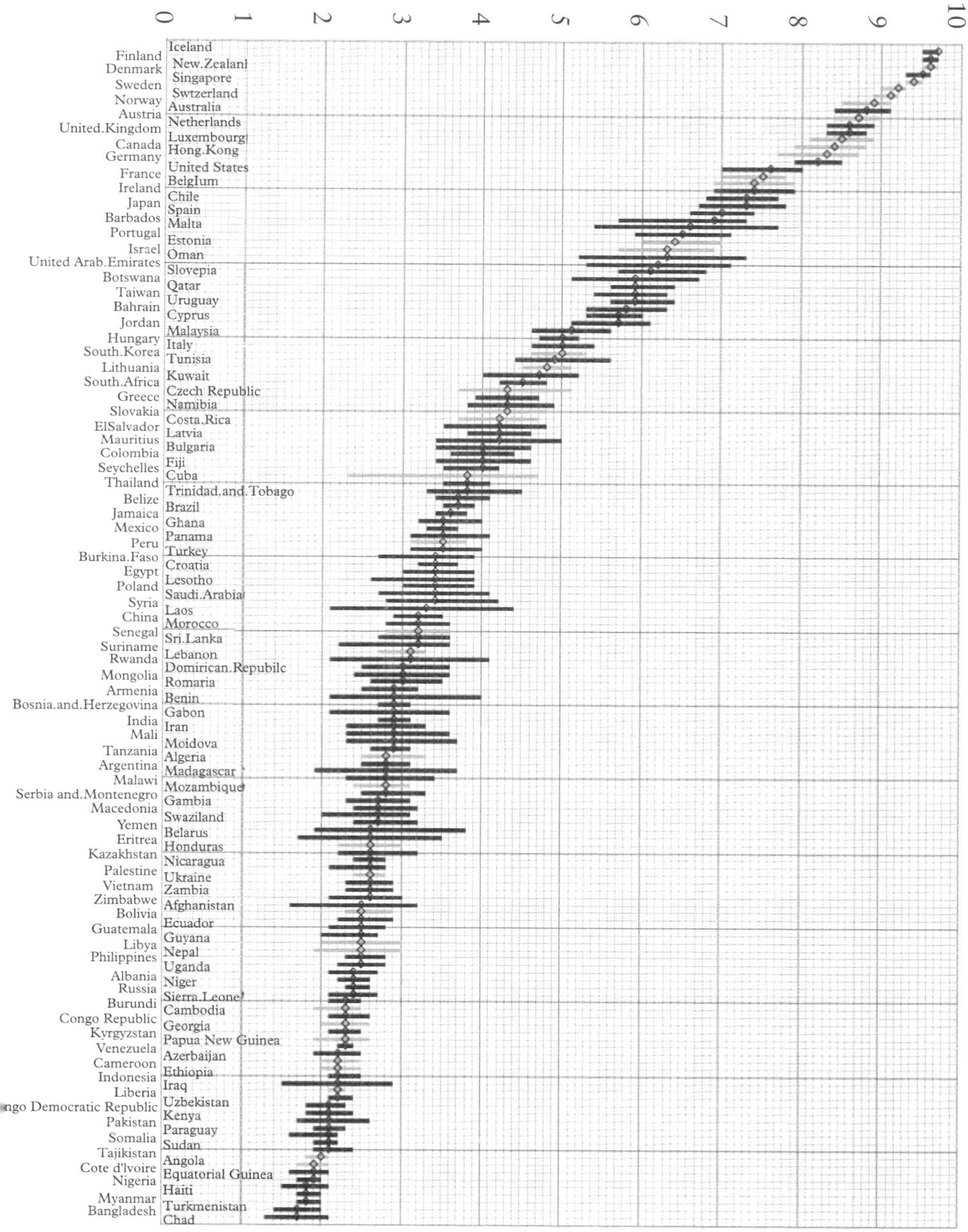

그림 1.4. 2005 부패인식지수와 근사신뢰구간: 포함확률(coverage probability)은 65-75%(회색 선) 또는 80-90%(검은 선)이다.

로하는 언론의 질과 특히 그렇게 할 수 있는 언론의 자유를 반영할 수 있기 때문이다. 자유언론을 탄압하는 국가들은 자국민의 부패에 관한 나쁜 평판을 회피할 수 있다. 그와 같은 영향은 부패인식지수의 타당성과 부패인식지수가 부패의 실제 수준을 이해하는 데 도움을 준다는 부패인식지수의 유용성을 붕괴시킬 것임에 틀림없다. 그러나 부패인식지수는 언론 자유와 긍정적 상관관계를 갖는 경향이 있다. 그와 관련한 개별적인 연구 결과는 글상자 14(부패와 언론 자유)를 보라. 높은 수준의 부패 인식은 오히려 언론 자유가 거의 없는 나라에서 발견된다. 그러므로 언론 보도가 편향된 인식을 갖게 하지는 않는 것 같다. 오히려 부패에 관한 인식은 언론보도의 영향을 받지 않고 유지되는 지표로 보인다.

그림 1.4는 2005년 부패인식지수를 신뢰구간과 함께 보여준다. 여기서 부패의 수준을 나타내는 점수의 정확성을 볼 수 있다. 이 책의 부록에 부패인식지수에 관한 기술적 세부 내용이 나와 있다.

제2장

부패의 적

국제개발기구, 사기업, 그리고 정책 결정자들의 의제에서 부패는 크게 부각되었다. 부패 현상에 대한 관심이 증가하면서 수많은 정책 처방과 계획들이 제시되고, 회의도 우후죽순으로 개최되었다. 오늘날 세계에는 부패를 막는 방법에 관한 생각들이 부족한 게 아니다. 좋은 의도는 넘쳐나지만 우리는 지금도 그러한 좋은 의도들이 성공할 가능성에 대해서는 거의 알지 못한다.

실증적 증거와 완전한 경험이 부족하기 때문에, 우리가 반부패 개혁에 관한 다양한 접근들을 비교의 관점에서 파악하려고 할 때 이용할 수 있는 이론은 없는 게 틀림없다. 관료들을 어떻게 처벌해야 하는가? 행정 절차는 어떻게 개혁해야 하는가? 의회 의원들이 국민에게 책임져야 할 범위는 어디까지인가? 일반 국민이 이용할 수 있도록 공개해야 할 정보는 무엇인가? 투명성은 언제나 도움이 되는가? 정직에 대한 보상은 가능한가? 기술적이고도 조직적인 쟁점에 초점을 맞춤으로써 부패와의 싸움을 효율적으로 수행할 수 있는가? 시민사회에는 어떠한 역할이 부과되어야 하는가? 우리는 관료들이 어느 정도로 윤리적 고려 아닌 협소한 자기 이익을 좇으리라고 예측할 것인가? 사법부의 개혁을 위하여 우리가 가진 자원의 어느 정도를 소비해야 하는가? 내부고발자들을 어떻게 다룰 것인가?

최근의 어떤 반부패 활동가 집단은 반부패를 위한 도덕성 회복 운동의 일환으로 높은 수준의 정직성이 필요하다고 주장한다. 일반적인 정책 제안 속에는 다양한 법적 기초와 절차적 가이드라인을 '강화하는' 것이 포함된다. 다양한 부문에서 정직성을 '증진'시키는 것이 거기에 포함되며 또는 공공행정에서의 '역량 구축'이 언급된다. 다양한 기부 단체, 자문회사, 다자기구가 만든 시사성 있는 안내서를 보면 전술한 그런 제안들과 함께 그와 비슷한 유행어들이 반복적으로 나온다. 그러나 그러한 안내서를 접하는 독자들은 거기 제시된 접근방법이 순환적이라는 묘한 인상을 받는다. 정직성, 강도强度, 역량이 부족한 것은 정확한 사실이지만, 어떻게 악순환을 피할 수 있을지에 대해서는 거의 떠오르는 것이 없다. 더욱이 도덕적 엄격성을 권고하는 몇몇 제안서를 읽다보면 마치 심장마비 후의 처방으로 의사가 철저한 운동 프로그램을 제안하는 것처럼 들리기도 한다. 우리에게 선하고 잘 훈련된 공직자들이 많다면, 우리는 하향식으로 부패와 싸워서 성공할 수 있을지도 모른다. 부패 반대 운동에 하나같이 동참하는 깨어있고 잘 교육받은 시민들이 우리에게 있다면, 우리는 풀뿌리 운동으로 부패를 막을 수 있다. 그러나 우리에게는 그런 것이 하나가 있으면 다른 하나는 없기 때문에 부패는 존재한다. 반부패 개혁에 성공하기 위해서는 우리가 가진 것은 완벽하지 못한 도구뿐이라는 것을 인식하는 데서 출발하지 않으면 안 된다.

반부패 개혁에 결정적으로 중요한 수많은 문제들이 있지만 주로 제안되는 것은 개혁에 대한 총체적 접근이다(Pope 2000). 한 부문의 부패는 또 다른 부문의 부패를 낳기 때문에 그러한 견해는 합리적이다. 그러므로 반부패 개혁은 알렉산더가 칼로 절단하여 풀었다는 '고르디우스의 매듭Gordian knot'을 푸는 것과 비슷하다. 다시 말해 단편적인 접근들은 소용이 없는 것 같다. 그러나 총체적 접근이 아무리 설득력 있게 들린다고 하더라도, 그것이 개혁의 방향을 분명하게 제공하는 것은 아니다. 어떤 조치를 취해야 하는지, 그리고 어디에 우선순위를 두어야 하는지를 정확히 제안하지 않은 가운데 그저 많은 것을 행하지 않으면 안 된다고 외치는 것이 총체적 접근의 특징이다. 부패와의 싸움에서 우리의 에너지를 더 잘 쏟아 부을 수 있으려면 우리에게는 이론적 영감이 더 필요하다. 일관된 경제학 이론이 소중한 통찰력을 제공할 수 있지만, 우리가 손에 들고 있는 부패라고 하는 숙제는 너무나 복잡한 성격을 지닌 것이어서 하나의 이론적 전통에 의존할 수 없다. 우리가 건전한 정책 조언을 만들어내고 싶다면, 여러 학문의 협력을 통한 학제적 접근을 해야만 성공할 가능성이 있다. 이 책을 쓰는 이유가 바로 거기에 있다.

이 퍼즐을 푸는 첫 열쇠를 제공하는 데는 실증적 연구에서 도출된 결과들이 도움이 된다. 특히 단기적으로나 중기적으로는 개혁으로 해결할 수 없는 불가피한 수준의 부패가 존재한다. 이러한 부패의 자연적인 원인들은 중첩적이다. 우선 부패에는 문화적 원인이 있다.

2.1. 불가피한 부패

경제학자들과 달리 사회학자들은 흔히 문화적 원인을 먼저 지적한다. 그 중 한 사회의 전반적인 신뢰의 수준, 종교, 위계질서의 수용이 결정적인 역할을 한다. 그리고 이러한 연구는 중요한 기여를 했다. 글상자 6에서 바로 그와 같은 의의가 있는 연구들을 검토한다.

문화와 부패의 관계는 강하다. 문화적 변수는 시간에 따라 변하지 않는다는 점을 고려하면, 문화가 원인이 되어 부패라는 결과가 나오지, 그 역은 아니라는 생각을 우리는 충분히 할 수 있다. 전반적인 신뢰의 수준이 높고 개신교인Protestants의 비중이 크고 위계질서의 수용도가 낮은 국가들은 부패의 영향을 덜 받는 것으로 인식된다. 그러나 그러한 경향만 가지고는 반부패 개혁을 위한 영감을 거의 얻지 못한다. 기껏해야 각 사회는 결국 문화적으로 결정된 수준의 부패로 돌아갈 것이므로 피상적인 반부패 개혁은 해봐야 소용 없으리라는 점만 알 수 있다. 문화적인 쟁점들은 장기적인 개혁 전략에서 다루어야만 하는 것 같다. 그러나 문화는 부패 수준의 차이를 단지 일부분만 설명해주기 때문에, 비록 문화적 전제조건이 덜 유리하다고 하더라도 국가가 더 좋게 변화할 가능성은 아직 충분하다.

문화와 부패의 관계에서 도출되는 또 하나의 결론은 개혁을 할 때 문화적 전제조건을 고려해야 한다는 것이다. 허스테드(Husted 1999)는 부패와 싸우는 효과적인 방법은 문화에 달렸다고 주장한다. 권력이 불평등하게 분배되고 위계질서가 수용되는 국가들에서는 그렇지 않은 국가들과 다른 처방이 필요할 것이다. 그와 같은 국가에서 반부패 개혁을 할 때는 풀뿌리 운동에 비하여 하향식 접근이 더 유망할 수 있다. 다른 한편, 물질적 부에 대한 열망이 강렬한 곳에서는 윤리 교육 같은 처방은 그다지 효과가 없을 것이다.

글상자 6. 부패와 신뢰

국민들 사이에 높은 수준의 신뢰가 있는 사회가 있는가 하면, 국민들이 서로를 의심하는 경향이 있는 사회가 있다. 그와 같은 '사회적 자본'의 결과를 조사하는 것이 세계가치조사World Values Survey의 자료로 가능해졌는데 세계가치조사에서는 1980년대 이래 여러 국가에서 임의로 선택한 1천 명의 사람을 대상으로 조사하며, 조사 대상 국가의 수가 점점 늘어나고 있다. 그 조사에서 묻는 질문 중에는 이러한 것이 있다. "일반적으로 말해 대부분의 사람을 신뢰할 수 있다고 당신은 말하고 싶은가요, 아니면 사람들과 관계할 때는 극히 조심하지 않으면 안 된다고 말하고 싶은가요?" 부패와 싸울 때 신뢰는 도움이 되는데 왜냐하면 신뢰가 있을 경우 관료들은 서로 간에뿐만 아니라 일반 시민들과도 더 잘 협력할 수 있기 때문이라고 라포르타와 그의 동료들(La Porta et al. 1997: 336)은 주장한다. 33개 국가를 대상으로 하고 1인당 GDP는 동일하다고 전제한 상태에서 조사한 결과, 통계적으로 의미가 있는 수준에서 신뢰가 높을수록 부패가 감소한다[음(−)의 영향]는 것을 그들은 보여준다. 이러한 결과는 아드세라와 그의 동료들(Adsera et al. 2000)에 의해서도 입증되었다. 우슬라너(Uslaner 2004)도 신뢰가 높을수록 부패는 감소한다[음(−)의 연관성]는 것을 지지했다. 인과관계에 있어서는 신뢰가 부패를 감소시키지만 그 역은 잘 성립하지 않는다고 그는 주장한다. 브죄른스코프와 팔단(Björnskov and Paldan 2004)은 부패에 관한 국제투명성기구의 자료를 가지고 시계열을 구축하는 첫 시도를 했다. 설명변수를 찾아본 결과 신뢰는 통계적으로 의미가 있는 영향을 주는 유일한 설명변수임을 그들은 발견했다.[1]

라포르타와 그의 동료들(La Porta et al. 1997: 337)은 종교가 부패의 수준에 미치는 영향도 조사했다. 이들은 가톨릭교, 동방정교, 이슬람교가 매우 위계적이라고 생각하고 그와 같은 위계적 형태의 종교는 부패를 감소시키는 데 도움이 될 수 있는 요인인 시민 참여를 저해한다고 믿는다. 또 위에서 언급한 것과 같은 33개 국가를 대상으로 다른 변수는 동일하다고 전제하고 조사한 결과 위계적 종교를 가진 인구 비율이 높을수록 부패도 많다[양(+)의 연관성]고 보고한다. 라포르타와 그의 동료들(La Porta et al. 1999: 251−252)은 조사의 규모를 확대하여 114개 국가를 대상으로도 조사했는데 그러한 연관성은 재생산되었다. 그러나 여기서 1인당 GDP를 포함하자마자 그러한 연관성은 좀 약해졌다. 종교와 부패 간의 강한 연관성은 트라이스만(Treisman 2000)에 의해서도 확인되었다. 그는 64개 국가를 대상으로 1인당 GDP 같은 다른 변수는 동일하다고 전제한 상태에서 전체 인구에서 차지하는 개신교인의 비율과 부패의 관계를 조사했는데 통계적으로 매우 의미가 있는 수준에서 개신교인 비율이 높을수록 부패는 감소한다[음(−)의 영향]는 것을 발견했다. 이는 립세트와 렌츠(Lipset and Lenz 2000), 그리고 게링과 태커(Gerring and Thacker 2005: 244−246)에 의해서도 입증되었다. 그러나 이러한 연구들과 달리 산드홀츠와 그레이(Sandholtz and Grey 2003)는 조사대상 국가의 규모를 확대하거나 연구자가 개방성에 관한 다양한 지표들이 동일하다고 전제할 경우 개신교는 통계적으로 의미가 없게 된다고 주장한다. 다양한 종교가 부패에 미치는 영향에 대해서는 팰덤(Paldam 2001)이 더 심층적으로 분석했다. 그는 11개의 상이한 종교집단을 구분하고 다른 변수는 동일하다고 전제한 상태에서 종교가 부패에 미치는 영향을 검증했다. 신교Reform Christianity와 부족종교의 비율이 높은 국가에서는 부패가 적은 반면에, 구교Pre-Reform Christianity,

---

1 누차 지적했듯이 국제투명성기구 자료의 경우 거기에 들어가는 자료의 구성이 매년 바뀌기 때문에 그 시계열적 가치는 왜곡된다. 브죄르나코프와 팔단(Björnskov and Paldan 2004)은 시계열 자료에서 나타나는 순서상의ordinal 변화, 즉 한 국가의 등급이 다른 국가에 비해 나아졌는가만 말한다. 이런 식의 접근 때문에 순전히 방법론적 성격에서 유발되는 일회성 변화는 실제 추세에 관한 정보에 비해 역할이 작을 수 있다.

이슬람교, 불교, 힌두교의 영향력이 큰 국가에서는 부패 수준이 높았다. 그러나 그러한 영향이 통계적으로 의미가 있는 것은 신교도들(개신교인과 성공회 신자)의 경우뿐이었다.

라포르타와 그의 동료들의 주장과 같은 맥락에서 위계질서가 부패를 증가시킨다는 관념은 허스테드(Husted 1999)에 의해서도 뒷받침되었는데 그는 완전히 다른 일련의 자료들을 사용했다. 그는 호프스테드(Hofstede 1999)의 조사를 바탕으로 문화적 가치에 관한 자료를 사용했다. 거기서 정의된 한 가지 변수는 '권력 거리power distance'라고 불리는데 이것은 "한 국가의 제도와 조직에서 힘이 약한 성원들이 권력은 불평등하게 배분되었다고 기대하며 수용하는 정도"(Husted 1999: 343)를 측정한 것이다. 그 정도가 클수록 부패도 많아지는[양(+)의 영향] 것으로 나타났는데 그렇게 나타난 조사는 44개 국가를 대상으로 다른 설명변수는 동일하다고 전제한 상태에서 다양한 회귀분석을 한 것이다. 이 지표에 부수적으로 따르는 또 다른 두 개의 문화적 변수도 통계적으로 의미가 있는 수준에서 부패의 수준에 영향을 미쳤다. 첫째, 물질적 성공의 추구가 삶의 질에 대한 관심을 지배하는 정도[2]가 클수록 부패의 수준도 높아졌다[양(+)의 영향]. 둘째, 한 문화의 성원이 불확실성이나 알려지지 않은 상황으로 인해 위협받는다고 느끼는 정도가 클수록 부패의 수준도 높아졌다[양(+)의 영향]. 후자의 변수는 분명히 위험 회피와 구분되어야 하는데 위험 회피는 부패를 감소시킬 것으로 기대할 수 있기 때문이다. 한 문화의 성원이 불확실성으로 인해 위협받는다고 느끼는 정도가 클수록 부패의 수준도 높아지는 이유는 부패 거래에서 얻는 이득이 불확실성을 감소시킬 수 있으리라고 기대하기 때문이다. 로버트슨과 와트슨(Robertson and Watson 2004)도 대체로 그와 같은 결과를 재생산했다.[3]

앤더슨과 트베르도바(Anderson and Tverdova 2003)는 부패가 공무원에 대한 신뢰와 정치체계에 대한 평가에 미치는 영향을 조사했다. 그러한 목적에서 그들

---

2 이 변수는 남성성-여성성masculinity-femininity으로 불린다. 이러한 용어는 사람들을 오도하므로 나는 사용하지 않는다. [옮긴이] 물질적 성공의 추구가 삶의 질에 대한 관심을 지배하는 정도가 클수록 더 남성적이라는 것이다.

3 로버트슨과 와트슨은 또한 외국인 직접 투자FDI의 수준이 변화하면 그것이 부패에 영향을 미친다고 주장하는데 왜냐하면 외국인 직접 투자는 지역의 기업인들에게 기대하지 않았던 가외 수입을 가져다주고, 지역 기업인들은 이윤 획득 기회를 나눠가지는 수단으로서 부패에 의존하기 때문이다. 그러한 이론적 추론에 대해서는 좀 더 고려할 필요가 있지만, 외국인 직접 투자는 시기에 따라 상당히 다른 경향이 있고, 이들이 사용한 1998-1999년의 변화는 신뢰할 만한 측정이 아닐 수 있다는 점을 지적해두고 싶다.

은 1996년 국제사회조사프로그램(International Social Survey Program: ISSP)의 조사 자료를 사용했다. 응답자들이 보고한 바와 같이 부패는 공무원에 대한 신뢰를 통계적으로 의미가 있는 수준에서 감소시킨다는 것을 그들은 발견했다. 또 다른 결과는 응답자들의 정치체계에 대한 평가를 말해준다. "대체로 오늘날 당신의 국가에서 민주주의 체계는 얼마나 잘 혹은 잘못 작동한다고 생각합니까?" 부패의 수준이 높은 국가에서 그 평가는 통계적으로 의미가 있는 수준에서 더 나쁜 것으로 밝혀졌다. 흥미롭게도 현재의 집권세력을 지지하는 사람들 사이에서 그러한 영향은 통계적으로 의미가 있는 수준에서 약화된다고 그들은 보고한다.

다른 문화적 변수로서 검증된 것들은 '전통주의traditionalism'[4]와 관련된다. 전통적인 종교적 가치가 지배하는 사회와 달리 권위에 대한 세속적 · 합리적secular-rational 태도를 함양하는 사회(예를 들면 특수주의적particularistic[5]이거나 가족주의적인 가치가 아니라 일반적인impersonal 가치가 더 중요한 사회)에서는 부패가 덜한 것으로 인식된다. 가족을 매우 존중하는 것도 부패의 수준을 높이는 요인이 된다. 가족 이해가 공적인 의무와 충돌할 수 있기 때문일 것이다. 친족에 대한 존중도가 높은 곳에서는 족벌주의적인nepotistic 유형의 부패가 부각될 수 있다. 그와 관련된 연구를 글상자 7에서 검토했다. 그러나 그와 같은 연구 결과에서 반부패 개혁을 위한 정책적 제언을 도출하기는 어려울 것이다.

글상자 7. 부패, 가치, 그리고 식민주의

산드홀츠와 타게페라(Sandholtz and Taagepera 2005)는 1995년과 2001년 사이에 실시된 세계가치조사에서 두 가지의 문화적 차원을 도출한다. 첫 번째 차원

4 [옮긴이] 유럽 사상사에서 18-19세기에 걸쳐, 18세기의 계몽사상에 반대하여 중세의 종교적 전통을 고집하는 입장에 섰던 사람들의 주장을 말한다. 전통주의는 넓게는 모든 과거로부터 전수된 풍습이나 사상 등만을 존중하여 시대의 발전에 따라 생겨난 새로운 것을 인정하지 않으며, 그것을 배척하는 보수주의保守主義라는 의미로 사용된다.

5 [옮긴이] 보편주의에 대치되는 개념으로 흔히 족벌주의nepotism나 정실주의favoritism는 특수주의가 우세한 경우에 나타나는 사회현상이다. T. 파슨스T. Parsons가 전근대적 사회행동을 이해하기 위하여 제시하고 있는 사회관계 유형변수 중의 하나이다.

에서는 권위에 대한 전통적 태도와 세속적 합리적 태도를 측정한다. 두 번째 차원은 생존과 자기표현을 대비시킨다. 이 차원에서는 사람들이 개인적이고도 경제적인 안정에 초점을 맞추는지, 아니면 개인적인 자기표현이나 삶의 질에 초점을 맞추는지를 조사한다. 아프리카와 이슬람 국가들은 전통적 태도를 가지고 있고 자국의 낮은 소득으로 인하여 '생존'에 초점을 맞추는 정도가 높다. 개신교 국가들은 자기표현을 지향하며 세속적 태도를 지닌다. 전에 공산주의였던 국가들은 세속적 전통을 지니지만 자국의 낮은 소득으로 인하여 '생존'에 초점을 맞추는 정도가 매우 높다. 이들은 여전히 불안하고 불행하다고 느끼면서도 신God을 믿지 않는다. 라틴 아메리카, 미국, 아일랜드, 캐나다, 호주의 응답자들은 자기표현을 중시하지만 어느 정도는 권위에 대한 전통적인 태도도 지닌다. 이러한 나라의 사람들은 신을 믿기 때문에 안정감과 행복감을 느낀다. '생존' 지향적 태도가 강하면 '전통' 지향적 태도가 강한 경우보다 두 배나 더 부패의 수준을 높이는 것으로 저자들은 제시한다. 불행하게도 저자들은 이러한 차원이 어떻게 결정되는지를 그다지 간명하게 설명하지 못한다. 그들은 또한 회귀분석을 하면서 1인당 GDP와 같은 몇 가지 다른 일반적인 변수를 통제하지도 않는다. 즉, 1인당 GDP 같은 다른 요인은 동일하다는 전제 하에 조사 결과의 타당성을 검증해야 하는데 그렇게 하지 않은 것이다. 이러한 점에 비추어 보면, 전통과 관련하여 통계적으로 유의미한 것으로 나타난 결과가 생존과 관련하여 통계적으로 유의미한 것으로 나타난 결과보다 더 흥미로운 것 같고, 생존과 관련하여 통계적으로 유의미한 것으로 나타난 결과는 1인당 소득이 동일하다고 전제할 때 그 통계적 의미가 감소할 가능성이 있다. 탈공산주의 국가에서 부패의 수준이 더 높다는 것은 게링과 태커(Gerring and Thacker 2005: 245-246)에 의해서도 보고되었는데 이들은 탈공산주의 국가들이 여전히 유지하고 있는 사회주의적 법 전통이 부패를 증가시킨다는 것을 보여준다.

립세트와 렌츠(Lipset and Lenz 2000: 120)는 '가족주의'를 측정하는 척도를 만든 다음에 가족주의와 부패의 관계를 검증한다. 세계가치조사에서 부모의 자질과 잘못에 관계없이 사람은 항상 부모를 사랑하고 존경해야 한다는 데 동의하는 응답자의 비율이 그들의 가족주의에 대한 자료이다. 이혼은 정당화될 수 없다고 생각하는 사람들의 비율을 측정하는 것이 두 번째 항목이다. 회귀분석 결과 1인당 소득이 동일하다고 전제할 때에도 가족주의의 측정치가 높을수록 부패도 증가하는 것[양(+)의 연관성]으로 나타났다.

피스만과 미구엘(Fisman and Miguel 2006)은 뉴욕 시에 있는 유엔 외교관들과 부패의 상관관계를 관찰한다. 외교관의 면책특권에 따라 외교관의 주차위반에 대해서는 기본적으로 법집행을 하지 않는다. 그러므로 주차규정 준수는 오직 내적 동기에 의해서만 이뤄지고, 그러한 내적 동기의 측면은 그 외교관의 출신국의 부패 수준이 잘 말해준다고 볼 수 있다. 실제로 연구 결과 부패 수준이 높은 국가 출신 외교관들이 통계적으로 의미가 있는 수준에서 더 많은 주차위반을 한 것으로 나타났다.

부패 수준에 대한 식민주의의 영향에 대해서는 아직 충분히 진전된 연구가 없다. 그러나 부패의 원인을 조사하는 연구에서 식민 유산 변수는 종종 통제변수[6]에 포함된다. 스와미와 그의 동료들(Swamy et al. 2001), 그리고 트라이스만(Treisman 2000)이 바로 그러한 경우이다. 트라이스만에 따르면 1인당 소득과 보통법common law 체계의 존재와 같은 다른 많은 요인들이 동일하다고 전제할 경우 과거 영국 식민지였던 국가들은 다른 나라들보다 낮은 부패 수준을 보여준다. 이러한 결과는 스와미와 그의 동료들(Swamy et al. 2001)에 의해서도 재생산된다.[7] 영국이 아닌 다른 나라 식민지였던 국가들의 경우 부패 수준에서 그와 같은 감소를 보여주지 않는다는 것을 스와미와 그의 동료들, 그리고 트라이스만의 연구에서 공통적으로 발견했다.

식민주의가 부패 수준을 증가시키지는 않는다는 점이 놀랍다. 물론 일각에서는 식민주의가 부패 수준을 높인다고 주장하지만 그것은 어디까지 입증되지 않은 일회성 조사 결과에 불과하다. 그러나 위에서 대략적으로 서술했듯이, 이러한 연구들에서는 식민주의가 부패에 미치는 영향을 우선적으로 조사하려고 하지 않았다. 건전한 결론에 도달하기 위해서는 더 많은 분석이 필요한데 그러려면 더미변수[8]의 사용을 넘어 식민 지배의 좀더 자세한 특징들을 고려해야 한다.

---

6 [옮긴이] 통제변수control variables는 연구를 수행하면서 탐구를 원하지 않기 때문에 통제하는 변수이다. 연구자가 실제 연구하고자 하는 변수에 직간접적인 영향을 미칠 가능성이 있는 변수들이기 때문에 일단 연구 과정에 포함시킨 후 이를 통제함으로써 더 타당한 연구 결과를 얻게 된다. 통제 변수의 효과를 통계적으로 통제하는 방법으로는 다중회귀분석이나 공분산분석 기법이 있다.

7 그러나 레더만과 그의 동료들(Lederman et al. 2001)은 거기에 동의하지 않는다. 그들의 회귀분석에서는 영국의 법 전통이 부패를 감소시키지 않는다. 이것은 그들이 부패에 관한 PRS 자료를 사용한 것과 관련이 있을 수 있다.

8 [옮긴이] 더미변수dummy variable는 예를 들면 선거 시기 여부와 같이 명백히 영향을 준다는 것을 알고 있어도 통계숫자로서는 포착하기 힘든 요인이다. 그래서 평상시는 0,

부패를 심화시키는 데 사회구조가 미치는 영향이 최근 관심의 대상이 되었다. 그 한 가지 관심은 젠더와 관련된 것이다. 남성이 지배하는 네트워크들은 부패 친화적일 수 있다. 그러한 남성 지배적 네트워크들은 사회 전체의 이익을 희생시킨 가운데 족벌주의적이거나 연고주의적인 이익을 증진하기 위하여 설립되었을 가능성이 있다. 여성의 권리가 향상되면 그것은 부패를 감소시키는 방향으로 작용할 수 있을 것이다. 의회의 토론에 양성이 모두 참여하고 관료들의 의사결정 과정에서도 성적 경계를 넘어 의사소통이 이루어진다면 그에 따른 투명성의 증대와 더불어 부패가 줄어들 수 있다. 글상자 8은 그와 관련된 연구들을 나열하고 있다. 연구자들 중에는 여성 개개인이 본질적으로 덜 부패한다고 가정하지만 정말 그러한지의 여부는 국가간 비교분석의 범위를 넘어서는 것 같다. 그와 같은 가정을 검증하기 위해서는 여성이 지배하는 사회를 분석할 필요가 있지만 우리의 조사 대상 국가 중에서 그와 같은 경우는 거의 없다. 남성 지배 사회보다 양성을 더 잘 혼합하는 경우가 부패를 감소시키는 것 같다는 것이 우리가 관찰할 수 있는 전부이다.

그러나 덜 부패한 사회가 양성평등을 더 잘 보장하는 역의 인과관계도 존재하는데 거기에는 그만한 이유가 있다. 부패의 수준이 낮은 사회에서는 남성 지배적 네트워크들에 대하여 제한을 가할 수 있고 여성들에게 법적 보호를 제공할 수 있으며 여성들이 고위직에 접근하는 것을 더 용이하게 할 수 있다. 부패한 국가에서 여성들의 권리를 확립하기란 어려우며, 여성들은 자력으로는 부패 감소에 거의 기여할 수 없을 것이다.

글상자 8. 부패와 젠더

스와미와 그의 동료들(Swamy et al. 2001), 그리고 달러와 그의 동료들(Dollar et al. 2001)은 젠더가 부패에 미치는 영향을 조사했다. 이 연구자들은 노동력과

선거가 있었던 시기는 1의 값을 취하여 인위적인 변수로 그 영향도를 측정한다. 가변수假變數 혹은 의변수擬變數라고도 한다.

의회에서 각각 여성이 차지하는 비율을 변수로 정한다. 같은 시점의 66개국을 대상으로 분석한 결과 노동력 중에서 여성이 차지하는 비율이 높을수록 부패가 감소하고[음(−)의 영향], 마찬가지로 의회에서 여성이 차지하는 비율이 높을수록 부패가 감소하는 것[음(−)의 영향]으로 나타났다. 다른 다양한 요인들은 동일하다고 전제한 가운데 회귀분석을 한 결과 그러한 영향의 강도가 높고, 매우 다양한 회귀분석을 통틀어 통계적으로 매우 의미가 있을 뿐만 아니라 또한 견고하게 유지되었다. 이러한 발견은 스와미와 그의 동료들이 거시적인 국가 간 비교분석이 아니라 일부 미시적인 분석을 통하여 얻은 결과와도 비슷하며, 여성의 역할을 증진하기 위하여 설계된 정책은 부패 수준을 낮추는 데 도움이 될 수 있다는 점을 시사한다. 성과 추(Sung and Chu 2003)도 비슷한 결과를 보고했다.

그러나 여성 참여와 부패는 둘 다 다른 요인들에 의하여 추동될 수 있다. 성(Sung 2003)은 이러한 주장을 한 걸음 더 전진시킨다. 법치, 언론 자유, 민주주의와 같은 다른 요인들이 동일하다고 전제할 경우 젠더가 부패에 미치는 영향은 상당한 정도로 감소한다는 것을 그는 보여준다. 일반적인 통제변수들을 포함해도 그의 결과는 영향을 받지 않고 유지된다. 여성이 참여한다고 해서 부패가 줄어드는 경우는 드물다고 그는 결론짓는다. 그 자료는 여성의 권리와 정직성 둘 다를 진전시키는 제도적 전제조건들이 중요하다는 것을 우리에게 더욱 잘 알려준다.

문화적 전제조건들 외에 지리적 변수 중에서도 부패를 조장하는 것이 있다. 천연자원이 풍부한 경우, 이웃국가들의 부패 수준이 높은 경우, 그리고 세계의 주요 무역센터와 먼 거리에 있는 경우에 통계적으로 의미 있는 수준에서 부패가 증가하는 것으로 관찰되었다. 글상자 9는 지리적 전제조건과 부패의 상관관계를 검토한다. 거듭 말하지만 그와 같은 발견이 반부패 개혁에 영감을 주지는 않는다. 기껏해야 그러한 자료들을 보면서 각 사회는 과연 어느 수준까지 부패의 수준을 낮출 수 있을지에 관하여 참고할 만한 기준을 얻을 수 있을 뿐이다.

글상자 9. 부패와 지리적 전제조건

아데스와 디텔라(Ades and Di Tella 1999), 그리고 라이테와 바이더만(Leite and

Weidemann 1999)은 천연자원이 풍부하면 렌트 추구 행동의 기회가 생겨나고 부패를 일으킨다고 주장한다. 두 연구 공히 한 국가의 연료와 광물 수출이 국민총생산GNP에서 차지하는 비중을 제1변수로 취급한다. 다양한 세부사항들을 고려하는 분석의 전 과정을 통틀어 연료와 광물의 비중이 높을수록 부패 수준도 통계적으로 의미가 있는 수준에서 증가하는 것으로 나타났다. 다양한 설명변수를 포함하고, 조사 대상 국가를 달리 하고, 다른 부패 지표들을 사용해도 그러한 결과는 영향을 받지 않고 유지되었다. 쿠니코바(Kunicová 2002)도 비슷한 결과를 보고했다. 몬티놀라와 잭맨(Montinola and Jackman 2002)도 비슷한 주장을 하는데 이들은 석유수출국기구OPEC 소속 국가들을 대상으로 석유의 풍부함을 더미변수로 사용했다. 여기서도 석유가 풍부할수록 한 국가의 부패 수준도 통계적으로 의미가 있는 수준에서 증가했다. 가일파슨(Gylfason 2001)이 행한 또 다른 조사에서는 천연자원의 풍부한 정도를 1차산업 분야에 고용된 노동력의 비율로 측정할 수 있다고 주장한다. 1인당 소득은 동일하다고 전제할 경우 1차산업 분야의 고용 노동력 비율이 높을수록 부패도 증가한다[양(+)의 연관성]고 그는 보고한다.

산드홀츠와 그레이(Sandholtz and Gray 2003)는 부패한 이웃나라들로 둘러싸인 국가에서 부패 수준이 높게 나타난다고 주장한다. 이웃국가들은 비슷한 문화적 특성과 규범을 공유할 것이다. 또 역내 교류가 활발하기 때문에 부패에 대한 태도가 한 국가에서 다른 국가로 흘러 넘쳐 들어갈 수 있다. 게링과 태커(Gerring and Thacker 2005)는 국가의 위치가 적도에서 멀어질수록 부패는 감소한다는 것을 발견했다. 아데스와 디텔라(Ades and Di Tella 1999), 그리고 웨이(Wei 2000a)는 세계의 주요 무역센터에서 먼 국가일수록 부패가 증가한다는 것을 입증했다. 왜냐하면 세계의 주요 무역센터에서 멀수록 수송 비용이 증가하고 그에 따라 경쟁의 압력이 제한될 수 있기 때문이다. 이러한 제한 덕분에 지역의 독점업체들이 성장하여 뇌물을 제공하는 방법으로 자신들의 지위를 보호하기가 용이해질 수 있다.

한 국가 내부의 국제적 경쟁은 개방성의 수준으로 측정되는데 지리적 조건이 그러한 국제적 경쟁의 정도에 영향을 미칠 수 있다. 글상자 4에서 입증되었듯이 지리적 조건은 부패 감소의 원인이 될 수 있다. 웨이(Wei 2000a)는 그와 같은 지리적 조건이나 개방 무역 정책이 부패 감소에 결정적인지를 조사했다. 그는 한 국가의 전체 인구와 그 국가가 세계 무역의 중심지들로부터 멀다는 점으로부터 비롯된 개방성의 정도를 가지고 '자연적 개방성'을 규정한다. 이 두 가지 측정치가 공히 한 국가의 개방성을 낮추는 경향이 있는데 전자로 말하자면 대국은 외부 세계와 덜 교역하는 경향이 있기 때문이고, 후자의 경우 수송 비용으로 말미암아 대외무역의 매력이 감소되기 때문이다. 이러한 지표들은 한 국가의 무역제도와는 관계가 없고, 따라서 회귀분석에서 종속변수인 부패 수준의 영향을 받지도 않는다(즉, 외생적이다exogenous). 다시 말하면 부패 수준의 높고 낮음에 따라 인구 규모가 달라지거나 세계무역 중심지들과의 거리가 달라지지는 않는 것이다. 그는 자연적 개방성이 한 국가의 부패 수준을 통계적으로 유의미한 정도로 낮춘다는 점을 발견했는데 이는 부패를 감소시키는 데 경쟁이 도움이 된다는 것을 가리킨다.[9] 자연적 개방성을 제외한 나머지 개방성(즉 국가 규모와 지리로 설명되지 않는 부분)은 한 국가의 무역제도와 그 국가가 글로벌 경쟁에 대하여 친화적으로 정책 결정을 하는 정도로 측정된다. 그러나 웨이는 이 변수의 유의적 영향을 발견하지 못했는데 이는 개방무역정책보다 지리적 조건들이 부패 수준에 결정적이라는 점을 시사한다.

2.2. 반부패 개혁의 방안들

이론적 연구에서 반부패 개혁을 위한 광범위한 방안들이 논의되었다. 그러한 방안들 중 극히 일부만이 실증적 연구를 기반으로 제안된 것이다. 처벌이 부패한 행동을 억제하고 이론에서 주요한 역할을 할 것이라고 많은 사람들이 생각함에도 불구하고, 그와 관련된 실증적 연구는 여전히 부재하다. 처벌에 관한 국가간 비교자료를 찾기 어렵기 때문에 그와 같은 연구가 부재할지도 모른다.

법적 기준에 관한 연구도 드물다. 스트라트만(Stratmann 2003)은 14개 국가의 선거자금 규칙의 엄격성에 관한 지수를 만들었는데 놀랍게도 그 규칙이 엄격할수록 부패 수준도 높아지는 것을 관찰했다. 이러한 놀라운

9 글상자 2에서 인용한 내크와 아즈파르(Knack and Azfar 2003)의 조사 결과는 웨이의 결론에 의문을 던진다. 인구 규모와 부패의 상관관계는 단지 표본 선택의 인위적 결과에 불과하다고 내크와 아즈파르는 주장한다. 웨이의 연구는 인구 규모에 의존하기 때문에 그의 '자연적 개방성'은 내크와 아즈파르의 그러한 비판의 영향에서 자유롭지 못할 것이다.

발견은 통제변수의 결여와 내생성endogeneity으로 인한 것일 수도 있다. 부패 수준이 높으면 그에 대한 처방으로 기부 제한이라는 엄격한 선거자금 규칙을 채택할 수 있다. 그러므로 그러한 결과가 나왔다고 해서 선거자금 규칙의 집행을 두려워해서는 안 될 것이다.

최근 또 다른 차원의 연구에서는 공무원 임금 인상의 효과에 초점을 맞춘다. 공무원 임금 인상이 부패에 영향을 미치는 이유는 뇌물을 받다가 발각되었을 때 해고될 것에 대한 두려움 때문이다. 임금 수준이 높으면 공직 보유자들은 향후 소득 증가에 대한 희망을 가질 수 있는데 만일 해고된다면 그런 희망은 사라지고 말 것이다. 공무원의 내재적 동기도 임금에 따라 향상될 수 있다. 그러나 글상자 10에서 보듯이 공무원 임금이 부패를 감소시키는 것에 관한 실증적 증거는 빈약하다.

글상자 10. 부패와 공무원 임금

에번스와 로치(Evans and Rauch 2000)는 35개 개도국을 대상으로 성과급 채용이 부패에 미치는 영향을 조사했다. 성과급 채용 지수의 값이 높으면 그와 비례하여 핵심 경제기관의 고위직 관리 중에서 대졸 학위를 가지고 있거나 공식적인 시험체계를 통하여 공무원이 된 사람들의 비율도 높았다. 소득이 동일하다고 전제하면, 이 지수가 높을수록 부패는 감소하는 것[음(–)의 연관성]으로 나타났다.

반 리지케겜과 벨더(Van Rijckeghem and Welder 2001)는 공공부문 임금 수준이 부패의 많고 적음과 가지는 연관성의 정도를 조사했다. 임금이 낮으면 공무원들이 자신들의 소득을 불법으로 보충한다고 그들은 주장한다. 그와 동시에 높은 임금은 공무원들을 헌신하게 하는 소중한 인센티브이지만, 만일 공무원이 뇌물을 받다가 적발되어 해고되면 그것을 상실하게 된다. 31개 개도국을 대상으로 한 소규모 표본조사에서 공무원 임금(제조업 종사자 임금과 대비한)이 높을수록 통계적으로 의미가 있는 수준에서 부패가 감소함[음(–)의 상관관계]을 발견했다. 공무원 임금을 두 배로 올릴 경우 국제투명성기구TI 지수가 약 1포인트 높아질 만큼 부패 지수를 개선하여 국가청렴도를 높일 것이다.[10] 저자들은 또한 그러한 연관

10 저자들은 정치위기관리그룹PRS의 부패 지수가 0.5포인트 개선되는 것으로 언급한다. 이것은 국제투명성기구 지수의 해당 부차표본sub-sample 국가들과 대략 절반 정도의

성이 역의 인과관계에 의해 추동되었을 수도 있다고 지적한다. 부패한 국가들은 대체로 재정 능력이 취약하거나 공무원들이 부패로 충분한 소득을 얻는다는 관념을 가질 수 있기 때문에 공무원 임금을 삭감하게 된다. 임금을 인상함으로써 부패와 싸워 보려는 생각은 그와 같은 내생성endogeneity 문제로 인하여 성공 가능성이 감퇴되고 만다. 심지어는 이러한 쟁점을 무시할 경우 공무원 임금 인상은 부패와의 싸움에서 돈만 많이 드는 처방으로 치부될 수 있다.

다른 연구에서도 임금이 부패에 미치는 영향과 관련해서는 역시 빈약한 결과가 제시된다. 매노(Manow 2005), 스와미와 그의 동료들(Swamy et al. 2001), 그리고 트라이스만(Treisman 2000)은 다른 많은 요인들이 동일하다고 전제한 가운데 1인당 GDP에서 차지하는 평균 정부 임금의 비율을 조사한다. 부패에 관한 어떤 지표들을 사용하였는가와 통제변수의 포함 여부에 따라 다르기는 하지만 그 조사 결과는 모호하며, 대부분은 통계적으로 의미가 없는 것으로 나타났다.

종합적인 국가 간 조사에서 임금의 효과는 대체로 빈약하지만, 디텔라와 샤르그로드스키(Di Tella and Schargrodsky 2003)는 병원 자재 담당 직원들의 임금이 높을수록 그들이 표준화된 의료제품을 구입한 가격은 낮아진다는 것[음(-)의 영향]을 발견했다. 만약에 여기서 가격이 올라간다면 그것은 부패를 가리키게 될 것이다. 특히 회계 감사가 대충 행해지는 곳에서 그처럼 임금이 부패에 미치는 영향이 뚜렷하다고 그들은 주장한다. 그러므로 회계 감사는 기본적인 수준으로 행하고 임금은 높다면 의료제품의 가격이 낮아질 수 있다는 것을 뒷받침하는 증거도 산재해 있는 것으로 보인다.

반부패 개혁의 또 다른 제안은 민주주의를 활성화하는 것이다. 민주주의의 활성화가 부패를 막는 데 효과가 있는 것은 주로 국민의 위임을 받아 정치적인 자리에 오르기 위한 치열한 경쟁과 관련이 있다. 우선 정치적 지위를 놓고 경쟁하게 되면 실적이 현저히 나쁜 사람들을 사회가 제거할 수

표준편차standard deviation를 가진다. TI 지수에서는 1포인트 개선되고 PRS 지수에서는 0.5포인트 개선되므로 절반이다.

있게 될 것이다. 자신들의 개인적 소득에만 관심이 있는 지도자들은 표를 얻지 못하고 공직에서 밀려날 수 있다. 야당 출신 후보들은 조금만 개선하겠다고 약속해도 쉽게 권력을 장악할 수 있을 것이다(Rose-Ackerman 1978: 28). 경쟁하에서는 현역 선출직 공직자들이 자신들의 행동에 책임지도록 하는 것이 더 용이하고, 투표자들은 정치인의 이기적 행동을 더 잘 확인하고 제재할 수 있다(Rose-Ackerman 2005: 4). 그러므로 경쟁은 보이지 않는 손처럼 작동할 수 있고, 혹시 정치인들에게 자비심이 없더라도 경쟁이 공공복지를 추구하도록 보장하는 기제가 될 수 있다. 이것이 적어도 슘페터(Schumpeter 1942) 이후 정치경제학에서 기본적으로 주장하는 것이다.

원천적으로 인간에게는 선한 속성이 존재하지 않는다는 자비심의 가정[11]이 경제학 이론에서는 때로 지나치게 강조된다. 그에 따르면 정치인들은 생산성이나 공공이익에 의해 1차적으로 동기부여가 되지 않을 수 있고, 그들은 심지어 통제와 감시 시스템을 설계하면서 그것이 생산성을 저해할 수 있음을 고려하여 양자 사이에서 균형을 취할 필요가 있음에도 불구하고 균형을 잡으려고도 하지 않는다고 한다(Moe 1984: 761-762). 심지어 정부는 순전히 자기만족적으로 영위될 수도 있다는 것이다. 국민을 위해 봉사하려는 내적 동기가 희박할 경우, 지도자들로 하여금 국민의 권력을 위임받은 자로서의 사명감을 기초적인 수준에서나마 지니도록 하는 데는 오로지 경쟁 말고는 없을지도 모른다는 것이 경제학자들의 생각이다.

민주주의가 부패에 미치는 영향을 실증적으로 평가한 연구에 관해서는 글상자 11을 보라. 이러한 연구들이 입증하듯이, 민주주의가 향상되면 부패는 감소하지만 즉각적으로 감소하지는 않으며, 어정쩡한 유형의 민주주의나 선거참여가 거의 없는 유형의 민주주의는 부패를 감소시키지 못한다. 권위주의 체제를 어정쩡한 민주주의로 변환하기 전에 그 체제가 정직

11 [옮긴이] 경제학에서는 경쟁이 이기적인 행위자로 하여금 일반대중을 위해 일하도록 이끎으로써 자비를 대체했다고 본다. 경쟁이라는 보이지 않는 손을 철저하게 신뢰하는 것이 경제학이다.

성을 존중하는 자신들 특유의 방법들을 확립했는지의 여부와 체제전환 과정에서 이러한 것들이 어떻게 위협받을 수 있는지를 반드시 고려할 필요가 있다.

글상자 11. 부패와 민주주의

정치적 권리, 즉 민주주의에 관한 가스틸 지수(Freedon House; Gastil 1986을 보라)[12]가 부패에 미치는 영향을 팰덤(Paldam 2002)이 검증한다. 민주주의와 부패는 상관관계가 크지만, 이러한 관계는 다변량회귀분석multivariate regression[13]에서 1인당 GDP가 등식에 입력되자마자 깨져버린다. 그와 비슷한 결과를 다른 많은 사람들(Goldsmith 1999; Persson et al. 2003; Sandholtz and Koetzle 2000)도 보고한다. 그러나 트라이스만(Treisman 2000)은 민주주의의 전통이 1950년까지 거슬러 올라가는 64개 선진 민주주의 국가들을 대상으로 선택하여 민주주의의 영향을 검증한 결과, 통계적으로 의미가 있는 영향을 발견했다. 현재 민주주의의 정도는 통계적으로 유의미한 영향을 미치지 않지만 장기간 민주주의에 노출되면 부패는 감소된다고 주장한다. 게링과 태커(Gerring and Thacker 2004; 2005)도 한 국가가 1900년 이래 민주주의였던 누적 연수를 사용하여 통계적으로 의미가 있는 결과를 제공한다.

몬티놀라와 잭맨(Montinola and Jackman 2002)은 집회결사의 자유와 입법부의 효율성 외의 가스틸 지수도 포함하는 더 넓은 민주주의 측정치를 사용한다. 그리하여 부패에 미치는 비선형적 영향을 발견한다.[14] 독재체제에서 갓 벗어난

12 [옮긴이] 가스틸 지수는 프리덤하우스Freedom House에서 매년 발간하는 R. D. 가스틸R. D. Gastil의 정치적 자유도와 시민자유도의 지표이다. 전 세계 많은 국가의 통계자료를 담고 있고, 자료의 수집기간도 1972년부터 최근까지 이어져 여러 민주주의 지표 중 같은 시점의 국가간 분석이나 시계열의 통계분석에 가장 흔히 사용된다.

13 [옮긴이] 어떤 대상의 성격을 규명하기 위하여 한 개의 종속변수만을 활용하여 현상을 관찰하고 분석하는 것을 단변량분석univariate analysis이라고 하는 데 반해, 여러 개의 독립변수가 여러 개의 종속변수에 미치는 영향을 동시에 분석해보는 통계적 방법을 다변량분석multivariate analysis이라고 한다. 통계적으로는 종속변수의 관계성을 고려한 상태에서 여러 개의 단변량분석을 동시에 수행하는 것을 의미한다. 그러한 다변량분석을 회귀분석regression analysis의 방법으로 하는 것이 다변량회귀분석이다.

14 [옮긴이] 회귀분석에서 변수들 간의 관계식이 직선 또는 평면인 모형을 선형linear 회귀모형이라 하고 곡선 또는 곡면인 모형을 비선형nonlinear 회귀 모형이라 한다.

미약한 수준의 민주주의는 부패를 감소시키지 못한다. 일정한 문턱을 넘어선 후에야 민주적 관행은 부패를 억제한다. 매노(Manow 2005)도 좀 더 시사적인 데이터를 근거로 하여 이러한 결과를 지지한다. 중간 수준의 민주적 체제medium-democratic에서는 총체적으로 권위주의적인 체제보다 부패가 (살짝) 더 높기도 하다고 매노는 결론을 내린다. 이러한 문턱을 넘어서게 되면 민주주의는 부패를 감소시킨다는 것을 그는 입증한다. 성(Sung 2004)은 부패와 민주주의의 관계에 대하여 상이한 함수 형태를 검증함으로써 3차함수 형태가 데이터에 가장 적합하다는 것을 발견했다. 이러한 형태를 사용한 결과 프리덤하우스 지수(가스틸 지수)에서 7과 2 사이의 점수에 걸쳐 있는 국가들에서는 민주주의가 부패에 미치는 영향이 모호하게 나타났다. 프리덤하우스 지수에서 1점이라는 가장 좋은 점수를 보이는 국가에서만 부패 감소 효과가 나타났다. 그러나 1인당 소득은 동일하다고 전제하지 않았기 때문에 그의 연구 결과가 얼마나 견고한지를 판단하기는 어렵다. 아드세라와 그의 동료들(Adsera et al. 2000)은 선거 참여와 관련하여 통계적으로 의미가 있는 결과를 얻었다. 또한 다른 다양한 요인들이 동일하다고 전제하면, 선거 참여도가 높은 국가에서 부패 수준이 낮아진다는 것을 밝혀냈다. 이로써 우리는 민주주의의 좀더 복잡미묘한 양상을 알 수 있다.

대통령이든 총리이든 간에 지배자에게 부과되는 한 가지 중요한 제약은 흔히 의회가 행사하는 권력이다. 의회는 때때로 자기 자신의 이기적 목표를 추구하지만 이러한 경우에도 의회의 독립성이 가지는 힘으로 인하여 지배자의 이기적인 행동을 효과적으로 제한할 수 있다. 글상자 12에서 검토하듯이, 의원내각제 국가가 부패 수준이 낮은 경향이 있는 반면에 대통령의 권력이 막강한 체제에서는 부패가 심한 것으로 인식된다.

그러나 누락변수 편향omitted variable bias 때문에 정치학자들 사이에서는 그러한 결과를 놓고도 논란이 분분하다. 고려하지 못한 한 가지 변수는 정당의 질이다(Shugart 1999). 정당이 폭넓은 국가 이익에 헌신하지 않는 나라에서는 대통령중심제가 두 번째로 좋은 대안이 될 수 있다. 이러한 경우에 대통령중심제는 높은 부패 수준의 원인이라기보다는 그러한 부패에 대한 대책이 될 수 있다.

글상자 12. 부패와 의원내각제

대통령중심제에서는 정책 결정 권력이 입법부와 대통령에게 나뉘어 있지만 의원내각제에서는 입법부와 행정부가 융합되어 있는데 이러한 의원내각제의 특성이 부패를 막는 데 어떤 효과가 있는지를 게링과 태커(Gerring and Thacker 2004)가 조사했다. 그리하여 의원내각제에서 부패가 적다는 것을 입증했다. 이와 비슷한 결과는 레더만과 그의 동료들(Lederman et al. 2001), 그리고 파니자(Panizza 2001)에 의해서도 보고되었다. 쿠니코바(Kunicová 2005)도 다른 많은 요인들은 동일하다고 전제한 가운데 100여 개 국가를 대상으로 조사하여 같은 결과를 얻었다. 임기가 제한된 대통령을 더미변수로 도입함으로써 그녀는 자신의 분석을 확장했다. 그녀는 임기 제한이 있을 때 대통령중심제는 부패를 증가시킨다고 보고한다. 현역 대통령이 임기 말에 잃을 것이 없을 때 그러한 부패 증가 현상이 초래될 가능성이 있다는 것이다. 또한 대통령이 강력할 때, 즉 대통령의 권력 범위가 입법과 비입법 기능 둘 다를 초월하여 팽창될 때 부패는 증가한다는 것을 보여주었다. 43개 대통령중심제 국가들을 대상으로 조사한 결과 이러한 권력 지표들과 비례하여 부패가 증가했다는 것이다. 쿠니코바와 로즈애커만(Kuniková and Rose-Ackerman 2005)은 의원내각제와 대통령중심제, 다수대표제[15]와 비례대표제[16]가 각각 부패에 미치는 영향을 비교분석했다. 대통령중심제가 폐쇄형 정당명부식 비례대표제와 결합되었을 때 부패에 가장 취약했다.

아드세라와 그의 동료들(Adsera et al. 2000)은 대통령중심제가 부패를 통제하는 데 긍정적 영향을 미친다는 예기치 않은 조사 결과를 획득했다. 이것은 아마도 대통령중심제를 다른 방식으로 계량화했기 때문에 나타난 결과일 것이다. 예를 들어 대통령중심제라는 변수를 더미변수로 결정하지 않고, 대통령이 직선으로 뽑히면 0, 대통령이 의회에서 선출되지만 실질적인 권력을 보유하면 1, 순수 의원내각제이면 2의 값을 부여한 것이다. 아드세라와 그의 동료들이 다른 결과를 얻은 것은 정치불안을 변수로 포함시켰기 때문일 수도 있다. 정치가 불안하면 부패는 증가하며 정치불안은 헌법구조와 유관할 수 있다.

---

15 [옮긴이] 다수대표제plurality voting란 한 선거구에서 한 명을 뽑는 소선거구제와 같이 다수표를 얻은 자를 당선인으로 하는 선거제도를 말한다.

16 [옮긴이] 폐쇄형 정당명부식 비례대표제closed-list proportional representation란 정당이 명부상 후보자의 순위를 결정하며 유권자는 정당에 투표하는 선거제도를 말한다. 개방형은 유권자가 인물에 투표할 수 있게 하여 투표 결과에 따라 후보자의 순위가 달라지는 방식인데 스위스와 룩셈부르크가 개방형 정당명부식 비례대표제를 채택하고 있다.

부패 방지책으로 고려되는 또 하나의 쟁점은 정치인 간의 경쟁이다. 경쟁이 있으면 정부 내의 사리사욕 추구 행위가 제한될 수 있을 뿐 아니라 정치 지도자들이 하급자들을 철저하게 통제하지 않을 수 없게 된다. 경쟁으로 선출된 지배자는 관료나 정당인들이 국민을 위해 봉사하도록 확실히 단속해야 하는 부담을 지게 된다(Breton and Wintrobe 1975). 경쟁으로 선출된 정부는 그 내부의 사리사욕 추구 행위에 책임을 져야 할 뿐만 아니라 정부의 여러 대행기관에 존재하는 관료적 부패에 대해서도 책임을 져야 한다. 하위 직급의 부패를 잘 막지도 못하고 막으려고도 하지 않는 정치인들은 퇴출 당할 각오를 해야 할 것이다. 그러므로 정부는 그 성원과 행정이 어떻게 하면 공공복지에 잘 기여하는지를 감시하고, 그렇게 함으로써 직무 기피, 직무 태만, 부정부패를 추방하게 될 것이다.

그러나 경쟁의 힘을 과대평가해서는 안 된다. 경쟁의 기제가 작동한다고 해서 비효율적인 프로그램이 근절되고 부정직한 정치인들이 퇴출된다는 보장은 없다고 모에(Moe 1984: 762)는 주장한다. 그렇게 되는 한 가지 이유는 부패로 인하여 선출 과정이 왜곡되는 것이다. 부패한 소득에 대한 통제권을 쥔 정치인들은 이러한 자원들을 사용하여 권력에 계속 머문다. 지지자들에게 렌트를 배분해줄 수 있는 능력과 부패는 정치적 생존을 보장하는 유용한 도구가 될 수 있다. 정직한 정치인들은 자신이 처분할 수 있는 그와 같은 자원이 적기 때문에 정치적 자리 다툼에서 패배하고 도태될 수 있다(Buchanan 1993: 69). 그리하여 협상력이 뛰어나서 정치적 지원을 받을 수 있는 사람이 생존에 가장 유리한 위치에 서게 된다. 자비로운 지배자조차도 정치적 지지를 얻기 위하여 자기 양심을 팔 수 있다. 경쟁만으로는 지도자의 자비가 승리하는 것을 담보하기에 불충분하다. 선거 패배가 부패를 증가시킬 위험성에 대해서는 로즈애커만(Rose-Ackerman 2005: 4)도 지적한다. 자리를 잃게 될 위험이 있으면 정당 지도자들은 정직성을 유지하기가 더 어려워진다. 이렇게 되면 정당 지도자들은 지지자들에게 다른 혜택으로 보상하려는 유혹을 받는다. 이런 형태의 편파적인 연고주의로 인해 노골적인 부패가 생겨날 수 있는데 왜냐하면 편파적인 정치인들은 투명성과 책임을 강화하는 규제로 인해 자신의 연고주의에 제한이 가해지는 것을 싫어하기 때문이다. 이런 점에서 선거제도가 부패에 미치는 영향에 관한 최근의 실증적 연구는 시사하는 바가 크다. 글상자 13을 보라. 거기서 논증되듯이 선거제도는 후보 간의 경쟁을 제고할 수 있지만, 그것이 부패에 미치는 영향은 모호할 수 있다.

글상자 13. 부패와 선거제도

페르손과 그의 동료들(Persson et al. 2003)은 같은 시점을 기준으로 80여 개의 민주주의 국가에서 선거제도가 부패에 미치는 영향을 조사했다. 선거구가 작을수록(선거구가 작으면 각 선거구에서 뽑히는 의원의 숫자가 적은 것이 특징이다) 새로운 후보의 진입이 어렵기 때문에 이러한 선거제도는 부패를 증대시킨다고 그들은 주장한다. 선거구가 작을 경우 후보나 정당이 지역의 요구나 필요에 부응하는 데 더 많은 노력이 필요하고 따라서 후보들 간의 경쟁이 감소하고 유권자에 대한 후보의 책임감도 떨어진다. 그와 대조적으로 선거구가 크면 새로운 정당이나 새로운 후보의 진입 장벽이 낮고, 따라서 경쟁이 심해지기 때문에 부패를 감소시키는 데 도움이 된다. 선거구가 크면 부패를 감소시킨다고 그들은 보고한다. 그러나 이러한 영향은 단지 10% 수준에서 통계적으로 의미가 있을 뿐이고 다른 세부사항을 반영할 경우 그다지 견고하게 유지되지 못한다. 다마니아와 그의 동료들(Damania et al. 2004), 그리고 파니자(Panizza 2001)의 조사에서도 통계적으로 높은 의미가 있는 결과가 도출되지 않았다. 그에 비하여 통계적으로 높은 의미가 있는 연구 결과가 도출된 것은 페르손과 그의 동료들이 정당명부와 관련된 조사를 했을 때이다. 개별 후보들이 출마하여 의원으로 뽑히는 국가보다 의원들이 정당명부에서 선출되는 국가가 부패 수준이 높다는 점을 발견한 것이다. 정당명부식 선거제도의 경우 개인의 책임감이 낮기 때문에 부패 수준이 높을 가능성이 있다. 칠레의 투명지수가 높은 것은 무엇보다도 소선거구를 피하고 정당명부를 제한하는 선거제도 덕분일 것이라고 그들은 말한다.

창과 골든(Chang and Golden 2004)은 페르손과 그의 동료들의 연구에서 정당명부 투표에 관한 변수의 단순화를 비판한다. 창과 골든은 유권자들이 정당에만 투표하는 폐쇄형 정당명부식 비례대표제 투표는 유권자가 정당도 선택하고 정당이 공천한 후보도 평가하는 개방형 정당명부식 비례대표제 투표와 구분되어야 한다고 주장한다. 그 두 가지 유형의 정당명부식 투표제가 부패에 미치는 영향은 투표구의 크기에 따라 다르게 나타난다는 것이다. 창과 골든은 큰 투표구의 경우에는 폐쇄형 정당명부식이 부패 방지에 도움이 된 반면, 작은 투표구에서는 개방형 정당명부식이 부패를 억제한다는 것을 발견했다. 정치인들은 개방형 정당명부식 비례대표제 투표에서 상대를 꺾고 승리하기 위하여 (심지어는 불법적인) 자원도 끌어 모을 필요가 있다고 말한다. 이러한 현상은 선거구가 클수록 더 뚜렷해지는 경향이 있으며, 이는 폐쇄형 정당명부식이 왜 더 나은 제도인지를 말해준다.

페르손과 그의 동료들(Persson et al. 2003)은 선거구가 클수록 정당명부 투표의 영향력도 커진다는 것[양(+)의 상관관계]을 알게 되었다. 투표제도는 소선거구에서 가장 표를 많이 얻은 사람이 국회 의석을 차지하는 다수득표제와 대선거구에서 정당끼리 경쟁하는 비례대표제로 대별된다. 대선거구는 부패를 줄이는 데 도움이 되지만, 정당명부 투표의 영향력이 클수록 부패는 증가한다. 비례대표제가 오히려 부패를 증가시키는 이러한 결과는 쿠니코바와 로즈애커만(Kuniková and Rose-Ackerman 2005)에 의해서도 뒷받침된다. 이들은 다수득표제보다 비례대표제가 부패를 더욱 증가시킨다는 것을 발견했다. 모든 하원 의석을 소선거구제로 선출하는 영국 선거제도가 부패 감소에 가장 효과적이라는 것이다.[17]

이러한 모든 결과에 대해 매노(Manow 2005)는 정면도전을 했는데 매노에 의하면 선거에서 정당의 영향력이 클수록 부패를 감소시킨다는 것이다. 그는 정당의 수명이 개별 후보의 수명보다 훨씬 길며, 여기서 정당의 일개 구성원의 부정행위야말로 정당의 평판을 심각하게 훼손한다는 것을 알 수 있다고 주장한다. 정당이 그 구성원에 대하여 신상필벌信賞必罰을 엄히 하는 이유가 바로 거기에 있다는 것이다. 기성 정당과 그 영향력이 부패를 막는 데 도움이 된다는 점을 다시 한 번 상기할 필요가 있다고 그는 주장한다. 페르손과 그의 동료들은 정당명부가 부패를 증가시킨다는 결과를 내놓았지만, 매노는 그러한 결과가 성숙도가 높은 민주주의 국가 또는 정치적 자유의 수준이 높은(프리덤하우스 지수에서 3과 1 사이에 있는) 국가들만을 대상으로 조사할 경우 무너지는 것을 보여준다.

이러한 모순된 결과에 대해서는 파니자(Panizza 2001: 326, 336, 338)의 설명

17 이러한 결과는 영국 식민주의와 영국 법 전통을 더미변수로 포함해도 유지된다. 그러나 쿠니코바와 로즈애커만은 선거제도의 영향이 다른 변수들의 영향에 비하여 작다고 지적한다.

을 들을 필요가 있다. 그는 101개 국가를 대상으로 한 회귀분석에서 족벌주의나 연고주의와 같은 '특수주의'에 관한 지수를 사용한다. 이 변수는 정당 통제가 개별 후보들에게 먹혀 들지 않는 정도를 보여준다. 그 변수에는 어떤 후보가 정당의 이름을 사용하는지에 관한 정당의 영향력 유무, 후보에게 표를 찍는지 아니면 정당명부에 표를 찍는지의 여부, 그리고 유권자가 정당이나 후보에 대한 선호를 표명할 수 있는지의 여부가 포함된다. 파니자는 이러한 변수들이 부패의 정도에 미치는 선형적인 영향을 발견하지 못했다. 그러나 그는 비선형적 영향을 발견했다. 즉 정당의 영향력이 중간 수준이고 개별 후보의 영향력도 어느 정도 제한적인 국가들이 부패가 가장 적은 것으로 나타났다(Panizza 2001: 336, 338). 비선형적 영향을 주었다는 점에 비추어 보면, 조사 대상 국가의 선택이 결과에 심각한 영향을 미친다는 것을 알 수 있다. 예를 들어 선거가 정당 위주로 치러지고 부패가 만연한 아프리카, 라틴 아메리카, 그리고 동유럽 국가들을 무시하면, 매노의 연구 결과와 마찬가지로 정당이 오히려 부패를 감소시키는 결과를 얻을 수 있을 것이다. 조사 대상 국가의 선택에 관해서는 그 옳고 그름을 간단히 말할 수 없다. 그리고 특수주의에 관한 기존 연구에서 어떤 완벽한 결과를 획득할 수도 없다.

대체로 정치적 자리를 위한 경쟁이 있으면 사리사욕 추구형 지도자를 없애는 데 도움이 될 수 있다. 그러나 부패의 수준을 효과적으로 감소시키려면 단순히 선거를 전면적으로 실시하는 일 이상의 것이 필요하다. 선거제도의 세부적인 차이가 부패 수준에 미치는 영향은 다소 복합적인 것 같다. 선거에서의 경쟁이 부패 감소라는 바람직한 결실을 맺기 위해서는 선거 과정의 공정성과 정직성을 보장하는 것이 한 가지 결정적인 전제조건이 되지만, 그러한 공정성과 정직성이야말로 늘 부족한 게 현실이다. 정치적 경쟁은 확실히 그 자체로 바람직하고, 나아가 권력자들로 하여금 보통 시민들과 가까워지게 하는 데 도움이 된다. 그러나 선거제도의 세부적인 기술적 측면에서 반부패 개혁의 수단을 찾기는 거의 어렵다고 봐야 한다.

반부패 개혁을 위한 한 가지 더 유망한 수단은 언론 자유와 유관하다. 검찰의 기소를 받고 실형을 선고 받기를 두려워하는 것 이상으로 정치인들은 자신의 부패에 관한 언론 보도로 인해 평판이 저하될 위험이 있기 때문에 부패 행위를 자제할 수 있다. 부패 스캔들이 공표되는 과정은 반드시 공정하고 불편부당하지 않을 수 있지만, 그럼에도 불구하고 부패 사건 보도는 공직 보유자들로 하여금 부패 행위를 삼가도록 유도한다. 언론이 부패를 막는 한 가지 기본적인 전제조건은 언론의 자유와 독립성이다. 실제로 글상자 14에서 드러나듯이, 언론이 자유로울수록 부패는 감소한다[음(-)의 상관관계]는 것을 뒷받침하는 실제적인 연구 결과가 존재한다. 그러므로 미디어의 질, 자유, 독립성을 향상시키는 것을 목적으로 개혁을 추구하면 부패를 감소시키는 데 효과적이다.

글상자 14. 부패와 언론 자유

부패에 관한 다양한 지수들과 언론 자유에 관한 지표들을 회귀분석한 결과, 언론 자유는 부패를 억제하는 데 효과적인 것으로 나타났다고 브루네티와 베더(Brunetti and Weder 2003)는 말한다. 언론 자유에 관한 지표에는 프리덤하우스가 조사한 "언론 보도 내용에 영향을 미치는 법규," "언론 보도 내용에 대한 정치적 영향," "언론 보도 내용에 대한 경제적 영향," "언론 자유를 억압하는 제반 활동"이 포함된다. 이러한 각각의 네 가지 지수들과 총체적 언론 자유 지수가 모두 다양한 세부적 조건하에서도 부패 수준을 낮추는 것으로 나타났다. 언론이 자유로울수록 부패가 감소하는 것[음(-)의 상관관계]은 레더만과 그의 동료들(Lederman et al. 2001)에 의해서도 확인되었다. 베슬리와 프래트(Besley and Prat 2006)는 신문의 소유 집중도와 부패의 상관관계뿐만 아니라 신문의 국가 소유와 부패의 상관관계도 조사했다. 그러나 그들은 다른 일반적인 설명변수들이 동일하다고 전제한 가운데 회귀분석을 한 것이 아니다. 이러한 연구의 또 한 가지 약점은 PRS의 부패지수를 사용한 것이다. 그러나 브루네티와 베더(Brunetti and Weder 2003)는 다른 지표들을 사용함으로써 자신들의 연구 결과를 검증하기도 했기 때문에 우리는 그들의 연구 결과를 좀더 신뢰할 수 있다. 성(Sung 2002)은 국제투명성기구 부패인식지수를 사용하여 언론이 자유로울수록 부패가 감소하는 경향성이 매우 뚜렷하다는 것[강한 음(-)의 상관관계]을 확인했지만, 1인당 소득이 동일하다고 전제하지는 않았다(즉, 1인당 소득 변수를 통제하지는 않았다).

부패한 권위주의 정권은 언론 자유를 제한할 수 있고, 이는 언론 자유와 부패의 인과관계가 반대로 될 수 있음을 시사한다.[18] 그럼에도 불구하고, 브루네티와 베더(Brunetti and Weder 2003)는 자신들의 결과가 도구변수들의 사용 후에도 유지된다는 것을 보여주고, 인과관계는 대체로 언론 자유가 부패를 감소시키는 방향으로 흐른다고 주장했다. 아드세라와 그의 동료들(Adsera et al. 2000)은 1인당 1일 평균 열독閱讀 신문 숫자에 관한 자료를 사용했다. 이 숫자는 1인당 1일 0.7부의 신문을 보는 홍콩에서부터 0부의 신문을 보는 모리타니아[19]까지 걸쳐 있다. 특히 민주주의 국가에서 1인당 신문 열독량이 많을수록 부패가 적다[음(-)의 상관관계]는 것을 그들은 보여준다. 여기서 또 한 가지 알 수 있는 것은 성공적인 언론이 존재할 경우 엘리트가 부패한 행동을 하고도 발각되지 않고 빠져나가기가 어렵기 때문에 성공적인 언론은 부패한 정치를 막을 강력한 장치가 될 수 있다는 것이다.

린드슈테트와 노린(Lindstedt and Naurin 2005)도 언론 자유가 부패를 감소시킨다는 것을 보여주지만, 이러한 영향은 주로 민주주의 국가와 교육 수준이 높은 국가에서만 나타난다. 반부패 개혁의 초점을 언론 자유에만 맞출 경우 불충분하다는 결론을 내릴 수 있다.

반부패 개혁의 또 한 가지 영역은 사법제도이다. 사법부의 질이 높으면 부패를 억제하는 요인으로 작용한다. 그러나 판결을 돈으로 살 수 있고 판사들이 뇌물을 받을 만큼 질이 낮은 경우에도 사법부는 여전히 부패를 감소시킬 수 있다. 사법부가 독립적이기만 하면, 한 국가의 엘리트가 부패한 거래를 했을 경우 법원은 그 엘리트의 지위를 위태롭게 할 수 있다. 반면 정치가 사법부에 강한 영향을 미치는 일부 국가에서는 큰 물고기가 검찰의 기소를 피하는 일이 가능해진다. 어떤 경우에는 사법부가 부패한 엘리트들의 부패한 거래를 법적으로 보장함으로써 부패한 엘리트들을 비호하는 쪽으로 작동하기조차 한다. 글상자 15에서 드러나듯이, 실제로 사법부가 독립적이면 부패는 감소한다는 사실이 입증되었다. 그러려면 검찰의

---

18 [옮긴이] 권위주의 정권의 부패가 원인이 되어 언론 자유의 제한이라는 결과가 초래될 수 있다는 것이다.
19 [옮긴이] 모리타니아는 아프리카 북서부에 있는 이슬람 국가이다.

독립성도 보장되어야 할 것이다. 그러나 사법부나 검찰의 독립성을 보장하려면 법률 개정 이상의 것이 필요하다. 오히려 실제의 독립성이 작동되도록 해야 한다. 그와 같은 반부패 개혁을 추진할 때 확실히 해야 할 것은 사법부의 부패 추방도 반부패 개혁에 중요하다는 사실을 간과해서는 안 된다는 점이다.

글상자 15. 부패와 사법제도

세계은행(World Bank 1997: 104, 168)의 조사는 사법부의 질에 초점을 맞추었다. 다른 설명변수들은 동일하다고 전제한 가운데, 55개 국을 대상으로 조사한 결과 WB/UB(세계은행/바젤대학교)의 사법부 예측 가능성 지수는 통계적으로 의미가 있는 정도로 부패 수준에 영향을 미쳤다. 헤르츠펠트와 바이스(Herzfeld and Weiss 2003)는 법질서가 잘 확립되어 있을수록 부패가 감소하는 경향이 뚜렷하다는 것[강한 음(−)의 상관관계]을 보여준다. ICRG의 법질서 변수는 정치제도의 건전성, 법원제도의 강점, 그리고 권력의 질서 있는 승계를 위한 조항의 존재 여부를 측정한다.

아데스와 디텔라(Ades and Di Tella 1996)는 부패와 사법제도의 독립성 간에 상관관계가 존재한다고 말한다. 성(Sung 2002)도 부패와 사법제도 간의 상관성을 보고했지만, 그는 1인당 소득이 동일하다고 전제한 가운데 조사 결과를 검증하지 않은 한계를 노정했다. 다마니아와 그의 동료들(Damania et al. 2004)도 기존의 여러 지수를 바탕으로 사람들이 사회 규칙에 의거하여 살아가는 경향, 사법부의 예측 가능성과 효율성, 그리고 법적 계약의 실효성과 같은 다양한 쟁점을 포괄하는 새로운 지수를 만들어 부패와의 상관관계를 조사했는데 그 지수가 높을수록 부패가 감소하는 것을 보여준다. 그러나 이 변수가 정의하는 범위가 넓을 뿐만 아니라 종속변수인 부패에 의하여 내생적으로 영향받을 가능성도 있다는 점을 고려하면, 그 상관관계의 계수는 쉽게 상승하는 편향성을 지닐 수 있다.

보이그와 그의 동료들(Voigt et al. 2004)은 검찰의 독립성이 부패에 미치는 영향을 조사한다. 또한 대법원 판사, 법학 교수, 변호사, 반부패 활동가들에게 보낸 질문서로 보완한 독립성 자료를 제공한다. 이들은 법률적 독립성(예를 들면 종신직, 비정치인의 임명과 승진, 특정 사건을 수사하는 검사를 행정부가 바꿀 수 없어야 하는 것)과 실질적 독립성(예를 들어 강요된 은퇴, 법적 기초의 잦은 변화, 그리고 검사의 소득과 예산의 감소 같은 일들이 존재한다면 독립성이 아니라 종속성을 띠는 것으로 보아야 한다)을 구분한다. 그들은 실질적 독립성이 부패를 감소시킨다는 것을 발견하고, 이것을 행정부와 영향력 있는 정치인들의 사법부 개입을 차단한 데 따른 효과로 설명한다. 흥미롭게도 법률적 독립성은 부패를 증가시키는 것으로 나타났다. 이러한 결과는 놀랍다. 법적 개혁은 효과가 없는 경우도 있겠지만, 법률적 독립성이 부패의 증가를 초래하는 것은 언뜻 이해하기 어렵다. 이러한 결과를 설명할 수 있는 한 가지 방법은 종속변수인 부패가 법률적 독립성에 영향을 미친다고 이해하는 것이다. 법적 독립성이 부패에 영향을 미치는 것보다는 오히려 부패가 구두선에 불과한 법적 독립성을 낳는다. 행정부에 부패가 많을수록 검찰의 독립성에 대하여 더욱 더 기꺼이 립서비스를 하게 되는 것이다.

이러한 결과는 차치하고라도 반부패 개혁에 관한 우리의 지식은 상당히 제한되어 있다. 그뿐만 아니라 우리에게 영감을 불어넣을 만한 건전한 이론적 분석틀도 존재하지 않는다.

2.3. 반부패 개혁을 위한 새로운 영감

부패를 이론적으로 규명하려는 작업들은 반부패 개혁에 영감을 불어넣어 주기보다는 오히려 반부패 개혁을 방해하는 경우가 자주 있었다. 부패와 복지의 연관성을 규명함에 있어서 처음으로 등장한 이론은 렌트 추구 이론rent-seeking theory이다. 렌트 추구 이론은 5장에서 더 자세히 다룬다. 부패는 로비 제도의 대안이라는 것이 렌트 추구 이론이 취한 관점이다. 정책 결정자들은 특혜를 제공할 수 있고, 부패나 로비 제도의 존재 덕분에 이러한 특권은 거래 대상이 된다. 부패와 로비 제도라고 하는 이 두 가지 악을 비교하면, 부패는 정치인에게 이익을 가져다 주는 반면에, 로비 제도의 경우 대중운동에 대한 시간 소모적인 대응, 법적 소송을 피하기 위한 노력, 그리고 한 사람의 대중적 평판을 지키는 것이 수반되기 때문에 오히려 정치인을 들볶을 수가 있다. 로비 제도의 경우 사기업의 렌트 추구를 위한 지출은 그저 낭비될 뿐이지만, 부패의 경우에 사기업의 렌트 추구를 위한 지출은 공무원들에게 혜택을 가져다 준다. 그러므로 부패는 거래 비용이 로비보다 작다. 렌트 추구 이론의 문제점은 바로 그 정책적 처방이 이상하다는 것이다. 이러한 거래 비용 때문에 로비 제도보다는 부패가 낫다고 렌트 추구 이론은 주장한다. 이러한 일련의 생각 때문에 수십 년 동안 반부패 개혁의 종합적인 청사진이 제시되지 못했다. 렌트 추구 이론의 정책 처방은 아주 이상하다. 그도 그럴 것이 부패를 용납해야 한다고 주장하기 때문이다. 반면에 로비 제도의 경우 특혜를 거래하는 데 따르는 낭비가 심하므로 그런 소모적인 경쟁적 로비를 줄이는 데 노력을 경주해야 한다는 것이 렌트 추구 이론의 관점이다. 렌트 추구 이론에 따르면 경쟁적인 로비보다는 족벌주의가 낫다. 투명한 정치적 경쟁보다는 자의적 의사결정에 의한 정치가 더 좋다는 것이다. 또한 이익을 정치인에게 이전하면 거래 비용이 감소하므로 정치인에게 이익을 이전하지 못하도록 방해해서는 안 된다는 것이다.

이 책에서 제안하는 반부패 개혁 방안은 그와는 정반대다. 정치인에게 이익을 이전하는 것은 가능한 한 어렵게 해야 하고 비용이 많이 들도록 해야 한다. 이 책의 제안이 옳다는 것을 5장에서 입증해 보이면서 초기 렌트 추구 이론이 틀렸음을 입증할 것이다. 초기 렌트 추구 이론의 결론은 부패의 원인에 관한 일방적인 가정에 근거하고 있다. 그러나 뇌물을 받을 수 있을 것 같을 때만 정치인이 특혜를 제공하게 된다는 점을 고려하는 순간 그러한 일방적인 가정은 잘못되었음이 드러난다. 즉, 뇌물을 받을 수 없다면 공적인 의사결정은 왜곡되지 않게 되고 따라서 특혜와 렌트는 애당초 생기지 않을 가능성이 열리는 것이다.

거래 비용이 정치인과 관료의 행동에 결정적 영향을 미친다는 점을 고려하면, 우리는 거래 비용의 뿌리를 반드시 이해해야만 한다. 우리는 규범과 신뢰, 그리고 부패한 관계가 수립되는 정확한 메커니즘 간의 연관성을 조사해야만 한다. 상품과 서비스의 부패한 거래를 근본적인 사회적 패턴, 도덕적 감정, 그리고 신뢰할 만한 파트너를 찾을 필요성과 연관시키는 이론적인 연구는 6장부터 9장까지 두루 걸쳐 제시한다. 부패한 거래가 이루어지려면 상호협력이 필요한데 이러한 필요를 충족시키기 위해 사용되는 제도들을 밝혀내고 그러한 제도들이 어떻게 진화하는지도 알아내지 않으면 안 된다.

부패의 수준이 높다고들 흔히 개탄하지만 학자들은 오히려 부패 수준이 왜 더 높지는 않은지 궁금해 한다. 이기심이 인간의 본성으로 여겨지는 가운데 치부할 기회는 언제든지 포착될 것이다. 공적인 의사결정을 하는 사람들을 불신하는 것은 자연스러운 일이 될 것이다. 그들을 신뢰하는 것은 순진한 태도로 보인다. 정직성의 수준이 놀라울 정도로 높다는 점을 우리가 때로 의아하게 여기는 것이 당연하다는 사실을 고려하면, 사회과학자들은 자신의 이론적 설명이 부족하다는 것을 고백하지 않으면 안 된다. 최근의 실험에서도 연구자들은 정직성이 예상보다 높다(부패의 수준은 예상보다 낮다)는 것을 발견했다(Schulze and Frank 2003).

이러한 역설을 설명하는 한 가지 방법은 부패한 거래를 조성하고 보장하는 (대부분 비공식적인) 제도들에 초점을 맞추는 것이다. 부패한 거래의 당사자들은 서로 간의 합의 조건을 협상하고 각 당사자가 그 약속을 확실하게 지키도록 하는 데 어려움을 겪는다. 그와 동시에 그들은 항상 서로를 배신하고 싶은 유혹을 받는다. 그와 같은 배신은 사회 전체의 입장에서 보면 좋은 일인데 왜냐하면 그로 인해 부패는 골치 아픈 거래라는 점이 확실해지고 따라서 부패 거래에 가담할 가능성이 있는 사람들도 확실히 조심하게 되기 때문이다. 최근 인도에서 실제로 있었던 일처럼 공무원들이 뇌물로 받은 돈이 위폐로 확인되거나, 중국에서 있었던 사건처럼 뇌물로 받은 골동품이 가짜로 확인되면, 그 결과 공무원들은 불안감을 갖게 되고 그렇게 되면 미래에 뇌물을 요구하지 않게 되는 가장 확실한 효과가 발생한다.[20] 그와 비슷하게 뇌물을 받는 공무원이 반대급부로 제공해야 할 약속

20 인터내셔널 헤럴드 트리뷴, "하나의 부패한 도시에서 중국 전체를 괴롭히는 전염병을 본다", 2002.3.8; 뉴질랜드 헤럴드, "뇌물이 가짜일 때 정말 골치 아프다", 2002.3.28;

그림 2.1. 샤피로J. Shapiro의 만화, 《데일리메일&가디언*Daily Mail and Guardian*》, 1999년 7월 11일.

"이 나라에서 윤리는 형편없이 추락하고 있어요."
"아들아, 네가 윤리 문제에 신경을 다 쓰다니 다행이구나."
"보세요. 제가 고3 수학 시험 문제를 사려고 하는데 이 사기꾼이 나에게 가짜를 팔려고 해요."

을 지키지 않을 때 기업인은 자신의 불법적인 전략을 지속할 가능성이 줄어들 수 있다.

제도가 수행하는 가장 중요한 기능은 기회주의적 행동이 경제적 교환을 더럽히지 않도록 지켜내는 것이다. 그러나 이와 같이 경제적 거래를 안전하게 지켜주는 메커니즘은 두 가지 상이한 방법으로 사용될 수 있다. 즉, 합법적인 거래를 보호하고 거래 비용을 줄이는 데 도움이 되는 방향으로 사용될 수 있는 반면에 합법적 활동의 공식화된 규범과는 반대되는 방향으로 치닫는 거래를 가능하게 하는 데 사용될 수도 있다. 부패 거래는 그 중 하나이다.

아시아타임스, "만연한 부패 속에서 부패거래 당사자들이 서로 속임으로써 혼란이 초래되다", 2002.4.4를 보라.

부패한 거래는 보통 익명의 시장에서는 발생하지 않는다. 그 결과 부패의 행위자들은 나름의 충분한 여지를 가지고 자신의 거래를 위한 제도를 설계한다. 부패 거래에서 상호주의, 충성심, 그리고 정직성과 같은 비공식적 제도들은 다양한 제도적 환경에 따라 증가될 수 있다. 최근 발간된 한 연구 결과에서는 상이한 저자들이 이 주제에 관해 소중한 통찰력을 제공했다(Lambsdorff et al. 2004). 이 연구 결과에 실린 논문들 덕분에 이렇게 제도 경제학의 관점에서 부패를 새롭게 바라보는 연구 영역의 기초가 마련되었다. 부패가 어느 정도로 기회주의에 취약한지를 탐구하게 되면 초점은 거래 비용에 맞추어진다. 거래 비용은 수익을 위해 서비스나 물자를 교환하는 결과로 발생하는 비용이다. 거래 비용에는 전형적으로 부패 거래의 파트너 찾기, 계약 조건 결정하기, 그리고 추후에 합의 이행 보장하기가 포함된다.

부패 거래의 거래 비용을 세밀하게 조사해보면 합법 거래의 거래 비용과 현저한 차이가 드러난다. 첫째, 부패 거래는 불이행 시에 법의 보호를 받지 못한다.[21] 둘째, 부패는 반드시 일반대중들이 모르도록 숨겨야 한다. 셋째, 상호 비난과 고발의 위협이 상존하기 때문에 부패 거래의 당사자들은 거래가 종료되고 나서도 서로에게 '매여 있다'. 그 결과 부패 계약의 경우 기회주의적 배신의 우려를 떨치기가 특히 어렵다. 부패 계약의 거래 비용은 합법 계약의 거래 비용보다 더 높다.

법원은 부패 거래의 이행을 보장해주지 않을 것이고, 따라서 부패 행위자들은 다른 메커니즘을 찾지 않을 수 없게 된다. 부패 행위자들은 자신들의 합의가 저절로 이행되도록 하는 방법을 사용해야 한다. 그리하여 다양한 형태의 제도적 해법이 실행되는데 여기서 우리는 반부패 개혁의 방향을 잡을 수 있다. 서로를 신뢰하지 못하는 부패 행위의 당사자들은 흔히 중

21 우슬라너(Uslaner 2004)는 이에 반대되는 사례를 제시하는데, 이것은 내가 지금까지 접한 유일한 것이다. 이탈리아의 법원은 부패 거래에서 약속한 혜택을 불이행하면 처벌받는다penalized고 판결했다. 이 사례는 명백히 규칙이라기보다는 예외이다.

그림 2.2. 랙스만Laxman의 만화, 《타임스 오브 인디아*Times of India*》

"원칙주의자로군. 그는 뇌물을 받았지만 나에게 허가를 주는 것은 규칙에 반하기 때문에 허가를 내주지 않았다네."

개인을 이용한다. 중개인들의 중개 행위를 실질적으로 들여다본 연구 결과가 최근에 나왔다(Aburish 1986; Andvig 1995; Moody-Stuart 1997). 중개인들이 하는 일은 부패 거래의 양쪽 당사자에게 공히 신뢰받는 존재가 됨으로써 양자 사이에 다리를 놓는 것이다. 부패 거래의 파트너를 공공연하게 찾는 것이 너무 위험한 곳에서 그와 같은 중개인은 부패 거래의 적절한 파트너를 물색하는 데 도움이 된다. 중개인들은 심지어는 부패 거래에 합법적 외양을 덧입히기도 하는데 예를 들면 뇌물을 합법적 서비스의 대가로 받는 수수료로 위장하는 것이다. 중개인들은 공무원들이 뇌물을 받은 후에 특혜 행정 서비스를 약속대로 얼마나 충실하게 이행하는지를 감시함으로써 공무원들로 하여금 '정직한 수뢰자'로서의 자신의 평판을 유지하게끔 한다. 그러나 중개인을 이용하는 데 그 자체의 위험이 없는 것은 아니다. 중개인들은 중개의 대가로 많은 돈을 요구할 수 있고, 자신의 고객인 부패 행위 당사자들을 속일 수 있고, 이행될 수 없는 계약에 서명할 수 있고, 자신의 고객이 협박을 견디지 못하게 할 수도 있다(Bray 1999; 2004). 부패 행위자들이 직면하는 문제에 대한 해법으로서 중개인은 기껏해야 불완전한 해법이다. 부패 계약의 이행 문제가 미해결로 남아 있을 때에는 부패 거래로 한몫을 챙길 기회가 물 건너 갈 수도 있다.

부패 계약의 이행문제가 해결되지 않고 남아 있는 형태의 부패는 보통 두 가지 악 중에서 그나마 나은 쪽으로 간주된다. 비록 기업인들이 그런 유형의 부패에서 값비싼 대가를 치르더라도 그러한 유형의 부패에는 최소한의 예측 가능성과 신뢰가 존재하기 때문이다. 이것 때문에 때로 관찰자들은 부패의 예측 불가능성을 없앰으로써 부패의 악영향을 회피할 수도 있다는 잘못된 결론을 내리곤 한다. 그러나 이러한 주장은 오도된 것인데 왜냐하면 뇌물을 받은 공무원이 약속대로 특혜 행정을 베풀 것에 대한 신뢰가 결여되면 그것은 부패를 억제하는 장치로도 작동하기 때문이다. 이것에 대해서는 7장에서 알아보며, 상호주의와 사회적 편입embeddedness, 부패, 이 삼자가 어떻게 상호작용하는지에 초점을 맞춘다. 예측 불가능한 부패는 두 가지 해악 중에서 덜 해로운 것이 될 수 있는데, 예측 불가능성으로 말미암아 부패의 추가적 확산이 억제되기 때문이라는 것이 7장의 논지이다.

그와 비슷한 의미에서 헤레라와 로드리게스(Herrera and Rodriguez 2003)가 뇌물의 규모, 사업에 대한 방해, 그리고 부패의 예측 가능성 간의 연관성을 조사했다. 그들은 2000년 세계은행 기업환경설문조사Business Environment Survey의 기업인들이 뇌물 제공 여부를 밝힌 회사 수준의 자료를 사용하여 분석한 결과, 부패가 예측 가능할 때, 즉 뇌물의 규모를 미리 알고 공무원이 약속대로 이행할 때 뇌물 제공 빈도가 높아진다고 보고한다. 따라서 예측 가능성이 있으면 부패는 더욱 확산될 수 있다. 그와 비슷한 결과를 토노얀(Tonoyan 2004)도 제공하는데 1995-1996년 세계가치조사의 자료를 사용한 연구였다. 친구관계의 중요도가 클수록 높은 수준의 부패에 대한 개인적 인식("당신의 국가에서 수뢰와 부패가 얼마나 널리 확산되어 있다고 생각하십니까?")도 높다[양(+)의 상관관계]는 것을 그녀는 관찰했다. 고신뢰사회high-trust societies[22]는 대개 부패 수준이 낮은 것과 연관성이 있다고 그녀는 주장한다. 그러나 이러한 주장은 일반화된 신뢰, 즉 익명의 타자와 제도에 대한 신뢰의 경우에만 타당하다. 특수화된 신뢰, 즉 특정한 사람들(친구)에 대한 신뢰가 높은 경우에는 그 반대가 되어 부패 수준도 높다. 예를 들어 후자와 같은 유형의 신뢰는 밀접한 사업 연결망 안에서 증진된다. 그리하여 그것은 부패를 낳는 토양이 될 수 있다(Lambert-Mogiliansky 2002).

기존 사회관계는 기회주의를 방지하는 데 필요한 안전장치를 제공함으로써 경제적 교환의 기초를 놓을 수 있다. 사회구조는 개인을 장기적인 관계 속에 편입시킴으로써 경제적 교환을 용이하게 한다(Granovetter 1992). 한 사회구조의 성원들에게 있어서는 다른 성원을 이롭게 함으로써 얻는 이익이 기회주의적으로 행동하거나 다른 성원을 비난하고 싶은 마음을 능가할 수 있다. 그와 같은 사회구조하에서는 부패 계약의 이행이 쉽게 보장될 수 있다(Rose-Ackerman 1999: 98). 사회구조들은 부패 기회에 관한 정보를 퍼뜨리는 데도 도움이 될 수 있다. 집단의 성원들은 제3자에게 누설해서는 안 되는 미묘한 성격의 정보를 부여받을 수 있다. 그 결과 사람들은 시장보다 연결망을 선호하는데 왜냐하면 시장에서는 누가 정보를 얻을 것인지 알 수 없고 정보를 제공받는 누군가는 법 집행 당국과 의도적으로 협

22 [옮긴이] 프랜시스 후쿠야마Francis Fukuyama는 1995년에 출간한 《트러스트-사회도덕과 번영의 창조Trust-The Social Virtues and the Creation of Prosperity》에서 자유주의 정치·경제 체제가 역동적인 생명력을 얻기 위해서는 윤리, 도덕, 협동심 같은 사회적 자본이 바탕이 되어야 하며, 이 사회적 자본의 뼈대를 이루는 것이 트러스트(신뢰)라고 주장한다. 또 한 사회의 자본 축적은 그 사회가 가지고 있는 고유한 신뢰 수준에 따라 달라지는데, 후쿠야마는 이 신뢰 수준에 따라 국가들을 고신뢰사회와 저신뢰사회로 구분했다. 그에 의하면 중국, 프랑스, 이탈리아 등은 가족주의에 바탕을 둔 저신뢰사회이고, 일본, 독일, 미국은 가족주의에 근간을 두지 않은 고신뢰사회이다. 한국은 대기업 중심의 고도로 집중화된 산업구조를 띤다는 점에서 고신뢰사회와 비슷하지만, 중국처럼 가족주의 경향이 강해 다른 국가들과는 구별되는 특수한 저신뢰사회로 보았다.

조할 수 있기 때문이다. 따라서 사회적 편입의 정도와 유형에 따라 부패 거래를 보장하는 데 유리한 전제조건이 제공될 수 있다.

부패 계약의 이행을 보장하는 또 한 가지 방법은 서로 간에 지속적인 거래가 이미 확립되어 있는 사업 파트너끼리 부패 계약을 체결하는 것이다. 상호 신뢰, 반복적인 합법 거래, 혹은 위계적 통제가 일단 확립되면 이것은 부패 계약을 성립시키는 데 오용될 수 있다. 부패 거래가 더 넓은 맥락의 거래 속으로 편입될 것이다. 그리하여 합법 거래는 부패 거래를 '보장하는 요인'으로 작용할 수 있다. 예를 들면, 사업 파트너 간에 시장에서 합법 거래를 반복한 경험이 있으면 그것은 부패 거래의 기반이 될 수 있다. 왜냐하면 그러한 합법적 관계를 끝내겠다는 위협을 함으로써 부패 거래에서 빠져나가려는 기회주의를 효과적으로 방지할 수 있기 때문이다. 한 회사 내의 위계적 관계도 부패 거래를 형성하는 데 도움이 되는데 왜냐하면 기회주의를 억제하고 배신자를 괴롭히는 통제 메커니즘이 될 수 있기 때문이다. 이 문제는 우트쿠 텍소즈Utku Teksoz와 함께 쓴 9장에서 검토할 것이다. 이 장에서는 다양한 유형의 시장 혹은 위계적 상호작용이 부패 거래를 형성하는 데 이용될 수 있다는 것을 보여준다. 일단 신뢰관계가 진전되고 법적 위협이 확립되면 이러한 것들은 추가적인 부패 계약을 보장하는 데 오용될 수 있다. 여기서 분명히 알 게 되는 것은 부패는 시장 거래의 형태를 취하기보다는 대개 잘 아는 사업 파트너 사이에서 일어나는 것으로 국한된다는 점이다. 부패는 정규 거래에 편입되고 정규 거래는 변질되어서 불법 요소도 망라하게 된다.

기회주의가 비공식적 계약에 실제적 위협이 된다는 것은 최근 실험에 의해 입증되었다. 최근의 몇몇 연구에서는 참가자들로 하여금 뇌물 게임을 하거나 위에서 설명한 것과 비슷한 문제들에 직면시킨다. 이에 대한 포괄적 평가는 두세크와 그의 동료들(Dušek et al. 2005)을 보라. 이 연구의 결과에 따르면 상호주의가 즉각적인 자기 이익으로 연결되지 않을 때에도 상호주의는 일어난다. 사람들에게는 "내게 잘 해준 사람에게 잘 해주는"

경향이 있다. 이것은 때로 '긍정적 상호주의positive reciprocity'라고 불린다. 그리하여 설령 나에게 미래의 이익이 보장되지는 않는다 하더라도 은혜를 갚게 된다. 그러나 어떤 행위자는 상호주의적인 경향이 있는 반면에 다른 행위자는 기회주의적이다. 기회주의자들은 은혜를 갚지 않을 것이다. 그들은 자신에게 잘 해준 사람들에게 감사함을 느끼지 않거나 적어도 감사함을 느끼더라도 은혜를 갚는 데로 나아가지는 않을 것이다. 부패와의 싸움이라고 하는 관점에서 보면, 이러한 기회주의는 좋은 것인데 왜냐하면 이러한 기회주의로 인해 부패 행위자들 간의 불법 거래가 훼방을 받을 수도 있기 때문이다.

선물교환에 관한 기존 연구에 의거하여 아빙크와 그의 동료들(Abbink et al. 2000)은 두 명의 실험 참가자를 대상으로 실험을 수행하면서 그들이 상대방에게 선물을 건넬 때 상호주의를 바라도록 유도한다. 받은 만큼 주지 않고 한쪽이 도망갈 경우 다른 한쪽은 상대를 벌하는 데 자원을 사용할 수 있을 것이다. 게임이론에 의하면 그와 같은 처벌은 벌하는 사람의 소득을 늘려주지 못하기 때문에 실행되지 않을 것이라고 본다. 아무런 제재가 없을 것이라고 예견하게 되면, 선물을 받은 상대는 다른 어떤 선물로 보답할 유인을 갖지 못하게 될 것이다. 그렇다면 참가자 중 누구도 먼저 선물을 건네지 않게 되지 않을까. 그러나 게임이론의 예측과는 달리 보복은 아주 일반적으로 행해지는 게 현실이다. 두세크와 그의 동료들(Dusek et al. 2005)은 "적대적인 행동은 일관되게 처벌받는 반면에 우호적인 행동은 그다지 일관되게 보상받지 못한다"고 말한다. 여기서 두 번째 유형의 상호주의가 떠오른다. 우리에게 나쁘게 한 사람에게는 우리도 나쁘게 한다는 것이다. 이것을 '부정적 상호주의negative reciprocity'라고 하는데 보복하는 사람들은 그 보복에 많은 비용이 들더라도 보복을 선택한다. 보복의 위험과 보복이 부패 거래의 안정성에 어떤 영향을 미치는지에 대해서는 6장에서 더 분명하게 다룰 것이다.

부패를 발본색원하기 위해서는 부패에 수반되는 신뢰를 일부라도 파괴할 필요가 있을 것이다. 부패에 수반되는 신뢰란 부패 거래에서 내가 은혜를 베풀면 상호주의적으로 보답을 받을 것이라는 믿음이다. 프젤슈타트와 퉁오덴(Fjeldstad and Tungodden 2001)은 탄자니아에서 부패를 줄이기 위해 민원 서비스를 감축한 것은 실패로 나타났는데 왜냐하면 해고된 관리들이 나중에 부패의 중개인이 되어 신뢰할 만한 부패 관계를 창출했기 때문이다. 부패에 관한 첫 단속 작업 후에 부패 네트워크는 되살아나서 더 강화되었고, 부패는 원래 수준으로 복귀했다. 분명한 것은 부패를 용이하게 하는 연결망과 메커니즘을 제대로 알지 못하면 부패와의 싸움에서 채택하는 전략들은 실패할 수 있다는 것이다.

예를 들어 관료들이 뇌물을 받으면 특혜를 제공하리라는 신뢰를 깨뜨리는 데 있어서는 순환보직이 도움이 될 수 있다. 최근의 실험적 연구에서 그러한 효과는 입증되었다(Abbink 2004). 참가자들을 둘씩 짝지어주고 짝을 바꾸지 않는 가운데 게임을 반복하게 하는 신뢰 게임을 설계했는데 여기서 참가자들은 협조할 때만 함께 이득을 얻을 수 있지만 도망가는 것은 개인의 선택에 맡겼다. 그와 달리 두 번째 게임에서는 참가자들의 짝을 매번 바꾸었다. 짝을 바꾸어준 것의 효과는 순환보직의 효과와 비슷하게 나타났다. 뇌물 수수 시도와 횟수와 그 규모가 첫 번째 게임 때보다 절반가량 줄어들었다.

부패 거래의 중개인들을 규제하면 중개인들이 믿을 만한 관계의 연결망을 창출하는 것을 막을 수 있다. 그러나 부패 거래 중개인의 행동을 규제하려는 시도에 관해서는 현재 극소수의 사례만 관찰할 수 있다. 예를 들어 인도에서는 정부의 무기 계약에 커미션을 지급하는 것이 금지되어 있다. 그렇게 함으로써 부패의 중개인들은 개입할 여지가 실제적으로 줄어든다. 같은 맥락에서 알제리에서는 공공조달 과정에 중개인의 개입을 금지하는 법률이 1978년 발효되었고 1988년에는 더욱 더 강화되었다. 싱가포르에서는 공공조달에서 하청계약이 불법화되었다. 안 그랬으면 구매자들이 끼어들어 중개인들을 고용했을 것이다. 이러한 모든 것들은 부패의 중개인들을 어떻게 하면 활동하기 더 어렵게 할 것인가에 관한 다양한 방안들이다. 이러한 의미에서 많은 실제적인 방법들을 눈여겨볼 만하다.

부패 거래의 파트너들 사이에서 신뢰를 깨뜨리는 또 한 가지 효과적인 방법은 내부 고발자를 고무하는 것이다. 여기에는 시민들에게 불만을 제기하는 방법을 알려주는 것과 그에 따른 사례들을 다루는 제도를 확립하는 것이 포함된다(Pope 2000). 내부 고발 체계를 효과적으로 확립하면 부패 파트너들 사이의 신뢰를 낮추고, 비밀이 유지되지 않게 하고, 그럼으로써 부패 거래의 비용을 증가시킬 수 있다. 법원이 부패 거래의 이행을 보장하지 않도록 확실히 하는 것도 부패를 막을 수 있는 또 한 가지 필요한 일이다. 마지막으로 부패 파트너들 사이의 신뢰를 파괴하는 데는 정치도 기여할 수 있다. 부패의 소지가 있는 계약이 이행되도록 돕는 정치는 사라져야만 한다.

반부패 개혁에 우리의 노력을 쏟아 붓기 전에 먼저 3장과 4장에서 부패가 복지에 미치는 영향을 살펴볼 필요가 있다. 부패를 삼가는 것이 필수적인 공적 임무의 자리에 부패한 행위자들은 선택될 가능성이 없다는 것을 3장과 4장에서 보여준다. 공직자가 뇌물을 받으면 공직자의 의무를 수행하지 못한다. 이러한 점 때문에 부패할 기회를 접하는 사람들도 부패 행위를 하지 않게 되고, 부패의 유혹에 굴복하지 않을 것임을 확신할 수 없는 사람들도 부패 행위를 하지 않게 된다. 이처럼 공무원들이 부패 행위를 하지 않게 되는 점이야말로 부패가 초래하는 복지 손실을 판단할 때 가장 핵심적으로 고려해야 할 사항이다. 이 점을 인식할 때 우리는 부패에 관여했을 가능성이 있는 사람들조차 때로는 반부패 개혁운동의 동반자가 되고 싶어한다는 것을 알게 된다.

제3장

관료 부패는 왜 나쁜가?

제도경제학적 접근

부패가 경제 발전에 역효과를 미친다는 것은 학계와 공론장에서 아주 흔한 주장이 되었다. 그러나 그 정확한 이유가 무엇인지를 찾아내는 작업은 간단하지 않다. 관료들이 일단 뇌물을 기꺼이 받게 되면 관료들은 정직성을 유지하지 못하는데 그 점이 부패의 사회적 결과를 이해하는 데 있어서 핵심적으로 중요하다는 것을 이 장에서 보여주려고 한다. 공무원이라는 직업 자체가 정직성이 가장 절실하게 요구되는 직업인데 그런 직종에 종사하는 사람들이 뇌물을 거리낌없이 받는다면 공무원으로는 부적격자가 된다는 데에 공무원 수뢰의 부정적 측면이 존재한다. 공무원 수뢰의 그런 부정적 측면으로 인하여 공직에 종사하는 정직한 동료들마저 평판이 훼손되며 정직한 공무원들이 뇌물을 받지 않는다고 해서 임금이 더 올라가는 것도 아니다.

부패로 인하여 공공부문의 일부 혹은 전체 영역이 제대로 기능하지 못한다. 그중에서도 공공부문에 종사하는 개인들이나 모든 단위가 사리사욕을 추구하고 공익을 위해 일하지 않는 것이 가장 심각한 문제점이다. 부패가 복지에 미치는 영향을 연구하는 사람들은 관련 이론이 너무 많은 것에 혼란을 느낀다. 각 이론은 저마다 장단점을 지니고 있기 때문에 적당한 이론을 선택하는 것이 결코 간단하지 않으면서 동시에 결정적으로 중요하다.

관료 부패의 영향을 연구할 때 가장 중요한 것은 부패가 관료의 재량권 및 규제 왜곡과 갖는 관련성이다. 규제가 부패를 초래하기만 하고 거꾸로 부패가 규제를 초래하는 일은 없다고 생각한다면, 부패가 공공복지에 미치는 영향을 제대로 평가하는 것은 미결로 남게 된다. 부패와 나쁜 규제는 흔히 같은 동전의 양면이기 때문에 그러하다. 이제부터 대리인이론[1]을 분석틀로 사용하려고 한다. 최근의 공식 연구로는 아이트(Aidt 2003)를 보라. 대리인agent 역할을 하는 이기적인 관료와 자비로운 주인principal 역할을 하는 정부를 상정한다. 복지 손실이 나타나는 가장 중요한 이유는 정보 불균형과 유관하다. 부패는 대리인과 주인이 이용할 수 있는 계약 공간을 제약하고, 대리인이 정직한 거래를 위하여 최선을 다하지 못하게 한다.

정부가 반드시 자비롭지는 않다는 점이 부패에 관한 책을 읽는 독자들에게는 타당하게 들릴 것이다. 그러나 우리는 정부가 자비롭지 않다는 생각은 4장에 맡기고, 이 장(3장)에서는 자비로운 정부를 상정한 가운데 논의를 전개한다.

3.1. 부패와 시장 왜곡

부패에는 흔히 공무원이나 정치인이 뇌물의 대가로 어떤 서비스를 제공

1 [옮긴이] 대리인이론(principal-agent theory 혹은 agency theory)이란 주인principal이 대리인agent으로 하여금 자신의 이익과 관련된 행위를 재량으로 해결해줄 것을 부탁하는 주인-대리인 관계에서 나타나는 여러 문제를 다루는 이론을 말한다. 대리인 관계에서는 대리인의 선호 혹은 관심 사항과 주인의 그것이 일치하지 않거나 주인이 대리인에 비해 전문 지식과 정보가 부족하기 때문에 대리인이 주인의 이익을 충실하게 대변하고 확보하지 못하는 대리인 문제agency problem가 발생한다. 1976년 M. 젠센M. Jensen과 W. 메클링W. Meckling에 의해 처음 제기된 이 이론은 주인과 대리인 간의 정보의 불균형, 감시의 불완전성으로 도덕적 해이, 무임승차, 역선택 문제가 발생할 소지가 있으며, 이러한 제반 문제점을 극소화하기 위해 대리인 비용이 수반된다고 주장한다.

하는 것이 포함된다. 이러한 일이 자발적으로 일어나는 한, 두 행위자가 모두 더 잘 살게 되므로 공공복지 전체에 손실이 발생한다고 주장하기는 힘들어진다. 부정적 외부효과[2]는 다른 사람에게 부과될 수 있는데, 예를 들면 뇌물 제공 회사보다 더 자격을 갖추었음에도 불구하고 성공하지 못한 경쟁자들이다. 이것을 고려하면, 부패가 복지에 미치는 총체적인 효과는 선험적으로 결정될 수 없고 그러한 외부효과의 규모에 달려 있다고 결론을 내릴 수 있다. 번거로운 규제, 과도한 관료제, 혹은 시장 제한을 비롯한 국가 개입을 고려하면 차라리 부패가 긍정적 효과를 발휘한다고 강조하는 경제학자도 있다(Bayley 1966; Huntington 1968; Leff 1964; Morgan 1964; Nye 1967). 부패의 긍정적 효과에 있어서 중요한 것은 정부 개입에 의해 야기된 시장 왜곡인데 그러한 시장 왜곡이 발생하면 시장은 수요와 공급의 균형을 맞추지 못하고 자원을 효율적으로 배분하지도 못하게 된다. 그와 같은 환경에서 부패는 부적절한 국가 개입 때문에 생겨난 현상이다(Ades and Di Tella 1999).

이러한 국가의 부적절한 시장 개입은 시장 참여자들에게 해롭다. 그러한 개입은 위에서 언급한 외부효과를 발생시킨다. 그와 대조적으로 부패는 이러한 문제들을 개선하는 것처럼 보인다. 부패는 새로운 계약의 가능성을 열고 시장의 효율성을 재확립하는 데 도움이 되는 것처럼 보인다. 부패는 심지어 경제학 교과서에서도 인정을 받았다. 국가가 임대료 상한가를 정해놓더라도 "뇌물로 인하여 … (뇌물을 포함한) 전체 가격은 균형 가격에 더 가까워진다"고 맨키브(Mankiw 2000: 123)는 주장한다.

예를 들면 미국은 수입을 억제하기 위하여 베트남에서 발송되는 38개 섬유와 의류 품목의 연간 수입 쿼터를 17억 달러로 한정했다. 베트남 무역

---

2 [옮긴이] 외부효과externality란 한 사람의 행위가 제3자의 경제적 후생에 영향을 미치지만 그에 대한 보상은 이뤄지지 않는 현상을 뜻한다. 외부효과는 제3자의 경제적 후생을 낮추는 부정적 외부효과와 제3자에게 이득을 주는 긍정적 외부효과가 있다. 환경을 오염시키는 행위는 부정적 외부효과, 신기술 개발은 긍정적 외부효과의 한 사례로 볼 수 있다.

부의 수출수입국 국장인 50세의 레 반 탕Le Van Thang과 그 직원인 33세의 부이 홍 민Bui Hong Minh이 2004년 9월 하노이에서 체포되었다. 탕은 그 쿼터에 맞추기 위하여 베트남의 섬유의류 회사들을 선정하는 책임을 맡고 있었다. 이러한 책임으로 인하여 그는 특정 업체에 특혜를 주는 대가로 무언가를 받을 충분한 기회를 갖게 되었다. 그러나 일부 회사들이 경찰에 문제제기를 하는 바람에 이 사건은 드러났다(월스트리트저널, "베트남 공무원 두 명이 뇌물 혐의로 체포되다", 2004.9.15).

이 사례가 말해주듯이 수입 쿼터 같은 시장 제한으로 인하여 부패의 기회가 창출된다. 수량 제한의 다른 많은 사례에서도 국가 개입의 결과로 부패는 생겨난다. 그러나 부패로 인하여 사실상 인상된 가격이 국가 개입으로 방해받지 않았다면 시장에서 원래 형성되었을 균형가격에 근접할 것이라는 맨키브의 주장에 대해서는 의문이 제기된다. 뇌물은 공급자가 요구하는 가격과 고객이 기꺼이 지불하려는 가격 사이의 쐐기wedge로 작용한다. 국가 개입으로 인위적 결핍이 초래되기 때문에, 고객이 지불해야 하는 (뇌물을 포함한) 가격은 원래의 균형가격보다 높다. 두 명의 베트남 관리가 체포된 위의 사례에서 베트남산 의류를 구입하는 미국의 고객은 수입 제한 때문에 더 높은 가격을 지불했고, 베트남 관리들은 뇌물을 요구함으로써 그 인상분의 일부를 챙겼다. 뇌물이 짐을 덜어주었는지, 그리하여 부패가 긍정적 효과를 발휘했는지 전혀 명백하지 않다.

과잉규제와 고질적인 정부 개입에 의해 부패가 초래된 곳에서조차도 이러한 규제를 극복하는 데 부패가 할 수 있는 역할은 거의 없다. 베트남 정부는 부패를 엄중 단속하면서 경쟁입찰 제도를 통하여 의류 수출 권리를 수출업자들에게 배분했어야 했다. 그러나 실제로는 부패가 일단 끼어들게 되면, 그와 같은 단속 노력은 신속히 중단되는데 왜냐하면 관료 부패를 눈감아주는 대가로 정치인들이 거대한 렌트를 획득할 수 있기 때문이다. 이러한 점을 고려하게 되면 인과관계가 흔히 부패로 인하여 돈이 되는 시장 왜곡이 생겨나는 쪽으로 흐르는 것을 알 수 있다. 따라서 부패가 시장을 왜곡하는 규제의 원인이 된다(Lambsdorff 2002b; 이 책의 5장; Rose-Ackerman 1999: 9-17). 예를 들면, 데소토(De Soto 1989)는 지나친 관료적 규제를 조사한 후에 관료들이 부패한 수입을 창출하려는 욕망 때문에 대부분의 규제가 생겨난다고 결론지었다. 비효율적 규제가 부패를 초래하고, 그 다음에는 행정 권한을 강화하고 더 많은 소득을 챙길 기회를 늘리기 위해 다시 문제 많은 규제가 더 많이 생겨나는 악순환이 존재할 수 있다. 미르달(Myrdal 1956: 283)은 그것을 다음과 같이 표현한다.

> 많은 저개발국가에서 … [수량 규제의] 해로운 효과는 심각하다. 그러한 규제는 행정의 한복판에서 불공정과 부패의 악성 종양을 쉽게 만들어내는 경향이 있으며, 거기서 특혜의 제공과 뇌물 수수로 병은 계속 깊어진다. 사업가와 기업인은 지속적인 정규 사업 대신에 어두운 거래 속으로 빠져드는 유혹을 받는다. 그 나라의 경제 발전을 위해 유용한 일을 해낼 수 있는 사람들이 정부 주변으로 게으르게 어슬렁거리는 사람들이 되어 법의 구멍이나 찾고 부정직하게 행동하게 된다.

관료들은 일단 뇌물을 받으면 정부가 시장을 왜곡하는 규제를 만들어내도 눈을 감을 수 있다. 그러나 동시에 그들은 그렇게 시장을 왜곡하는 규제가 정확하게 가동되도록 하는 데에도 관심을 갖는다. 그러면서 공무원들은 때로 규칙을 무시하는 대가로 뇌물을 취할 수 있다. 그러나 이러한 규제가 없으면 공무원들은 무엇을 봐주고 돈을 벌 근거를 갖지 못하게 될 것이다. 그림 3.1의 만화가 이 점을 잘 보여준다. 이러한 악순환을 고려하면 부패가 복지에 미치는 영향을 분석할 때는 제도와 규제를 함께 조사하지 않으면 안 되고, 그러한 제도와 규제가 부패의 영향을 받아 생겨나기도 하고 유지되기도 하고 강화되기도 한다는 것을 잊어서는 안 된다.

부패에 의해 구멍이 뚫린 국가들의 경우 정부 제도가 빈약하다는 증거는 이제 많다. 예를 들면 부패로 인하여 경영자들은 관료들과 협상하는 데 더 많은 시간을 낭비하게 된다(Kaufmann and Wei 1999). 일부 오래된 연구

그림 3.1 랙스맨의 만화, 《타임스 오브 인디아*Times of India*》

"이보게, 나는 엄격한 규칙과 규제를 발표하고 싶네. 그래야 그것들을 풀어서 국민들을 편하게 할 수 있단 말이야!"

에서는 부패가 '바퀴에 기름칠을 하는' 것처럼 사회를 잘 돌아가게 한다고 하지만, 오늘날에는 그렇지 않다는 합의가 학계에 존재한다. 최근의 실증적 연구로는 메온과 세카트(Méon and Sekkat 2005)를 보라. 부패는 번거로운 규제를 극복하는 데 도움이 되는 게 아니라 공무원들로 하여금 인위적인 관료적 병목현상을 조성하도록 유도하는 작용을 한다. 그러므로 부패는 바퀴에 기름칠을 하는 게 아니라 바퀴에 저항을 초래하는 모래로 기능한다. 더 많은 실증적 증거를 보려면 글상자 3도 참조하라.

그 연장선상에서 부패 수준이 높은 국가의 경우 모호하고 느슨한 규제와 숨겨진 수입장벽이 그 특징이다. 왜냐하면 모호함으로 인하여 관료들은 짐을 덜어주는 대가로 무언가를 요구할 수 있기 때문이다. 진입 규제도 마찬가지로 부패에 의해 왜곡된다. 창업에 필요한 수많은 절차, 그리고 창업 과정에서 정부의 공식적·비공식적 요구를 충족시키는 데 필요한 더 많은 시간과 법적 비용이 바로 그와 같은 왜곡된 진입 규제이다. 과다하고도 번거로운 규제를 만들어내는 정치인과 관료들로 인하여 전술한 왜곡이 초래된다. 일단 그와 같은 병목현상이 조성되면, 사기업들은 사업을 하지 말든지 아니면 그러한 방해물을 우회하기 위하여 뇌물을 제공하든지 택일해야 하는 상황에 직면한다. 지나친 규제는 일단 만들어지고 나면 미래의 부패 거래를 위한 기회를 제공하기 때문에 악순환이 초래된다. 일단 부패가 규칙으로 등장하면, 이기적인 관료들은 사적 부문에 또 다른 문제 많은 방해물을 조성함으로써 자신의 수입을 늘리려고 시도한다.

3.2. 대리인이론

규칙의 창출을 설명하는 또 한 가지 이론은 대리인이론principal-agent theory이다. 이 이론은 원래 회사의 소유주나 경영자 같은 사적 계약의 당사자 간의 관계를 분석하기 위하여 개발되었으나, 관료와 공공제도를 이론적으로 설명하는 데에도 이용되고 있다. 대리인이론의 부패 문제에 대한 적용은 로즈애커만(Rose-Ackerman 1978: 6)으로 거슬러 올라가며, 그동안 대리인이론을 적용하여 부패를 조사하는 것이 많은 경제학자들의 연구에서 표준이 되었다(Jain 1998; Klitgaard 1988: 73).

대리인이론에서 규칙의 설계는 분석의 실제적 대상이 된다. 주인(예를 들면 정부)[3]은 대리인(예를 들면 세무 당국)에게 과업을 맡길 목적으로 규칙을 창출하는 것으로 상정한다. 이러한 규칙들은 고객(예를 들면 납세자)과의 거래를 규제하도록 만들어졌다. 그와 같은 거래는 예를 들면 세금과 관세의 납부, 서비스와 면허의 제공, 혹은 계약의 부여를 말한다. 개개인의 목적은 본래 서로 다른 경향이 있기 때문에 이익의 충돌이 주인과 대리인

3 이 책에서는 주인과 정부를 동의어로 사용한다. 이와 달리 정부는 대리인의 역할을 한다고 보고, 유권자를 주인으로 상정하는 방법도 있을 것이다. 그러나 유권자의 힘은 극히 제한되어 있기 때문에, 그 방법은 우리의 분석에 적합하지 않다.

사이에 일어난다. 주인과 대리인 두 행위자는 서로에게 의존하기 때문에 이익의 충돌은 불가피하다. 주인은 기술이 부족하거나 시간의 제약으로 인하여 대리인에게 과업을 위임하는 것을 선호한다. 그러나 대리인은 이제 정보에 있어서 주인보다 우위에 서게 되고, 그렇게 되면 대리인은 재량권을 갖게 된다. 대리인이 얼마나 노력하는지를 주인이 알 수 없게 되거나(협상으로 계약이 타결된 후에 대리인은 자신의 진정한 노력 정도를 주인에게 숨길 수 있다), 아니면 계약이 체결되기 전에 대리인은 자신의 자격을 속일 수 있다. 대리인들은 부정직하게 행동할 어느 정도의 성향을 가질 수 있는데 그것을 주인이 모르는 것이 후자의 경우이다(Besley and McLaren 1993).

이러한 정보상의 이점을 고려하면, 대리인의 자질을 결정적 조건으로 삼는 계약을 쓰는 것은 불가능할 수도 있다. 그와 마찬가지로 대리인의 노력에 관한 정보를 주인이나 법원이나 중재자는 이용할 수 없기 때문에 대리인의 노력 정도를 구체화하는 계약은 이행 불가능하게 될지도 모른다(Furubotn and Richter 1998: 179-180). 따라서 주인은 대리인의 도덕적 해이와 역선택[4]이라고 하는 문제에 직면한다. 사적인 당사자들 사이의 관계를 위해 제안된 한 가지 해답은 생산총액에서 생산비용을 제외한 만큼만 임금으로 가져가도록 하는 방식을 대리인들에게 부분적으로 적용하는 것이다.[5] 이러한 유인이 제공되면 계약 조건을 준수하게 된다. 그러나 실제로는 그와 같은 경제적 유인의 역할은 이론이 예상하는 것보다 낮다(Furubotn and Richter 1998: 202). 대리인은 흔히 위험 회피 성향을 지니기 때문에 주인이 그와 같은 일종의 성과급 임금제도를 도입하더라도 그 효

4 [옮긴이] 역선택adverse selection이란 정보의 불균형으로 인해 불리한 의사결정을 하는 상황을 말한다. 대리인이론에서는 대리인의 능력에 관한 정보의 부족으로 주인이 대리인의 능력에 비해 많은 보수를 지급하거나 능력이 부족한 대리인을 역으로 선택하는 상황을 가리킨다.

5 [옮긴이] 이런 방식을 임금의 생산액 잔여요구설residual claimant theory of wages이라고 한다. 생산총액에서 지대와 이자와 이윤을 공제한 잔액을 임금에 충당해야 한다는 것이다.

과는 제한된다. 그뿐만 아니라 그와 같은 유인은 특히 관료들에게는 그다지 영향을 미치지 못한다. 왜냐하면 특별 보상의 근거가 될 만한 눈에 띄는 경제적 초과 수익이 어떤 관료조직의 관리자에게 생기지 않기 때문이다(Moe 1984: 763).

이처럼 경제적 · 금전적 유인은 한계가 있기 때문에 정부는 정직에 상을 주지 않고 오히려 '정직에 세금'을 부과하는 경향이 있다. 예를 들면, 납세자에게는 자신의 진짜 소득을 숨길 엄청난 가능성이 있으며 심지어는 세무 공무원에게 뇌물을 줄 수도 있는데 그로 인해 정직하면 세금을 더 많이 내는 값비싼 대가를 치른다고 하트(Hart 1970: 875-887)는 주장한다. 금전적인 유인을 제공하지 않고, 주인은 비용이 많이 드는 유인 제공 대신에 대리인의 본질적인 정직성에 호소하려고 할 수도 있다. 또 다른 방법으로 주인은 대리인의 이기적 행동을 예방할 심리적 장벽을 치려고 할 수도 있는데 예를 들면 윤리 교육을 통하여 도덕적 순응을 고무하는 것이다. 그것보다도 경제적인 관점에서 더 말하기 쉬운 방안은 대리인이 믿을 만한 헌신을 하려고 노력하는 것인데 그에 따른 정직성의 신호는 주인에게 유익한 정보가 된다. '정보 불균형'이라는 용어가 규범적 평가를 포함하지 않는 '도덕관념이 없는' 용어인 반면에, 실제로 주인-대리인 관계는 관습이나 직업윤리 같은 사회적 규범에 의해 곧잘 지탱된다. 위에서 설명한 금전적 유인, 대리인의 내적 정직성에 대한 호소, 심리적 장벽, 대리인의 믿을 만한 헌신 같은 메커니즘들을 통해 우리는 주인-대리인 관계가 왜 사회적 규범에 의해 종종 지탱되는지를 알 수 있다.

대리인의 이기적 행동을 쉽게 부패라고 말할 수 있는지의 여부는 토론거리이다. 대리인이 자기이익을 극대화할 자격을 가진 것으로 간주할 것인지, 아니면 그것이 공금의 유용이고 대리인에게 기대되는 바 신뢰를 배반하는 것인지에 관한 판단에는 불가피하게 규범적인 요소가 존재한다. 특히 관련 자금의 규모가 작고 대리인이 단지 태만했을 뿐인 경우에는 부패라는 용어는 부적절한 것 같다. 그러나 대규모 비용 추가와 횡령의 경우

에는 부패라는 용어가 적절하다고 생각하는 사람들도 있을 수 있다.[6]

부패의 또 한 가지 중요한 특징은 대리인이 제3당사자와 맺는 관계에서 볼 수 있다. 고객은 대리인이론에 또 다른 차원을 추가하는데, 왜냐하면 고객은 대리인이 속일 기회를 추가로 제공하기 때문이다. 고객과 공모하고 자신의 이익을 증진하기 위하여 대리인이 주인이 수립한 규칙을 위반할 때 부패가 일어나는 것으로 간주된다. 대리인과 주인 사이의 충성도를 이완시키고 대리인이 고객에게 유리하도록 규칙을 우회하는 데 뇌물의 목적이 있다. 특히 부패를 대리인들의 단순한 이기적 행동과 구별해주는 것이 바로 고객과 대리인 간의 이러한 유형의 공모이다.

대리인이론의 또 다른 형태는 감독관이나 회계감사관을 포함할 경우인데 감독관이나 회계감사관은 대리인을 감시하고 주인에게 진실한 보고를 하며 그렇게 함으로써 주인이 직면한 정보 불균형을 완화시켜준다. 그러나 감독관이 대리인과 공모할 수 있다면, 감독관은 자신의 보고를 허위로 하려는 유혹을 받을 수 있다. 뇌물의 대가로 감독자는 대리인의 불이행을 눈감아줄 수 있다. 관련 연구를 검토하려면 칼릴과 라와리(Khalil and Lawarree 1995)를 보라.

3.3. 복지와 관련한 시사점

부패가 초래하는 전반적인 피해와 관련하여 공무원들이 받은 뇌물의 총체적 규모를 언급하는 사람이 있을 수 있다. 명백히 이것은 복지 손실을 측정하는 좋은 방법이 아닌데 왜냐하면 뇌물은 무엇보다도 자원의 재분배이기

---

6 횡령이 부패의 유형에 속하는지는 논란의 여지가 있는데 왜냐하면 그 경우에는 타인을 희생시킨 가운데 두 당사자 간에 거래하는 것이 필요하지 않기 때문이다. 즉, 고객이 존재하지 않을 수 있는 것이다. 그러나 어떤 프로젝트의 진짜 비용을 숨기고 과다 청구하려면 대리인들에게는 흔히 외부자의 협조가 필요하다. 대리인들은 허위문서를 제공하고 서비스의 제공을 위증하고 공공조달에서 부풀린 값을 받은 대가로 뒷돈을 지불할 고객들의 도움을 받아야만 한다.

때문이다. 누군가는 수취하고 다른 누군가는 제공한다. 사회에 해가 초래되는 것은 부패한 대리인들이 자신의 주인에게 불충하고 결과적으로 그들의 결정을 왜곡하기 때문이다. 이러한 형태의 왜곡은 중단시키기가 쉽지 않다.

첫 번째로 분명한 효과는 부패로 인하여 대리인이 노력을 덜 하게 된다는 것이다. 만일 대리인이 감독관과 공모하여 감독관이 대리인은 열심히 일하는 사람이라고 위증한다면 대리인은 더욱 태만해져서 자기 시간 중에서 더 많은 부분을 여가에 사용한다. 급행료를 지불하면 얄궂게도 이러한 문제는 더욱 악화된다. 급행료의 제공을 바라게 되면 공무원은 인위적 병목현상을 더 심하게 해서 자기 사무실 앞의 줄을 더 길어지게 한다. 그 줄이 길수록 급행료의 단가는 올라간다. 급행료는 오직 뇌물 제공자를 위해서만 서비스의 속도를 증가시킨다. 공무원이 뇌물에 맛을 들이면 뇌물을 받기 위하여 일부러 일 처리를 지연시키고, 결국 가장 느리게 일을 처리하는 공무원이 가장 많은 뇌물을 차지하는 것을 볼 수 있다.[7]

부패가 상품의 질에 미치는 영향도 중요하다. 아마도 대리인은 다양한 고객 중에서 선택하지 않으면 안 될 것이다. 부패의 사례에서는 높은 품질의 상품을 공급하는 고객이 아니라 뇌물을 가장 많이 주는 고객에 유리한 편파적인 결정을 하게 될 것이다. 이 점은 경매의 경우에서 가장 잘 볼 수

---

7 루이(Lui 1985)는 급행료의 허용을 지지하는 주장을 하는데 왜냐하면 급행료를 받으면 대리인이 노력을 더 많이 하여 사례들을 긴급성에 따라 처리할 수 있다고 그는 생각하기 때문이다. 그와 상반되는 주장은 이미 그보다 먼저 제기되어 학자들 사이에 유포되었다(Myrdal 1968: 952-953; Rose-Ackerman 1978: 90). 루이는 관료의 '당근과 채찍'이 총체적으로 실패한 것에서 효율성의 중요성을 되새겨야 한다고 생각한다. 이러한 극단적 가정은 과장된 것 같다. 관료들이 금전적 동기가 아닌 내적 동기를 부여받는 것도 효율성에 기여할 수 있다. 따라서 관료들에게 급행료를 허용할 필요는 거의 없는 것 같다. 그러나 급행료를 받는 대리인들에게 가혹한 벌칙을 부과하는 것을 자제할 만한 이유가 있을 수 있다. 만일 대리인의 첫 번째 부정 행위가 무지에서 비롯되었다면 사소한 위반에 대하여 처벌을 위협할 경우 심한 역효과를 초래할 수 있다. 갑자기 관료들에게는 무언가를 숨기기 위해 해야 할 모종의 일이 생기게 된다. 그들은 자신이 정직한 대리인과 범죄자의 갈림길에서 마치 범죄자 편에 속해 있는 것으로 여길 수 있다. 이것은 부패 경력의 출발점으로 기록될 수 있다. 이러한 주장의 세부 내용에 대해서는 글상자 28을 보라.

있는데 부패로 인하여 무능한 업체가 경쟁 입찰에서 계약을 따내는 일이 발생할 수 있다. 완벽한 경쟁시장에서는 가장 효율적으로 생산하는 사람들이 뇌물도 가장 많이 제공할 여력이 있는데, 설사 선택의 과정에 뇌물이 영향을 끼친다 하더라도 가장 우수한 업체가 선택된다는 것을 여기서 알 수 있다(Beck and Maher 1986; Lien 1986).[8]

그러나 시장은 전형적으로 불완전하고 경쟁자들은 저마다 뇌물 제공에 대한 선호도가 다르다. 수출국의 경우에 그러한 현상이 어떻게 나타나는지에 대해서는 7장에서 더 분명하게 다룬다. 도덕적인 관심은 차치하고라도 그와 같은 차이는 우선 부패 거래의 형성과 연관된 거래 비용이 크기 때문에 발생한다. 부패에는 위험이 따르고 부패 거래가 이행되도록 하기 위해서는 기회주의적 배신행위를 방지할 수 있는 신뢰관계와 같은 사적인 제도적 장치가 필요하기 때문에, 부패 거래를 형성하기 좋은 위치에 있는 집단은 일부 내부자에 한정된다. 우리는 이것을 6장에서 자세히 다룬다. 누구보다도 뇌물을 제공하고 싶어하고 부패 거래를 주선하기에 가장 좋은 연결망을 가진 사람들이 있다고 가정해보자. 그들이 반드시 최상의 물자나 서비스를 가장 저렴한 가격에 공급하는 사람들은 아니라는 게 명백하다. 그렇기 때문에 복지 손실은 불가피하다.

공공조달에서 부패 관리는 합리적 가격에 질 좋은 상품을 제공하는 사람이 아니라 연결망이 좋고 뇌물을 주선하는 데 더 노련한 사람들을 선호하는 경향이 있다. 그림 3.2.의 만화에서 이러한 논리 구조를 잘 파악할 수 있다. 실제로 모래성을 구매하는 일은 드물지만 공공조달 과정에서 나타나는 부패의 진짜 결과는 만화에서 보는 것과 비슷하다. 진짜 멋진 모래성은 2등과 3등 상을 받은 사람들이 지은 모래성인데도 불구하고 모래성을 전혀 짓지 않은 사람이 1등 상을 받고 있는 것이다. 일자리 제공에서도 비슷한 효과가 나타날 수 있는데, 많은 일자리 신청자들 중에서도 가장 뇌물

---

8 이들의 연구에서 보듯이 경쟁자의 행동에 관한 정보가 불완전할 때조차도 이러한 결론은 유효하다.

그림3.2. 어린이가 된 알 카포네Al Capone

출처: www.cartoonstock.com

모래성 콘테스트
(만화 속 현수막의 글씨)

을 주고 싶어하고 부패 거래의 상호주의를 신뢰성 있게 약속할 것 같은 신청자를 선호하여 그에게 일자리가 돌아간다.

더욱이 시장 왜곡을 초래하는 바로 그러한 행위야말로 대리인과 고객이 공모하는 명백한 목표일 수 있다. 대리인이 특정 고객의 경쟁자들을 괴롭혀서 경쟁을 제한해주는 대가로 그 특정 고객이 대리인에게 뇌물을 제공할 때 거기서 초래되는 시장 왜곡은 부패 거래의 직접적인 결과이다(Bardhan 1997: 1322). 경찰은 뇌물을 받고 경쟁 기업인을 체포할 수 있다. 규제 담당자는 위증을 하고 경쟁사를 폐쇄할 수 있다. 국회의원은 시장 진입을 제한해준 대가로 뇌물을 받을 수 있다. 완벽한 경쟁은 이 경우에 문제를 개선하지 못한다. 모든 경쟁자가 똑같이 행한다면 완벽한 경쟁도 도움이 못 된다. 비록 질 좋은 물자를 저렴한 가격에 공급하는 측면에서 가장 효율적인 회사가 그 더러운 전투에서 승리한다고 하더라도 낮은 수준의 경쟁으로 인하여 복지는 악화된다.

복지에 악영향을 미치는 또 한 가지 명백한 사례는 기준 이하의 재료 사용을 눈감아주는 대가로 고객이 대리인(혹은 감독관)에게 뇌물을 제공할 때 일어난다(Frisch 1999: 92-94; Klitgaard 1988: 36-48; Svensson 2005: 20). 309명의 목숨을 앗아간 중국 중부 지역의 크리스마스 디스코텍 화재 사건에서 이 점이 잘 나타난다. 그 사건에서 일련의 잘못을 이해하는 데 핵심이 되는 것이 바로 부패이다. 그 사건으로 기소된 한 공무원은 소방서 검사관이었고 그 건물을 여러 번 방문하고 거짓 보고서를 작성했다. 기소된 다른 피고 중에는 경찰관 두 명, 시청의 공상업국 관리 세 명, 그리고 문화국 관리 한 명이 포함되었는데 이들은 디스코텍의 불법 영업 사실을 묵인했다. 건설 담당 관리 두 명은 그 건물 관리인이 건물 바깥쪽의 화재 대피로를 임대할 수 있도록 허가해준 혐의를 받았는데, 통로를 임대받은 사람은 거기에 점포를 만드느라 건물 후방 출구와 1층 창문 전부를 봉쇄해버렸다.[9] 왜곡된 결정을 하는 것, 여기서는 허위 보고서의 작성이 뇌물 제공의 실제적인 의도가 된다.

뇌물을 받는 관료는 잘못된 경쟁업체를 선택할 뿐만 아니라 잘못된 프로젝트에도 특혜를 제공한다. 기성품보다 주문 제작 상품이 뇌물 수수에 더 나은 기회를 제공한다. 모잠비크에 있는 어느 병 제조 공장은 병에 붙이는 종이 라벨을 고정시킬 새 기계가 필요하게 되었는데 이 공장에 관하여 슐라이퍼와 비슈니(Shleifer and Vishny 1993)가 연구하여 그 결과를 보고했다. 단순한 형태의 기계는 1만 달러에 구입할 수 있었지만, 그 공장의 경영자는 그보다 10배나 비싸고 더 세련된 버전의 기계를 갖고 싶었다. 이 세련된 기계의 공급자는 단 한 명뿐이었으므로 더 비싸게 값을 부르고 그 대신 그 경영자에게 뒷돈을 제공할 여지가 충분했다. 윈스턴(Winston 1979: 840-841)은 부패에 수반되는 위험이 부패 거래의 횟수, 연루자의 숫자, 거래의 지속기간, 그리고 그 절차의 단순성과 표준화에 따라 증가한다고 주

9 AFP통신, "대화재사건 재판에서 부패 연결망 드러나다", 2001.8.15를 보라.

장한다. 위험성이 거래의 단가에 따라 명확히 증가하는 것은 아니기 때문에 한 번의 거액 구매를 할 때가 뒷돈을 주고받을 더 좋은 기회가 된다. 부패한 공무원이 자본집중적이고 기술적으로 세련도가 높고 맞춤 제작된 제품과 기술에 특혜를 주는 편파적인 결정을 하는 이유가 바로 거기에 있다. 부패가 어떤 나쁜 결과를 초래하는지 더욱 잘 보여주는 표지는 '흰 코끼리 프로젝트white elephant project'[10]인데, 이것은 일반 국민의 요구를 전적으로 무시하거나 프로젝트 완료 후에 바로 쓸모가 없어져버리는 프로젝트를 말한다(Mauro 1997a).

3.4. 주인이 선택하는 부패

부패한 대리인이 해악을 끼치면 주인은 무언가 조정을 시도할 것이다. 우선 대리인의 이기적 행동에 대한 대응책을 모색할 수 있다. 대리인으로 하여금 자신의 행동을 진솔하게 드러내도록 유도할 수 있다. 그에 대한 대리인의 반응이 만족스럽지 않을 경우 주인은 조정을 포기하고 대리인들의 부패가 불가피한 것으로 생각할 수 있다. 이 경우에 주인은 대리인이 부패로 얻는 소득을 고려하여 공무원의 임금을 낮출 것이다.

주인이 그와 같이 생각하게 되면 부패의 수준은 부분적으로는 주인의 선택에 좌우된다. 주인은 정직성을 향상시킬 목적으로 인센티브를 부여한다. 부패 행위가 적발된 사람들에 대해서는 제재를 결정하고 감독관과 회계감사관을 고용한다. 부패를 감소시킬 목적으로 취하는 그와 같은 조치를 실행하는 데에는 비용이 발생한다. 비용은 수사와 처벌을 하느라 발생할 수도 있고(Klitgaard 1988: 26), 대리인들로 하여금 정직하게 행동하도록

---

10 [옮긴이] 불교에서 신성한 동물로 여기는 흰 코끼리white elephant는 동남아시아에서는 왕권의 정당성과 위엄을 상징하기 때문에 일을 시킬 수 없는 짐승이다. 따라서 흰 코끼리는 겉보기에는 번드레하지만 유지하는 데에는 엄청난 돈과 노력이 들어가는 데다 실질적인 이용가치는 전혀 없는 물건, 즉 무용지물을 가리킨다.

유도하느라 발생할 수도 있고(Kofman and Lawarree 1996; Laffont and Tirole 1993; Olsen and Torsvik 1998; Strausz 1995), 더 정직한 대리인을 정부 직위에 채용하느라 발생할 수도 있고(Besley and McLaren 1993), 혹은 부패를 감소시키려면 정부 규모를 축소하고 시장 실패를 허용해야 하기 때문에 비용이 발생할 수도 있다(Acemoglu and Verdier 2000). 따라서 이러한 비용과 대리인의 정직성 향상이 가져다주는 이점 사이에서 균형을 이루는 부패의 수준을 설정하는 것이 주인의 가장 적절한 선택 중 하나이다.

부패의 탐지와 강제력 동원, 인센티브 지급 등을 위해 지나친 비용을 쏟아붓는다거나 공공부문을 축소하고도 시장 실패를 제대로 바로잡지 못한다면 부패 수준을 낮추는 것이 전적으로 이롭지만은 않은 일이다. 주인이 부패의 수준을 효율적으로 통제할 수 있는 한, 그는 최적 수준의 부패를 선택하려 할 것이다. 최적 수준의 부패가 설정되면 부패로 말미암은 불량한 효과에 관한 우리의 염려도 자연스럽게 줄어들 것이다. 그런데도 우리가 관료의 부패를 걱정해야 할까? 자비롭고 합리적인 주인은 부패에 관한 우리의 염려를 수용한다는 관점에 설복될 것인가? 두 가지 이유에서 나는 그렇게 믿지 않는다.

첫째, 주인의 영향력에는 한계가 있을 수 있다. 대리인의 뇌물 수취 여부는 주인의 규칙에 거의 영향받지 않을 수 있다. 오히려 정실주의를 뒷받침하는 종족 혹은 종교적 분할과 유관하거나 아니면 빈국의 행정부를 통하여 뇌물을 제공하는 강력한 다국적기업들과 관련될 수 있다. 여기서 복지 손실은 명백할 것이다.

둘째, 주인이 부패의 '최적' 수준을 택한 곳에서도 손실은 여전히 관련된 모든 당사자들에게 발생할 수 있다. 주인과 대리인 양쪽에 공히 이로울 수 있는 계약이 이제 더는 유지될 수 없다는 사실 때문에 그러한 손실은 발생한다. 부패 거래의 기회가 생길 때마다 이용하는 대리인을 주인이 만나게 되면, 정직성을 요하며 부패가 없어야 하는 계약은 체결되지 않을 것이다. 그러므로 그와 같은 계약이 체결되었다면 양쪽 당사자에게 돌아갈 수 있었던 이익은 이제 성취될 수 없다. 이러한 점을 잘 보여주는 사례를 베이츠(Bates 1981)가 제공한다. 사하라 이남 아프리카에서는 노동 분업 시스템하에 있던 소작농들이 부패를 피하여 자급자족적 생산에서 피난처를 찾았다고 주장한다. 농민들은 자신들이 속지 않을 것이라는 보장이 없기 때문에 노동 분업의 더 많은 이점, 즉 이윤 증가와 복지 향상을 누릴 수 없었었다(Svensson 2005: 37).

복지를 향상시키는 경제적 행동은 입법과 규제에 의해 제한되고, 이러한 제한은 부패의 영향을 받지 않는다고 가정되며, 부패의 긍정성으로 인해 관련 당사자들이 취할 수 있는 일련의 조치는 더 많아질 수 있음을 시사하는 이론이 3장 2절(대리인이론)에서 제시한 이론 중에 있다. 그러나 대리인이론에서 보았듯이 부패 친화적으로 행동할 가능성으로 인해 계약의 가능성이 증대되지는 않는다. 그와 반대로, 대리인이 사례금side-payments 금지 규정을 지키지 않을 때 계약의 가능성은 오히려 더 제한된다. 고객이 제공하는 사례금을 거부하겠다는 약속을 대리인들이 신뢰성 있게 할 수 없을 때, 그와 같은 사례금이 없어야 하는 계약서를 그들이 작성한다면 그들은 신뢰받지 못한다. 주인들은 그와 같은 계약을 애초에 제공하기를 꺼릴 것이다.

국민들은 질 좋은 도로를 제공받는 대가로 기꺼이 세금을 납부할 수 있다. 그러나 불가피한 공모 행위로 인하여 질 나쁜 도로가 만들어질 것 같다면 국민들은 그와 같은 프로젝트를 취소하도록 시행 주체에게 촉구할 것이다. 세무 공무원들이 소득 축소 보고를 묵과하는 대가로 뇌물 받는 것을 금지할 수 없다면 국민들은 그와 비슷한 결정을 할 수 있을 것이다. 주인과 감독관과의 관계에서도 그와 관련된 상황이 발생할 수 있다. 감독관이 뇌물을 받고 허위 보고하는 일이 없을 것임을 보장하지 못한다면, 주인이 보기에 그 감독관이 하는 일은 무가치하게 된다. 그러한 감독관은 애초에 고용되지 않을지도 모른다. 정직한 거래를 했다면 모두에게 이로웠겠지만 말이다.

뇌물로 인하여 정부 프로젝트가 국민들에게 거의 이익을 가져다주지 못한다면 국민들은 납세를 꺼릴 것이다. 최선을 다해 정직하게 행동하는 공무원에게는 기꺼이 추가적인 자원을 제공할 것이다. 그러나 그와 같은 공무원은 많지 않다. 이로 인해 조세저항이 초래된다. 정치인들은 납세에 대한 대가로 약속할 것이 거의 없기 때문에 정치인들의 증세 시도는 지지를 얻지 못할 것이다. 부패가 심할수록 세수가 줄어들고 재정이 악화되는 이유가 바로 거기에 있는데 이에 대해서는 글상자 21에서 다시 입증하고 있으며, 정부 지출 규모와 부패 사이에 거의 상관관계가 없음은 글상자 1에서 입증한 바와 같다.

부패로 인하여 계약의 가능성이 감소한다는 것은 19세기의 가장 저명한 경제학자 중 한 사람인 마셜(Marshall 1897: 130)이 이미 언급했다.

> 개인기업의 규모는 커지는 경향이 있고, 그 결과 각 기업의 소유주에서 그 유급 경영자와 간부 직원들에게로 권한과 책임이 이전하는 것에 대해서는 모두가 알고 있다. 평균적인 사람의 도덕성과 정직성이 크게 향상되지 않았다면 그 일은 불가능했을 것이다. 18세기와 19세기에 와서까지도 대규모 무역회사들이 주로 그 간부 직원들의 부패와 이기심 때문에 몰락했음을 우리는 목격했다.

3.5. 증거

부패의 전반적인 악영향을 확인하기 위하여 부패가 1인당 소득을 낮춘다는 것을 입증하려는 시도가 이루어졌다. 그와 관련된 연구는 글상자 16에 요약해 놓았다. 1인당 GDP와 부패 사이에 강한 상관관계가 있다는 것은 의문의 여지가 없다. 그러나 그것으로부터 어떠한 분명한 인과관계도 도출할 수 없다는 점에 대해서도 마찬가지로 합의가 이루어져 있다. 연구자들은 부패에만 영향을 미치고 1인당 소득에는 직접적으로 영향을 미치지 않는 도구변수들을 찾아냄으로써, 부패가 1인당 소득에 영향을 미치기도 하지만 거꾸로 1인당 GDP도 부패 수준에 영향을 미치는 내생성의 문제[11]를 해결하려고 시도한다. 소득과 부패가 서로 고도로 얽혀 있다는 점을 고려하면 이러한 도구변수들로 그러한 내생성의 문제를 해결하기란 결코 쉽지 않다. 부패에만 영향을 미치고 1인당 소득에는 직접적으로 영향을 미치지 않는 도구변수가 과연 존재할지에 대하여 모든 독자들이 쉽게 확신할 수는 없다. 이 때문에 부패를 1인당 소득이 아닌 다른 변수들, 즉 독립변수가 종속변수의 영향을 받는 내생성 문제의 부담이 덜한 것처럼 보이는 변수들과 연관시키는 것을 선호하는 연구자들도 있다.

글상자16. 부패와 1인당 소득

부패가 1인당 GDP를 낮출 가능성이 있지만 가난한 나라에서는 부패와 효과적으로 싸울 자원이 부족하다(Husted 1999: 341-342; Paldam 2002). 단순한 회귀분석으로는 부패와 GDP 간의 인과적 연관성을 얻어낼 수 없을 것이다. 그러나 단순한 회귀분석으로도 인과적 연관성보다는 차원이 낮지만, 원인을 알 수 없는 일부 상관관계를 얻어낼 수는 있을 것이다. 게다가 문화적 결정요인으로 인하여 소득도 높아지고 부패도 없어질 가능성도 있다. 부패와 인적 자본의 상관관계를 파악할 때에도 동일한 문제는 떠오른다. 부패가 심할수록 국민들이 학교를 다닌 평균 햇수가 적어진다[양(+)의 연관성]는 것을 스벤슨(Svensson 2005: 27-30)은 보여준다. 그러나 인과관계는 양쪽으로 다 흐를 가능성이 있다고 그는 경고한다.

이와 같은 원인과 결과의 동시적 관계를 해소하려는 시도가 홀과 존스(Hall and Jones 1999)에 의해 이루어졌다. 이들은 다른 변수들과 함께 부패 수치도 포함하는 사회적 인프라 지표를 사용하여 노동자 1인당 산출물을 회귀분석했다. 다양하고 잠재적인 동시성 문제가 이들에 의해 다루어졌다. 그 중 하나는 부패 지표가 인식을 바탕으로 한다는 사실과 관련된 것이었다. 같은 발전 단계에 있는 국가들이 부패의 정도에는 차이가 있다면, 인식은 다른 영향을 받지 않은 것이고 특히 유익한 정보일 수 있다. 그러나 국가들의 발전 단계가 크게 다르다면, 인

11 [옮긴이] 통계학에서 말하는 내생성의 문제problem of endogeneity란 종속변수가 독립변수의 영향을 받기도 하지만 거꾸로 독립변수가 종속변수의 영향을 받기도 하는 문제를 말한다.

식은 그런 발전 단계의 차이 때문에 영향을 받았을 가능성이 있고 따라서 신뢰도가 떨어질 수 있다. 이러한 인과관계의 동시성의 문제는 도구변수를 활용하는 기법으로 해결할 수 있다는 생각을 홀과 존스는 발전시켰다. 카우프만과 그의 동료들(Kaufmann et al. 1999b: 15), 그리고 와이어트(Wyatt 2002)는 홀과 존스(Hall and Jones 1999)의 이론을 부패와 1인당 GDP의 관계에 적용했다. 그 결과 부패가 1인당 GDP에 통계적으로 의미가 있는 수준에서 나쁜 영향을 미치는 것으로 나타났다. 그러나 우리는 일말의 의심을 가지고 그 결과를 대하지 않으면 안 되는데 왜냐하면 그 도구변수들로 인과관계의 동시성을 입증하기란 결코 쉽지 않기 때문이다. 그 도구변수들이 부패에 영향을 미치지만 1인당 GDP에는 직접적으로 영향을 미치지 않는다는 조건이 그 도구변수들의 타당성에 있어서 결정적으로 중요하다. 부패와 1인당 GDP가 고도로 얽혀 있다는 사실을 고려하면 그와 같은 조건을 갖춘 도구변수를 찾기는 어렵다.

니만과 그의 동료들(Neeman et al. 2003)은 금융이 개방된 경제체제에서는 부패와 1인당 GDP의 상관관계가 강하다는 것을 관찰했다. 그와 달리 폐쇄된 경제체제에서는 그런 관계가 전혀 없었다. 그들은 자본 이동에 대한 장벽이 낮은 경제체제에서는 부패로 얻은 소득을 해외로 이전하는 것이 더 쉽다고 주장한다. 금융이 폐쇄된 경제체제에서는 불법적으로 획득한 소득이 그 국가 내에 머물러 있으면서 경제 발전에 기여할 가능성이 더 크다. 그와 관련된 주장은 그래프와 멜코프(Graeff and Mehlkop 2003)에 의해서도 제기되었는데 이 두 사람은 부패의 수준이 금융 개방과 비례해 증가하지만 부패가 소득에 미치는 영향은 금융 개방과 비례해 증가하지 않는다고 주장한다. 이와 관련하여 글상자 4를 보라.

부패가 GDP의 **성장**에 미치는 영향을 확인하기 위해 연구자들이 많은 노력을 했다. 그러나 대체로 그 결과는 모호하며 다양한 연구자들이 통계적으로 유의미한 결과를 얻지 못했다고 보고한다. 이를 검토하려면 글상자 17을 보라.

부패와 GDP 성장 간의 연계성이 간단하지 않고 매우 까다로운 것은 이미 이론적으로 증명되었다. 우리가 사회적 · 인적 자본의 다른 측면들과 마찬가지로 부패의 부재不在도 하나의 생산 요인으로 간주할 때, 부패는 1인당 소득에 영향을 미칠 것이다. GDP 성장은 부패의 절대적 수준으로 설명되는 것이 아니라 부패 수준의 변화로 설명된다는 것을 여기서 알 수 있다. 출간되지 않은 한 연구에서 나는 1998년 WEF 조사 결과를 이용했는데 WEF는 그 조사에서 설문 조사 대상자들에게 지난 5년간 부패가 감소했는지를 물었다. 부패의 절대적 수준이 아니라 WEF 조사에서 파악한 부패 수준의 변화라는 변수가 GDP 성장을 더 잘 설명해주는 것으로 나타났다. 그러나 독립변수가 종속변수의 영향을 받는 내생성의 문제를 판단하기가 어렵기 때문에 이것은 고정불변의 결과가 아니라 여기서 다루고 있는 문제, 즉 부패가 GDP 성장에 미치는 영향과 관련하여 시사하는 바가 있는 것으로 해석해야 할 것이다.

글상자 17. 부패와 GDP 성장

제도의 질에는 다른 여러 요인들과 함께 부패도 포함되는데 내크와 키퍼(Knack and Keefer 1995)는 제도의 질에 관한 PRS의 자료를 사용하여 제도의 질이라는 변수가 GDP 성장에 통계적으로 유의미한 수준에서 부정적 영향을 미친다고 보고했다. 탄지와 다부디(Tanzi and Davoodi 2001)는 같은 시점의 97개 국가를 대상으로 분석한 결과 부패(부패인식지수 CPI에 의해 측정된 것)가 성장을 낮춘다는 사실을 입증했다. 브루네티와 그의 동료들(Brunetti et al. 1998: 369), 리와 그의 동료들(Li et al. 2000), 그리고 스벤슨(Svensson 2005)은 통계적으로 의미가 있는 결과를 도출하지 못했다. 아베드와 다부디(Abed and Davoodi 2002: 507)는 같은 시점의 25개 체제전환 국가들을 분석하여, 구조개혁의 성공에 관한 지표를 포함할 경우 통계적으로 의미 있는 결과가 도출되지 않는다는 것을 발견했다. 모로(Mauro 1995)는 하나의 종속변수와 단 하나의 독립변수만이 포함되는, 즉 두 개의 변수만이 포함되는 통계적 분석인 이변량bivariate 회귀분석에서 통계적으로 약간 유의미한 영향을 발견했다. 그러나 GDP 대비 투자 비율을 설명변수로 포함하자마자, 그러한 영향은 사라졌다.[12] 알리와 이세(Ali and Isse 2003)는 부패가 성장을 낮추는 것을 발견하지만 그들의 회귀분석은 PRS/ICRG의 자료를 바탕으로 한 것이었다. 이들은 인과관계의 방향을 확인하기 위하여 그랜저 인과

12 따라서 부패가 성장에 미치는 영향은 주로 부패가 GDP 대비 투자 비율에 미치는 영향을 통하여 나타난다고 모로는 주장한다.

관계[13]에 대한 검증을 수행했다. 그러나 부패에 관한 대부분의 자료가 시계열 분석에서 유효하지 않다는 사실로 인하여 그들의 연구 결과는 한계를 지닐 수밖에 없다.

아노루오와 브라하(Anoruo and Braha 2005)는 아프리카 8개국에서 부패가 성장에 미치는 영향을 조사하기 위하여 패널자료[14]를 분석했다. 그들은 GDP 대비 투자비율은 동일하다고 전제할 때에도 부패는 통계적으로 유의미한 수준에서 성장을 감소시킨다는 사실을 관찰했다. 그러나 부패에 관한 자료가 같은 시점의 여러 국가를 대상으로 분석(횡단면분석)할 때는 유효하지만 시계열 분석에서는 유효성이 떨어진다는 점을 고려하면, 그 결과에 대해서는 일말의 의심을 가지고 받아들일 수밖에 없다. 또 다른 연구는 베데만(Wedeman 1997)에 의하여 이루어졌다. 그는 성장과 부패에 관한 단순 교차표[15]를 작성한 결과, 많은 부패 국가들이 높은 성장률을 기록한 것을 관찰했다. 보통 말하는 전반적인 부패 수준보다는 특정 유형의 부패가 성장률에 통계적으로 더 의미가 있을 수 있다고 그는 결론을 내렸다. 로크와 보네트(Rock and Bonnett 2004)도 그 점을 뒷받침한다. 그들은 부패가 성장에 전반적인 악영향을 초래한다는 것을 보여주었다. 그러나 동아시아의 규모가 큰 신흥국에서는 부패가 성장을 높이는 것으로 나타났다. 그들은 성장을 촉진하는 정부의 특혜와 뇌물의 다소 안정적인 교환으로 인하여 바로 그러한 동아시아의 역설이 통하는 것으로 생각했다. 요컨대 초기의 연구에서는 부패와 GDP 성장 간의 관계에 대하여 통계적으로 유의미한 결과와 의미 없는 결과가 혼

---

13 [옮긴이] 그랜저 인과관계Granger-causality는 시계열 분석에서 나오는 특수한 인과관계 개념이다. 그 의미는 아주 단순하다. 종속변수 X와 독립변수 Y 둘 다에 관한 과거 자료를 이용하는 것이 Y만의 과거 자료를 이용하는 것보다 Y를 예측하는 데 더 효과적이라면 변수 X는 Y를 그랜저 인과한다Granger-causes고 말한다.

14 [옮긴이] 패널자료panel data란 패널panel이라 불리는 특정 조사대상자들을 반복적으로 조사함으로써 여러 시점에 걸쳐 필요한 정보를 획득하는 종단면 조사longitudinal survey이다. 특정 집단에서 파악할 수 있는 특성들의 변화추이를 시계열time series적으로 파악할 수 있는 것이 장점이다. 같은 시점의 관측 값을 얻는 횡단면분석cross sectional data에 비하여 시간의 경과에 따라 발생하는 인과관계를 검토하기에 적합한 디자인이다.

15 [옮긴이] 교차표cross-tabulation의 기본 개념은 하나의 변수가 다른 변수와 관련이 있는가를 보고, 만일 관계가 있다면 그 관계에 다른 변수를 도입하여 이들 변수가 최초의 관계에 영향을 미치는가를 보게 된다. 예를 들어 사회계급과 정당 선호도가 관계가 있다면, 이 관계가 성별, 교육, 종교, 부모의 정당 선호도 같은 다른 변수에 의해 어떠한 영향을 받는가를 보는 것이다.

재된 양상을 보였다는 것이다.

좀더 최근의 연구에서는 부패로 인하여 성장이 감소된다는 결과가 더 많다. 모로(Mauro 1997a)는 PRS의 부패 자료를 사용하여 95% 신뢰 수준에서 통계적으로 의미 있는 결과를 도출했다. 라이테와 바이더만(Leite and Weidemann 1999: 24), 그리고 포이르손(Poirson 1998: 16)도 통계적으로 유의미한 수준에서 부패가 성장을 감소시킨다[음(-)의 영향]고 보고했다. 아프리카 국가들에서 부패가 성장에 악영향을 미쳤다는 보고는 기미아-브렘퐁(Gymiah-Brempong 2002)에 의하여 이루어졌다.

모(Mo 2001)는 같은 시점의 45개 국가를 분석하여 1970년부터 1985년까지 통계적으로 유의미한 수준에서 부패가 성장에 악영향을 미친 것을 발견했다. 위의 연구들과 마찬가지로 1인당 초기 GDP, 인구 증가, 그리고 정치적 권리와 같은 일반적인 통제변수들이 포함되었다. 또한 모는 회귀분석에서 더 많은 설명변수들을 연속하여 포함시킴으로써 회귀분석을 수정했다. 구체적으로는 GDP 대비 투자 비율, 정치 안정 수준(인구 100만 명당 연간 암살 사건의 횟수와 혁명 횟수로 측정), 그리고 인적 자본 형성(평균 학습 연수로 측정)과 같은 설명변수들을 포함시켰던 것이다. 이러한 변수들을 추가하자, 부패가 성장에 미치는 영향은 통계적 의미가 없는 것으로 나타났다. 이는 부패가 이러한 변수들과 다중공선성(多重共線性, multicollinearity)[16]을 갖기 때문이라고 모는 파악하고, 부패가 성장에 영향을 미치는 경로를 알아내는 데 그러한 결과가 도움이 되었다고 주장한다. 그는 부패가 미치는 영향의 절반 이상은 부패가 정치 안정에 미치는 영향을 통해, 20% 이상은 부패가 GDP 대비 투자 비율에 미치는 영향을 통해, 또 다른 15퍼센트는 부패가 인적 자본 형성에 미치는 역기능을 통하여 나타나고, 나머지는 직접적인 성격의 것이라고 분석한다.

그와 비슷한 취지에서 펠레그리니와 겔러그(Pellegrini and Gerlagh 2004)는 부패가 GDP 성장에 미치는 영향을 GDP 대비 투자 비율 및 국가의 개방성과 관련하여 조사한다. 메온과 세카트(Méon and Sekkat)도 똑같이 부패가 성장에 미치는 영향을 조사한다. GDP 대비 투자 비율에 관한 변수를 포함해도 이러한 영향은 유지된다. 거버넌스의 질이 낮은 국가에서는 그 영향이 더 강해진다. 거버

16 [옮긴이] 회귀분석에서 설명변수 중에 서로 상관이 높은 것이 포함되어 있을 때는 분산·공분산 행렬의 행렬식이 0에 가까운 값이 되어 회귀계수의 추정 정밀도가 매우 나빠지는 일이 발생하는데, 이러한 현상을 다중공선성이라고 한다.

넌스 관련 지표로는 '법치', '정부 효율성', 그리고 '폭력의 결여'가 사용된다. "부패가 바퀴에 기름칠을 한다"는 긍정적 견해에 의하면 부패는 나쁜 거버넌스를 보완하는 데 도움이 된다고 상정하지만, 메온과 세카트의 연구 결과는 그것과 상반된다.

대체로 부패와 GDP 혹은 GDP 성장 간의 연관성은 실증적으로도, 이론적으로도 그다지 잘 입증되지 않았다. 이 점을 고려하여, 연구자들은 부패의 수준과 상응할 수는 있지만 그 자체가 부패의 원인은 아닌 다른 변수들을 찾았다. 그와 같은 연구를 검토하려면 글상자 18을 보라. 이러한 연구에는 도로의 질, 원조 프로젝트의 경제적 효과, 주식의 가치, 건강보험, 그리고 환경보호의 효과가 포함된다.

부패가 인적 자본을 왜곡시키는 것도 흥미롭다. 부패는 렌트 추구의 한 행동인데 거기서 인적 자본은 생산적 활동보다는 재분배 과정에서 불로소득을 챙기는 분야로 투입된다. 공법상의 허점을 찾아내거나 공공정책 결정자들이 주는 특혜를 통하여 불로소득을 추구하게 되면 학생들은 공학을 공부하지 않고 곁길로 빠질 것이다. 법학과 같은 다른 학문을 공부해야 학생들은 미래의 도전에 더 잘 대처할 수 있을 것이다.

글상자 18. 부패, 생산성 그리고 질

탄지와 다부디(Tanzi and Davoodi 1997)는 부패가 투자의 질에 미치는 영향을 조사했다. 1980년부터 1995년까지 부패에 관한 패널자료를 분석한 결과, 그들은 포장도로의 조건과 정전停電을 기준으로 측정한 인프라의 질이 부패로 인하여 낮아졌다고 말한다. 통계적으로 의미가 큰 분석 결과를 보고함으로써 그들은 자신들의 가설을 뒷받침했다.[17] 이샴과 카우프만(Isham and Kaufmann 1999), 그

17 국가들에 대한 횡단면 회귀분석을 바탕으로 하고 국제투명성기구TI의 부패인식지수CPI를 사용하면, 통계적으로 의미가 있는 결과를 재생산하는 것이 가능하지 않다. 이 점으로 볼 때 방법론을 달리 할 경우에도 그 결과가 영향을 받지 않고 유지될지에 대해서는 의문의 여지가 있다. 탄지와 다부디(Tanzi and Davoodi 1997)가 사용한 부패지수

리고 세계은행(World Bank 1997: 39)은 다른 접근 방법을 제시한다. 이들은 세계은행이 재정을 원조한 프로젝트의 경제적 효과가 제도의 질에 관한 지표와 가지는 상관관계를 분석한 결과, 제도의 질이 높을수록 원조의 경제적 효과도 높은 것[양(+)의 연관성]으로 나타났다고 말한다. 성공적인 경제체제에서는 1차 부문 중심의 수출에서 제조업 중심의 수출로 빠르게 전환하는 경향이 있다. 이런 점에서 제조업 부문의 수출 규모가 GDP에서 차지하는 비중을 보면 그 나라 경제가 앞으로 번영하고 발전할 것인지를 엿볼 수 있다. 메온과 세카트(Méon and Sekkat 2004)는 부패 수준이 높을수록 통계적으로 유의미한 수준에서 제조업 수출의 GDP 비중이 낮아진다[음(−)의 영향]는 조사 결과를 획득했다. 그러나 이들은 패널자료인 국제투명성기구TI의 자료를 사용했는데 이 점은 논란의 여지가 있다.

리와 응(Lee and NG 2004)은 부패인식지수CPI에서 나쁜 점수를 받은 국가 소속 회사들은 국제 투자자들에게 저평가를 받는다는 것을 보여주었다. 국제 투자자들은 회사의 장부가격 대비 시장가격의 비율이나 가격 대비 수익 비율로 회사를 평가한다. 이들은 회귀분석을 하면서 다른 다양한 변수들은 동일하다고 전제(변수 통제)하는데 사업 부문도 그 중 하나이다. 부패한 국가 소속 회사의 주식 가치가 낮은 것은 부패와 연관될 위험, 그리고 부패한 국가에서 운영되는 회사들에 대해서는 투자자들이 더 높은 수익률을 요구하는 현상 때문이라고 그들은 생각한다. 부패인식지수의 1점만큼 부패가 감소하면 개별 회사들의 주식 가치가 대략 10% 정도 증가한다.

부패 수준이 높은 국가는 비효율적인 정부 서비스와 질 낮은 건강보험 제공(응답자들이 주관적으로 평가한 것)과 연관되어 있다는 것을 굽타와 그의 동료들(Gupta et al. 2001)은 보여준다. 확실히 그와 같은 주관적인 연관성은 현실이라기보다는 응답자들의 인상과 유관한 것일 수 있다. 그러므로 이 저자들은 정부 서비스의 질에 관한 더 객관적인 또 다른 기준을 가지고 자신들의 연구를 확대시켰다. 우선 공공의료 제공을 평가하는 기준으로는 전체 신생아 중에서 저체중아가 차지하는 비율뿐만 아니라 어린이와 유아 사망률을, 그리고 공교육의 질을 평가하는 기준으로는 학생 중도 탈락률을 사용했다. 이 모든 변수가 부패 수준에 대하여 통계적으로 의미 있는 수준에서 반응했다. 부패 수준이 높은 국가의 어린이 사망률은 부패 수준이 낮은 국가보다 약 3분의 1이 더 높았다. 또한 유아사망률

는 PRS/ICRG의 것이기도 하다. 이 지표에 대한 비판은 이 책 마지막에 실린 부록 중 '2005년 자료' 부분을 보라.

과 저체중 신생아 비중도 두 배 가까이 높았고, 중도 탈락률은 다섯 배나 높았다.

웰시(Welsch 2004)는 같은 시점의 100여 개 국을 분석했는데 부패의 결과로 환경규제의 질이 저하되는 것으로 나타났다. 그는 부패로 인하여 오염이 증가한다고 주장한다. 이러한 현상이 일어나는 것은 부패의 직접적 영향으로서 환경규제의 효율성이 감소했을 뿐만 아니라 부패의 간접적 영향으로서 부패로 인해 소득 수준이 저하되었기 때문이다. 부패로 배기가스 수치가 높아졌다는 결과는 나오지 않았다. 저자는 부패가 악영향을 미쳐 배기가스 수치를 정직하게 보고하지 못했기 때문에 그런 결과가 나왔을지도 모른다고 추정한다. 그러나 공기(도시의 아황산가스와 부유 미립자 농도)와 물(용존溶存 산소요구량과 부유물질량)의 미세한 오염과 관련해서는 통계적으로 유의미한 수준에서 부패로 오염이 심해지는 결과가 도출되었다. 이러한 결과들은 소득(소득은 오염에 대하여 비선형적, U자형의 영향을 미치는 것으로 생각된다)이 동일하다고 전제해도 유지된다. 이 경우에는 오직 직접적인 영향만이 나타났다. 펠레그리니와 부지크(Pellegrini and Vujic 2003)는 농업 부문 환경정책의 엄격성에 관한 조사 자료를 사용했다. 41개 국을 대상으로 회귀분석을 한 결과 그들은 부패가 1인당 소득에 미치는 영향을 통하여서뿐만 아니라 직접적으로도 환경정책의 엄격성을 감소시키는 것을 발견했다. 다마니아와 그의 동료들(Damania et al. 2004)은 부패 수준이 높은 국가에서 응답자들이 WEF의 조사 과정에서 다음과 같은 주장에 동의한 것을 보여주었다. "국제환경협정을 준수하는 것에 높은 우선순위를 부여한다." 61개 국가를 표본으로 한 조사에서 이러한 결과는 다양한 변수를 포함해도 유지되었다.

이러한 결과의 연장선에서 에스티와 포터(Esty and Porter 2002)도 부패가 심한 국가에서는 환경의 질이 낮은 경향이 있다는 것을 입증했다. 스미스와 그의 동료들(Smith et al. 2003)은 부패가 생물다양성에 미치는 영향을 조사한 후에 부패가 생물다양성 보존 프로젝트의 성공을 제한한다고 주장했다. 그들은 부패 수준이 높은 국가에서는 코끼리와 검은 코뿔소의 수가 감소하고, 종의 다양성이 감소하며, 숲의 총 비중이 감소하는 경향이 있다는 것을 보여주었다.

탄지와 다부디(Tanzi and Davoodi 2001)는 1980년 공학 분야 대학 등록 대비 법학 부문 대학 등록의 비율을 조사한 후에 부패 수준이 통계적으로 의미 있는 수준에서 영향을 미쳤다고 보고한다. 즉, 부패한 사회에서는 학생들이 생산 증대 목적의 일자리에서 이탈하여 법률적 기회와 법의 허점을 찾을 수 있는 일자리로 가게 한다고 그들은 주장한다. 팍시오와 파슬리(Faccio and Parsley 2006)는 관련 지역 정치인이 죽으면 회사의 증권 가치가 감소하는지의 여부를 관찰함으로써 정치적 연관성의 가치를 조사했으며 이러한 감소가 부패한 국가에서 더 뚜렷하다는 것을 발견했다. 따라서 정치적 연관성은 부패한 국가에서 더 영향이 크다. 부패로 인하여 자원이 생산보다는 렌트 추구에 사용될 가능성이 있게 되기 때문이다.

부패가 공공서비스의 질과 회사와 프로젝트의 생산성을 떨어뜨린다는 점에는 설득력 있는 증거들이 있다. 나는 2003년에 행한 한 연구(Lambsdorff 2003a)에서 거시경제학 이론을 이용하여 부패의 악영향을 분석했다. 이 연구에서는 한 국가의 평균 자본 생산성을 나타내는 거시경제의 또 다른 기준으로 GDP 대 자본스톡capital stock의 비율을 사용했다. 자본스톡은 영구재고법[18]으로 정하는데 이 방법에 의하면 자본스톡은 과거의 모든 투자를 합하되 감가상각 등을 고려한 것이다. 같은 시점의 69개 국가에 대한 분석에서 총 자본스톡은 동일하다고 전제하고 다른 다양한 요인들을 검증한 결과, 부패 수준이 높을수록 통계적으로 의미 있는 수준에서 GDP 대 자본스톡의 비율이 낮아지는 것[음(-)의 영향]으로 나타났다. 부패에 관한 다른 지표를 사용하고, 거버넌스 지표를 추가로 포함시켜도 이러한 결과는 영향받지 않고 유지되었고, 또 조사 대상 국가 선택과 독립변수가 종속변수의 영향을 받는 내생성 문제와도 상관없이 견고하게 유지되었다.

결론적으로 국제투명성기구TI 지표에서 정직성이 6점 향상되면, 예를 들어 탄자니아의 정직성 수준에서 영국의 정직성 수준으로 향상되면 GDP가 20% 증가한다.[19] 평균적인 개인의 소득도 그만큼 향상될 것이고, 정직하고 부패하지 않은 시민의 소득은 부정직한 시민의 소득보다 훨씬

---

18 [옮긴이] 영구재고법perpetual inventory method은 과거의 총투자를 기준으로 하되 자본재의 내구 연수, 폐기 패턴, 감가상각 패턴을 고려하여 자본스톡을 추계하는 방법이다.

19 흥미로운 점은 국가 관료의 자질을 보여주는 지표는 동일하다고 전제할 경우 이러한 상관관계 계수는 떨어진다는 것이다. 부패는 관료의 비효율성을 수반하기 때문에 생산성은 감소됨을 여기서 알 수 있다.

그림 3.3 부패와 생산성

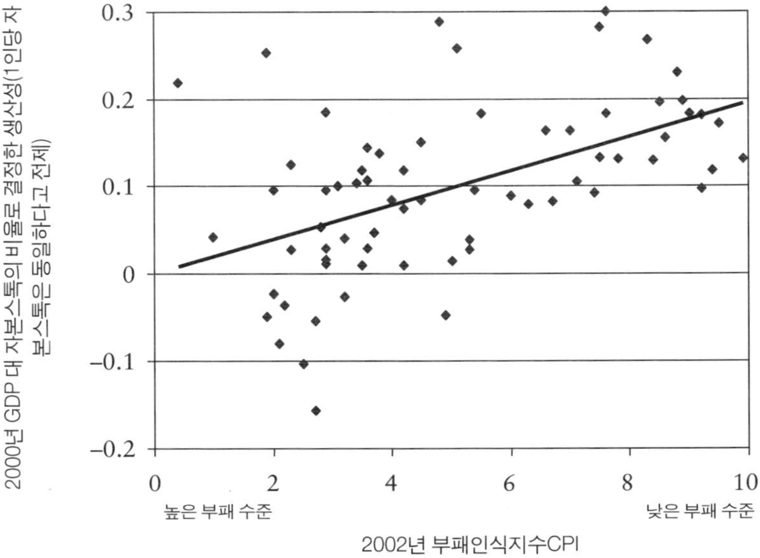

더 향상될 가능성이 있다. 이러한 영향은 그림 3.3에 잘 나타나 있다. 이러한 결과는 우리의 이론적 관점과 매우 잘 맞아떨어진다. 예를 들면, 관료의 부패로 인하여 생산을 증진시킬 프로젝트보다는 뒷돈을 받기 좋은 프로젝트가 더 잘 진행될 가능성이 있다.

3.6. 결론

부패한 관료는 국민에게 돌아갈 수 있는 이익보다는 자신에게 돌아올 부패한 소득에 대한 기대를 바탕으로 정책을 결정할 가능성이 있다. 경쟁자 중에서 나쁜 사람이 선정되고, 프로젝트 중에서 나쁜 프로젝트가 더 빨리 진행되고, 품질 관리는 판매의 대상이 되어버린다. 그러나 진정으로 선의를 지닌 정부라면 그저 가만히 있지는 않을 것이다. 그러한 정부는 감시체계, 인센티브, 그리고 처벌 위협 같은 장치들을 설계할 수 있다. 그러나 정보 불균형으로 인하여 그와 같은 시도는 완벽한 효과를 발휘하지 못할 것이다.

그러므로 정부는 불편한 선택에 직면한다. 현재의 부패 수준을 감내하면서 공공서비스를 계속하든지 아니면 행정의 전 부문을 폐쇄하든지 해야 한다. 후자의 선택을 하게 되면 관료 부패에 따른 불가피한 복지 손실이 드러난다. 관료들이 갖는 정보상의 이점을 고려하면 정부는 관료들이 공공서비스를 정직하게 이행하는지를 확인할 수 없다. 그러나 이렇게 되면 이번에는 관료제 그 자체의 지속성이 위협받는다. 뇌물을 받는 것이 불가능하다면 관료제 자체는 더 좋아질 수 있다. 왜냐하면 국민과 정부가 관료에게 더 큰 권한을 위임할 것이기 때문이다. 관료들의 탈법적 수입의 가능성은 관료의 가치를 떨어뜨린다. 자동차 판매상이 우리에게 겉만 번지르한 차를 팔 가능성이 있으면 중고차 일반의 값어치가 떨어지는 것과 같은 얘기다.

부패의 기회로 인하여 관료들과 그들의 고객이 선택할 수 있는 여지가 넓어지는 게 아니라 공무원과 정부가 이용할 수 있는 계약 공간이 제약된다. 부패가 없어야 하는 계약들은 체결되지 못한다. 대리인들이 최선을 다해 정직하게 행하리라고는 믿을 수 없기 때문에, 복지 효과는 대체로 경제적 거래를 생략하는 정부에 달려 있다. 공공 프로젝트의 결과가 그렇게 부패로 인하여 왜곡되는 곳에서는 국민들이 세금을 잘 내려 하지 않을 수 있다. 국민들은 탈세를 하거나 법적 납세 의무를 낮춰주는 정치인에게 표를 줄 것이다. 실증적 연구에서 부패 때문에 세수가 악화되는 것으로 나타나는 이유가 바로 거기에 있다. 글상자 21을 보라. 세수가 줄어들면 공공지출도 위축될 것이다. 왜 실증적 연구에서 부패 수준이 높을수록 정부 규모가 축소되는 경향이 있는 것으로 나타나는지를 거기서 알 수도 있다. 글상자 1을 보라.

제4장

클렙토크라트[1]의 딜레마: 정치 부패는 왜 나쁜가?

대규모 정치 부패는 왜 나쁜가? 부패 관료의 문제와 비슷하게 정부 수반도 부패한 목표에 이끌리게 되면 최선을 다해 정직하게 그리고 신뢰성 있게 행하지 못한다. 이때 뇌물의 이점은 뇌물을 주고받는 행위자들에게 불리한 점으로 바뀌게 되는데 투자자들로서는 자기 재산이 존중받을 것이라는 보장이 없기 때문이다. 주로 출세지향적인 정치인들은 뇌물의 그러한 불리한 결과를 피하려고 할 것이고 따라서 뇌물을 받기보다는 반부패 개혁에 헌신하는 쪽을 선호할 것이다.

부패는 공적 권력을 사적 이익을 위해 오용하는 것이라고 정의하고 있다. 그러나 '오용'이라는 말은 달리 해석된다. 2장에서는 선의의 주인이 제정한 규칙도 '오용'의 대상에 포함되었는데 여기서 주인의 이익은 이기적인 대리인에게 침해 당한다. 그러나 이러한 관점은 관료 부패의 경우 적절하지만, 정치 부패의 경우에는 적절하지 않은 듯하다. 이기적인 주인, 즉 국민을 위해 봉사해야 하는 의무를 무시하는 정부하에서는 법률이 정부나

1 [옮긴이] 클렙토크라시(kleptocracy), 즉 도둑정치의 주역을 말한다. 바꿔 말하면 약탈형 정치가다. 클렙토크라시는 좁은 의미로 빈국에서 통치계층이나 정부에 의해 이루어지는 부패체제를 말한다. 이른바 '도둑정치 또는 도둑체제'다. 넓은 의미로는 고질적 부정부패와 정경유착을 일컫는 '도당정치(盜黨政治)까지 끼워 넣을 수 있다.

지배계급의 자기 이익 추구를 막지 못하는 환경이 조성될 수 있다. 주인의 협소한 이익을 증진할 의도로 고안된 규칙을 작성하고 시행하는 과정에도 부패는 수반될 수 있고 그 묘판이 될 수도 있다.

선의의 주인이 아닌 경우, 부패를 단지 규정 위반으로 정의할 때 사실을 오도하게 될 것이다. 태국의 한 가지 사례를 연구하면 이 점을 잘 알 수 있다. 보도에 의하면 태국에는 일반 시민들이 열대림에서 그 어떤 것도, 심지어는 나뭇잎이나 자갈도 가져가지 못하게 금지하는 엄격한 규정이 존재한다. 그러나 태국의 산림청은 주로 자기 기관을 이롭게 하는 규정을 제정하는 데 권력을 사용했다. 보호해야 할 곳이 관광지로 뒤바뀌는 허가가 나거나 가스수송관 때문에 파괴되었고, 그 과정에서 산림청은 이익을 챙겼다.[2]

규정 자체가 이기주의의 산물이고 그 규정을 따르지 않는 반항적인 대리인이 있을 때 그 대리인에 대하여 부패라는 용어를 적용하는 것은 잘못일 수 있다. 따라서 그보다는 주인 자신의 이기적인 행동을 부패라고 부르는 것이 더 정확할 것이다. 이 경우에 '오용'은 명확하게 (법적인 의미에서의) 규정 위반을 말하는 것이 아니다. 그보다는 일반 국민들이 정당하지 못하다고 여기는 법률 혹은 공익과 배치되는 법률 자체가 '오용'이다.[3] 정치 부패는 공공정책 결정자들의 행동으로 간주될 수 있는데 정치 부패로 인하여 특혜가 개인에게 제공되고 사회의 더 넓은 부분의 이익을 희생시킨 채 좁은 이익이 관철된다.

관료 부패를 다룰 때 우리는 1차적으로 대리인을 통제하는 주인의 능력이 제한되어 있기 때문에 생기는 왜곡에 관심을 갖는다. 이것은 2장에서 제시한 바 있는 대리인이론을 활용하면 적절히 해결할 수 있다. 정치 부패에 있어서 우리가 염려하는 것은 통제에 한계가 있다는 점이 아니다. 주인

---

2 방콕포스트, "보호해야 할 것을 파괴하다", 1998.9.17.을 보라.

3 부패에 대한 다양한 정의를 살펴보려면 하이덴하이머와 그의 동료들(Heidenheimer et al. 1998: 3-14)을 보라. 이 책의 1장 2절(부패의 정의)을 보면 부패를 정의하는 문제를 좀 더 명확하게 다루고 있다.

쪽의 선의가 결여되거나 부족하기 때문에 왜곡과 복지 손실이 발생할 수 있다. 그러므로 그렇게 해서 일어나는 복지 손실은 대리인이론에서 발생하는 복지 손실과 다르다. 국민을 이롭게 할 통제가 행해지지 않는다면 주인이 직면한 한계가 나쁜 것인지의 여부는 모호해진다. 대리인이론의 전제요건은 대리인이 정직하여 국민에게도 이로운 거래를 주인과 체결할 수 있어야 한다는 것이다. 그러나 충성스러운 대리인이 주인의 부패한 목표를 위해 일한다면, 이러한 충성으로 인해서도 공공복지가 증대되는 이례적 상황도 틀림없이 상상할 수 있다. 부패를 유형화하고 부패를 공공복지의 손실과 연결하기 위해서는 다른 접근이 필요하다. 부패가 복지에 미치는 영향을 평가하는 더 유용한 방법은 주인이 추구하는 목표를 직접적으로 언급하는 것이고, 주인의 한계에 대해서는 덜 언급하는 것이다.[4]

4.1. 정부의 잘못된 목표와 설계로 인한 비효율성과 복지 손실

주인이 일반 국민에게는 이롭지 않은 거래를 체결하려고 하는 그와 같은 접근방식에 대해서는 시카고 학파의 대표적인 학자들이 한 가지 경우를 언급했다(Posner 1974; Stigler 1971). 그들의 견해에 의하면 로비 집단과 정치인은 렌트를 창출하고 개인이나 특정 집단의 협소한 이익을 증진하기 위하여 규제를 설계한다. 여기서 발생하는 복지 손실은 대리인이론에서 발생하는 복지 손실과 다르다고 주장한다. 포스너(Posner 1974: 337-339)는 정부가 합리적이고도 효율적으로 작동된다고 가정한다. 대리인이론에

---

4 정부를 대리인으로, 일반 국민을 주인으로 간주해야 한다고 주장함으로써 대리인이론을 옹호하는 사람도 있을 것이다. 그러나 지금까지의 연구 문헌을 보면 '정부=대리인, 국민=주인'의 관점을 일관되게 견지한 가운데 논의를 진행한 것이 없다. 주인은 보통 자비롭고 자신의 목적을 이루기 위해 가장 적합한 계약을 고안할 능력이 있는 것으로 가정한다. 그러나 자비로움과 계약을 고안할 수 있는 주권적 능력이라는 주인의 이러한 두 가지 특징이 밀접하게 결부되지 않으면, 주인의 역할을 자비로운 당사자에게 맡기든지 아니면 실권을 쥔 사람에게 맡길 수도 있다. 나는 여기서 두 번째 접근을 추구한다.

서 나타나는 대리인들의 태만 행위와 달리, 여기서는 공무원들이 민간 기업인들과 비슷한 방식으로 동기부여가 잘 되는 것으로 여겨진다. 공무원들은 동료나 다른 기관과 경쟁할 뿐만 아니라 비슷한 감독도 받는다. 그러나 정부가 추구하는 목표가 어떤 종류의 것이냐에 따라 비효율성이 초래된다. 이익집단이 로비를 하고 로비를 받은 정치인은 보조금, 수입 할당, 관세, 세금 면제, 그리고 특혜를 이익집단에게 제공함으로써 골치 아픈 경쟁에서 이익집단을 보호할 때 비효율성은 생겨난다(Stigler 1971). 정부는 의도적으로 비효율적인 목표를 달성하기 위해 합리적이고도 효율적으로 작동한다(Posner 1974: 337-339).

이러한 전후 문맥에서 '부패'라는 용어가 언급되지는 않지만, 시카고학파의 접근 방식에서는 정부 기능의 비효율성이 정부의 한계나 동기부여의 부족에서 초래되는 게 아니라는 점이 강조된다. 시카고학파의 대표적 학자들이 보여주었듯이, 법규의 비효율성은 주인의 이기적 행동 때문이라기보다는 이익집단이 정부 기능에 대하여 행사하는 강한 영향력 때문이다. 정부는 의도적으로 이기주의를 추구하는 것이 아니라 특정 민간 집단 행위자들의 이익을 위한 희생자로 전락한다. 이러한 주장에서 두 가지 유형의 이기적 체제가 존재한다는 사실을 알 수 있다. 첫 번째 유형은 '약탈 정부predatory government' 혹은 '움켜쥐는 손grabbing hand' 체제라고 불리는데(Djankov et al. 2002), 정부의 이익을 위하여 법규를 설계하는 것이 특징이다. 두 번째 유형은 로비 집단의 힘이 강력하고 로비 집단을 이롭게 하는 렌트를 창출하기 위하여 규제를 만들어내는 체제라고 시카고학파는 묘사한다. 두 경우 공히 문제는 정부의 목표에 있지, 정부 자체의 한계에 있지 않다. 대리인이론과는 반대로, 주인이 직면한 한계는 실제로 비효율성의 원인이 아니라 일반 국민에게 이로운 것이 될 수 있는데 왜냐하면 시카고학파의 대표적 학자들은 정부가 비효율적 목표를 위해 분투하는 것으로 생각하기 때문이다.

툴로크(Tullock 1980a: 27), 그리고 슐라이퍼와 비슈니(Shleifer and Vishny

1993)는 '움켜쥐는 손' 체제를 분석하는 데 기여한 것으로 간주할 수 있다. 그들은 독점화된 이기적 정부가 체계적이지 못한 약탈 정부보다 낫다고 주장한다. 체계적이지 못한 약탈 정부 하에서 기업인은 자신의 사업을 영위하기 위하여 동시에 여러 부서에 뇌물을 제공해야만 하는데 예를 들면 지방의회, 중앙부처, 소방당국, 경찰, 그리고 상수도청이다. 이러한 부서들은 각각 독립적으로 행동하고 그 기업인을 갈취한다. 여기서 생겨나는 문제는 기업인이 이 모든 부서에서 허가를 받을 필요가 있다는 것이다. 각 부서가 독립적으로 자기 부서의 수익을 극대화하는 과정에서 결과적으로 여러 부서는 시장에 "너무 많은 가축을 방목하고" 나아가 "공유지의 비극"[5]을 겪게 된다. 공무원 각자가 기업인에게 요구하는 뇌물은 기업의 운영을 위축시키고, 그 결과 모든 다른 부서들이 챙길 수 있는 뇌물의 전체 규모를 감소시킨다는 사실을 공무원 각자는 무시한다. 그러므로 여러 부서는 협조하지 않은 데 따르는 고통을 겪는다. 이 경우는 같은 길을 따라 여러 지점에서 강도짓을 하는 노상강도 집단의 경우와 매우 비슷하다. 그런 강도짓으로 말미암아 교통량이 줄어드는 것을 고려하여 각 집단은 도로를 사용하는 대가로 물리는 최적의 '통행료'를 결정할 것이다. 그러나 노상강도 집단들이 생각지 못한 것은 각각의 노상강도 집단이 물리는 통행료로 말미암아 다른 노상강도들의 수입도 줄어든다는 점이다. 협조를 제대로 하지 않은 결과, 강도들은 여행자들을 지나치게 털게 될 것이고, 그렇게 되면 여행자들은 그 도로를 전혀 이용하지 않을 것이다.

정부 규모를 최소화하는 것은 정부가 시장을 왜곡시키는 것을 줄이는 직접적인 방법이 될 수 있다. 우리는 2장에서 공공부문의 축소는 관료 부패의 결과일 것이라고 주장했는데 왜냐하면 관료들이 스스로 정직해지기

---

5 [옮긴이] 공유지의 비극tragedy of commons이란 개방된 초원에서 가축을 방목하는 사람은 사료비가 들지 않아 이익이 되므로 최대한 많은 가축을 방목하려 하는 데서 비롯된다. 다른 목축업자들도 같은 생각으로 모두가 방목할 경우, 초목은 고갈되고 초지는 황폐해져 끝내는 아무도 방목할 수 없는 비극이 초래된다는 것이다.

위하여 최선을 다할 수 없는 곳에서는 공공 프로그램에서 얻을 것이 거의 없다는 사실을 국민들이 알기 때문이다. 정치 부패에 관해서도 아주 유사한 주장을 할 수 있다. 이와 같은 주장으로는 베커(Becker 1994)를 참조하고 비판적 주장으로는 오처드와 스트레튼(Orchard and Stretton 1997)을 참조하라. 정부가 오로지 약탈만을 목적으로 삼는다면 국민은 작은 정부를 선호할 것이다. 그러나 그와 동시에 작은 정부 하에서는 국민들의 요구가 잘 반영되지 않을 것이다. 공개토론에서는 정부를 축소하자는 주장이 잘 먹혀들 수 있지만 이기적 통치자는 그런 주장을 거의 받아들이지 않는다. 이기적 통치자는 정부가 국민을 위해 일하는 분야에서는 정부를 축소하고 싶어 하지만 자신에게 이익이 되는 분야에서는 정부를 축소하지 않으려고 한다.

관료 부패를 막는 것과 정치 부패를 막는 것은 명백히 다르다. 즉 주인이 행사하는 통제의 수준은 정부에 필요한 도구를 제공함으로써 관료 부패를 막는 데 도움이 될 것이다. 정부가 주도하는 하향식 부패 척결 방식은 대리인이론에서 나오는 것인데 왜냐하면 대리인이론에서 주인은 자비롭게 행하는 자이기 때문이다. 그 반면에 정치 부패의 경우 우리가 가장 우려하는 것은 정부가 행사하는 통제 그 자체이다. 반부패 개혁을 위한 방법에는 풀뿌리 시민운동을 강화하는 것이 포함될 것이다. 반부패 개혁은 시민사회의 결정권을 확대하기 위한 시민사회의 과제가 될 것이고, 정부의 힘이 아니라 시장의 힘을 강화하기 위한 민간 영역의 과제가 될 것이며, 정부의 이기주의적 속성을 견제하기 위한 언론의 과제가 될 것이다.

4.2. 정부의 한계로 인한 비효율성과 복지 손실

현실적으로 정부의 통제는 여러 차원에서 이미 제한되어 있다. 예를 들어 힘이 센 관료들을 비롯한 독립적인 행위자들이 정부의 통제에 제한을 가하는데 왜냐하면 힘이 센 관료들은 행정 절차의 전문적이고 세부적인 사항들에 관하여 더 잘 알기 때문이다. 헌법상의 제약에 의해서도 정부의 행동 반경이 제한되는 일도 잦다. 독립적인 사법부도 거부권 행사자로서의 법률을 획득하여 행정부와 입법부의 권력자들을 철저하게 견제한다. 언론에 의해서도 정부의 행동은 곧잘 제약을 받는다. 마지막으로 힘이 센 민간부문 이익집단들도 정부의 결정에 영향을 미치는 로비 활동을 벌여 자신들의 근거지를 방어하는 데 성공한다. 정부에 가해지는 그와 같은 다양한 제약을 학자들이 조사하고, 또 그러한 제약이 복지에 미치는 영향을 논의했다. 몇 가지 예를 들어보겠다.

대리인들은 주인의 행동을 제한할 수 있다. 또한 그들은 주인에게 영향을 미칠 수 있는 강력한 지위를 획득할 수 있다. 예를 들어 니스카넨(Niskanen 1975)은 관료들이 의회에 강력한 영향을 미칠 수 있는 위치에 있다고 주장하는 것으로 유명하다. 정치인들은 다양한 경쟁 혹은 견제 권력들 coutervailing powers로 인한 제한에 직면하고, 정치인 자신들의 생존을 확실히 하기 위하여 대리인들의 지원을 받지 않으면 안 되는 상황에 처할 수 있다. 권력 분립 때문에 주인이 복수로 존재할 수도 있고, 그 복수의 주인들이 다 제각기 대리인을 통제하고 싶어할 수가 있다. 이렇게 되면 대리인들은 경우에 따라 어떤 주인을 다른 주인보다 더 유리하게 대할 수 있고, 그렇게 함으로써 더 강한 협상자의 지위를 획득할 수 있다. 주인들이 서로 경쟁하고 그 결과 선거나 쿠데타, 혁명, 혹은 정부 내의 강력한 경쟁 파벌에 의하여 축출될 것을 두려워하기 때문에 대리인의 권력이 커지는 측면도 있다. 주인들이 서로 다툴 때 대리인의 힘은 더 커지게 된다. 예를 들면 대리인들은 주인의 부패한 행위에 관하여 국민들에게 알릴(혹은 잘못된 정보를 줄) 수도 있고, 아니면 주인과 적대적 위치에 있는 사람을 정치적으로 후원할 수도 있다. 그러므로 대리인의 지원은 주인이 권력을 확실히 하는 데 도움이 되고 대리인은 그 대가로 어느 정도의 재량권을 요구할 수 있다.[6]

---

6 이러한 주인-대리인 관계가 복지에 미치는 영향을 이론적으로 설명하고 있는 것이 X-비효율성X-inefficiency 이론이다. 이 이론은 원래 다른 목적으로 만들어졌지만 부패와 정부 운영이 공공복지에 미치는 악영향을 설명하는 데에도 이용되고 있다(Button and

강력한 로비에 의해서도 주인의 행동은 제한받을 수 있다. 그와 같은 로비 집단은 선거자금을 제공하거나 주인이 정치적 목표를 추구하는 데 도움이 될 수 있다. 그 대가로 정부는 로비 집단의 이익에 부합하는 왜곡된 법규를 제공할 수 있다. 왜곡된 법규로 인하여 병목과 시장 왜곡 현상이 일어나고 그 왜곡된 법규의 수혜자들에게는 인위적인 렌트가 제공된다. 그리하여 정부는 정부가 지원하는 민간 이익집단들에 종속된다. 툴로크(Tullock 1993: 26)는 정치인들이 그들 스스로의 이익을 추구함에 있어서 그다지 강력한 위치에 있지 못하다는 것을 사실로 받아들인다. 오히려 정치인들은 다른 사람들의 이익을 위하여 행동할 뿐이라는 것이다. 주인은 "경쟁하는 민간 부문의 렌트 추구자들 사이에서 수동적으로 중개자 노릇"을 할 뿐이다(McChesney 1987: 102).

이 책의 5장에서 도출되는 사실이지만, 공공복지를 방해하는 것에는 경제적 왜곡뿐만 아니라 렌트 추구에 들어가는 비용도 있다. 어떤 집단이 인위적인 렌트를 획득할 기회를 늘리기 위해서는 대중운동을 조직하거나 변호사를 고용해야 하는데 그와 같은 로비 비용이 바로 렌트 추구에 들어가는 비용이다. 로비 비용은 국민의 입장에서 낭비이지만 주인들에게는 유용할 수 있는데 예를 들면 로비 비용으로 선거자금을 후원하거나 경쟁자를 괴롭힐 수 있기 때문이다. 이러한 로비 비용은 케이크의 크기를 키움으로써 소비자와 국민을 위해 이바지하는 데 사용되는 게 아니라, 이미 주어진 케이크에서 더 큰 조각이 자기 집단에 돌아오게 하기 위하여 싸우는 데 사용된다. 또한 그것은 낭비의 형태를 띠게 되는데 왜냐하면 그런 로비 비용은 소모적일 뿐이고 전체 공공복지를 증진시키지는 않기 때문이다.[7]

Weyman-Jones 1994: 91-92; Isham and Kaufmann 1999). [옮긴이] 미국 경제학자 라이벤스타인H. Leibenstein에 따르면 독점기업은 경쟁의 압력이 없기 때문에 최대한의 X-효율성을 추구할 동기가 없다. 독점기업의 경영진이나 노동자들은 비용 극소화를 도모하지 않고 자기들 스스로의 목표를 추구할 수 있다. X-비효율성이란 독점기업의 실제 비용과 비용 극소화를 도모했을 때 얻을 수 있는 가상적 비용 간의 차이를 말한다.

7 이러한 형태의 낭비는 실제로 있을 수 있지만 그것을 피할 수 있는 방법은 명확하지

주인이 이상과 같은 다양한 제약에 직면하게 되면 그 결과 주인의 이기적 행동으로 말미암아 분배의 왜곡이 야기될 수 있다. 주인은 여러 민간 영역 중에서 한 영역에만 특혜를 제공할 수 있을 것이다. 또 정부가 운영되는 가운데 한 부문에서만 부패 체계가 형성될 수 있다. 특혜를 받는 영역은 더 높은 가격을 요구하게 되고 그 결과 다른 영역과 부문은 그렇게 해서 높아진 가격을 지불하는 어려움을 겪을 수 있다는 점을 여기서 알 수 있다(Klitgaard 1988: 39; Rose-Ackerman 1999: 28-29).[8] 따라서 소중한 자원이 잘못 배분되고 말 것이다. 공무원들은 자신의 인적 자원이 가장 많이 요구되는 곳보다는 보호받는 정부 부문에서 자신의 경력을 시작하고 싶어할 것이다. 그 결과 일부 국가에서는 사람들이 경력 관리를 위해 세관 부서를 선호하고 민간 영역을 회피한다. 태국의 어느 최고 경영자가 표현했듯이 "나는 세관 공무원으로 다시 태어나고 싶다"(Svensson 2005: 19). 그와 마찬가지로 학생들도 생산을 늘리기보다는 법의 허점을 이용하기 위하여 엔지니어가 아니라 변호사가 된다. 그 실제적인 증거에 관해서는 글상자 18을 보라. 이러한 잘못된 배분이 이뤄짐으로써 이미 관료 부패가 초래되었다. 그러나 정부는 이러한 상황을 더 심화시킬 수가 있는데 그 방법은 법률을 제정하여 잘못된 자원 배분을 제도화하는 것이다.

정부가 직면하는 또 한 가지 제한은 언론에 의한 제한이다. 권력자들은 부패 스캔들로 인하여 국민의 신뢰를 잃거나 경쟁 파벌이 강해지는 것을 두려워하기 때문에, 자신들의 사리사욕을 비밀에 부치려고 한다. 어떤 권력자의 불법 이득을 지키기 위해 정치적 동맹군으로서 후계자가 필요할

않다. 전통적인 렌트 추구 이론에서 확인된 것과 같은 종류의 낭비는 정치적 의사결정 과정에서 불가피한 거래 비용일 뿐이라고 노스(North 1984: 39)는 주장했다.

8 부패가 가격을 낮추는 사례도 있는데 특히 부패가 사기를 동반할 때 그러하다. 세관 공무원의 입장에서는 더 비싼 법정 관세보다는 뇌물을 더 좋아할 수 있다. 이러한 세관 공무원들로 인하여 관세를 깎아준 만큼 가격이 낮아질 수 있다(Schleifer and Vishny 1993). 입법 차원에서도 특혜 받은 영역의 관세는 낮아질 수 있고, 아니면 의원들이 뇌물을 받고 특정 산업에 세제 특혜를 줄 수 있다. 이 경우 다른 영역의 세금 부담이 증가할 것이다.

경우 정치를 그만둔 후에도 계속 비밀을 유지할 필요가 있다. 뇌물 수수를 감추어야 할 필요가 있기 때문에 뇌물 수수가 잘 감추어지지 않는 영역보다는 잘 감추어지는 영역을 선호한다. 이 책의 3장 3절(복지와 관련한 시사점)에서 관료 부패를 논하면서 언급했듯이 뇌물 수수를 감추는 데는 기성품보다는 주문 제작 상품이 낫다. 그 한 가지 이유는 주문 제작 물품과 관련하여 협상할 때 비밀이 잘 지켜지기 때문이다. 이러한 이유로 주문 제작 물품은 부패한 정치인에게도 매력적이다.

정치인들이 자원 배분을 왜곡하여 특혜를 주는 영역은 첫째, 로비 집단이 특혜를 받은 후에 뇌물로 갚기가 용이한 영역이고, 둘째, 대리인들이 부패한 거래를 방해하지 않고 오히려 그것을 형성하도록 도와주는 영역이며, 셋째, 국민들이 알게 되어 들고 일어날 가능성이 없는 영역이다. 그런 영역에 특혜를 주기 위하여 정치인들은 예산 배분을 왜곡할 수 있는 것이다. 글상자 19가 바로 이 점을 입증한다.

글상자 19. 부패와 예산 배분 왜곡

자원을 배분하는 사람에게는 소규모 노동 계약보다 대규모 투자 프로젝트에서 불법 소득을 뽑아낼 수 있는 더 좋은 기회가 주어질 것이다. 공공투자는 특히 이러한 종류의 잘못된 자원 배분을 초래하기 쉽다. 극단적인 경우에는 공공투자가 국민의 요구를 충족시키지 못하고, '흰 코끼리 프로젝트'를 야기한다. 그래서 모로(Mauro 1997a)는 부패로 인하여 공공투자가 늘어난다고 주장한다. 그러나 모로는 그 후에 행한 회귀분석에서 자신의 그러한 주장을 뒷받침하는 통계적으로 의미 있는 결과를 획득하지 못했다. 그와는 달리 에스티와 포터(Esty and Porter 2002), 그리고 탄지와 다부디(Tanzi and Davoodi 1997)는 공공 인프라에서 과잉투자가 발생한다는 것에 대하여 통계적으로 의미 있는 분석 결과를 획득했다고 주장한다. 이 두 연구에서는 1980년에서 1995년 사이의 PRS의 부패에 관한 패널자료를 사용했다. 부패에 관한 이 자료의 성격, 그리고 부패와 공공투자의 상관관계에 관한 상반된 연구 결과를 고려하면 부패와 공공투자의 연관성을 뒷받침하는 증거는 좀 빈약한 것 같다.

그러나 부패로 교육에 관한 정부 지출이 줄어든다는 것과 관련해서는 설득력 있게 뒷받침하는 연구 결과가 있다. 이러한 연관성은 모로(Mauro 1998)가 상세히 분석했는데 교육이 아닌 다른 지출에서 공무원들은 뇌물을 끌어 모을 더 좋은 기회를 갖는다는 것이다. 그의 연구 결과는 여러 세부사항을 고려할 때에도 영향을 받지 않고 유지되지만, 그가 행한 회귀분석의 설명력이 낮은 점을 고려하면 약간 흔들린다. 굽타와 그의 동료들(Gupta et al. 2002), 그리고 에스티와 포터(Esty and Porter 2002)는 모로의 연구 결과를 확인해주었고, 거기서 우리는 좀더 안심할 수 있게 되었다. 그와 비슷한 맥락의 연구로는 특히 부패한 정부가 신규 투자에서 뇌물을 더 많이 뽑아낼 수 있을 때 기존 투자에 관한 지출은 지나칠 정도로 줄어든다는 주장이 있다(Tanzi and Davoodi 1997).

부패로 인하여 군사비 지출이 늘어날 수도 있다. 모로(Mauro 1998)는 이러한 연관성을 어느 정도 뒷받침했는데 이는 입증되지 않은 일회적인 연구 결과와는 다르다. 굽타와 그의 동료들(Gupta et al. 2001a)은 이러한 관계를 더 강도 높게 조사하는데, 1985년과 1998년 사이의 부패에 관한 네 가지 다른 자료를 사용하고 120개나 되는 국가들을 대상으로 삼았던 것이다. 그들은 부패가 더 많은 군비 지출 혹은 더 많은 무기 조달(GDP에서 차지하는 비중이든 전체 정부 지출에서 차지하는 비중이든 간에)과 상당한 연관성을 지니는 것으로 나타났다고 주장한다. 같은 시점의 여러 국가들을 분석한 이 연구의 결과는 통계적으로 의미가 있고 또한 견고하게 유지된다.

4.3. 클렙토크래트의 딜레마

여러 가지 제약을 받는 이기적인 주인으로 말미암아 사회적으로 전술한 복지 손실이 초래되면, 얄궂게도 이러한 복지 손실 때문에 주인의 마음은 불편하다. 주인은 이기적이든 자비롭든 간에 복지 손실을 싫어하는데 왜냐하면 복지 손실로 말미암아 주인은 자신의 것이라고 여기던 것을 잃기 때문이다. 그러므로 이기적인 주인은 복지 손실에 반대할 것이다. 예를 들면 부패로 인한 가격 인상이 어떤 상품에서는 나타나는 반면에 다른 상품의 가격은 영향을 받지 않을 때, 부패는 특히 시장을 왜곡시킨다. 그러나 모든 상품과 서비스의 가격이 균등하게 오른다면 그와 같은 왜곡은 일어나지 않을 것이다. 부패의 영향이 모든 경제 영역에서 동등하게 나타날 때는 한 영역을 다른 영역보다 이롭게 하는 자원 배분의 왜곡은 없을 것이다. 이기적인 정부는 이러한 추가적인 부담을 사회에 지우지 않고, 그 대신 세금처럼 순탄하게 영위되는 부패 체계를 선호할 것이다. 여기서 논리는 자비의 논리가 아니라 오히려 잘 작동되는 뇌물 체계로 말미암아 훨씬 더 많은 뜯어내기가 가능해진다는 것이다.

그럼에도 불구하고 뇌물은 세금보다 공공복지에 더 나쁠 것이다(Rose-Ackerman 1978: 8; Shleifer and Vishny 1993). 이기적인 정부는 자신들의 치부致富 행위를 숨기고, 뇌물을 모으기 위한 값비싼 메커니즘을 사용하지 않으면 안 될 것이다. 그 결과 로즈애커만(Rose-Ackerman 1999: 117)은 "개혁이 불법적인 가격 체계를 합법적인 가격 체계로 바꾼다면 그와 같은 효율적인 규제 개혁을 클렙토크라트는 반대할 것"이라고 기술한다. 다른 한편, 언론과 사법부가 자신들의 몫을 요구하는 정치 지도자들과 협조하지 않을 수 없게 될 때 비밀은 쟁점이 아니다.[9] 이기적인 정부가 합법적인 가격 체계에서 비롯되는 수익을 마음대로 주무를 수 있다면, 불법적인 가격 체계를 이롭게 하기 위하여 자원 배분을 왜곡할 필요가 없다.

가격 차별[10]을 하는 것도 자원 배분의 왜곡을 피하는 방법이 될 것이다. 이기적인 정부는 고객의 지불 의사에 따라 물건값을 매기고 싶어할 수 있고, 결국 물자를 필요로 하는 사람들과 별로 관심이 없는 사람들은 같은 물

9 기통고(Githongo 1997)는 케냐 언론이 대체로 부패 보도를 자유롭게 하지만, 그 영향력은 너무 미미하기 때문에 높은 수준의 부패가 광범위하게 드러나는 데도 불구하고 정부는 기본적으로 무관심하다는 것을 입증했다.

10 [옮긴이] 독점기업이 자신이 생산하는 상품에 대한 소비자 계층 간의 수요탄력성이 다를 경우, 시장을 2개 이상으로 분할하여 분할된 각 시장에 상이한 가격으로 판매하는 것을 말한다. 독점기업이 가격 차별을 실시하는 이유는 그의 전 생산물을 단일시장에서 균일한 가격으로 판매할 때보다 더 많은 이윤을 획득할 수 있기 때문이다. 가격 차별은 구매자가 싼 시장에서 사서 비싼 시장에 가서 되파는 것이 용이하지 않은 전기, 가스, 수도와 같은 상품에 적용할 수 있다.

건을 사면서 다른 가격을 지불할 수 있다. 이러한 가설은 실증적으로도 뒷받침되고 있는 것 같다. 스벤슨(Svensson 2003)은 우간다 회사들의 경우 회사의 지불 능력에 비례하여 뇌물이 증가한다는 것을 보여준다. 이처럼 가격을 차별하는 권력으로 인하여 국민들은 불편하고 고객 몫의 렌트를 박탈당하는 느낌을 가질 수 있지만, 고전적 의미에서의 복지 손실은 여기서 일어나지 않는다. 그 대신 부패한 정부는 최대의 렌트를 차지할 수 있고, 서로에게 이로운 모든 거래가 이루어진다.

강력한 정부라면 관료들의 낮은 수준의 부패도 막으려고 할 것이다. 낮은 수준의 부패에는 마땅히 할 일을 안 함으로써 사실상 봉급을 유용하는 것이나 마찬가지인 직무태만도 포함된다. 이기적인 상관도 부하직원이 해이하게 행동하지 못하게 할 것인데 왜냐하면 하급자의 해이한 행동으로 말미암아 안 그랬으면 상급자들의 몫이었을 '슬랙 자원'[11]이 사라지기 때문이다(Moe 1984: 763; Posner 1974: 337-339). 그와 비슷하게 이기적인 주인은 대리인들의 부패를 막을 것인데 왜냐하면 관료들이 치부하는 것은 무엇이든 주인은 자기 소유라고 여기는 자원을 빼앗아갈 것이기 때문이다. 그뿐 아니라 공공조달에서 기준 이하의 품질이 허용될 경우에도 이기적 주인이 얻을 것은 없다. 이기적 주인으로서는 필요한 재정을 즉시 횡령하는 쪽을 택하든지 아니면 공공 인프라의 향상에서 비롯되는 미래의 경제적인 (부패한) 소득을 바라게 된다. 여기서 공공 인프라는 질 좋은 것이 되지 않으면 안 된다.

입찰 절차에서 자격 없는 계약자에게 특혜를 주는 것이 부패한 체제에 도움이 될 가능성은 없는 것 같다. 강력한 정부라면 렌트 추구 이론가들에 의하여 확인된 낭비를 허용하지 않을 것이다. 주인이 충분히 강할 경우 로

---

11 [옮긴이] 슬랙 자원slack resource은 기업이 환경의 혜택을 받아 고수익과 고성장을 이루고 있을 때, 기업 내부에 축적되는 미이용未利用의 잉여자원이며, 중간관리직이나 스태프의 자기 증식, 과잉재고, 방만한 광고비 지출, 과대한 연구개발 투자와 고율의 주식 배당금 지불 같은 형태로 퇴적된다. 기업 환경이 악화되거나 불황에 직면하게 되면 기업은 이 슬랙 자원을 줄여 기업의 유지를 도모하게 된다.

비스트들이 공공 캠페인에 자신의 시간과 자원을 낭비하는 일을 허용하지 않을 것이다. 강력한 리더십 하에서는 로비가 주인의 결정에 거의 영향을 미치지 못하기 때문에 복지 손실을 막을 수 있을 것이다. 시카고학파의 주장과 달리, 시장을 왜곡하는 규제도 이기적 정부에는 쟁점이 아닐 수 있다. 그와 같은 정권은 재물 강탈을 통해 소득을 올리려고 노력하지만 모든 민간 당사자들에게 똑같은 짐을 부과할 수도 있다고 맥체스니(McChesney 1997: 153-155)는 주장한다. 정부는 비효율적인 규제로 위협하지만, 민간 당사자들은 뇌물을 제공하고 그러한 규제를 회피한다. 이러한 타협 과정 덕분에 사람들은 비효율적인 규제를 피하게 되는 것이 보통이다. 강력한 주인은 부패한 소득을 위하여 시장을 독점화하기 때문에 부패한 개별 부서가 시장에 "너무 많은 가축을 방목하여" 공유지의 비극을 초래하는 일도 막을 것이다.

명백한 것은 이러한 시장 왜곡을 피하기 위해서는 부패한 정부가 특히 강력할 필요가 있다는 사실이다. 이러한 유형의 체계를 흔히 '클렙토크라시kleptocracy'라고 명명한다(Grossman 1995).[12] 클렙토크라시의 통치자는 때로 '전문적인 도둑'[13]으로 불린다. 그와 같은 정부는 대규모 뇌물을 획득하기에 가장 좋은 위치에 있지만, 이로 인하여 복지에 부정적 영향을 미치는지에 대해서는 논란이 있다. 이와 관련하여 맥과이어와 올슨(McGuire

12 [옮긴이] 클렙토크라시는 절도kleptomania와 민주주의democracy의 합성어다. 좁은 의미로 빈국에서 통치계층이나 정부에 의해 이루어지는 부패 체제를 말한다. 이른바 '도둑정치 또는 도둑체제'다. 넓은 의미로는 고질적 부정부패와 정경유착을 일컫는 '도당정치盜黨政治'까지 끼워 넣을 수 있다. 일반적으로 도둑정치는 독재체제이며, 독재로 형성된 도둑정치의 주역, 곧 클렙토크라트kleptocrat는 개인적 부와 권력을 탐하느라 국가의 사회·경제적 문제들을 등한시함으로써 위기에 직면했을 때 무능한 모습을 보인다. 그 결과 민간 사회와 법의 지배가 붕괴되어 대다수 국민들이 고난과 고통을 겪게 된다.

13 [옮긴이] 미국의 정치경제학자 맨서 올슨Mancur Olson은 권력을 강도에 비유하면서 유랑 강도roving bandit와 정착 강도stationary bandit를 구분했다. 유랑 강도는 한 구역에서 더 빼앗을 것이 없으면 다른 구역으로 옮겨가면 그만이지만, 한 구역에서 지속적으로 물건을 빼앗는 정착 강도의 경우 자신이 약탈하는 구역의 이익이 커야 자신이 약탈할 수 있는 것들도 증가하기 때문에 그 구역이 성장할 수 있도록 한다는 것이다. 그래서 그들은 수익률을 높이기 위해 공공재에 투자하는 모습을 보이기도 한다고 한다.

and Olson 1996)은 사뭇 독특한 주장을 펼치는데, 완벽한 강제력을 가진 이기적인 통치자들은 사회의 이익과 일치되게 권력을 사용하고 싶어한다는 것이다.

그와 같이 이기적 통치자가 사회의 이익과 일치되도록 권력을 사용한 한 가지 뚜렷한 사례는 인도네시아에서 발생했다. 인도네시아는 모든 수입 맥주에 추가관세 납부필증을 부착해야 하는 새로운 제도를 시행하기로 하고, 그 납부필증 관리를 수하르토 대통령의 어느 손자가 운영하는 개인회사에서 맡기로 했다. 그러나 이에 맥주업체들이 반발하여 첫 시범 실시 지역인 발리리조트에 대한 맥주 공급을 중단하면서 발리의 관광객들이 맥주 부족과 맥주값 인상 때문에 고통을 겪게 되었다. 결국 수하르토 대통령은 모든 수입 맥주에 부착해야 하는 추가관세 납부필증 제도를 철회하지 않을 수 없었다.[14] 이와 관련하여 고급 주간지 《이코노미스트The Economist》는 아마도 수하르토 대통령의 친척 중에 호텔업계의 강자가 있었던 것 같다고 추측했다. 이 사례에서 우리는 강력한 통치자의 '포괄적인 이익'[15]을 생생하게 볼 수 있는데 그러한 '포괄적 이익'을 가진 강력한 통치자는 한 영역에서 취한 비효율적 해법이 어떻게 경제의 다른 부분에 영향을 미치는가를 생각하게 된다. 충분한 권력을 보유한 통치자라면 그와 같은 원하지 않는 결과를 피하려고 할 것이다. 그는 하수인들이 세금을 지나치게 부과함으로써 시장에 대한 과도한 착취를 일삼지 않도록 막고, 심지어는 미래의 과세 대상 소득을 늘리기 위하여 공공재도 공급할 것이다. 그러면 왜 우리는 클렙토크라트들 때문에 고민해야 할까? 첫 번째 이유로

---

14 이코노미스트, "인도네시아. 문제는 언제 발생했는가," 1996.2.10.

15 [옮긴이] 올슨은 권력을 강도에 비유할 때 강도가 추구하는 이익을 좁은 이익narrow interest과 포괄적 이익encompassing interest으로 구분했다. 강도가 당장 빼앗은 물자의 수량을 좁은 이익이라고 한다면, 향후 지속 가능한 강도질에 대한 고려까지 포함하는 것이 포괄적 이익이라고 할 수 있다. 좁은 이익만을 추구하는 유랑 강도는 강도질로 인한 사회적 생산의 감소에 관심이 없지만, 포괄적 이익을 추구하는 정착 강도는 사회적 생산의 감소에 관심을 기울이지 않을 수 없다.

는 소득의 불평등을 들 수 있다.

약탈 정권이 짜내는 세금에 합리적인 한계가 존재하는지의 여부는 결정적으로 과세 표준tax base의 탄력성에 달려 있다. 마르쿨리에르와 영(Marcoullier and Young 1995)은 과세 표준의 탄력성이 약간 낮기 때문에 약탈 정권은 세율을 인상함으로써 항상 잉여 자금을 챙길 수 있다고 주장한다. 바로 이 때문에 약탈 정권은 자기 국민을 무참하게 쥐어짜게 된다고 그들은 결론을 내린다. 소득은 권력을 보유한 사람들에게 유리하게 재분배될 것이다. 실제로 부패가 심할수록 불평등도 심하다[양(+)의 상관관계]는 것은 실증적 연구들에 의하여 뒷받침된다. 글상자 20을 보라.

글상자 20. 부패와 불평등

굽타와 그의 동료들(Gupta et al. 2002)은 부패가 소득불평등에 미치는 영향을 조사했고, 소득불평등의 기준으로는 지니Gini계수를 사용했다. 다양한 외생변수들[16]을 사용하여 같은 시점의 37개 국가를 대상으로 분석한 결과, 부패가 심할수록 통계적으로 유의미한 수준에서 불평등도 심한 것[양(+)의 영향]으로 나타났다. 1인당 GDP가 같다고 전제할 때에도 그러한 영향은 10% 수준에서 통계적으로 여전히 유의미했다. 또한 다양한 도구변수들을 검증한 결과, 부패가 불평등을 심화시키며 그 역은 아니라는 것을 확인했다. 나아가 부패가 교육과 토지 분배의 불평등도 증대시킨다는 것을 입증했다. 교육과 토지 분배의 불평등은 소득불평등에 기여하기 때문에(그리고 교육과 토지 분배의 불평등이라는 요인은 처음 회귀분석에서는 동일하다고 전제했기 때문에), 부패가 소득불평등에 미치는 전반적인 영향은 훨씬 더 클 가능성이 있다. 부패가 소득불평등에 미치는 영향은 아프리카 국가들을 조사한 기미아-브렘퐁(Gymiah-Brempong 2002)에 의해서도 확인되었다. 리와 그의 동료들(Li et al. 2000)도 부패가 불평등을 증대시키는 것을 발견했다. 또한 부패 수준이 높을 경우 부패가 소득불평등에 미치는 영향은 훨씬 더 강하다는 것을 보여주었다. 불행하게도 이들은 PRS의 자료를 바탕으로 그러한 결과를

16 [옮긴이] 외생변수exogenous variable란 어떤 경제 모델에 영향을 미치지만 그 모델의 영향을 받지는 않는 독립변수를 말한다.

얻었다는 점에서 한계가 있다. PRS의 자료는 부패와 관련한 정치적 불안정성에 관한 것이지, 부패의 수준을 나타내는 것이 아니기 때문이다.

굽타와 그의 동료들(Gupta et al. 2002)도 하위 20% 사회의 소득 증가를 조사했다. 영향을 미치는 다양한 요인들이 동일하다고 전제한 가운데 조사한 결과, 그들은 부패가 증가할수록 통계적으로 유의미한 수준에서 소득이 감소하는 것[음(-)의 영향]으로 나타났다고 보고했다. 그러나 실제 부패 수준의 추세에 관한 연구는 아직 제대로 시작되지 않았고, 현재의 부패 인식 자료는 실제 수준의 변화를 제대로 나타내지 못할 가능성이 있다. 이러한 관점에서 보면 이 연구 결과를 받아들이는 사람들 중에는 약간의 의심을 품는 이도 있을 수 있다.

그러나 허스테드(Husted 1999: 342-343)는 인과관계의 측면에서 실제로 부패가 소득불평등을 심화시키고 그 역은 성립하지 않는지 문제를 제기했고, 불평등만으로도 부패 수준이 높아질 수 있다고 주장했다. 스와미와 그의 동료들(Swamy et al. 2001)도 같은 주장을 했다. 더욱이 부패와 소득불평등이라는 두 가지 변수는 문화적 결정 요인으로부터도 영향을 받을 수 있다. 권위의 수용, 그리고 고위직 인사를 만나기 어려운 문화도 소득불평등과 부패를 동시에 증대시킬 수 있다(Husted 1999).

유와 카그램(You and Khagram 2005)은 소득불평등이 부패를 심화시킨다는 역의 인과관계를 입증했다. 가난한 사람들은 부자나 권력자들을 감시할 수도 없고 부자나 권력자들에게 책임을 강제할 수도 없기 때문에 부자나 권력자들은 자신의 지위를 오용할 수 있게 된다는 것이다. 그들은 40대와 50대 주민들이 전체 인구 중에서 차지하는 커다란 임금 비중이 불평등을 측정하는 좋은 기준이 된다고 설득력 있게 주장한다. 그 연령대의 사람들은 가장 많은 임금을 받는 경향이 있다. 이들이 전체 인구에서 차지하는 임금 비중이 높을수록 소득은 더 평등하다. 그 이유는 "숫자가 많은 집단fat cohorts"이 낮은 보상을 얻는 경향이 있는 데에 있다. 왜냐하면 노동시장에서 공급이 증가하여 임금이 하락하기 때문이다. 이처럼 숫자가 많은 집단이 연령-소득 곡선의 정상에 있을 때 소득불평등은 감소한다. 그들은 40대와 50대 주민들이 차지하는 임금 비중으로 계측된 불평등이 부패를 증대시킨다는 것을 보여준다. 이러한 영향은 민주주의 국가에서 더 강한 것으로 나타난다. 독재체제에서 부자와 권력자들은 가난한 사람들을 억압할 수 있지만 민주주의 사회에서는 부자와 권력자들이 자신의 부를 극대화하려면 부패를 이용해야만 하기 때문이다. 많은 통제변수들control variables[17]을 통제했을 때도 그들의 연구 결과는 유지되었다. 그리하여 그들은 부패가 불평등을 증대시키고 불평등도 부패를 증대시킨다는 두 가지 확고부동한 결과를 고려하면, 사회는 불평등과 부패의 악순환에 빠질 수 있다고 결론 내린다. 이러한 악순환의 한 부분은 부패를 당연시하는 국민들의 인식과 유관한 것이기도 하다. 또한 한 국가의 불평등 수준이 높으면 세계가치조사에서 응답자들이 세금 사기와 뇌물 수수를 합리화할 수 있는 행동 유형으로 간주할 가능성도 높아진다.

그러나 소득불평등을 심화시킨다는 측면을 제외하고도 클렙토크라트를 걱정해야 할 이유가 있을까? 확실한 것은 약탈 정권이 자원을 효율적으로 배분하지 못하는 데는 이유가 있다는 것이다. 아무리 강력한 클렙토크라트라고 하더라도 자신의 심복들과 권력을 나눠 갖지 않으면 안 되고, 거기서 비롯되는 조정 문제로 비효율적인 결과가 발생할 수 있다. 클렙토크라트는 잠재적 경쟁자들과 평화를 유지하는 대가로, 즉 경쟁 파벌을 매수하는 대가로 재산권을 할당하지 않으면 안 되고, 그렇게 되면 분명한 점은 재산권이 결국 그것을 가장 생산적인 용도로 사용하려고 하는 사람의 손에 돌아갈 필요가 없어진다는 것이다(North 1981: 28). 경제적 번영도 주인의 권력을 위협하는 요인으로 작용할 수 있는데 왜냐하면 경제가 번영할 경우 잠재적 경쟁자들이 정권을 전복시킬 자원을 확보할 수 있기 때문이다(North 1993: 14). 이것을 피하기 위해 집권자는 로비 집단 간의 소모적 경쟁, 정치적 파벌 간의 상호 파괴적인 경쟁, 혹은 피지배집단을 분리통치하고 집권자 자신의 권력 지배를 공고하게 하는 수단으로 민족 집단 간의 폭력을 조장할 수 있다. 만약 집권자가 사회에 만연한 도둑질을 제거하거나 도둑질하는 무리들에게서 세금을 거둬들일 힘이 없다면, 집권자가 생산자들에게 부과하는 터무니없이 높은 세금으로 말미암아 도둑질이 생

---

17 [옮긴이] 실제 연구하고자 하는 변수에 직·간접적인 영향을 미칠 가능성이 있는 변수들이기 때문에 일단 연구과정에 포함시킨 후, 더 타당한 연구결과를 얻기 위하여 통제하는 변수를 말한다. 잠재적인 독립변수인 셈이다.

산보다 매력적인 일이 되고 결국 복지가 줄어들 것이다(Moselle and Polak 2001). 집권자가 근시안적 관점을 가지고 있을 때도 비효율은 초래될 수 있다(McGuire and Olson 1996). 예를 들면, 아프리카 중부의 자이르에서는 수시로 내각을 교체하자 장관들이 "뇌물을 받아먹을 수 있을 때 먹고 튀자"는 식으로 행동하고, 우선 뒷돈을 챙길 가능성이 있는 프로젝트에 유리하도록 결정을 왜곡하는 현상이 나타났다.

집권자가 복지 손실을 막을 수 있느냐의 여부는 결정적으로 그의 통제가 어느 정도 완벽한가에 달려 있다. 그러나 주인이 완벽한 통제력을 갖는 것은 유토피아적인 가정에 불과하므로 그러한 가정은 지금까지 많은 비판을 받지 않을 수 없었다(Moe 1984: 765-772). 주인에 대한 제약이 존재할 수밖에 없는 한 가지 이유는 주인의 지위를 빼앗을 수 있는 잠재적인 경쟁자로 인해 조성되는 파워게임이다. 주인은 선거든, 쿠데타든, 혁명이든, 아니면 정부 내의 강력한 경쟁 파벌에 의해서든 권좌에서 축출되는 것을 두려워하게 마련이다.[18] 공식적인 지위를 차지하고 있는 사람들은 경쟁에 직면하고 권좌에 머물기 위해 노력해야만 하며 외부의 지원을 모색하게 된다. 이러한 형태의 경쟁으로 주인의 행동에는 중요한 제약이 가해진다.

여기서 알 수 있는 것은 완벽하게 강하면서 부패한 정부는 환상에 불과하다는 점이다. 그렇다 하더라도 결론적으로 공공복지는 어떤 영향을 받느냐 하는 문제는 여전히 애매한데, 왜냐하면 공공복지의 손실은 주인이 직면한 제약뿐만 아니라 집권자의 이기적 태도로 인해서도 초래될 수 있기 때문이다. 공공복지의 손실은 주인의 부패한 의도 때문이 아니라 그의 권력이 부족하기 때문에 발생한다고 냉소주의자들은 결론을 내릴 것이다. 그들의 견해에 의하면, 문제는 정부가 부패한 데 있는 것이 아니라 정부 권

18 이처럼 주인이 권좌에서 축출될 가능성은 현실적인 가정이지만, 대리인이론에서는 그것이 대체로 생소한데 왜냐하면 대리인이론에서는 정부 운영과 관련하여 완전한 통제권을 지니고 있으면서 경쟁자의 도전도 받지 않는 주인의 존재를 상정하기 때문이다 (Kofman and Lawaree 1996; Laffont and Tirole 1993; Olsen and Torsvik 1998; Strausz 1995).

력을 둘러싸고 항상 경쟁이 벌어지는 데 있다. 도둑들이 충분히 정착하지 못할 경우, 그리고 도둑들의 권력이 부족할 경우를 제외하면 도둑들 자체 때문에 사회에 문제가 되지는 않으리라는 논리이다. 따라서 냉소주의자들은 부패와 싸워서는 안 되며 오히려 부패를 선호하여야 한다고 주장할지도 모른다. 그 연장선에서 부패한 집권자가 뇌물을 쉽게 끌어모을 수 있을 때 부패 문제는 완화된다고 머피와 그의 동료들(Murphy et al. 1993: 413)은 주장한다. 그러나 나는 그와 같은 냉소적인 결론은 명백히 과장된 것이라고 주장한다.

첫째, 통치자의 관례가 일단 성립되면 계급체계에서 낮은 사람은 상부에 충성하지 않고 자기 자신을 위해 탈법 소득을 추구하려는 동기부여를 받을 수 있다(Rose-Ackerman 1999: 114-117). 둘째, 시민들은 부패한 주인의 재물 강탈 행위를 어떻게 해서든 면하려고 할 것이다. 즉, 소득을 숨기고 자신들이 마땅히 주인에게 내야 할 개인 분담금을 줄이는 기법을 개발하는 데 투자할 것이다(Choi and Thum 2005). 이러한 형태의 조세회피가 클렙토크라시에만 고유하게 있는 것은 아니지만, 주인의 부패로 인하여 시민들의 조세회피는 정당성을 확보하게 되고 주인에 반대하는 시민들의 협력은 강화될 수 있다. 이러한 행동의 한 가지 결과로 비공식 경제가 확대될 수 있다. 글상자 21을 보라.

글상자 21. 부패와 지하경제

존슨과 그의 동료들(Johnson et al. 1998: 39)은 부패로 지하경제가 확대된다는 것을 보여준다. 프리드만과 그의 동료들(Friedman et al. 2000: 480)은 부패와 지하경제에 관한 다양한 회귀분석을 실시한 후에 "요컨대 6개의 다른 기관에서 제공하는 8개의 측정치를 바탕으로 분석한 결과 지하경제의 비중과 … 부패 간의 관계는 … 강하고 일관되게 나타난다. 8개의 지표에서 공히 부패가 많은 나라일수록 비공식 경제의 비중이 높았다"고 결론을 내린다. 좀더 최근에는 고엘과 넬슨(Goel and Nelson 2005)이 암시장 지수가 높을수록 부패가 심하다고 보고했다. 헤리티지 재단의 이 지하경제 지수에는 밀수, 지적 재산권에 대한 해적 행위,

그리고 암시장 거래의 존재와 같은 활동들이 포함된다. 이러한 영향에 관한 이론적 논증은 풍부하지만, 또한 역의 인과관계와도 맞부딪히게 된다. 예를 들어 공공조달에서 과다 청구의 형태로 나타나는 부패의 경우는 공식 가격이 지하시장에서의 가격과 동떨어져 있을 때 더 쉽게 발생하기 때문이다.

그와 관련된 것으로서 부패가 초래하는 또 한 가지 결과는 정부 세입 감소이다. 탄지와 다부디(Tanzi and Davoodi 1997), 존슨과 그의 동료들(Johnson et al. 1998), 그리고 프리드만과 그의 동료들(Friedman et al. 2000)은 일부 일반적인 설명변수들을 통제한 가운데 회귀분석을 실시한 결과 부패 수준이 높은 나라일수록 GDP 대비 세수의 비중이 낮은 경향이 있음을 입증한다.

탄지와 다부디(Tanzi and Davoodi 2001)는 세금의 유형이 달라지면 부패에 미치는 영향도 달라진다는 가정 하에 세수의 구성에 초점을 맞추어 부패가 세수에 미치는 영향을 더 조사했다. 그 결과 부패가 1포인트 증가하면 GDP 대비 총 세입은 1.5% 포인트 감소하고 GDP에서 세금이 차지하는 비율은 2.7% 포인트 감소하는 것으로 나타났다. 직접세는 간접세보다 부패로 인한 감소폭이 더 컸는데 여기서 알 수 있는 것은 부패 수준이 높은 나라일수록 간접세 부과에 더 의존한다는 점이다. 그리고 이는 현재의 실제 상황과 부합하는 특징인 것 같다. 구라(Ghura 2002)도 이러한 결과를 뒷받침하는데 그는 사하라 이남 아프리카의 39개 국가를 대상으로 조사했다. 그는 다양한 설명변수들을 통제한 가운데 회귀분석을 실시하는데 과세 표준의 상이성도 그중 하나였다. 그러나 부패의 수준이 아니라 부패와 관련한 정치적 불안정성을 나타내는 PRS의 부패 자료를 그가 사용한 점을 고려하면, 그의 연구 결과가 지니는 한계는 분명하다. 황(Hwang 2002)은 부패로 인해 정부의 총 세입이 GDP에서 차지하는 비율뿐만 아니라 국내 세수도 줄어든다는 사실을 뒷받침했다. 이와 달리 그는 정부 세수 중에서 수출과 수입 관세 같은 국제무역에 부과하는 세금에서 얻어지는 것의 비율은 부패로 증가한다는 것을 발견했다. 그는 이것이 부패가 보호주의적 정책과 비례하여 심화되고 그 결과 관세가 전반적으로 높아짐을 말해준다고 해석했다.

알마르후비Al-Marhubi는 부패로 비공식 경제의 규모가 커진다는 통찰력을 바탕으로 심층 연구를 진행한 후, 비공식 경제의 규모가 클수록 뒤틀린 과세제도보다도 통화량(세뇨리지, seignorage) 확대로써 정부 세수를 늘리기가 더 쉽기 때문에 적정 인플레이션 수준은 부패와 비례하여 높아질 것이라고 주장했다. 그는 동일 시점에서 다양한 세부적 차이를 지닌 국가들을 대상으로 분석한 결과 부패로 인플레이션이 심화된다는 것을 입증했다. 그러나 브라운과 디텔라(Braun and Di Tella 2000)는 역의 인과관계를 주장한다. 즉 가격은 실질적으로도 인상되지만 그 변화를 예측하기가 용이하지 않다는 속성에 의해서도 영향을 받는다는 것이다. 이러한 예측하기 어려운 가격 변화로 인하여 대리인을 감시하는 데 들어가는 비용이 증가하는데 여기서 우리가 알 수 있는 것은 대리인의 부패가 심하지 않으면 그 정도의 부패는 묵인되리라는 점이다. 그 결과 인플레이션으로 말미암아 부패가 심화된다. 그러나 그들이 이러한 점을 입증하는 데 사용한 자료는 PRS의 자료뿐이다. 게링과 태커(Gerring and Thacker 2005)는 좀더 타당성 있는 자료로 그러한 결과를 뒷받침한다. 고엘과 넬슨(Goel and Nelson 2005)도 인플레이션이 심할수록 부패도 심해진다[양(+)의 연관성]는 것을 뒷받침한다. 그들은 인플레이션으로 공무원들의 실질임금이 하락하고 부수입의 필요성이 증대된다고 주장한다. 요컨대 인플레이션과 부패의 연관성은 강한 것 같지만, 인과관계의 문제는 여전히 판별하기가 어렵다.

강하고 부패한 정권은 신뢰성의 문제에 직면한다는 것을 고려할 때 부패가 경제적 효율성을 증대시키지 않는다는 비효율성 가설inefficiency hypothesis에 유리한 좀더 설득력 있는 주장이 제기되는데, 이 점에 대해 이제부터 논의하기로 한다.

4.4. 신뢰성 문제

강력하고 이기적인 주인의 가장 결정적인 문제점은 그가 신뢰성 있게 정책에 헌신할 수 없으리라는 점이다.[19] 주인이 입안한 어떠한 정책도 이 책의 처음 몇 장에서 자세히 설명한 실현 가능성 문제 때문에 제대로 실현되지 않을 것이다. 부패한 주인은 법 위에 군림한다는 점을 고려하면, 그가

19 그와 같은 신뢰성 문제는 신제도경제학에서 다루어졌다(Klein et al. 1978; Wiggins 1991; Williamson 1985). 이러한 신뢰성 분석은 정치제도 운영과 독재의 정치경제학에 적용되어 효과를 보았다(North 1993; Stiglitz 1998b: 8-11; Weingast 1993; Wintrobe 1998b: 24-33 and 38-39).

행하는 거래에서는 법의 보호를 기대할 수 없고, 투자자들은 필요한 보장을 받지 못할 것이다.

투자에는 대개 매몰비용sunk costs이 소요된다. 일단 매몰되고 나면 그와 같은 자원은 이전할 수도 다른 과업에 할당할 수도 없다. 철도는 철거할 수 없고 발전소는 다른 나라로 옮길 수 없으며 기술적인 노하우는 다른 목적으로 쉽게 사용할 수 없다. 그리하여 투자자들은 자원을 특수한 목적으로밖에는 사용할 수 없게 되고, 경쟁자들의 공격에 맞서 자기 재산을 보호하는 능력에는 한계가 있으므로 자신의 렌트가 몰수당할까 봐 두려워하지 않을 수 없게 된다. 부패가 있는 곳에서 투자는 특히 위험한데 왜냐하면 이기적인 집권자에게는 자신의 공약을 스스로 지킬 만한 유인誘因도 없고 공약을 지키게끔 제약을 가할 수도 없기 때문이다(Ades and Di Tella 1997: 1026; Henisz 2000; Mauro 1995: Murphy et al. 1993: 413).

부패에서 비롯되는 신뢰성 문제는 이미 하급 공무원에 관한 사례 연구에서 조명된 적이 있다. 부패한 세무공무원은 투자자들에게 세금을 부과하면서 변덕을 부릴 수 있고, 부패한 관료는 자의적인 법적용으로 투자자들을 위협할 수 있으며, 부패한 세관 당국은 무역 규제를 임의로 적용할 수 있다. 이 모든 행위자들은 뇌물을 요구할 수 있는 지위에 있는 반면에, 투자자는 그 시점에 이미 회수할 수 없는 너무 많은 자산을 프로젝트에 투입해버렸기 때문에 투자 결정을 철회할 여지가 전혀 없다. 부패한 판사는 당면한 또 다른 문제이다. 경쟁자의 공격에 맞서 투자를 방어하고 사적 당사자 간 계약의 이행을 보장받으려면 예측 가능한 법이 필요하다. 그러나 부패한 법원은 이러한 계약이 반드시 이행되도록 해주지 않을 것이고, 뇌물을 가장 많이 주는 쪽의 손을 들어줄 수 있다. 여기서 우리는 부패가 사적 당사자 간 계약이 이행되는 것도 방해하고 그럼으로써 그 분야의 민간 투자를 위축시킨다는 것을 알 수 있다(Acemoglu and Verdier 1998).

인도 카나타카Karnataka의 기업인들을 조사한 결과에 따르면, 지방정부의 부패 수준이 높은 가운데에서도 소프트웨어 산업은 다른 산업에 비해 영향을 덜 받은 것으로 나타났다. 소프트웨어 산업의 경우 적어도 건축업과 제조업에 견주어 고정자산의 비중이 작기 때문에 그러한 결과가 도출된 것이다. 고정자산에 대한 의존도가 낮기 때문에 공무원의 터무니없는 뇌물 요구가 감소하고 신뢰성도 크게 문제가 되지 않았던 것 같다.[20]

관료뿐만 아니라 고위직과 하위직의 구분 없이 정부에 속한 모든 사람들이 사리사욕을 추구할 때 신뢰성 부족의 문제는 증폭될 가능성이 있다. 하위직 공무원들이 뇌물을 요구할 때, 민간 당사자들은 고위직 공무원들에게 불만을 제기함으로써 문제를 해결하려고 할 수 있다. 그러나 정부 자체가 실질적으로 뇌물을 추구하는 정부라면 상급자들은 하급자들을 징계하기는커녕 오히려 자신에게 이롭게 하려고 부패 체계를 최적화하는 쪽을 선택할 것이다. 불만을 제기하여 문제를 해결하는 메커니즘이 들어설 자리가 없는 것이다. 또한 투자자들이 법에 의지할 기회도 없을 것이다.

바로 이러한 환경에서는 주인이 신뢰성 있게 헌신하지 못할 것이다. 이와 관련하여 노스와 와인개스트(North and Weingast 1989: 803-804)는 이렇게 주장한다.

> 최고권력자가 자신의 이익을 위해 재산권을 변경할 가능성이 많을수록 투자의 기대이익은 감소하고 따라서 투자의 유인誘因도 감소할 것이다. 경제가 성장하려면 최고권력자나 정부가 적절한 환경이나 권리를 확립해야 할 뿐만 아니라 신뢰성 있게 그러한 권리를 보장하기 위해 최선을 다해야만 한다. 집권자가 그렇게 하는 데에는 두 가지 방법이 있다. 첫째는 '책임 있는 행동'의 선례를 확립하는 일인데, 집권자가 일관되게 집행할 일련의 규칙을 제정하고 그것을 지키기 위해 최선을 다하는 것이다. 둘째는 집권자 스스로가 일련의 규칙을 지키지 않으면 안 되게끔 자기 한계를 설정함으로써 재량권이라는 미명하

20 더 힌두, "카나타카의 투자자들, 몹시 화를 내다", 2000.1.10; 타임스오브인디아, "뇌물은 투자자들에게 큰 장애", 2001.3.28.

에 약속을 위반하는 일이 없도록 하는 것이다.

약속을 믿을 수 있으려면 각자가 약속을 존중하도록 동기부여가 되거나 강제되지 않으면 안 된다(North 1993: 13). 그러나 부패한 집권자는 1차적으로 개인적 치부에 몰두함으로써 약속을 지키려고 하는 동기부여가 되지 않을 것이다(Rose-Ackerman 1999: 118). 기회가 생겨서 정부가 그 기회를 이용하게 될 때 정부가 부도덕하면 바로 그것이 부패이다. 다른 한편 완전한 통제권을 확보한 (유토피아적인) 독재자는 자신의 부패한 목적을 이루는 데 도움이 된다면 어떠한 법적 제약도 받지 않고 헌법적 장애도 신속히 뒤집을 수 있으며 어떤 외부적인 제약도 제거할 수 있다. 그와 같은 주인은 어쩌면 전술한 비효율 중의 일부를 회피할 수는 있지만, 신뢰성 있는 정책을 위해 헌신할 수 있는 기회는 상실하게 된다. 정부의 힘은 일부 비효율을 회피하는 데 도움이 된다. 그러나 그와 같은 강한 정부는 시민의 부를 신속히 앗아갈 수 있다. 따라서 클렙토크라시 하에서는 복지 손실을 피할 수 없는데 심지어는 그로 인해 클렙토크라트 자신의 소득이 위협받을 때도 있다.[21]

만화가인 파커Parker와 하트Hart는 자신들의 만화에서 강한 클렙토크라

---

21 클렙토크라트가 뇌물을 제공하는 투자자들과 권력을 공유할 수 있는 믿을 만한 수단을 발견한다면 공공복지에 대한 악영향은 일시적으로 제거될 수 있을 것이라고 추측하는 사람도 있을 것이다. 베데만(Wedeman 1997)은 자신이 한국에서 관찰한 '렌트 공유형rent-sharing' 부패가 종래 자이레에서 만연한 '약탈형' 부패에 비하면 발전을 덜 저해했다고 주장한다. 이때 염두에 둔 점이 바로 그 점이었을 것이다. 실제로 그와 같은 권력 공유 수단을 발견할 수 있다면, '렌트 공유형' 부패는 대규모 투자가 이루어지게 하는 비옥한 토양이 될 수도 있다. 그러나 주인에게 조금의 자비심도 존재하지 않을 경우, 주인의 역할을 넘겨받는 주도적 산업의 강력한 지위로 인하여 힘이 적은 투자자나 혁신가가 처하게 되는 조건은 더욱 더 악화될 수도 있다(Murphy et al. 1993: 413). 한편, 평판이 나빠질 것을 두려워한 나머지 클렙토크라트가 매몰된 투자를 존중하게 될 것이라는 또 다른 추측도 있을 수 있다. 그러나 제약받지 않는 클렙토크라트가 평판을 확립할 가능성은 처음부터 없어 보이는데 왜냐하면 투자자들은 클렙토크라트의 말을 믿지도 않고 투자도 하지 않을 것이기 때문이다.

그림 4.1. 아이디(ID)의 마법사, 파커와 하트, 2001년 3월 11일 (ⓒ By permission of John L. Hart FLP, and Creators Syndicate Inc.)

판사 : "폐하, 일어나서 재판을 받으시오. 당신은 다음과 같은 점에서 유죄로 나타났소…. 왕의 직위 오용, 불법자금 사용, 권력 남용, 위증, 재판 방해… 법정 모독!
폐하 자신을 위해 할 말이 있소?"
왕 : "예! 하, 하 … 하 하
소송이 취하되었습니다! 탕!
그리고 당신은 키도 작소!"

트를 능숙하게 묘사했다. 그림 4.1을 보라. 쉽게 상상할 수 있듯이, 그와 같은 주인은 투자자들을 초청하여 공정한 취급을 약속해도 신뢰를 주지 못한다. 신뢰성 문제를 극복하는 통상적인 방법은 주인에게 제약을 가하는 것이다.[22] 그와 같은 제약이 가해지면 신뢰성 문제는 즉시 극복될 것이다. 그러나 이기적인 주인에게 제약을 가하게 되면 주인을 위한 완벽한 뇌물 체계도 작동하지 않기 때문에 전술한 것과 같은 다른 형태의 복지 손실이 초

---

22 1688년 영국 혁명의 경우가 그러했듯이, 강한 의회는 왕이나 대통령의 권력을 효과적으로 제한할 수 있고, 왕의 입법권과 사법권을 제한함으로써 '수탈형 정부confiscatory government'를 허용하지 않는다(North and Weingast 1989). 고등법원이나 대법원도 주인에게 제약을 가하여 주인이 이전에 내건 정치적 약속을 이행하도록 강제한다(Landes and Posner 1975). 주인의 권력을 제한하는 많은 가능성 중에서 또 한 가지는 자율성 있는 관료 집단에게 결정을 위임하는 것이다(Furubotn and Richter 1998: 421). 대리인이론의 관점에서 필요한 것은 주인의 직접적인 명령으로부터 대리인을 보호하는 방법일 것이다. 대리인은 반드시 법을 존중하고 주인의 기회주의적 이해관계를 추종하지 않아야 한다.

래된다. 결국 이러나 저러나 복지 손실은 불가피해지는데 왜냐하면 클렙토크라트가 모든 것을 완벽하게 통제할 수 있게 되면 투자자들을 홀대함으로써 복지 손실이 발생하고, 반대로 클렙토크라트가 완벽한 통제력을 결여하고 있을 경우 기존 법률망을 피해 가야 하기 때문에 복지 손실이 발생한다.

4.5. 실증적 증거

더 좋은 투자 환경을 갖춘 국가일수록 더 높은 GDP 대비 투자 비율을 달성하리라는 점은 당연한 가정일 것이다. 부패가 GDP 대비 투자 비율에 미치는 악영향은 다양한 연구에 걸쳐 널리 발견되며, 이는 우리의 기대와도 일치한다(Brunetti and Weder 1998: 526-528; Brunetti et al. 1998: 369; Campos et al. 1999: Gymiah-Brempong 2002; Knack and Keefer 1995; Mauro 1995; 1997a; Rock and Bonnett 2004). 그러나 GDP 대비 투자 비율이 전반적인 투자 환경의 매력을 타당성 있게 나타내주는지에 대해서는 비판의 목소리도 있다. 부패 수준이 높은 국가에서는 국내 투자가 덜 생산적이면서 더 많은 산출을 초래한다는 점이 문제이다. 여기서 알 수 있는 것은 부패가 증가하면 GDP 대비 투자 비율이 감소하는 것이 아니라 오히려 증가할 수 있다는 사실이다(Lambsdorff 2003b). 한 국가의 투자 환경이 가진 매력을 보여주는 더 좋은 측정치는 외국인직접투자FDI에서 취할 수 있다. 글상자 22는 관련된 실증적 증거와 함께 이 점을 잘 보여준다.

글상자 22. 부패와 투자

초기 연구에서 휠러와 모디(Wheeler and Mody 1992)는 외국인직접투자FDI의 규모와 투자 유치국의 위험 요인 사이에서 통계적으로 의미 있는 상관관계를 발견하지 못하는데, 여기서 말하는 위험 요인에는 다른 변수들과 함께 부패가 포함되며, 이 위험 요인은 또한 부패와 매우 깊은 상관성을 지닌다. 알레시나와 베더(Alesina and Weder 1999)도 그 둘 사이에서 통계적으로 유의미한 상관관계를 찾지 못했다고 보고하였으나 이들은 PRS의 자료를 사용했기 때문에 그에 따른 전술한 것과 같은 동일한 한계가 존재한다. 이들이 사용한 자료는 1970년부터 1995년까지의 FDI 자료이다. 그러나 부패에 대한 관심과 FDI의 수준은 1995년 이후에 상당히 높아졌다. 따라서 그 둘 사이에서 통계적으로 의미 있는 상관관계를 찾지 못했다는 연구 결과를 과대평가해서는 안 된다. 오키할람과 바(Okeahalam and Bah 1998), 그리고 데이비드슨(Davidson 1999)의 회귀분석에서도 뚜렷한 결론을 얻지 못했지만 조사 대상 국가의 수가 적었다. 메온과 세카트(Méon and Sekkat 2004)도 중동의 많지 않은 국가들을 대상으로 FDI의 유입에 부패가 미치는 영향을 조사하였으나 통계적으로 의미 있는 결과를 얻지 못했다.

좀더 최근의 연구에서는 부패가 외국인 투자자들의 투자를 막는다는 것이 입증되었다. 웨이(Wei 2000b)는 1990년과 1991년 14개 투자국과 45개 투자 유치국 간의 양자 간 흐름에 초점을 맞춘 결과, 통계적으로 유의미한 수준에서 부패가 FDI를 감소시키는 것[음(−)의 영향]을 확인했다. 그는 부패 수준이 싱가포르 수준에서 멕시코 수준으로 올라가는 것은 세율이 20% 포인트 올라가는 것과 동등한 가치를 지닌다는 것을 발견했다.[23] 아이젠만과 슈피겔(Aizenman and Spiegel 2003)은 BI-데이터Business International-data가 측정한 부패 자료를 사용하여 다양한 회귀분석을 실시한 결과 부패 수준이 높을수록 전체 자본축적 대비 FDI의 비율이 낮아지는 것[음(−)의 영향]을 보여주었다. 더 많은 독립변수를 포함해도 그 상관관계 계수는 영향받지 않고 유지된다. 람스도르프와 코넬리우스(Lambsdorff and Cornelius 2000)는 아프리카 국가들에서 부패가 FDI에 악영향을 미친 것을 보여주었다. 아베드와 다부디(Abed and Davoodi 2002: 523)는

---

23 또 다른 연구에서 웨이(Wei 1997)는 부패의 전반적 수준 외에 자의성도 자본 유입을 어렵게 한다고 주장한다. 뇌물을 제공하는 사람들은 법에 호소할 수 없기 때문에 뇌물을 통해 체결된 계약은 법적으로 이행을 보장받을 수 없다. 그렇기 때문에 부패가 세금보다 반드시 더 비싼 것은 아니지만 세금보다 더 해로운 것임에는 틀림없다. 웨이는 자의성에 관한 측정치를 WEF의 조사에서 도출한다. 제기된 문제는 부패의 전반적인 수준이지만, 응답의 분산variance은 자의성의 한 형태를 보여준다고 주장한다. 뇌물의 실제 비용에 관한 응답자들의 불안정성이 그러한 분산에 반영되었다면 이것은 타당한 것으로 생각될 수 있다. 이렇게 정의된 자의성은 FDI에 관한 회귀분석에 통계적 의미를 인정받는 변수로 들어간다. 그러나 자의성이 이 변수로 적절하게 측정되었는지에 대해서는 의문이 제기된다. 특히 응답자의 변이는 한 국가의 많은 이질적인 구성 요소를 반영하거나 설문의 바른 점수를 판단함에 있어서 응답자가 겪는 주관적인 어려움과 관련될 수도 있다. 자의성은 예를 들면 세계은행과 바젤대학교(World Bank/University of Basel, WB/UB)가 결정한 것과 같은 부패의 예측 가능성으로 더 잘 측정될 수 있다.

같은 시점의 24개 체제전환 국가들을 대상으로 분석한 결과 부패 수준이 높을수록 FDI의 1인당 액수(미화 기준)가 감소한다[음(-)의 영향]는 결과를 얻었다. 도와 티젠(Doh and Teegen 2003)은 부패의 정도가 통신산업 투자에 악영향을 미친 것을 보여주는데, 여기서 사용된 통신산업 투자 자료는 세계은행의 민간투자사업(Private Participation in Infrastructure, PPI) 데이터베이스였다. 스마르진스카와 웨이(Smarzynska and Wei 2000)는 부패로 인해 동유럽과 구 소련의 FDI(회사 수준 평가치)가 감소한다는 사실을 입증했다. 부패의 수준이 에스토니아와 같이 낮은 수준에서 아제르바이잔과 같이 높은 수준으로 올라가면 외국인 투자 가능성은 15% 포인트 감소하는 것으로 나타났다.

헤니츠(Henisz 2000)도 미국의 경제조사기관 컨퍼런스보드 기업 부문 Conference Board Manufacturers의 데이터베이스를 사용하여 비슷한 결과를 제공한다. 이 데이터베이스는 1천 개가 넘는 미국 기업들의 해외 시장 진입에 관한 자료를 수집한 것이다. 그는 '예기치 않은' 부패에 관한 변수가 시장 진입을 억제한다는 사실을 발견했다. '예기치 않은' 부패에 관한 변수는 PRS/ICRG가 측정한 '실제actual' 부패와 정치체계에 관한 자료로 결정된 예상된 expected 부패 간의 차이이다. PRS의 부패 자료가 지닌 문제점을 고려하면 그의 연구 결과는 약간의 의심을 품고 받아들이지 않으면 안 된다.

하비브와 주라비키(Habib and Zurawicki 2001; 2002)도 부패가 FDI를 억제한다는 것을 입증했다. 이들은 부패가 FDI에 미치는 영향이 부패가 내국인 투자에 미치는 영향보다 크다는 것을 발견했다. 그리고 외국인 투자자들은 그들이 현지에서 상대하는 내국인 투자자들보다 부패에 더 민감하다고 결론지었다. 요컨대 이제는 부패가 통계적으로 의미 있는 수준에서 FDI를 감소시킨다[음(-)의 영향]는 주장을 뒷받침하는 증거가 충분하고 확고한 것 같다.

폰스(Fons 1999)는 국제투명성기구TI의 부패인식지수CPI와 무디Moody의 국가한도평가country ceiling ratings 사이에 통계적으로 의미 있는 상관관계가 있음을 보고했다. 국가한도평가란 한 국가의 정부가 발행한 채권의 불이행 위험도를 말한다. 그는 투명성이 낮고 부패 수준이 높을수록 신용 위기는 커진다고 주장한다. 치오키니와 그의 동료들(Ciocchini et al. 2003)은 더 체계적으로 연구한 결과, 부패가 심하다고 인식된 국가일수록 불이행 위험도가 더 크기 때문에 채권을 발행할 때 더 높은 이자를 지불한다는 것을 보여주었다. 홀과 야고(Hall and Yago 2000)도 많지 않은 국가들을 대상으로 조사한 결과, 부패로 인하여 소버린본드의 스프레드[24]가 커지고, 부패 수준이 높은 국가일수록 차관을 얻는 데 더 많은 비용이 들게 된다는 것을 입증했다. 웨이와 시버스(Wei and Sievers 1999)는 부패와 취약한 은행 감독 간의 상관관계를 보고했다. 예금을 보유하거나 은행에 대출을 주고 있는 사람들은 부패 의혹이 제기되면 더 관여하지 않고 돈을 찾아 철수할 가능성이 있다. 이러한 연구 결과의 연장선에서 부패는 한 국가의 자본 유입을 감소시킬[음(-)의 영향] 가능성이 있다고 말할 수 있다.

부패가 순자본 유입의 총량에 미치는 영향은 람스도르프(Lambsdorff 2003b)에서 볼 수 있다. 1인당 GDP, 국내 저축률, 천연자원 수출과 같은 다양한 설명변수들이 동일하다고 전제한 가운데 같은 시점의 64개 국가를 대상으로 분석한 결과, 부패는 높은 신뢰 수준에서 자본 유입을 감소시키는 것으로 나타났다. 부패에 관한 다른 자료를 사용하고, 선형성linearity을 검증하고, 조사 대상 국가 선택 문제를 고려할 때도 이러한 결과는 영향을 받지 않고 유지되었다. 정직성의 수준을 탄자니아 수준에서 영국 수준으로 끌어올리면 연간 순 자본 유입이 GDP의 3% 수준까지 증가하는 것으로 나타났다. 국가의 법질서 전통을 나타내는 지표가 동일하다고 전제(즉 변수 통제)할 때는 이 상관관계 계수는 떨어진다. 국가의 법질서 전통을 나타내는 지표는 ICRG의 지표인데 여기에는 정치제도의 건전성, 법원제도의 강점, 그리고 권력의 질서 있는 승계를 위한 법률 조항의 존재 여부가 포함된다. 부패는 한 국가의 법적 전통을 붕괴시키기 때문에 투자자들의 투자를 포기하게 만든다는 것을 여기서 알 수 있다. 한 국가의 법적 전통이 붕괴되지 않고 제대로 작동한다면, 투자자들이 한 국가에 들어갈 때 정치 엘리트들이 거기서 생기는 기회를 악용하지 않으리라고 믿을 수 있게 된다. 그림 4.2의 그래프가 이 점을 잘 보여주고 있으므로 참조하기 바

24 [옮긴이] 소버린본드sovereign bond란 국가의 정부가 발행한 채권으로 국채 혹은 정부채government bond와 비슷하다. 스프레드spread란 발행 채권의 신용등급이나 잔존만기에 따라 덧붙여지는 가산금리를 말한다.

그림4.2. 부패와 자본유입

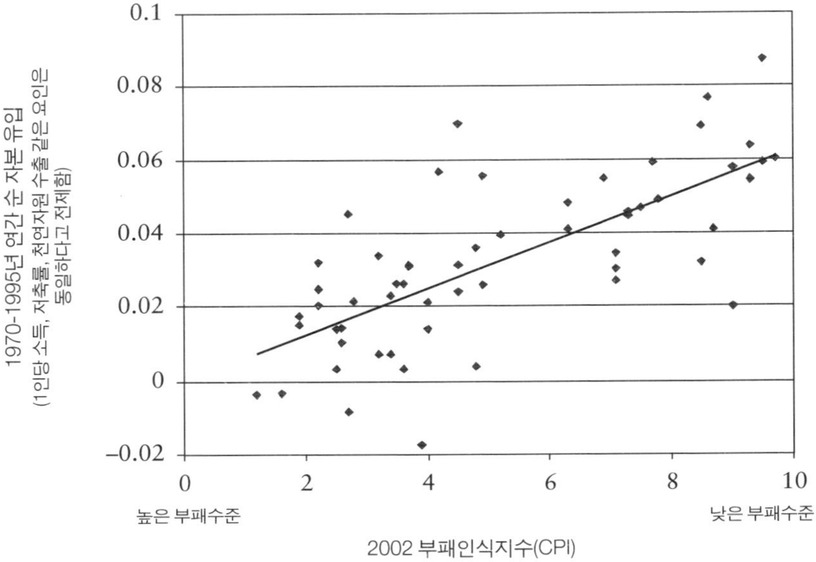

란다.

좀더 최근에 이 연구를 업데이트한 바에 의하면, 법적 전통보다는 시민적 자유의 정도가 부패의 영향을 부분적으로는 더 잘 설명한다는 것이다. 시민적 자유에 관한 프리덤하우스의 지표에는 인권과 경제권뿐만 아니라 표현과 신앙의 자유, 개인적 자율성도 포함된다. 투자자들은 부패 수준이 높은 국가를 회피하게 되는데, 부분적으로는 지나친 정부 개입과 불만 표출 기회의 결여와 같은 시민적 자유의 취약성이 부패에 수반되기 때문이기도 하다.

이러한 평가에 따르면, 10(매우 깨끗)부터 0(매우 부패)까지 펼쳐져 있는 부패 척도에서 부패가 1포인트 증가하면 연간 순 자본 유입이 GDP의 0.5% 수준까지 감소한다. 국제투명성기구TI의 부패인식지수CPI에서 부패의 수준이 6포인트 개선되면, 예를 들어 탄자니아가 영국 수준으로 개선되면, 연간 순 자본 유입이 GDP의 3%나 증가한다. 이처럼 실제 증거가 전반적으로 뒷받침된 연구 결과는 다양한 연구를 거듭하는 과정에서도 영향을 받지 않고 유지된다. 이론적 이유로 인해 부패가 국내 투자에 미치는 영향은 판별하기가 어렵지만, 부패가 외국인 투자를 감소시키는 효과는 통계적으로 의미가 있는 수준에서 확인되며, 그 감소폭은 크다.

지금까지는 총 투자의 규모에 미치는 영향을 살펴보았지만, 투자의 유형에 따라 어떤 유형의 투자는 다른 유형에 비하여 부패의 영향을 더 많이 받는다는 점을 살펴보는 것도 의미가 있다. 특히 부패로 큰 영향을 받는 것은 FDI와 관련한 장기적 자본 투입인 반면에, 다른 더 가변적인 유형의 투자는 부패의 영향을 덜 받을 수 있다. 이로 인해 부패한 국가들은 외부의 충격에 더 많이 흔들리게 된다. 그것을 뒷받침하는 연구 결과는 글상자 23에서 볼 수 있다.

글상자 23. 투자의 구성과 부패

웨이(Wei 2000c), 그리고 웨이와 우(Wei and Wu 2001)도 부패가 FDI를 감소시킨다는 점을 간접적으로 보여준다. 흥미로운 사실은 이 연구자들이 부패가 은행 간 차관을 끌어들이는 데 미치는 영향은 확인할 수 없었다고 주장한다는 점이다. 따라서 부패 수준이 높아 FDI가 감소된 국가들은 은행 간 차관에 더 의존한다. 스트라우브(Straub 2003)도 비슷한 결과를 보고한다. 이러한 왜곡은 경제적 복지를 감소시킬 수 있는데 왜냐하면 경제적 문제가 발생할 경우 차관이 더 쉽게 철회되어 유출될 수 있기 때문이다. 이로 인해 부패한 국가들은 통화 위기에 더 취약하게 된다.

또 다른 종류의 연구에서는 외국 기업이 어떤 진입 방식을 택하는지를 다루었다. 스마르진스카와 웨이(Smarzynska and Wei 2000)는 부패가 외국 기업의 진입 방식에 미치는 영향을 관찰했다. 외국인 투자자들은 부패한 요구에 직면하게 되면 자회사의 지분을 전부 소유하는 방식보다는 현지 파트너와 합작투자하는 것을 선호하는데, 현지 파트너가 현지의 (부패한) 관행을 더 잘 알 수 있기 때문이다. 이러한 현상은 단순한 생산기술을 사용하는 산업 분야에서 지배적 현상으로 나타난다. 좀더 세련된 기술을 사용하는 산업 분야의 경우, 외국인 투자자들은 기회주의적인 현지 파트너들에게 기술적 노하우가 새나가는 것을 우려할 것이다. 이러한 논리의 연장선에서 생각할 때, 세련된 기술을 사용하는 외국 회사가 부패한 국가에서 합작투자를 선호하는 일은 일어나지 않을 것이다.

울렌브루크와 그의 동료들(Uhlenbruck et al. 2006)은 세계은행의 민간투자사업PPI 데이터베이스에 나오는 통신산업 자료를 조사했다. 64개 신흥경제 국가에서 진행되는 220개 통신개발 프로젝트를 대상으로 조사한 결과, 외국 회사들은 지분 보유를 회피한 채 단지 현지 회사와 제휴하거나 단기적인 계획만 가지고 그 나라에 진입하는 방법으로 그 나라의 부패 수준에 적응한다adapt to는 것을 보여주었다. 그들은 합작투자와 자회사 지분 100% 보유방식 사이에서 통계적으로 의미가 있는 차이를 발견하지 못했다. 우리는 이것이 통신산업의 전형적 특성인 높은 수준의 기술적 정밀성 때문이라는 결론을 내릴 수 있다. 통신산업의 기술적 특성에 관해서는 전술한 스마르진스카와 웨이(Smarzynska and Wei 2000)의 연구 결과에서 이미 살펴본 바 있다.

부패의 형태가 다르면 결과도 다를 수 있다. 부패의 전반적 수준뿐만 아니라 부패의 예측 가능성과 기회주의의 배제도 결정적으로 중요하다. 다시 말해 첫째, 부패의 거래 비용이 미리 알려졌느냐와 둘째, 뇌물을 제공한 후 그 대가에 해당하는 서비스가 약속대로 이행되었느냐가 중요하다. 이러한 변수들이 GDP 대비 투자 비율에 미치는 영향에 대해서는 세계은행(World Bank 1997)이 조사했다. 아울러 이 문제에 관한 더 많은 연구가 글상자 24에 소개되어 있다. 그러나 이 책에서 반복하여 자세히 설명하고 있듯이, 예측 불가능성과 기회주의가 좋은 이유는 그것이 부패를 억제하는 요인으로 작용한다는 데 있다. 부패 거래의 쌍방 간에 이루어진 약속이 믿을 만할 때 부패의 수준이 높아지므로, 부패 거래의 예측 불가능성을 없앰으로써 반부패 개혁을 달성하려는 시도는 잘못된 것이다.

글상자 24. 부패의 유형과 투자

세계은행(World Bank 1997)이 선진국과 개도국을 합쳐 39개 국가를 대상으로 조사한 결과, 부패 수준이 일정하다면 부패 거래의 예측 가능성이 높고 부패 거래에 수반되는 기회주의가 약할수록 투자율이 높은 것으로 나타났다. 이 연구를 더욱 확대하고 정교화한 것이 캄포스와 그의 동료들(Campos et al. 1999)인데, 이들은 세계은행의 조사에서와 마찬가지로 WB/UB(세계은행/바젤대학교)의 자료를 사용했으며, 이 자료는 같은 시점의 59개국을 조사한 것이다. 이들은 1인당 GDP와 중등학교 진학률이 동일하다고 전제할(즉 이 두 변수를 통제할) 때, 부패거래의 예측 가능성이 낮을수록, 기회주의가 강할수록, 그리고 전반적 부패 수준이 높을수록 GDP 대비 투자 비율은 감소한다는 사실을 밝혀냈다.

캄포스와 그의 동료들(Campos et al. 1999)과 비슷하게, 울렌브루크와 그의 동료들(Uhlenbruck et al. 2006)도 자의성arbitrariness이 통신산업의 진입 방식에 미치는 영향을 조사했다. 이들의 자료에 대한 설명은 글상자 23을 보라. 이들의 연구에서 입증한 바에 따르면 예측 가능성의 수준이 낮은 상황에서 회사들은 자회사 지분을 전부 소유하는 방식보다는 합작투자를 선호한다. 그 이유는 현지 공무원들을 감시하고 현지인들과의 신뢰관계를 활용함에 있어서 현지 파트너들이 외국인 투자자들보다 유리하다는 데 있다. 그리고 이들의 연구 결과는 중요한 설명변수들을 포함시켜도 영향을 받지 않고 유지되었다.

2005년의 한 연구(Lambsdorff 2005a)에서 나는 102개국을 대상으로 부패의 7가지 하위 구성요소를 사용했는데, 이 자료는 WEF의 2003년 글로벌경쟁력보고서Global Competitiveness Report에 나와 있다. 이 자료에서는 부패의 두 번째 주요 구성요소로 정부의 정책 결정과 사법부의 판결에서 나타나는 대규모 권력형 부패를 들고 있는데, 이것은 수도와 가스와 전기를 공급하는 공공사업이나 융자 신청에서 볼 수 있는 소규모 부패와 다르다. 그런데 대규모 부패로 외국인 투자자들이 위축되는 효과는 오히려 적다는 것이 나의 연구 결과다. 그 까닭은 대규모 부패 거래를 하게 되면 회사 차원의 수고가 줄고, 숨은 거래에서 이익을 얻을 수 있는 자신들만의 이너서클에 속한 느낌을 받으며, 고위급 정치인들에게서 대규모 부패 거래의 이행을 보장받는다는 데 있다. 따라서 내 연구에서 주장하는 바는 부패 거래의 예측 불가능성으로 투자자들의 투자 행위가 억제되는 일이 적다는 것이다. 또한 투자자들이 싫어하는 것은 소규모 부패이다. 왜냐하면 소규모 부패 거래를 하려면 많은 시간이 소요되는 소모적 협상을 하위직 관료들과 해야 하기 때문이다. 확실한 것은 투자자들의 대규모 부패 선호가 공공의 이익과 부합하리라는 보장은 없다는 점이다.

요컨대 부패의 악영향을 증명하는 자료들은 매우 많다. 이러한 부패의 악영향은 신뢰성 있게 자신의 책무를 다하지 못하는 부패한 정치인들과 유관할 것이라는 점이 이론적으로 규명되었다. 부패로 투자자들의 투자 행위는 위축되는데, 부패로 인해 법이 존중받지 못하기 때문이다. 2003년의 한 연구(Lambsdorff 2003b)에서 나는 그러한 점을 분명히 입증했다. FDI와 부패의 상관관계를 조사하기 위한 일반적인 회귀분석에서 '법질서'에 관한 지표를 변수로 추가한 것이다. 법질서 변수를 포함시키자, 부패의 영향력을 나타내는 상관관계 계수는 떨어졌다. 법적인 전통이 취약한 것과 부패 사이에는 연관성이 있으며, 그러한 연관성으로 인하여 FDI에 미치는 부패의 영향력은 감소한다는 사실을 알 수 있었다. 관료의 질이나 정치적 안정성과 같은 다른 거버넌스 지표들은 통계적으로 의미가 없었고, 회귀분석에 영향을 미치지 못했다. 이러한 지표들은 투자자들의 이해타산에 영향을 주지 못하는 것 같다.[25]

4.6. 결론

제약받는 주인이 부패한 소득을 추구할 경우 많은 복지 손실을 초래할 가능성이 있다. 그러한 주인 밑에서 대리인들은 직무를 회피하거나 자기 잇속을 챙기거나 소규모 부패를 저지르고도 그냥 넘어갈 수 있다. 그러한 주인은 비밀스러운 부문을 성장시킴으로써 분배를 왜곡할 수 있다. 또한 강력한 로비 집단의 손을 들어줌으로써 특혜를 받기 위한 소모적 경쟁을 유도할 수 있다. 그러나 이러한 결함들을 피할 손쉬운 방법은 없다. 집권자의 힘이 증대되면 전술한 문제들은 없어질 것이다. 그러나 일부 학자들이 간과한 새로운 문제가 등장할 수 있다.

---

25 좀 더 최근의 연구에서는 시민적 자유가 보장될 경우 부패가 FDI에 미치는 영향이 줄어드는 것으로 나타났다. 그 이유도 비슷할 것이다. 표현의 자유와 같은 시민적 자유가 없는 나라에서는 정치 엘리트들이 뇌물을 요구하는 것과 관련한 투자자들의 불만을 국민에게 알릴 수 없기 때문이다.

사리사욕을 추구하는 주인은 세금처럼 자연스럽게 작동하는 완벽한 뇌물 체계를 설계하려고 시도할지 모른다. 그렇게 하기 위해서는 헌법적, 법률적 제약을 무시할 수 있어야 한다. 그러나 그렇게 할 경우 장기적인 정책을 위하여 신뢰성 있게 헌신할 기회는 사라진다. 부패한 정부가 재산권을 존중하고 보호하는 일에 최선을 다하지 않는 상황에서, 민간 영역이 위험을 무릅쓰면서까지 투자 초기의 매몰 비용을 감내하지는 않을 것이다. 잠재적인 투자자들이 기회주의가 기승을 부리는 신뢰할 수 없는 투자 환경을 두려워하는 것은 당연하므로, 정부는 투자자와 민간자본을 끌어들일 수 없을 것이다. 투자 의욕을 상실한 투자자들은 부패가 복지에 미치는 영향을 느끼고, 그에 따라 자본축적은 감소될 것이다.

부패와의 싸움은 하향식으로 진행될 수 있다. 주로 관료 부패를 감소시키고 하위직 공무원의 힘과 전문성, 그리고 정직성을 증대시키는 것이다. 반면에 풀뿌리 민주주의를 바탕으로 하는 상향식의 반부패 개혁에서는 표현의 자유와 인권 같은 시민적 자유를 향상시키는 것을 강조한다. 그 두 가지 방법이 다 가능할 것 같다. 그런가 하면 두 가지 방법을 모두 포함하는 포괄적 개혁 전략도 있을 수 있다. 하향식의 반부패 개혁이 단기적으로는 성과를 올릴 수 있지만, 장기적으로는 시민 자유의 향상과 법적 전통의 존중 속에 정치 엘리트의 야심을 제한하는 것이야말로 반부패 개혁의 필수적인 부분인 듯하다.

제5장

부패와 거래 비용

렌트 추구 이론[1]

> 부패는 그로 인하여 임자가 바뀌기 때문에 나쁜 것도 아니고 관련자의 동기 때문에 나쁜 것도 아니다. 공공생활의 소중한 측면을 사유화하고 대표와 토론, 선택의 과정을 건너뛰기 때문에 부패는 나쁘다.
>
> －톰슨(Thompson 1993)

5.1. 서론

부패 거래가 용이하도록 해야 할까, 아니면 어렵게 해야 할까? 이 책의 핵심적인 생각은 부패 거래를 가능한 한 어렵게 해야 한다는 것이다. 부패 거래가 끼치는 나쁜 영향에 대해서는 기꺼이 뇌물을 받고 공금을 횡령하는 사람들이 누구보다 잘 알 것이다. 그러나 그와 반대되는 주장을 열심히 하는 이론가들도 있다. 그들은 부패 거래가 용이해지지 않으면 특혜를 얻기 위한 로비가 소모적 경쟁을 불러일으킬 것이므로 부패 거래를 용이하게 해야 한다고 주장한다. 나는 그러한 주장이 잘못되었다는 점을 보여주려고 한다. 즉, 부패의 거래 비용을 증대시키는 방향으로 우리의 노력을 집중해야만 한다.

4장에서 주장했듯이, 정치 부패를 정의할 때 그 중심에 공익 개념의 일부가 자리 잡고 있을 수 있다. 그러므로 사회의 복지에 미치는 영향을 중심

1 이 장과 관련된 논문은 "부패와 렌트 추구"라는 제목으로《공공선택》113권 1/2호(2002년 10월), 97-125쪽에 맨 처음 게재되었다.

으로 경제 상황을 평가하는 후생경제학welfare economics이 부패를 분석하는 출발점이 될 수 있는데, 후생경제학에서는 생산적인 정치 행동과 소모적인 정치 행동을 구분하는 것이 가능하기 때문이다. 이러한 방식의 초기 연구는 전통적인 렌트 추구 이론으로 행해졌다. 렌트 추구 이론에서는 공공 의사결정의 영역에서 일어나는 다양한 형태의 특혜 추구 행위들을 고려하는데, 예를 들면 경쟁적 로비나 부패 같은 것들이다. 렌트 추구 이론은 후생경제학의 바탕 위에서 어떤 유형의 정책을 실행해야 할지를 결정하는 규범적 틀을 제공한다. 렌트 추구 이론을 의사결정자의 행동에 적용함으로써, 전통적인 렌트 추구 이론은 최적성optimality에서 벗어나는 다양한 일탈이 생겨나는 현상에 초점을 맞춘다. 부패를 특수한 유형의 렌트 추구 행위로 보는 점에서 이 장은 전통적인 렌트 추구 이론을 따른다. 이러한 관점은 널리 인정을 받았다(Cartier-Bresson 1997: 152-153; Rose-Ackerman 1999). 그러나 이 장에서 보여주듯이, 전통적인 렌트 추구 이론은 대체로 부패를 다른 형태의 렌트 추구 행위와 제대로 비교하지 못했다.

이 장의 두 번째 절에서는 전통적인 렌트 추구 이론을 묘사한다. 렌트 추구 이론을 적용하여 부패를 조사하는 작업은 이 장의 세 번째 절에서 이루어지는데 전통적인 렌트 추구 이론이 경쟁적 로비보다 부패를 선호하는 정도와 이유에 대해서도 설명한다. 이 장의 네 번째 절에서는 전통적인 렌트 추구 이론이 부패를 취급하는 방식을 비판하는데 특히 복지와 관련한 주장들을 비판한다. 전통적인 렌트 추구 이론은 첫째, 부패로 인한 독점이 렌트의 규모에 미치는 영향과 둘째, 부패가 특혜 제공의 동기를 부여한다는 점과 셋째, 부패와 관련된 이익이 경쟁적 로비와 관련된 이익보다 훨씬 더 협소하다는 점을 밝히지 못했다. 이러한 요인들을 고려하게 되면 이 장의 여섯 번째 절에서 결론 내리고 있는 것처럼 전통적 렌트 추구 이론과는 반대되는 결론이 도출된다. 즉, 조직화된 로비가 복지에 미치는 영향보다 부패가 복지에 미치는 영향이 더 나쁘다는 것이다. 여기서 우리는 부패 거래를 어렵게 하고 그 대신 좀더 투명한 형태의 로비를 조직하는 것이 바람직하다는 것을 잘 알 수 있다. 또한 부패의 거래 비용을 높이는 것이 좋다. 왜냐하면 부패 거래의 비용이 높을 경우 자신의 이익을 반영하기 위해 권력의 도움을 받으려는 사람들이 정치인에게 접근하는 모호하고 제한된 방법보다는 로비와 같은 공개적인 경쟁을 선호할 것이기 때문이다.

5.2. 전통적인 렌트 추구 이론

전통적인 렌트 추구 이론의 핵심 내용 중 하나가 거래 비용 규명이다(Tullock 1967; 1971).[2] 이 이론은 정통 후생경제학과 달리 독점화의 결과 초래되는 복지손실은 고전적인 하버거의 삼각형[3]보다 훨씬 크다고 주장하였다. 하버거의 삼각형은 고전적인 복지 개념이며, 때로는 자중손실[4]로도 불린다. 독점기업이 경쟁가격보다 높은 가격을 형성하려고 시도함으로써 사회에 이로운 거래가 이루어지지 않기 때문에 이러한 손실은 발생한다. 추가적인 거래 비용은 소득 이전에 소요되는 비용과 연관된 비용이다.

거래 비용

효율성에 관한 한 주어진 일련의 소득이 누구에게 축적되는지와 주어진 렌트가 어떻게 나누어지는지는 상관이 없다. 이것은 배분의 문제이지, 경제적 효율성과 연관된 문제는 아니다. 그러나 이전하는 데 비용이 많이 들

---

2 여기서 거래 비용transaction costs이라 부르는 것을 대부분의 렌트 추구 이론가들은 이전 비용transfer costs이라고 불렀다. 실질적으로는 같은 의미이다.

3 [옮긴이] 하버거의 삼각형Harberger's Triangle은 재화나 서비스의 균형이 최적이 아닐 때 발생하는 경제적 효용의 순손실을 의미한다. 원인으로는 독점가격, 외부 효과, 세금이나 보조금, 가격상한제, 가격하한제 같은 것들이 있다. 자중손실(自重損失, dead-weight-loss)로도 불린다.

4 [옮긴이] 자중손실(自重損失, dead-weight-loss)이란 경쟁의 제한으로 인한 시장의 실패로 발생하는 자원배분의 효율성 상실을 말한다. 자중은 원래 차량 자체의 중량이란 뜻으로 아무것도 싣지 않아도 그 무게는 나가게 되므로 총 운반 가능 중량에서 빠져야 한다. 발견자의 이름을 따라 하버거의 삼각형Harberger's Triangle이라고도 한다.

게 되면 이것은 곧바로 변한다. 예를 들면 툴로크(Tullock 1967)는 소비자의 렌트 일부를 국가로 옮기는 수단으로서 세금과 관세를 시행하려면 추가적인 행정 비용이 소요된다고 주장한다. 이러한 거래 비용은 밀수와 탈세를 막는 데 들어가는 공공예산 형태로 발생할 뿐만 아니라 세무 공무원이나 세관 공무원의 봉급 형태로도 발생한다. 그와 같은 비용은 복지를 감소시키므로 하버거의 삼각형에 추가되어야만 한다.

소비자에게서 생산자에게로 소득을 이전시키는 데에는 도둑질에 들어가는 비용과 비교할 만한 비용이 발생한다. 우선 도둑질은 경제적 효율성에 어떤 영향도 미치지 않고 자산을 그냥 이전시키는 것으로서 정액세[5]와 똑같다. 도둑질에는 비효율성도 없고, 그와 연관된 하버거의 삼각형도 없다. 그럼에도 불구하고 도둑질에는 복지 손실이 있다(Tullock 1971). 도둑을 막거나 혹은 도둑질에 사용하려고 자물쇠와 자물쇠를 여는 도구, 금고, 폭약, 지문인식기술, 장갑 같은 것들에 투자가 이루어지면 복지 손실이 발생한다. 그와 같은 투자에 들어가는 경비는 복지를 향상시키지 않으므로 일종의 낭비로 간주해야 한다.

비슷한 문제는 보조금과 자선의 경우에도 등장한다. 수혜자들은 혜택을 받기 위해 투자할 수 있다. 거지들의 자해 행위는 자선금의 수혜자로서 자신의 지위를 향상시킬 수 있지만 전반적인 복지에는 거의 보탬이 되지 않는다. 미국에는 도로 보수를 위한 보조금을 주정부로부터 획득할 자격이 있는 타운들이 있었다고 툴로크(Tullock 1975)는 보고한다. 그러나 보조금을 받을 수 있는 자격 중에서 도로의 취약한 조건이 강조되었기 때문에, 더 많은 보조금을 타내기 위하여 도로가 망가진 그대로 내버려두려는 유

5 [옮긴이] 정액세lump sum tax란 소득의 많고 적음과는 상관없이 누구에게나 똑같은 액수를 일괄적으로 부과하는 세금을 말한다. 일괄세라고도 한다. 소득이 적은 사람들에게는 불공평한 세금제도로 인식되기 때문에 널리 사용되지는 않는다. 정액세 혹은 일괄세의 경우 생활수준이 과세의 기준이 될 수 있는데 예를 들면 스위스에서는 고용되지 않은 외국인 거주자에게 그 거주자가 지불하는 임차료, 소유하고 있는 자동차 같은 것들을 기준으로 세금을 부과한다.

인誘因이 형성되었다. 그뿐만 아니라 보조금을 따내려면 주 정부의 한정된 재원이 다른 용도로 쓰이는 것을 막기 위해 정치운동을 벌여야 했는데 그러한 정치운동에 많은 비용이 소요되었다. 그와 같은 정치운동에 사용된 모든 자원은 완전히 낭비였다. 왜냐하면 그런 자원은 생산을 늘리지도 않고 제3자에게 도움이 되는 어떤 다른 결과를 산출하지도 않았기 때문이다. 이전하는 데 어떠한 행정 비용도 발생하지 않는다고 하더라도 복지 손실은 초래된다고 툴로크(Tullock 1971: 642)는 주장한다. 즉, "이전 자체에는 비용이 소요되지 않을 수 있지만, 이전받을 수 있다는 전망 때문에 각 개인과 집단은 혹은 이전을 획득하기 위하여, 혹은 자신들이 이전받지 못하는 일이 일어나지 않도록 하기 위하여 자원을 투자하게 된다"는 것이다. 산업규제 법률을 제정하기 위한 경비는 거래 비용의 또 다른 사례인데, 거기에는 변호사와 로비스트에게 지급하는 수임료와 봉급이 포함된다. 그와 같은 거래 비용으로 인해 배분 문제와 효율성 문제가 연결되는데, 렌트가 존재하면 이전지출transfer payments을 위한 메커니즘에 많은 투자를 하기 때문이고, 그러한 투자에는 예산 확보 경쟁과 관련된 비용이 포함된다. 그로 인해 유발되는 형태의 경쟁이 바로 전통적인 렌트 추구 이론의 주된 관심사이다.

렌트를 차지하기 위한 경쟁

이전 비용의 문제는 특히 독점의 경우에 발생한다. 독점으로 인해 렌트가 발생하므로 렌트의 분배를 둘러싸고 논쟁이 일어난다. 주주, 소비자, 경쟁자, 그리고 심지어는 국가까지도 생산자의 렌트 일부를 획득하려고 뛰어들 수 있다. 그에 따라 생산자의 렌트 중에서 누군가가 차지할 몫을 차지하기 위한, 혹은 그 몫을 늘리기 위한 투자가 행해질 것이다. 그와 같은 투자는 위에서 언급한 도둑질과 비교할 수 있으며, 결국 그 자체가 거래 비용의 일부인 동시에 일종의 낭비이다. 투자의 원래 목적은 생산을 늘리거나 비용을 낮추는 데 있지만, 그와 같은 투자는 투자의 원래 목적과는 동떨어진 것이다. 더 좋거나 더 값이 싼 생산품으로 소비자를 만족시킴으로써 이윤을 극대화하는 데 목적을 두는 투자가 아닌 것이다. 그와 같은 낭비적 투자의 결과로 누군가가 수익을 축적하게 되면 그로 인해 다른 행위자의 수익은 바로 감소된다. 그러므로 이러한 유형의 활동은 이윤 추구와 반대되는 의미에서 렌트 추구라고 불렀다. 렌트 추구가 다른 누군가의 소득을 감소시킨 것과 달리, 이윤 추구의 경우 다른 누군가가 생산품을 구입하여 행복감을 느껴야만 생산에 투입된 투자는 비로소 이윤을 산출하게 된다(Buchanan 1980).

렌트 추구 이론에서 매우 중요한 것은 특정한 상품과 서비스를 취급하는 특정 시장을 염두에 두고 있다는 것이다. 일반 상품이나 서비스는 렌트 추구 이론의 관심 대상이 아니다. 렌트 추구 이론에서는 국가와 민간 당사자들 간의 상호작용에 초점을 맞추는데, 여기서 국가는 재산권 분배의 독점권을 보유하며, 국가는 특정 법률, 규제, 보조금, 세금, 관세, 수입할당, 혹은 공공조달에서의 계약부여권을 통하여 재산권 분배에 관한 독점권을 행사한다. 국가의 이와 같은 활동을 통하여 대개 소득의 일정한 분배 혹은 재분배가 이루어진다. 민간 기업들은 국가의 결정이 자신들에게 유리한 방향으로 이루어지도록 영향력을 행사하려고 할 것이다. 국가는 일정한 권리나 특혜를 제공하고 기업은 그러한 권리나 특혜를 따내기 위하여 서로 경쟁함으로써, 결과적으로 전술한 것과 같은 국가의 재산권 분배 활동이 일종의 장터 같은 모양새를 띠게 된다.

이러한 렌트 추구 이론의 관점에 의하면 통상적인 시장경쟁에 또 하나의 차원이 추가된다. 바로 기업들이 자신의 목적을 위하여 국가의 개입을 이용할 수 있는 능력이다. 국가는 기업에 물리적 혹은 재정적 요소를 제공하는 공급자가 되거나(예를 들면 보조금이나 인허가의 경우), 기업의 생산품을 공급받는 수요자가 될 수 있다(공공조달의 경우). 그런가 하면 국가의 행동으로 인하여 자원 부족, 시장 교란, 혹은 경쟁 가격과 다른 가격이 공존하는 이중가격제가 초래될 수 있다. 이로 말미암아 렌트를 둘러싼 논쟁이 개시되며, 기업들은 특혜를 받기 위하여 경쟁하게 된다.

사회복지를 극대화하는 것이 국가의 목적이 되어서는 안 된다. 그러나 국가 개입의 결과로 발생하는 렌트를 차지하려는 사람들의 렌트 추구 행위의 결과로 정책 결정이 이루어지거나, 적어도 정책결정이 그러한 렌트 추구 행위자들의 영향을 심대하게 받게 될 것이다. 따라서 정책 결정자들에게 영향력을 가장 잘 행사할 수 있는 사람들을 위하여 시장이 제한될 수 있다. 툴로크(Tullock 1967: 228)는 이렇게 말한다. "일반적으로 정부는 자발적으로 보호관세를 부과하지 않는다. 먼저 로비를 위한 정치 활동에 모종의 자원이 투입되고, 그러한 로비나 압력을 받을 때 정부는 보호관세를 부과한다." 이것이 바로 독점의 형성과 변화를 설명하는 한 가지 방법인데 이 방법은 전통적인 설명과는 다른 것이다. 독점은 국가 개입의 결과로 등장할 수 있다. 공공정책의 결정자들이 독점을 지원하고 개별 법규를 부과함으로써 경쟁을 방해할 수 있으면 독점이 형성될 수 있다. 그러므로 독점시장에서 생산자의 렌트는 예를 들면 규모의 경제의 산물이거나 자발적인 카르텔화cartelization의 산물이거나 혹은 우월한 상품으로 경쟁자를 축출한 결과로 생겨난 것이 아니다. 그와 같은 독점이 복지에 미치는 영향은 독점적 지위를 획득하기 위해 필요한 이러한 투쟁에 비추어 살펴보아야만 한다.

독점적 지위를 정치적으로 방어하려면 투자를 하지 않으면 안 된다. 독점기업에게 유리한 법규로 잠재적 시장 진입자를 격퇴해야만 하고, 정책 결정자에게 영향력을 행사하여 그러한 법규가 제정되게 하려면 비용이 발생한다. 더욱이 문제가 되는 것은 잠재적 경쟁자도 정책 결정자에게 영향을 미치기 위하여 자신이 가진 자원을 사용할 수 있다는 점이다. 소비자들도 생산자의 렌트의 일부를 획득하기 위하여 독점을 깨뜨리려 하고, 독점을 깨뜨리는 정치적 결정을 이끌어내기 위한 활동에 기꺼이 자신들의 자원을 사용할 수 있다. 그런데 특혜를 얻기 위한 이 모든 지출이 사회 전체의 생산이나 복지로 귀결되지는 않는다. 오히려 그러한 지출은 낭비적인 것으로 간주되어야 한다.

5.3. 전통적인 렌트 추구 이론의 부패에 대한 관점

처음부터 부패는 렌트 추구의 한 가지 형태로 생각되었다. 민간 당사자들이 특혜를 위한 경쟁에서 자신들의 이익을 추구하기 위하여 선택할 수 있는 특수한 수단이 부패라고 본 것이다. 다른 방식의 렌트 추구와 같이 부패도 시장의 보이지 않는 손을 피하여 정책을 자기 자신에게 유리하도록 영향력을 행사하는 한 가지 방법일 뿐이다.[6]

부패를 다른 형태의 렌트 추구와 구분하는 다른 이론도 존재한다. 전통적인 렌트 추구 이론의 주창자들은 두 가지 생각을 강조한다. 첫째, 부패와 관련된 이전transfers의 형태는 다른 유형의 렌트 추구와 관련된 이전의 형태와 다르다. 둘째, 렌트를 차지하기 위한 경쟁의 정도에 있어서 부패는 다른 유형의 렌트 추구와 다르다.

부패의 거래 비용

전통적인 렌트 추구 이론에서는 렌트 추구의 일종인 로비와 부패를 구분한다. 부패와 로비가 분명히 다른 점은 정책 결정자에게 영향을 미치는 방법의 문제이다. 정치인이나 공무원에게 돈을 준다면 이것은 명백한 부패에 해당한다. 그러나 정치운동을 시작하거나, 변호사와 홍보대행사를 끌어들이거나, 대중 광고의 형태로 렌트 추구를 수행한다면 정책 결정자들이 그러한 행위의 영향을 받았다고 해서 부패했다고 여길 사람들은 거의

6 음바쿠(Mbaku 1998: 197)는 부패가 렌트 추구의 한 가지 방식이라는 주장을 대체로 지지하지만, 부패의 유형 중에는 렌트 추구가 아닌 것도 있을 수 있다고 지적한다. 그러한 예로 공무원의 횡령을 언급한다. 그러나 공무원의 횡령과 같은 행동도 일종의 렌트 추구로 간주되어야 한다. 공무원도 횡령의 기회를 제공하는 행정적 지위를 얻기 위하여 로비해야 한다. 여기서 경쟁적 렌트 추구가 유발된다. 그리고 만일 그와 같은 기회를 차지하기 위한 경쟁이 일어나지 않는다고 하더라도 그러한 경쟁이 없는 상태야말로 독점적 형태의 렌트 추구를 의미할 뿐이기 때문이다.

없을 것이다.

복지에 미치는 영향에 있어서도 부패와 로비는 다르다. 특히 뇌물이 낭비인지 아닌지의 문제는 종종 논란거리였다. 뇌물은 정부 관리들을 위한 렌트를 창출하며 그렇기 때문에 공직을 얻기 위한 소모적 경쟁이 벌어진다고 크루에거(Krueger 1974: 292-293)는 주장한다. 포스너(Posner 1975: 812)는 그러한 입장을 그다지 지지하지 않았는데 왜냐하면 뇌물은 원래 순수한 이전일 뿐이라는 것이다. 로비 집단은 뇌물을 제공할 것인지, 아니면 정치운동을 시작할 것인지 선택할 수 있다. 뇌물 제공은 수뢰자를 이롭게 할 뿐이지만, 정치운동에는 전화를 수없이 걸어 성가시게 하는 일과 정책 결정 과정에 영향을 미치려는 사람들이 정치인의 시간과 노력을 소진시키는 일이 수반될 수 있다는 게 렌트 추구 이론가들의 솔직한 생각이다.[7] 그러므로 모종의 낭비와 쉽게 등식화될 수 있는 것은 정치운동이지 뇌물은 아니다. 뇌물은 순수한 이전과 확실히 더 가까운 것으로 인식된다.[8] 따라서 부패는 렌트를 추구하는 덜 낭비적인 대안인 것처럼 보인다(Wintrobe 1998a: 26). 그와 비슷하게 매관매직은 단지 부패의 다른 형태일 뿐인데도 툴로크(Tullock 1980a: 21-23)는 매관매직이 낭비와 같은 것이 아니라 자산의 순수한 이전이라고 생각하는데, 왜냐하면 매관매직에 사용된 돈으로 인해 전기와 수도와 가스 같은 공익사업이나 다른 곳에서의 생산이 증대되기 때문이다. 수많은 조항으로 빽빽한 로비 규정은 거래 비용을 증대시킬 뿐이라고 생각한다.[9] 그리하여 웰리스와 핀들레이(Wellisz and Findlay

---

7 바그와티(Bhagwati 1982)는 그와 같은 행동을 가리켜 'DUP(directly unproductive profit-seeking, 그야말로 비생산적인 이익추구) 활동'이라는 조어를 탄생시켰다.

8 이전 비용은 두 가지 이유로 발생한다고 생각할 수 있다. 첫째, 선물을 받는 사람이 선물 구입에 소요된 비용보다 낮게 선물을 평가하기 때문이다. 둘째, 뇌물을 제공하려면 거래 비용이 소요되기 때문이다. 현금 지불을 하면 거래 비용이 발생하지 않을 수 있다는 생각은 매우 강한 통념이다. 그러나 이 책에서 자세히 설명하듯이, 부패에는 상당한 거래 비용이 수반될 수 있다. 그러므로 뇌물의 경우 거래 비용(c)이 0보다 크다(c>0)고 생각할 수 있다. 그러나 로비의 경우 거래 비용(C)이 더 크고, 이 생각은 여전히 타당하다. 왜냐하면 거래 비용 외에도 선물 수취자가 선물의 가치를 더 낮게 평가하기 때문이다.

1984: 149)는 이렇게 결론을 내린다. "역설적으로 인허가 시스템이 완전히 '공정하고' 그 완벽한 인허가 시스템으로 인해 인허가 제공자가 아무런 혜택을 받지 못한다면 가장 큰 낭비가 발생할 수 있다. … 뇌물과 부패는 경제적 비용을 감소시킨다."

부패 대 경쟁

로비와 부패를 구분하자는 또 다른 제안은 제인(Jain 1998: 16)이 제기했다. 그는 경쟁의 정도에 있어서 부패는 합법적인 로비와 다르다고 주장한다. 부패에 의한 렌트 추구는 정치적 경쟁에 뛰어들 가능성이 있는 신규사업자들로 하여금 입찰 과정에 끼어들지 못하게 하는 편협한parochial[10] 형태를 취한다. 그와 달리 합법적인 로비는 모두에게 개방되며, 분명하고 투명한 참여 규칙을 제공한다. 경쟁을 제한하는 것은 일종의 정실주의 혹은 족벌주의로 간주할 수 있는데 연고주의와 족벌주의는 그 의미가 부패와 매우 가까운 용어들이다. 독점적 형태의 렌트 추구를 부패와 밀접하게 연관된 것으로 간주하는 이유가 바로 거기에 있고, 그러한 관점은 전통적인 렌트 추구 이론가들의 관점이기도 하다.

얼핏 보면 경쟁은 더 좋은 것처럼 들리지만, 전통적인 렌트 추구 이론의 관점에서 보면 그렇지 않다. 렌트를 차지하려고 경쟁하게 되면 렌트 추

9 최근의 실태조사에서 스트라트만(Stratmann 2003)은 14개국의 선거자금 규칙의 엄격성에 관한 지수를 구축하고, 선거자금 규칙이 엄격할수록 부패 수준이 높다는 것을 관찰했다. 이러한 결과는 렌트 추구 이론의 일부 생각과 일치한다. 그러나 그것은 대부분의 관찰자들이 받아들이기 어려운데, 독립변수가 종속변수의 영향을 거꾸로 받는 내생성endogeneity의 문제, 그리고 다른 요인의 간섭을 차단하는 통제변수control variables의 결여 때문일 수 있다. 다른 변수로 인하여 부패의 수준이 이미 높아진 상황에서 그 상황을 타개하기 위하여 금품과 향응 제공과 같은 기부 행위를 제한하는 엄격한 규정을 채택했을 수 있는 것이다. 따라서 스트라트만의 연구 결과 때문에 선거자금 규칙의 집행을 주저해서는 안 될 것이다.

10 [옮긴이] 여기서 '편협한'이라고 번역한 'parochial'은 '지역주의적'이라는 의미도 지닌다. 이 책 6장 1절에서는 시장 부패market corruption와 지역주의적 부패parochial corruption를 구분한다. 지역주의적 부패는 계약을 체결할 수 있는 사람이 극소수이고 따라서 경쟁이 제한된 부패 거래이다.

구 비용이 증대되고 그 결과 소모적 비용이 증대되므로, 독점적 형태의 경쟁을 덜 소모적인 것으로 간주하게 된다. 전통적인 렌트 추구 이론에서는 부패를 독점적 형태의 특혜 추구로 인식하면서, 그러한 형태의 렌트 추구를 경쟁적 형태의 렌트 추구보다 더 선호한다. 그리고 실제로 전통적 렌트 추구 이론의 주창자들은 경쟁보다 부패를 선호한다는 사실을 스스로 밝혔다. 크루에거(Krueger 1974: 302)는 덜 경쟁적인 형태의 렌트 추구를 '정실주의favoritism'라고 명명하면서 다음과 같이 주장했다.

> 렌트를 차지하기 위한 경쟁에 뛰어드는 것을 정부가 제한한다면 정부는 명백히 사회의 특정 집단에 '편애를 보여주는' 것이고 소득을 불평등하게 배분하는 것이다. 그렇게 하지 않고 렌트를 차지하기 위한 경쟁이 허용된다면(혹은 그런 경쟁이 금지되지 않는다면), 소득 분배는 덜 불공평하게 될 것이고, 특정 집단을 이롭게 하는 현상도 확실히 줄어들 것이지만, 양적 제한과 관련한 경제적 비용은 더 커질 것이다.

그와 비슷하게 툴로크(Tullock 1980b: 109-111)도 편향적인 정책 결정을 선호하는 주장을 한다. 특정 집단의 사람들을 차별하는 것이 유리할 수 있다는 뜻이다. 그는 렌트를 차지하기 위한 경쟁에 특정 로비 집단이 참여하지 못하도록 하는 것이 이로울 수 있다고 말한다. 툴로크(Tullock 1980b: 103-104)는 부패의 일종인 족벌주의nepotism를 다루면서 이렇게 주장했다.

> 누군가가 렌트를 배분하려고 한다면 족벌주의nepotism는 좋은 것이다. 왜냐하면 정실주의를 택하게 되면 렌트 배분에 참가하는 사람들의 숫자가 줄고 따라서 [렌트 추구에 소요되는] 총투자도 감소하기 때문이다. 이것이 바로 세습군주제hereditary monarchies의 고전적인 주장 가운데 하나이다.
>
> 따라서 어떤 시장市長이 … 수익성이 더 좋은 모든 직위에 자신의

가까운 친척들만 임명하게 되면 사회적으로 상당한 자원이 절약될 수 있을 것이다. … 부패한 정부의 정치적 직위에 사람들을 임명하는 일을 신속히 그리고 어느 정도 자의적으로 하는 것이 더 좋다. 그렇게 할 경우 렌트 추구에 그다지 많은 자원이 투자되지 않을 것이기 때문이다.

뷰캐넌(Buchanan 1980: 12)도 같은 맥락에서 로비에는 경쟁이 수반되고 경쟁이 벌어지면 자원이 낭비되므로 로비가 소득 분배에 영향을 미쳐서는 안 된다고 주장한다. 이러한 논리의 연장선에서 전통적인 렌트 추구 이론에서는 경쟁을 통한 정치 지도자들의 선출 방식을 장려하지 않는다. 결국 특혜를 받는 이익집단들이 자신들의 전리품을 획득하기 위해 뇌물을 제공해서라도 특혜를 향유해야 한다는 논리이다.

5.4. 비판

전통적 렌트 추구 이론에 대해서는 광범위한 비판이 제기되었다(Bhagwati and Srinivason 1980: 1086; Bhagwati et al. 1984: 30; Magee 1984: 51; North 1984: 39; Wintrobe 1998a: 28). 그러나 부패와 로비의 차이는 충분히 다루어지지 않았다.[11]

전통적 렌트 추구 이론은 부패가 복지에 미치는 영향을 제대로 확인하지 않았다. 첫째, 독점적 형태의 렌트 추구가 경쟁적 형태의 렌트 추구보다

11 학자들 중에는 로비와 부패를 구분하지 않은 채 로비는 복지에 역기능으로 작용한다는 전통적 렌트 추구 이론의 결론을 부패에도 똑같이 적용할 수 있다고 생각하는 경우도 있다. 예를 들어 모로(Mauro 1997b)와 클리트가드(Klitgaard 1988: 43)를 보라. 이것은 렌트 추구 이론의 핵심 취지를 단순화한 것임에 틀림없다. 여기서 우리가 공정해지려면, 대부분의 전통적 렌트 추구 이론 주창자들은 부패가 예를 들어 정부의 정당성을 붕괴시킴으로써 더 큰 역기능을 수행한다는 것을 인정한다는 점도 알아야 한다. 그러나 경제적 도구들을 이용하는 것에 대한 전통적 렌트 추구 이론의 의견은 이 책의 많은 인용을 통해 묘사되듯이 전혀 모호하지 않다는 것이다.

더 좋다는 결론은 이론적인 근거가 없기 때문에 받아들일 수 없다. 둘째, 렌트 추구에 소요되는 거래 비용이 낭비를 증대시킨다는 생각도 검증되지 않은 것이다. 셋째, 부패와 렌트 추구의 차이는 그 밖에도 더 존재한다. 즉, 다른 형태의 렌트 추구에 비해 부패의 경우 국가가 더 적극적이고도 이기적인 역할을 수행한다. 마지막으로, 여타 렌트 추구 활동에서 비롯하는 이익의 범위가 좀더 넓게 규정되는 데 비해 부패 행위를 통해 추구하는 이익의 범위는 더욱 협소하다.

내생적 렌트

전통적 렌트 추구 이론과 관련한 첫 번째 문제는 흔히 렌트의 규모가 외생적exo-genous이라고 가정하는 데서 발생한다. 이 문제는 이 장의 보론에 나오는 형식 모델formal model에서 보듯이 오랫동안 지적되고 다루어졌다. 관세와 렌트는 내생적으로endogeneously 결정되는 곳에서 여러 모델이 발전했다.[12] 다양한 요인들이 렌트의 규모에 영향을 미칠 수 있다. 그러나 경쟁도 렌트의 규모에 영향을 미치는 하나의 요인이라는 점은 대체로 무시되었다.

공공정책의 결정자들이 렌트를 창출함으로써 공공복지를 축소시킬 때 그들은 비효율로 인한 어려움을 겪게 된다.[13] 여론은 보통 최적의 해법first-best solution[14]을 선호할 것이다(Findlay and Wellisz 1984: 94-95). 그리고 이

12 예를 들면 브로크와 매기(Brock and Magee 1978), 핀들레이와 웰리스(Findlay and Wellisz 1984), 매기(Magee 1984), 그리고 바그와티와 그의 동료들(Bhagwati et al. 1984)을 보라.

13 이것은 공공선택 이론의 보편적인 가정이다. 애플바움과 카츠(Appelbaum and Katz 1987), 그리고 맥체니(McChesney 1987)는 이 장의 보론에서 제시하는 것과 비슷한 형식 모델에 그와 같은 공공선택 요소들을 도입했다. 그러나 그 결과 그들은 경쟁이 렌트의 규모에 영향을 미친다는 사실을 관찰하지 못했다.

14 [옮긴이] 서로가 가장 유익해지는 최적의 결과first-best solution를 경제학에서는 파레토 최적Pareto optimal이라고 하고, 그렇지 않은 차선의 결과second-best solution를 경제학 용어로는 내시 균형Nash equilibrium이라고 한다. 게임이론에 나오는 죄수의 딜레마에서 죄수인 공범들은 서로 상대방의 대응전략을 알지 못하기 때문에 최선이 아닌 차선을

것은 투표를 통해 정치인의 행동에 영향을 미칠 것이다(McChesney 1997: 136). 만일 공공정책의 결정자들이 국민을 위해 일하지 않고 과도하게 렌트를 창출한다면, 종래 지지자들이 정치적 지지를 철회할 수 있고, 다음 선거의 승산은 위태로워질 수 있으며, 일반 국민들은 다양한 형태로 불만을 표출할 수 있다. 렌트 창출과 연관된 비효율은 렌트의 규모와 제3자의 복지 손실과 비례하여 증대될 가능성이 있다. 그러므로 정치인들에게 그 부담을 지도록 유도하면 정치인들은 대가를 치르지 않을 수 없고, 정치인들은 렌트의 창출과 그로 인한 비효율의 회피 사이에서 최적의 방안을 선택할 것이다.

상호 경쟁하는 회사들에게는 렌트의 전반적인 규모라는 것이 자신들이 로비해서 얻을 가능성은 거의 없는 일종의 공공재이다. 회사들은 렌트의 규모를 늘리려고 하기보다는 자신들의 몫과 각자 개개인의 성공 가능성을 증대시키려고 할 것이다. 그와 달리 독점기업에 있어서 모든 렌트는 공공재가 아니라 자기 자신의 사재私財이다. 그렇기 때문에 독점기업은 기꺼이 렌트 추구 활동에 자원을 쏟아 부을 수 있다. 그러지 않을 경우, 그가 차지할 수 있는 렌트의 총량은 최적에 미치지 못하는 수준으로 판명날 수 있는데 왜냐하면 정책 결정자들이 렌트를 극대화할 동기를 충분히 부여받지 못하기 때문이다. 포스너(Posner 1974: 349)는 이러한 측면에 관하여 이렇게 쓰고 있다. "저절로 형성된 독점산업의 경우에도 그 산업의 생산물에 대한 수요를 증대시키는 입법이 이뤄지면 이익을 얻을 수 있을 것이다." 그 결과 렌트 추구에 소요되는 총 경비는 경쟁에 따라 증대되거나 감소될 수 있다. 렌트 추구에 소요되는 비용이 렌트의 규모에 강한 영향을 미친다면, 이러한 영향은 전통적인 렌트 추구 이론이 생각한 영향보다 더 클 수 있다. 독점기업은 경쟁 기업들보다 렌트 추구에 더 많은 비용을 지출할 수 있고, 그 결과 독점기업은 특혜를 차지하기 위한 시장에서 경쟁 기업들보

선택할 수밖에 없게 된다. 파레토 최적이란 어떤 사람의 효용을 감소시키지 않고는 다른 사람의 효용을 증가시킬 수 없도록 자원이 배분되어 있는 상태를 말한다.

다 소모적 지출을 더 많이 할 수 있을 것이다. 이와 관련한 형식 증명formal proof은 이 장의 보론을 보라.[15]

독점기업이나 로비 집단은 기존 렌트의 규모뿐 아니라 새로운 렌트의 창출을 위해서도 헌신적인 노력을 기울일 수 있다. 규제 이론을 연구하는 경제학자들이 특히 그러한 견해를 보인다(Peltzman 1976; Posner 1974; Stigler 1971). 경쟁 기업들은 규제, 관세, 수출입할당제, 보조금 같은 것을 만들어내기 위하여 공공정책 결정자들에게 영향을 미치는 일에 독점기업들처럼 관여하지 않는다. 왜냐하면 어떤 회사가 원하는 법규의 제정을 위하여 정치인들을 움직이는 일에 자원을 쏟아부은 후에도 그렇게 창출된 수익이 그 회사에 돌아오리라는 보장이 없기 때문이다. 렌트를 추구하는 사람들은 일단 렌트가 창출된 후에 그 렌트를 차지하기 위해 추가 자원을 투입하여 경쟁하지 않으면 안 된다고 믿게 되면, 애당초 렌트를 창출하기 위한 로비에 선뜻 투자하려고 하지 않을 수 있다(Mbaku 1992: 249). 이러한 주장은 단순명확함에도 불구하고 그동안 전통적인 렌트 추구 이론가들의 연구 문헌에서는 거의 조명되지 못했다.

더욱이 윈트로브(Wintrobe 1998a: 28-30)는 경쟁이 바람직한 또 한 측면을 제시한다. 전통적 렌트 추구 이론에 따르면 누가 경쟁에서 이기는가는 전혀 의미가 없고 따라서 경쟁 입찰과정에서는 어떠한 사회적 혜택도 창출되지 않는다고 하는데, 이것이야말로 전통적 렌트 추구 이론이 갖는 중

15 독점기업들이 공공정책의 결정자들에게 영향을 미칠 더 많은 수단을 확보하고 있다는 점을 고려한다면, 이러한 주장은 수정될 수밖에 없다. 경쟁적 로비에 비하여 독점기업들은 더 강한 협상력을 발휘할 지위에 있을 수 있다. 또한 과거의 거래를 통해 확보한 내부정보 덕분에 독점기업들은 공공정책 결정자들에게서 특혜를 받아낼 수도 있을 것이다. 그 결과 독점기업들은 비용을 많이 들이지 않으면서도cost-effective 공공정책 결정자들에게 영향을 미칠 수 있는 더 많은 수단을 갖게 된다having recourse to. 이 경우 독점기업들은 렌트의 창출에 영향을 더 잘 미칠 수 있는 반면에, 이 목표를 이루는 데 소요되는 전반적인 렌트 추구 비용을 증대시킬 필요는 없을 것이다. 따라서 그로 인한resulting 복지 손실welfare losses의 총량은 커다란 하버거 삼각형을 구성한다. 렌트 창출이 증대되는 반면에 렌트 추구 비용의 형태로 소모되는 것은 감소하기 때문이다. 협상력의 증대가 복지에 미치는 전반적인 영향은 모호한 것 같다.

대한 결점이라는 것이다. 경쟁자들은 그들의 생산결과물과 렌트 추구 기술의 수준이 서로 상이하다고 상정하게 마련이므로 그와 같은 고려는 중요해진다. 각각의 새로운 경쟁자로 인하여 더 좋은 상품이나 서비스가 결과적으로 경쟁 입찰과정에서 선택될 가능성이 생겨난다. 경쟁자들이 무작위로 선택된다면 혜택은 생겨날 가능성이 없지만, 그 입찰 절차가 어느 정도 합리적으로 진행된다면 혜택은 창출될 가능성이 있다. 이것이 바로 경쟁의 또 다른 이점이다.

정보이론information-theory의 관점에서 보아도 경쟁의 이점은 더 존재한다. 민간 기업들이야말로 자기 효율성 수준을 가장 잘 아는 당사자이기 때문에, 공공조달에서 올바른 가격을 설정하기는 어려워진다. 경쟁입찰제도로 인해 경쟁자들은 자기 효율성에 관한 이러한 정보 중에서 일부를 공개하지 않을 수 없게 되고, 그리하여 경쟁자들은 스스로 생산성 향상의 동기를 부여받는다. 그와 달리 독점기업으로 하여금 이런 식의 행동을 하게 하기는 대단히 어렵다.

로비보다 부패가 낫다고 하는 또 한 가지 논리는 뇌물의 경우 수뢰자의 효용을 증대시키는 반면에, 로비의 경우 그와 같은 혜택을 제공하는 것이 아니라 도리어 일종의 낭비를 초래한다는 것이다. 이러한 주장만으로는 부패와 로비 중에서 부패가 낫다는 것을 결코 입증할 수 없는데, 이는 모든 유형의 금지가 복지와 상충되지는 않는 것과 같다. 금지의 목적은 바람직한 방향으로 행동을 변화시키는 데 있을 것이다.

거래 비용이 클 때는 정치인이 로비 집단과의 거래에서 이익을 취하기가 매우 어렵다. 그렇기 때문에 정치인들은 시장을 왜곡하거나 유권자들을 괴롭히고 인위적으로 렌트를 창출하는 것을 매력적이라 생각하지 않는다. 그 대신 정치인들은 자신의 경력을 합법적으로 발전시키는 쪽을 선호하고, 그러한 관점에서 국민에게 최선을 다해 봉사하는 모습을 보여준다. 소모적 지출의 가능성이 있다고 해서 로비가 부패보다 나쁜 것은 아니다. 이는 각종 금지령이 범죄자를 괴롭힌다는 논리로 각종 금지령을 없앨 수 없는 것과 같다. 이러한 주장을 형식 모델에서는 어떻게 다루고 있는지에 대해서는 보론을 보라.

렌트 공급하기

> 나이지리아에서 부패는 정부 기능의 한 부산물이 아니라 정부의 목적 그 자체이다.
> – 익명의 나이지리아 정치학자, 《워싱턴포스트》 1998년 4월 9일.

전통적인 렌트 추구 이론을 비판하는 또 한 가지 논점은 민간 이익집단들이 요구하는 렌트를 공급하는 정부의 역할과 정책 결정자들의 동기에 관한 것이다. 툴로크(Tullock 1967: 228, 5장 2절 중 "렌트를 위한 경쟁"이라는 제목의 소절에서 인용)가 주장하듯이, 정부 자체는 렌트를 추구할 행위자도 아니고 어떤 규제를 부과할 동기도 갖고 있지 않다. 정부가 이러한 행동을 하게 되는 것은 사기업들의 로비를 받아서이다. 크루에거(Krueger 1990: 10, 14)에 의하면 부패는 정책 왜곡의 "부산물"로 등장하거나 "일련의 통제에 불가피하게 수반"된다. 그와 같은 논리의 연장선상에서 툴로크(Tullock 1993: 26)는 "부의 이전에 관한 정치 이론에서 정치인은 중개 기능을 제공하는 것으로 이론화된다"고 요약한다. 이러한 논리의 문제점은 무엇이 정책 왜곡을 야기하고 렌트를 창출하는지에 관하여 제대로 묘사하지 않고 있다는 것이다. 뷰캐넌(Buchanan 1980: 8)은 정치 지도자들로 하여금 누군가에게 독점권을 제공하게 하는 데는 몇 마디 아첨이나 설득만으로도 충분할 수 있다고 말한다. 그와 같은 설명에는 비판이 따른다. 전통적 렌트 추구 이론에서는 정치인을 "서로 경쟁하는 민간부문의 렌트 추구 행위자들 사이에서 수동적으로 중개하는 사람"으로 묘사한다고 맥체스니(McChesney 1987: 102)는 기술했다. 톨리슨(Tollison 1982: 592)에 의하면 정치인의 역할은 관객을 사건해결에 동참시키는 "미스터리 영화 배우mystery actor"의 역할에 머무른다. 전통적 렌트 추구 이론에서 설정하는 정치인의 역할에 대하여 윈트로브(Wintrobe 1998a: 25)는 비합리적이라고까지 지적한다.

다시 한 번 공정하게 말하면 전통적 렌트 추구 이론의 주창자들은 렌트의 원인, 즉 렌트 창출의 과정을 정교화했다. 예를 들면 크루에거(Krueger 1990: 19)와 이 장에서 인용한 툴로크의 다양한 연구에서 그러한 정교화 작업을 확인할 수 있다. 렌트 추구 이론은 공공선택이론(Buchanan and Tullock 1962; Downs 1957; Niskanen 1971)과 경제학의 규제이론(Peltzman 1976; Posner 1974; Stigler 1971)[16]의 영향을 많이 받았다는 사실을 간과해서는 안 된다. 공공선택이론과 경제학의 규제이론에서는 정치인의 동기부여를 매우 강조함으로써 정치인과 공무원의 행동이 지니는 특징을 자신들의 효용을 극대화하는 행동의 결과로 파악한다. 그러나 이러한 행위 극대화의 결과는 어느 기관의 예산이나 정치인이 획득할 수 있는 득표수를 극대화하는 것과 관련된다는 것이 대체적인 가정이다. 이러한 관점은 히르슐라이퍼(Hirshleifer 1976)와 펠츠만(Peltzman 198: 7)의 비판을 받고, 맥체스니(McChesney 1997: 17-18, 133-135)가 정교화하는데, 맥체스니는 공무원과 정치인을 그렇게 보는 대신 부를 극대화하는 사람들로 다루어야 한다고 지적했다.

특히 전통적 렌트 추구 이론이 무시한 것은 로비와 달리 부패가 렌트 창출 과정에 얼마나 깊이 영향을 미칠 수 있는가이다. 부패한 정치인과 공무원은 민간 기업인들의 압력을 받아 규제를 창출하게 되는 것이 아니라 그들 스스로 그렇게 할 동기를 지닌다. 부패로 인하여 정치인과 공무원은 시장을 제한하거나 그렇게 하겠다고 위협하게 되는데 그것은 시장을 제한함으로써 초래되는 렌트를 극대화하고 렌트와 연관되어 제공되는 뇌물을 극

16 [옮긴이] 1982년에 노벨경제학상을 수상한 조지 스티글러(George Stigler 1911-1991)는 1971년 〈경제 규제의 이론The theory of economic regulation〉이란 논문을 발표했다. 정부의 각종 규제는 공공의 이익을 위해 만들어지며, 규제 권한을 부여받은 규제 기관이 규제 업무를 수행한다. 그런데 규제 기관은 피규제자가 없으면 조직과 인력이 유지될 수 없다. 그리고 피규제자는 일반 개인이 아니라 기업이나 특정 이익집단인 경우가 많다. 피규제자는 자신의 이익을 위해 규제 기관에 로비를 할 수밖에 없고, 규제 기관은 피규제자를 보호하고 그들과 협력하는 곳으로 바뀌게 된다. 이로 인해 일반 개인의 이익은 결국 무시되고 만다. 즉 규제 정책은 실제로는 공공의 이익에 도움이 되지 않는 경우가 많은 것이다.

대화하기 위해서이다.

전통적 렌트 추구 이론의 주요한 결점을 뷰캐넌(Buchanan 1980: 12-13)의 사례에서 볼 수 있다. 그는 시 정부가 "어떤 이유에서든지 간에" 택시 영업에 필요한 면허의 수를 제한하는 택시 시장을 묘사한다. 또한 정치적 성향이 농후한 기업가들이 그러한 시 정부의 규제에 따른 렌트를 나중에 어떻게 차지할 수 있게 되는지를 계속해서 보여준다. 이것은 실제로 연속하여 일어날 수 있는 행동이지만, 왜 규제가 선행되고 후에 렌트가 창출되는 방향으로만 인과관계가 형성되고 그 반대 방향으로는 형성되지 않는지에 대해서는 뚜렷한 이유가 없다. 즉, 택시 시장으로의 진입을 제한할 매우 훌륭한 이유가 존재했다. 정치인과 행정가들은 소중한 면허를 팔아 그 면허가 창출하는 렌트의 일부를 착복하기 위하여 택시 운전사들의 진입을 제한했을 것이다. 로비의 경우에는 이러한 형태의 인과관계가 논리적으로 형성되기 어려워 보인다. 왜냐하면 로비의 경우 공공정책 결정자들이 이익집단들에게 시달리게 되면서 스스로를 위해 이익의 일부라도 취할 가능성이 거의 없어지기 때문이다. 치부致富의 가능성이 없기 때문에 로비와 같은 형태의 렌트 추구는 공공정책 결정자들에게 별로 매력적이지 않다. 로비와 달리 부패는 그러한 인과관계를 역전시킨다. 부패는 렌트의 창출에 동기를 부여하는 힘이다.

부패로 인하여 뇌물을 얻기 위한 독점과 규제가 창출될 수 있다는 것은 최근의 몇몇 사례 연구에서 볼 수 있다. 조지아(그루지야, Georgia)의 경제가 극적으로 침체된 것은 잘못된 국가 경영과 부패 때문으로 여겨졌다. 국제 투자자들은 변덕스러운 세무 관리들과 복잡한 사업 인허가 제도에 불만을 제기하는데 그러한 복잡한 제도는 사리를 추구하기 위하여 기업인에게서 돈을 뜯어내려고 만들어졌다고 말하는 투자자들도 있다.[17] 또 다른 사례는 파키스탄에서 볼 수 있는데 부토Bhutto 총리가 돈을 받고 금 수입

17 로이터통신, "조지아 지도자, 정부에 중단을 강요하다", 1998.7.27을 보라.

독점권을 팔았다. 이에 대해서는 1장 서론을 참조하라. 더욱 더 분명한 사례는 나이지리아에서 확인할 수 있다. 아바카Abacha 가문은 델타 프로스펙터스Delta Prospectors Ltd.라는 회사를 배후에서 운영했는데 이 회사는 석유 생산에 필수적으로 소요되는 광물인 중정석重晶石을 채굴하는 회사이다. 델타 프로스펙터스의 중정석 채굴 능력이 정점에 달한 직후인 1998년 봄, 아바카 장군은 중정석의 수입을 금지했다. 그 덕분에 델타 프로스펙터스는 나이지리아의 거대 석유 산업에 중정석을 공급하는 독점사업자가 되었다.[18] 로즈애커만(Rose-Ackerman 1999: 37)은 개별 회사들이 민영화되고 나서도 부패로 인하여 시장 집중이 증대된 더 많은 사례들을 제시한다.

글상자 18에서 소개한 몇 가지 실증적 연구도 부패가 인위적인 시장 제한을 초래한다는 점을 뒷받침한다. 예를 들면 파치오와 파슬리(Faccio and Parsley 2006)는 부패한 국가에서 정치적 연결망의 가치가 더 높고, 회사들이 이윤을 증대시키기 위하여 그와 같은 정치적 연결망에 투자할 가능성이 더 높아진다는 것을 보여준다. 부패가 정책 왜곡을 초래할 수 있는 것이다. 그러나 그 역은 아니다. 즉, 정책 왜곡이 부패를 초래하는 것은 아니다. 이러한 점은 바르단(Bardhan 1997: 1323)에 의해서도 분명하게 언급되었다. "시장 왜곡은 제도의 바깥에서 생겨난 것이 결코 아니며, 후견인-피후견인 정치체계patron-client political system[19] 내부의 고유한 부패 관행의 일부일 때가 많다." 그러한 사례로서 뮈르달(Myrdal 1968)은 인도 정부가 임명한 1964년 산타남 부패방지위원회Santhanam Committee on the Prevention of Corruption를 인용한다. 실제로 부패 관리들은 행정의 속도를 내기보다는 오히려 지연시킴으로써 더 많은 뇌물을 받아내려고 할 수 있다고 그는 주장한다. 로즈애커만(Rose-Ackerman 1978: 90)도 가디너와 올슨(Gardiner

---

18 워싱턴포스트, "아바카 정권 내부에 부패가 만연하다. 아바카 장군, 광범위한 이권에 연루되다", 1998.6.9를 보라.

19 [옮긴이] 후견인patron이 피후견인client의 삶을 보장해주고 그로부터 받는 충성으로 자신의 힘을 유지하는 제도이다. 후견인의 피후견인에 대한 공리적 보상이 충성의 조건이다. 정교한 관료제도가 갖추어지기 이전의 전근대적 정치체계라고 할 수 있다.

and Olson 1974: 196)을 인용하여 그와 비슷한 견해를 내놓았다. "관료들은 처음에 뇌물을 받은 다음에 일부러 행정 서비스를 지연시키고 더 많은 규제를 만들어냄으로써 다른 사람들이 뇌물을 제공하거나 혹은 뇌물의 액수를 키우도록 하는 추가적 유인을 확립할 수 있다."

관료들과 비슷하게 정치인들도 그와 같은 방법을 써 먹을 수 있는데 예를 들면 민간 기업들에게서 후원을 얻어내기 위하여 골치 아픈 규제를 부과하거나 위협하는 것이다(McChesney 1997: 3). 툴로크(Tullock 1989: 659)도 자신의 최근 연구에서 그처럼 부패가 정책 왜곡을 초래한다는 주장을 한다. "정부가 부패해지면 뇌물을 극대화하는 목적을 지닌 법률이 제정될 수 있으며, 사람들로 하여금 그 법률을 피할 수 있게 해줌으로써 뇌물을 챙길 수 있게 된다."

쿨리지와 로즈애커만(Coolidge and Rose-Ackerman 1997: 4)은 특히 국가의 최고위층이 렌트를 추구하는 경우에 "그러한 사리 추구로 말미암아 정부가 경제에 개입하는 수준과 형태가 큰 영향을 받을 수 있다"는 사실을 지적한다. 정부 관리가 사적인 금전적 이득을 취하려고 하면 그 결과 렌트 추구의 기회가 발생한다. 이 경우 정부의 결함은 직무태만이나 무능력 때문이 아니라 정부 관리가 사적 이익을 극대화하기 위하여 행동을 최적화하는 것 때문에 초래된다. 그와 같은 상황에서 제공된 뇌물은 성가신 규제를 피해가도록 도와주는 게 아니라 그 자체로 비효율의 원인이 된다. 드소토(De Soto 1989)는 관료에 의한 지나친 규제를 조사하고 나서 관료들이 규제를 만들어내는 주된 동기는 부당 이득을 취하려는 욕망에 있다고 결론 내렸다. 그는 그러므로 입법과 규제가 부패를 낳는 것이 아니라 부패가 시장 제한적 입법과 규제를 낳는다는 내생성endogeneity에 초점을 맞춤으로써 부패를 로비와 구분할 수 있다고 주장한다. 공공정책 결정자들이 인위적으로 만들어낸 렌트는 렌트 추구의 결과일 뿐 그 원인은 아니며, 그러므로 부패는 로비와 다르다.

렌트를 창출하는 적극적인 역할은 공무원과 정치인만이 하는 것이라고 주장하는 학자도 있는데 예를 들면 맥체스니(McChesney 1997)가 그렇다. 그러나 기업인도 렌트 창출의 주역이다. 이 책의 1장 서론에 나오는 파키스탄의 금 수입업자의 사례에서 그 점은 이미 서술되었다. 또 다른 분명한 사례를 사우디아라비아에서 볼 수 있다. 사우디아라비아 인터넷을 통하여 내무부 장관의 아들에 관한 주장이 제기되었다. 내무부 장관의 아들은 자동차 수리업체 체인을 설립했다고 한다. 그 후 그는 아버지를 동원하여 왕의 칙령을 받아냈는데 그 칙령에 의하면 사우디아라비아에 등록된 5백만 대의 차는 모두 공인 자동차수리업체에서 매년 검사를 받아야 한다는 것이었다. 그의 자동차수리업체 체인은 그러한 검사업체로 맨 먼저 공인을 받았다. 내가 아는 한도 안에서는 최소한 그와 같은 주장을 입증할 어떤 증거도 나오지 않았다. 그러나 실재하는 이 루머는 제기된 논지를 설명하는데 도움이 된다. 렌트의 창출에는 보통 공직자와 사기업체 사람이 다 관여하지만, 렌트 창출로 인한 비효율성에 대한 책임을 사례별로 검토하기도 전에 어느 한쪽에만 지울 수는 없다. 민간 당사자가 명백히 렌트 창출의 원인제공자인 경우도 있는데 예를 들면 정치인이 로비를 받아 경쟁 회사들의 영업을 방해하는 규제를 만들거나 경찰이 뇌물을 받고 경쟁자를 괴롭히는 경우이다(Rose-Ackerman 1999: 24-25). 극단적 사례로는 조직화된 범죄집단이 강압적으로 공무원한테서 특혜를 얻어내는 것을 들 수 있다.

그렇다고 해서 공공정책 결정자들이 창출하는 렌트가 항상 부패에서 기인하는 것은 아니다. 정치가 시장에 개입하는 것과 관련하여 수많은 원인을 생각할 수 있다. 그러나 시장 제한이 "그 어떤 이유로" 이루어지든지 간에 부패는 미래의 시장 제한을 보증하는 힘으로 작용할 때가 많다. 예를 들면 남아프리카공화국에는 한동안 두 개의 통화제도가 있었다. 투자가 가장 필요한 부문에 투자하는 투자자들에게는 시장 환율 이하로 외화를 제공하고, 생필품이 아닌 수입품을 구입할 때는 더 높은 환율로 구입하지 않으면 안 되도록 하여 사치품 수입을 감소시키기 위한 것이었다. 그러나 더 낮은 환율의 외화를 배분할 권리를 가진 의회 위원회는 그 대가를 요구한 것으로 알려졌다. 그 결과 외화는 가장 중요한 투자 쪽으로 주어지기보다는 대가를 제공하는 사람들에게 주어졌다. 이러한 제도를 폐지하는 일은 오랫동안 방해를 받았는데 바로 그 의회 위원회가 방해를 한 것이다.[20] 국제통화기금IMF은 1980년대 초 나이지리아에 자유무역을 위한 개혁을 권고했으나 실행되지 않았는데, 왜냐하면 수입허가제도가 뇌물의 주요 원천이었기 때문이다. 1980년대 후반에 그 수입허가제도가 마침내 폐지되자, 나이지리아는 신속히 다른 새로운 렌트 추구 기회를 도입했다(Rose-Ackerman 1999: 11). 비효율적인 규칙으로 인하여 관료가 높은 수준의 재량을 확보할 때 뇌물을 쥐어짜려고 하는 부패한 동기가 형성된다. 인도 카나타카의 기업인들을 상대로 한 조사에 따르면, 중간직과 하위직 관료들이 낡은 규제 메커니즘을 사용하여 투자자들을 괴롭히고 뇌물을 쥐어짜냈다고 한다.[21] 이 경우 규제 개혁은 흔히 자신들의 재량권을 유지하려는 사람들로부터 방해받는다.

적극적으로 자기 이익을 추구하는 정부 역할이 명쾌하게 드러나지 못한다는 사실은 전문성의 결여라기보다는 정치적인 조심성과 연관된다고 봐야 할 것이다. 렌트의 실제 원인을 얼버무리는 것은 논란의 소지가 덜한 비판 방법으로 제시될 수 있다. 1993년 세계은행은 인도네시아에서 재벌기업들이 등장한 사실을 기술하는데 그 재벌기업들은 "정책으로 인한 시장 왜곡의 결과 창출된 렌트를 차지하려고" 노력하는 기업들이었다. 실제로 세계은행이 묘사한 대로 수하르토 족벌Suharto-crony 기업들이 정부의 인허가를 받아 인도네시아 경제의 다양한 부분들을 통제하게 되었는데, 이는 달리 말하면 부패로 인하여 수하르토 친척들에게 독점 지위가 부여된 것이다.

국제원조기구들은 오랫동안 부패문제를 공개적으로 다루기를 꺼려했

20 파이낸셜타임스, "랜드(Rand)화, 단일통화로 강력하게 데뷔", 1995.3.14.과 로즈애커만(Rose-Ackerman 1999: 11)을 보라.
21 더 힌두, "카나타카의 투자자들, 몹시 화를 내다", 2000.1.10.을 보라.

다. 국제원조기구들은 '시장 왜곡'과 '규제'에 대하여 말하지만, 그러한 시장 왜곡과 규제가 만들어진 근본적인 원인이자 목적인 뇌물에 대해서는 공개적으로 다루지 않았다. 국제원조기구들의 이러한 태도는 최근에 바뀌었다(Rose-Ackerman 1999: xi-xii). 그러나 국제원조기구들은 여전히 부패 문제에 관하여 조심스런 표현을 사용하고 있는데 그러한 조심스런 표현이 독자들을 오도해서는 안 된다. 시장 왜곡이 처음에 이루어지고 계속 유지되는 현실의 이면에는 대체로 부패한 동기가 존재한다는 사실을 독자들이 알게 해야 한다.

좁은 이익

공공정책 결정자들에게서 특혜를 얻어내는 것에는 서로 다른 광범위한 행동들이 포함된다. 어느 건설회사의 간부가 렌트 추구에 관여할 것을 고려하고 있다고 상상해보라. 그가 할 수 있는 활동은 매우 다양한데 첫째, 공공조달에서 계약을 따내기 위하여 뇌물을 제공할 수 있고, 둘째로는 공공건설 예산의 증액을 목표로 로비를 조직할 수도 있으며, 셋째로는 공공지출 확대를 위하여 다른 이익집단과 연합하여 캠페인을 벌일 수도 있다.

이 모든 활동들이 흔히 일종의 렌트 추구로 간주되지만 전통적인 렌트 추구 이론에서는 그것들을 구분하지 않는다. 이 모든 활동들이 그 건설회사에는 이로울 수가 있고, 다른 회사나 로비 집단들도 비슷한 특혜를 얻으려고 노력할 경우에는 렌트를 차지하기 위한 경쟁이 초래될 수도 있다. 따라서 렌트 추구 이론은 적용 가능한 이론인 것처럼 보인다. 그러나 더 흥미로운 문제는 이러한 활동들이 그들의 복리에 관하여 함축하는 바가 서로 간에 어느 정도나 **다른가** 하는 점이다.

그 점을 규명하기 위해서는 다른 렌트 추구 행위자들과의 **상호작용**을 확인하는 것이 매우 중요하다. 하나의 렌트 추구 활동을 다른 렌트 추구 활동과 구분해주는 것은 어떤 유형의 이익이 관련되었는가와 어떤 유형의 상품이 교환되고 있는가이다. 올슨(Olson 1982)이 바로 그 점에 초점을 맞추어 연구했다. 맥과이어와 올슨(MacGuire and Olson 1996), 그리고 프라이어(Pryor 1984)도 참조하기 바란다. 이들의 연구를 통해 분명해진 사실은 국가경제에서 차지하는 비중이 더 큰 이익집단이 소속 회원들의 소득을 극대화하려고 노력할 때는 자신들의 행동이 거시경제에 미칠 영향을 고려할 것이라는 점이다. 그러한 고려 덕분에 렌트 추구의 나쁜 영향은 상당히 감소하는데 왜냐하면 거대 로비 집단은 복지를 향상시키는 정책을 창출하는 데 있어서 '포괄적 이익'을 가지고 있기 때문이다. 그 결과 거대 이익집단은 소규모 이익집단보다 경제 발전에 덜 해롭다. 비현실적인 가정이기는 하지만 사회의 모든 구성원으로 이루어진 로비 집단을 상정할 경우 그 로비 집단이 추구하는 이익은 공익이 된다(Posner 1974: 350). 공공지출을 늘리기 위한 정치운동을 조직하면서 그것이 경제에 미칠 광범위한 영향과 그것이 초래할 복합적인 반향을 무시할 가능성은 적어 보인다. 그러므로 그러한 정치운동은 최적의 해법first-best solution을 촉구하는 것에 더 가깝다. 이와 달리 공공 건설 예산의 증액을 위하여 활동하는 로비 집단들은 다른 부문에 미칠 영향에는 신경 쓰지 않을 것이고, 따라서 국가경제에 더 해로운 정책을 밀어붙이게 된다.

소규모 이익집단과 관련하여, 올슨(Olson 1982)은 어느 사회에서든 특수 이익집단의 이해관계가 얽히고설켜 있는 것으로 말미암아 혁신이 방해를 받고 경제성장이 저해된다고 주장한다. 소규모 이익집단을 광범위하고도 포괄적인 이익을 가지고 있는 이익집단과 비교할 때 그러한 주장은 개연성이 있다. 그러나 소규모 이익집단을 각각 렌트 추구에 관여하는 개개인들과 비교할 경우 그러한 주장은 타당성을 상실할 수 있다. 개개인들은 자신과 관련된 매우 좁은 범위의 이익을 극대화하기 위하여 노력하는 반면에, 소규모 이익집단은 관련 이익을 확장하는 첫 걸음을 떼는 역할을 할 수 있기 때문이다. 퍼트넘(Putnam 1993)이 바로 그러한 생각을 개진하는데, 그는 소규모 이익집단이 사회를 건설하는 동시에 민주주의를 발전시키는 데 기여한다고 변호한다. 소규모 집단들은 시민적 참여를 위한 수평적 네트워크를 형성함으로써 지방정부의 효율성과 시민친화성을 향상시키는 것으로 볼 수 있다는 것이다(Putnam 1993: 176, 229). 이 점이 관련 형식 모델에서 어떻게 다루어지는지에 대해서는 이 장의 보론을 참고하라.

회사들이 로비 집단을 형성하여 자신들의 렌트 추구 행위를 단일화하면 더 좋을 수 있다. 회사들이 연대하여 공개적으로 활동하면, 적절한 경쟁을 위한 규칙의 확립, 최적격자에게 일을 맡기는 계약, 그와 같은 결과를 보장하기 위하여 갖추는 적합한 입찰 절차 등에 긍정적인 입장을 취할 것이다. 반면에 기업들이 개별적으로 행동하게 되면 뇌물을 제공하고 렌트 추구에 소요되는 총 경비를 증대시킴으로써 그러한 규칙을 무너뜨리려고 노력할 것이다. 그리고 그와 같은 로비 집단이 관심을 갖는 것은 거시경제가 아니라 여전히 일개 부문의 후생에 지나지 않는다. 로비에 관련된 이익이 넓어질수록 복지 손실도 감소한다.[22]

스티글리츠(Stiglitz 1998a: 16)도 이처럼 좁은 이익과 넓은 이익을 구분하는 시도를 하는데, 그에 따르면 렌트를 추구하는 이익집단과 의견을 제시하는 시민들을 구분하는 것이 실제로 어렵다고 하더라도 그러한 구분은 반드시 해야 한다. "참여자를 늘리고 경쟁을 심화시키면 더 균형 잡힌 사회적 선호가 드러나도록 보장할 수 있을 것"이라고 스티글리츠는 주장한다. 요컨대 위에서 언급한 세 가지 활동(첫째, 공공조달에서 계약을 따내기 위해 뇌물을 제공하는 것, 둘째, 공공 건설 예산의 증액을 위하여 로비 집단을 조직하는 것, 셋째, 다른 이익집단과 연대하여 공공지출 증대를 위해 운

22 로비 집단을 형성하는 목적은 관련 이익을 확대하는 것뿐만 아니라 더 좋은 협상 지위를 획득하는 것에도 있다. 각자가 부패한 관료나 정치 지도자에게 뇌물을 제공하려면 너무 많은 비용이 든다는 것을 개개인들이 깨닫게 된다. 카르텔을 형성하여 자신들의 이익을 통일함으로써 개인들은 렌트가 자신들을 위하여 재분배되도록 할 수 있다. 공공조달에 있어서 개개인들은 카르텔을 형성하여 계약 부여권을 가진 공무원에게 뇌물을 조금 건네고 사전에 명시된 일련의 규칙에 따라 실제 계약자를 결정할 수 있다. 공공부문의 부패를 이용하여 자신들의 렌트를 증대시킬 목적으로만 협력하는 로비 집단들에서도 그와 비슷한 일이 일어날 수 있다.

동하는 것)의 결정적 차이는 **관련된 이익의 유형과 교환되고 있는 상품의 유형**이다. 첫 번째 거래에는 한 회사가 하나의 계약을 따내기 위하여 공무원 한 명에게 뇌물을 제공하는 것이 포함된다. 이러한 행동은 매우 좁은 이익을 바탕으로 한 것이기 때문에, 다른 건설회사들은 손해를 보게 되는 부정적 외부효과가 발생한다.[23] 여기서는 특혜가 그 수혜자에게만 제공되므로 이익의 범위가 좁다. 그와 같은 형태의 렌트 추구는 특히 해로운데 왜냐하면 시장 왜곡을 조성하려는 동기가 강하기 때문이다. 두 번째 거래에서는 이익의 범위가 다른 회사들을 포함하는 데까지 넓어진다. 교환되는 상품에는 개개인에 대한 특혜는 포함되지 않고 대규모 집단에 대한 특혜만 포함된다. 이 경우 덜 특별하고 덜 자의적인 행정적 또는 정치적 결정이 수반될 수 있다. 그와 같은 유형의 렌트 추구는 덜 해롭다. 부정적 외부효과는 부분적으로 내부화되기 때문에 렌트 추구를 위한 총 경비는 감소하고 렌트를 창출하려는 동기도 줄어든다. 그러나 여전히 관련 이익은 제한적인데 왜냐하면 다른 부문이 손해를 보는 부정적 외부효과가 발생하기 때문이다. 세 번째 거래에서는 포괄적 이익이 더욱 확장되기 때문에, 그에 따른 렌트 추구는 최적의 해법first-best solution과 더 가까워진다. 대규모 로비 집단의 경우 대부분의 외부효과를 내부화할 것이고, 과다한 렌트 추구 비용이 소요되는 것이나 공공정책 결정자들이 시장 제한을 가함으로써 대규모의 렌트가 창출되는 것도 피하려고 할 것이다.

5.5. 두 가지 적용

브라우닝(Browning 1974)은 올슨(Olson 1965)의 연구를 바탕으로 로비 집단들이 직면하는 조직적인 난점들을 조사한다. 브라우닝은 정부가 제공하는 렌트를 차지하기 위해 개개인들이 반드시 자신들의 이익을 조직화하고

23 [옮긴이] 외부효과의 의미, 그리고 긍정적 외부효과와 부정적 외부효과의 차이에 대해서는 각주 44번을 참조.

로비 집단을 형성해야 한다고 생각한다. 개개인들은 공공정책 결정자들에게 정부의 개입이 필수적이라는 사실을 확신시켜야 한다. 만약에 개인들이 따로따로 행동한다면 실패할 것이다. 그러나 로비 집단을 구성하게 되면 조직적인 문제가 초래되는데 그 조직적인 문제가 무엇인지에 대해서는 고전적인 '죄수의 딜레마' 개념이 가장 잘 설명해준다. '죄수의 딜레마' 개념에 의하면, 어느 한 개인의 관점에서 볼 때 비협조적 행동이 더 바람직할 경우, 그는 자기 개인의 효용을 극대화함으로써 다른 사람의 효용을 무시하고 모든 행위자들에게 최적이 아닌 결과를 초래하고 만다. 이러한 '죄수의 딜레마'는 로비 집단의 경우에도 존재한다. 로비 활동의 비용은 로비에 참여하는 개개인이 부담하지만, 로비 활동에 시간과 노력을 투자하지 않은 사람들에게도 로비 활동의 혜택은 돌아간다. 그러므로 사람들이 선호하는 전략은 무임승차이다. 자기 자신은 비용을 투자하지 않으면서 다른 회원들의 노력으로 생기는 이익은 함께 누리는 것이다. 이처럼 사람들이 무임승차 전략을 선호하게 되면, 로비 활동이 수혜자 집단에게 유리함에도 불구하고 로비 집단이 전혀 형성되지 않을 수 있다.

흔히 잠재적인 수혜자 집단의 규모가 클수록 로비 집단이 형성될 가능성은 적어진다고 말한다. 소득세의 개선과 같은 광범위한 주제를 가지고 캠페인을 벌이는 집단은 거의 없다고 브라우닝은 주장한다.[24] 사람들이 비교적 좁은 이익을 위해 싸울 때, 그리고 자신들의 행동으로 혜택을 받는 사람들을 분명하게 파악할 수 있을 때, 로비 집단은 가장 쉽게 형성된다. 브라우닝(Browning 1974: 374)에 의하면 이러한 '죄수의 딜레마'는 복지 향상에 도움이 되는데 왜냐하면 그로 인하여 로비의 형성이 방해를 받기 때문이다. 브라우닝은 전통적인 렌트 추구 이론의 결과를 바탕으로 결론을 내

24 수혜자 집단의 크기(혹은 쟁점의 범위)와 로비의 형성 가능성에 관한 이러한 관계는 또 다른 측면을 고려할 경우 반박될 수 있다고 포스너(Posner 1974)와 스티글러(Stigler 1971)는 지적한다. 카르텔을 형성하려고 할 경우, 무임승차 행위를 개별적으로 극복할 수 있는 소수의 생산자 집단에 비해, 많은 생산자들로 구성된 대규모 로비 집단들이 국가 개입의 필요성을 더 절실하게 느낄 수 있다는 것이다.

리는데 소모적인 로비 활동이 이루어질 경우 복지 손실이 가장 크다는 것이다.

그러나 지금까지의 분석을 바탕으로 우리는 브라우닝의 결론을 거부해야 한다. 로비는 좁은 이익으로부터 한 걸음 떨어져 있으며, 그 로비 집단 회원들의 다양한 이익을 조정하여 더 넓은 이익을 형성한다. 이러한 점은 유용한데 왜냐하면 로비 집단의 개별 회원들(예를 들면 어떤 부문에 속하는 회사들)이 공통의 목표를 극대화하기 위하여 뇌물 제공을 포기하기 때문이다. 그러므로 로비 집단 형성 과정에서 각 집단이 직면하는 어려움들은 좋은 일이 아니다. 오히려 로비가 방해를 받음으로써 불분명하고 좁은 이익을 추구하는 사람들만이 살아남기보다는 사회 전체를 더 잘 대표하게 되도록 로비를 지원해야 한다.

전통적 렌트 추구 이론의 또 한 가지 적용은 입법부와 사법부의 역할에 관한 것이다. 렌트 추구 이론에 따르면 "입법부는 입법을 '팔고' 입법의 수혜자는 그것을 '산다'". 란데스와 포스너(Landes and Posner 1975: 877)는 독립적인 사법부와 대법원이 렌트 추구 행동에 미치는 영향을 조사했다. 법률을 해석하고, 어떤 법률이 더 오래된 다른 법률이나 헌법에 상충되지 않는지를 점검하고, 법률이나 법익 간에 충돌이 발생할 경우 우선순위를 정하는 데 있어서 사법부와 대법원은 어느 정도의 재량권을 가진다. 사법부와 대법원은 새로운 법들이 집행되는 것을 거부할 권한도 가질 수 있다. 이로 인하여 구법과 상충되는 신법들을 의회가 '팔아 먹을' 가능성은 제한되고, 의회 제정 법률들의 지속성이 보장된다. 만일 사법부와 대법원의 그와 같은 거부권이 없다면 의회 제정 법률은 아무런 제약도 받지 않는 자의적 법률이 되고 말았을 것이다. 법은 한번 통과되면 자신들에게 유리하도록 입법 과정에 영향력을 미칠 수 있는 사람들에게 장기적인 소득 원천을 제공하는데 왜냐하면 유능한 이익집단들이 종전의 입법부와 체결한 '거래들'의 집행을 사법부가 도와주기 때문이다. 이로 인하여 특정 법률과 관련된 렌트가 증대되고 그 결과 그것과 관련된 렌트 추구도 증대된다(Tullock

1993: 59-60). 크레인과 톨리슨(Crain and Tollison 1979)에 의하면 대통령의 거부권에 의해서도 그와 비슷한 역할은 수행된다.

그러나 여기서 입법부와 사법부 같은 제도가 복지에 역기능을 미친다는 결론을 도출한다면 그것은 독자를 오도하게 될 것이다. 렌트 추구를 통하여 교환되고 있는 상품과 관련된 이익들이 그와 같은 제도적 장치들로 인하여 바뀔 가능성은 있다. 법률들은 대규모 익명 집단인 민간 당사자들에게 적용되는 반면에, 특별 결정은 개인들이나 소규모 집단들에게 특혜를 준다. 그러므로 더 넓은 이익을 추구하는 로비 집단들은 장기간에 걸쳐 효력이 있는 법률을 쟁취하려고 할 것이다. 빨리 바뀌는 법률이나 특별 결정을 얻어 내기 위해 로비를 하는 사람들은 좁은 이익을 추구하는 사람들이다. 그처럼 좁은 이익을 추구하는 로비의 경우 기꺼이 뇌물을 제공하는 것으로 연결되기가 더 쉽다. 따라서 입법부로 하여금 긴 수명의 법률만을 제정하도록 제한하게 되면 국가는 공개적인 토론에 좀 더 가까이 다가갈 수 있게 되고 그와 같은 공개토론에서는 여론이 중요해진다.

5.6. 결론

로비에 비하여 부패는 보통 더 독점적인 형태의 렌트 추구인 것으로 묘사된다. 특혜를 차지하기 위한 경쟁이 소수의 내부자에 제한될 때, 그리고 렌트 추구 비용을 지출하면 그것을 받는 사람에게 혜택이 돌아갈 때, 렌트 추구는 부패라고 불린다.

그러나 전통적 렌트 추구 이론은 대체로 부패가 복지에 미치는 영향을 정확히 파악하지 못한다. 부패로 인하여 비효율적인 규칙이 창출되고 그 규칙으로 인해 렌트가 발생하는 것을 전통적 렌트 추구 이론은 이해하지 못한다. 공공정책 결정자가 통제하는 렌트의 규모는 대개 부패의 정도와 비례하여 증대된다는 것, 그리고 부패에 관련된 이익은 경쟁적 로비에 관련된 이익보다 좁다는 것을 전통적 렌트 추구 이론은 주목하지 않았다. 전통적인 렌트 추구 이론의 주장과는 달리 많은 사람들은 부패가 다른 렌트 추구 활동보다 복지에 더 나쁜 영향을 미친다고 주장한다. 부패는 넓은 이익의 결집을 방해하기 때문에 부패에는 대규모 렌트 추구 비용이 수반되고, 부패로 인하여 공공정책 결정자들은 시장을 왜곡시킬 더 큰 유인誘因을 갖게 되기도 한다. 렌트 추구에 거래 비용이 발생하면 이것은 복지 향상에 도움이 된다. 왜냐하면 특혜(렌트) 추구에는 거래 비용이 소요되므로 그와 같은 고비용의 특혜(렌트)를 추구하기보다 상품과 서비스의 생산에 자원을 투입하도록 하는 효과가 있기 때문이다.

사람들은 이러한 거래 비용이 특히 로비의 경우에 발생하는 반면 뇌물의 경우에는 없는 것으로 생각한다. 이것은 지나친 단순화이다. 거래의 파트너들이 부패한 방식으로 혜택을 주고받을 때에도 여러 가지 이유로 인하여 거래 비용이 존재한다. 더욱이, 이러한 거래 비용을 증가시키기 위한 노력을 우리가 할 수 있다. 6장에서는 이러한 문제들을 더 정확하게 조사한다. 우리는 부패와 로비의 거래 비용을 증대시키면 복지에 역기능으로 작용하지 않는다는 점을 이 장(5장)에서 배웠다. 그것은 오히려 복지에 순기능으로 작용할 가능성이 더 많다.

한계 투입은 그것이 가져다줄 수 있는 산출보다 더 작은 한 렌트 추구에 투자하는 편이 더 합리적이다(Tullock 1980b). 그에 따른 시장의 균형은 형식모델formal model로 결정된다.[25] 국가가 창출한 독점적 지위를 서로 차지하려고 회사들이 경쟁한다고 가정하라. 모든 회사가 총 렌트(R)를 외생적으로 주어지는 것으로 간주한다는 점은 일반적인 가정이다(그러나 우리가 나중에 보듯이 그 점은 의문스럽다). 그 경쟁에서 이길 확률(p_i)은 한 회사가 렌트 추구를 위해 행하는 투자(x_i)에 비례한다. 이것은 모든 회사에 적용되고 모든 확률의 합은 1이 되어야 하기 때문에, 일개 회사가 경쟁에서 승리할 확률은 경쟁회사들이 행한 투자에 비례하여 감소한다. 회사의 수가 n개일 경우 그 결과는 다음과 같다.

$$p_i = \frac{x_i}{\sum_j x_j}, \qquad i, j = 1, \ldots, n,$$

여기서 x_i는 회사 i 의 렌트 추구 경비이다. 회사들은 위험 추구 성향에 있어서 위험중립형risk-neutral이고 대칭적으로 행동하며, 경쟁 회사들의 렌트 추구 경비(x_i)의 수준에 영향을 미칠 수 없다는 가정을 일단 도입하고 나면 그에 따른 균형은 쉽게 결정할 수 있다. 따라서 기대 이윤, 즉 $E(p_iR-x_i)$를 극대화하려면 다음과 같은 함수 (1)이 필요하다.

$$\frac{d(p_iR-x_i)}{dx_i} = \frac{d\left(\frac{Rx_i}{\sum x_j} - x_i\right)}{dx_i} = \frac{R}{\sum x_j} - \frac{Rx_i}{(\sum x_j)^2} - 1 = 0 \qquad (1)$$

---

25 예를 들면 툴로크(Tullok 1967; 1980b); 크루에거(Krueger 1974); 포스너(Posner 1974; 1975); 바그와티와 스리니바산(Bhagwati and Srinivasan 1980); 콩글턴(Congleton 1980); 힐만과 카츠(Hillman and Katz 1984); 아펠바움과 카츠(Appelbaum and Katz 1987); 그리고 바르취와 토마스(Bartsch and Thomas 1995)를 보라.

함수 (1)은 대칭, 즉 $x_i = x_j = x$을 도입하면 풀 수 있다. 그렇게 하면 쿠르노-내시균형Cournot-Nash-equilibrium과 다음과 같은 렌트 추구의 최적 수준이 도출된다.

$$\frac{R}{nx} - \frac{Rx}{n^2x^2} = 1 \Leftrightarrow nR - R = n^2x^2 \Leftrightarrow x = \frac{n-1}{n^2}R.$$

따라서 렌트 추구를 위한 총 경비(S)는 다음과 같이 산출된다:

$$S = nx = \frac{n-1}{n}R. \quad (2)$$

독점적 렌트를 차지하기 위한 경쟁에 뛰어드는 회사의 수(n)가 많을수록 소모적 로비에 더 많은 자원(S)이 투입된다. 다시 말하면 경쟁으로 낭비가 늘어난다는 것이다. 만일 단 한 개의 독점기업만이 렌트를 차지하려고 경쟁한다면, 즉 n=1이면 렌트 추구를 목적으로 할당되는 경비는 존재하지 않음으로써 S=1이 된다. 반면 독점적 렌트를 차지하기 위해 완전경쟁이 이루어지는 극단적인 경우에는 n이 무한대에 가까워지기 때문에, 낭비가 렌트와 같아진다(S=R). 즉, 이 경우에는 복지 손실의 총계가 고전적인 하버거 삼각형Harberger triangle일 뿐만 아니라 생산자의 렌트 총계이기도 하다.

따라서 렌트 추구를 위한 총 경비가 많아질수록 렌트의 규모도 커질 것이라는 점을 고려한다면 그러한 점은 수정되어야만 한다.

$$R = R(S), \quad \text{with } R' > 0. \quad (3)$$

민간 부문의 당사자들이 획득하려고 하는 렌트의 규모(R)가 클수록 그들이 요구하는 특혜가 실현되기 위해서는 렌트 추구를 위한 총 경비(S)도 커질 필요가 있다. 위의 식 (3)은 형식 모델 속에 넣을 수 있다. $R(S)$=$R(\sum_{xj})$이기 때문에, 위의 식 (1)은 다음과 같이 다시 쓸 수 있다:

$$\frac{d\left(\frac{R(\sum x_j)x_i}{\sum x_j} - x_i\right)}{dx_i} = \frac{R'x_i}{\sum x_j} + \frac{R}{\sum x_j} - \frac{Rx_i}{(\sum x_j)^2} - 1 = 0 \tag{1'}$$

$x_i = x_j = x$로서 대칭인 경우 쿠르노-내시 균형은 다음과 같다:

$$\frac{R'x}{nx} + \frac{R}{nx} - \frac{Rx}{n^2x^2} = 1 \Leftrightarrow nR - R = nx(n - R') \Leftrightarrow x = \frac{n-1}{n(n-R')}R.$$

렌트 추구를 위한 총 경비로 측정되는 낭비는 이제 다음 식으로 산출된다:

$$S = nx = \frac{n-1}{n-R'}R. \tag{2'}$$

경쟁자의 수(n)가 많을수록 렌트 추구를 위한 총 경비(S)도 많아진다는 보장이 이제 더는 없다. R′가 1보다 크면(작으면), S는 R보다 크고(작고), 경쟁자 수(n)가 증가하면 렌트 추구를 위한 총 경비는 감소한다(증가한다). 우리는 렌트가 경쟁을 통하여 소멸된다는 고전적 가정이 다시 부상하는 것을 여기서 볼 수 있다. 정상적인 상품 시장에서 생산자들의 렌트는 경쟁을 통해 소멸된다. 렌트로 인해 새로운 기업들의 시장 진입이 이루어짐에 따라, 생산 수준이 증가하면서 가격이 인하되고 렌트는 감소한다. 특혜를 위한 렌트 추구의 전통적인 경우에, 렌트는 외생적으로 주어질 뿐이고 소멸되지는 않는다고 간주된다(Buchanan 1980: 6-11; Flowers 1987). 그러나 렌트는 렌트 추구 경비에 달렸다는 것이 드러나자마자, 고전적인 경쟁의 이점이 재부상한다. 즉, 경제학에 의하면 렌트 추구 경비(S)가 많을수록 렌트(R)도 많아진다는 원리는 경쟁자가 적을 때 더 잘 느껴진다는 것이다.

로비의 경우 거래 비용이 더 높다는 생각은 웰리스와 핀들레이(Wellisz and Findlay 1984: 148-149)가 받아들였고, 아펠바움과 카츠(Appelbaum and Katz 1987: 687)도 비슷하게 받아들였다. 이들은 로비의 경비를 다음과 같은 형태의 함수로 표시했다.

$$z = (1-c)x, \quad 0 \le c \le 1,$$

여기서 x는 렌트 추구를 목적으로 하는 경비이고, z는 현금이나 선물을 받는 사람의 평가이다. 매개변수 c는 거래 비용을 말하는데 현금이 주어지면 c=0이고, 법적으로 허용되고 실질적으로도 주어진 선물이 그것을 받은 사람에게 하찮으면 c=1이다. c=1인 후자의 경우 로비 규칙을 복잡하게 하면 거래 비용(c)은 증가하고, 로비의 소모성의 정도도 증가한다.

정치인의 행동에 결정적으로 영향을 미치는 것은 렌트 추구 경비 자체가 아니라 그가 렌트 추구 경비를 어떻게 평가하느냐라고 생각하는 것은 그럴듯해 보인다. 렌트 창출에 관한 수정된 함수가 여기서 도출된다.

$$R = R((1-c)S), \quad \text{with } R' > 0. \tag{3'}$$

이 함수를 형식 모델 속에 넣으면 한 회사의 렌트 추구 경비(x) 산출을 위한 다음과 같은 함수가 도출된다.

$$x = \frac{n-1}{n(n-(1-c)R')} R.$$

낭비의 총 규모는 더 이상 S로 표시되지 않는데 왜냐하면 렌트 추구 경비의 일부는 낭비되지 않고 단지 이전될 뿐이기 때문이다. 낭비는 오히려 cS, 즉 거래 비용이 곱해진 총 경비로 표시되며, 거래 비용은 렌트 추구 경비 때문에 발생한다. 그러므로 낭비의 총액은 다음과 같은 식으로 계산된다.

$$cS = \frac{c(n-1)}{n-(1-c)R'} R. \tag{2''}$$

미분을 통해 알 수 있듯이, $R'<n$인 경우에만 거래 비용의 증가로 낭비도

증가하고, 반대이면 낭비는 감소한다. 렌트 추구의 거래 비용이 크면 정치인의 렌트 창출 유인도 감소한다. 즉, S는 c에 비례하여 감소한다. 렌트 추구의 거래 비용이 크면 결국 렌트 추구 활동과 그에 따른 낭비를 막는 데 도움이 된다. 복지 손실의 총액에 관한 결론은 훨씬 더 강력하다. 여기에는 낭비(cS)뿐만 아니라 고전적인 하버거 삼각형도 포함된다. 고전적인 하버거 삼각형은 렌트(R)가 클수록 커지고 거래 비용(c)이 커질수록 명백히 작아지기 때문에, 거래 비용이 크면 분배 과정에서의 복지 손실은 줄어든다. 즉, 렌트 추구의 거래 비용이 크면 경제에 이로울 가능성이 훨씬 더 크다는 것이다.

로비는 사회의 더 큰 부분까지 포괄하기 때문에 부패에 비해 복지를 상대적으로 덜 저해한다는 주장이 옳다는 것은 형식 모델의 도움으로 입증할 수 있다. 또한 로비는 한 당사자의 렌트 추구가 다른 당사자에게 부과하는 부정적 외부효과를 내재화할 수 있을지 모른다. 예를 들면, 경쟁입찰의 참가자들은 뇌물을 제공함으로써 경쟁자들에게 부정적 외부효과를 부과하지만, 여러 회사가 연합하여 벌이는 로비의 경우 그러한 부정적 외부효과를 없애거나 줄이기 위해 노력할 것이다. 부정적 외부효과의 또 다른 사례는 특정 산업 부문을 대표하는 기업연합체가 회원 기업들의 이익을 위하여 새로운 회사들이 시장에 진입하지 못하도록 제한하기 위한 로비를 하는 것인데, 시장 진입 제한에 성공할 경우 상품 가격을 올릴 수 있다. 이렇게 되면 상품을 구입하는 소비자들에게 부정적 외부효과를 부과하게 된다. 그런데 그 상품을 구매하는 산업 부문들도 포함하는 더 큰 로비 집단이 형성될 경우에는 부정적 외부효과가 부분적으로 줄어들 것이다. 다른 사람들에게 부과된 손실의 총액은 렌트의 규모(qR)가 클수록 그에 비례하여 커진다고 가정해보자. 이러한 손실에는 복지 손실뿐만 아니라 소득 이전도 포함되는데 소득 이전에는 첫째, 소비자의 이익이 생산자의 렌트로 이전되는 경우가 있고 둘째, 원자재를 비롯한 투입 요소를 인상된 가격으로 구매하는 생산자에게서 렌트 추구로 인해 상품 가격을 인위적으로 인상시킨 생산자들에게로 이전되는 경우가 있다. 복지 손실로 인하여 q는 1보다 큰 것으로 가정될 것이다. t는 로비에 의하여 외부효과가 내재화되는 정도라고 하자. 내재화되지 않고 남은 부분적인 부정적 외부효과$(1-t)$는 로비에 참여하지 않은 당사자들이 떠맡는다. 개별 회사가 렌트 추구에서 기대하는 이익은 $E(p_iR-x_i)$로 정해진 반면에, 조직화된 로비 집단의 기대이익은 $E(p_iR(1-qt)-x_i)$로 나타난다. 이러한 수정치를 기본 모형에 도입하면 쿠르노-내시균형은 다음과 같은 렌트 추구의 최적 수준을 도출하는 것으로 볼 수 있다:

$$x=\frac{n-1}{n^2}R(1-qt).$$

따라서 렌트 추구의 총 경비(S)는 다음과 같은 함수로 산출할 수 있다:

$$S=nx=\frac{n-1}{n^2}R(1-qt). \qquad (2''')$$

로비가 부정적 외부효과를 더 많이 내재화할수록, 즉 t가 클수록 그에 따른 렌트 추구의 총 경비는 줄어든다. 위의 함수 (3)에서와 같이 렌트 추구의 총 경비가 클수록 렌트도 그에 비례하여 커진다고 가정하면, 로비로 부정적 효과가 내재화되어 렌트 추구 경비가 줄어들면 렌트도 동등하게 더 줄어들 것이다.

제6장

부패 거래의 형성

법의 그늘에서 계약하기[1]

점성술 섹션, 처녀자리. 어느 모로 보나 개선되었지만 조건 없는 것은 없다는 사실을 당신은 알고 받아들일 수 있어야 한다. … 만일 누군가에게 뇌물을 제공하면 일이 성사되도록 해주세요.[2]
-《힌두스탄 타임스》, 뉴델리, 1985년 10월.

6.1. 서론

어떻게 하면 부패를 가능한 한 힘든 일로 만들 수 있을까? 부패 거래의 거래 비용을 증대시키려면 어떻게 해야 할까? 이 장에서는 이러한 질문들을 핵심적으로 다룬다. 구체적으로는 부패 거래의 미시경제적 결정 요인을 분석하기 위하여 신제도경제학의 개념을 사용할 것이다. 부패의 경제학에 대한 관심이 증대되고 있음에도 불구하고, 신제도경제학의 도구들을 부패 문제에 적용한 경우는 거의 없다. 일찍이 신제도경제학을 적용하여 부패를 분석함으로써 주목을 받은 예외적인 경우로는 허스테드(Husted 1994), 람스도르프(Lambsdorff 1999), 람스도르프와 그의 동료들(Lambsdorff et al. 2004), 델라포르타와 바누치(della Porta and Vanucci 1999), 바누치(Vanucci 2000), 그리고 로즈애커만(Rose-Ackerman 1999: 91-110)을 들 수 있다.

---

1 이 장과 연관된 논문이 처음에 학술지《경제적 행동과 조직Journal of Economic Behavior and Organization》48권 2호(2002), 221-241쪽에 게재되었다.
2 올덴버그(Oldenburg 1987: 508)를 인용했다.

제도적 관점을 취하면 부패 거래에 관한 우리의 이해가 풍부해진다는 것이 이 장의 주장이다. 제도적 관점으로 부패 거래를 분석함에 있어서 중심이 되는 것이 바로 거래 비용이다. 거래 비용에는 부패 거래의 상대를 찾고 계약 조건을 결정하고 그 조건을 이행하는 비용이 포함된다. 부패 거래의 비용은 합법 거래의 비용과 다르다. 왜냐하면 부패 거래는 그것을 위장할 필요가 있기 때문이며, 또한 그와 같은 부패 거래의 당사자들은 결국 서로에게 손해를 끼칠 수 있는 정보만 남기게 될 가능성도 있기 때문이다. 이러한 이유로 부패 거래에서는 중개인을 고용하거나 아예 부패 거래가 합법 거래와 사회구조의 부산물 형태로 나타날 가능성이 더 많다.

우선 부패의 상이한 두 가지 형태를 구분해야 한다. 바로 **시장 부패**market corruption와 **지역주의적 부패**parochial corruption이다(Husted 1994; Scott 1972). 시장 부패는 경쟁적 형태의 부패로 투명성의 수준이 높다. 시장 부패에 있어서는 부패 거래 당사자가 누구인가는 상관 없다. 그와 같은 시장 부패는 실제로 발생하는데, 특히 규모가 작은 부패의 경우에 해당한다. 예를 들면 운전면허 발급과 마을 장터 입점 허가, 혹은 철도차량의 좌석이나 적재 공간 획득 같은 경우들이다(Husted 1994: 20). 멕시코 자동차 담당 부서에 가보면 운전면허를 빨리 발급받기 위하여 급행비를 준비한 채 사무실 밖에서 기다리는 수많은 '코요테들'을 볼 수 있는데, 바로 거기서도 시장 부패가 어떠한 것인지를 극명하게 볼 수 있다(Husted 1994: 21). 그와 비슷한 사례가 엘살바도르에서도 보고되었는데 여기서는 다루기 힘든 관료들을 다루고 필요할 경우 '추가 비용'을 지불하기 위하여 '해결사'들을 고용할 수 있다.[3] 투명한 가격제도가 확립되고 필요한 서비스를 공급할 여러 공급자 중에서 선택할 기회가 보장될 경우 그러한 힘든 불법 서비스는 발붙일 수 없게 된다.

---

3 타게스차이퉁, "비밀스러운 부패의 기술. '해결사'는 왜 계속 존재하는가", 베를린, 독일, 1999.7.12.를 보라. 시장 부패의 다른 사례는 로즈애커만(Rose-Ackerman 1999: 15-16)에게서 볼 수 있다.

한편 지역주의적 부패는 계약을 체결할 수 있는 사람이 극소수이고 따라서 경쟁이 제한된 부패 거래이다. 진출입이 제한되어 있기 때문에 거래 파트너들이 누구인가가 중요해질 수 있다. 시장 부패와 지역주의적 부패를 구분하는 결정적인 차이는 거래 비용이다. 시장에서 기회를 잡으려면 조사를 해야 하기 때문에, 상품이나 서비스 교환 시에 발생하는 총 거래 비용은 잠재적 계약자를 얼마나 많이 찾아보느냐에 비례하여 증가한다. 잠재적 계약자를 찾고, 그들 각각이 부패 거래를 준수할 능력과 태도가 있는지 그리고 그들 각각의 생산물의 질과 적정성은 어떠한지를 평가하는 데는 노력이 필요하기 때문에 거래 비용이 증가하는 것이다. 또 다른 파트너를 찾는 데 소요되는 한계 거래 비용이 그 파트너와 더 좋은 거래를 체결함으로써 얻을 수 있는 기대이익과 같다면, 찾고 있는 계약자의 숫자는 최적이라고 생각할 수 있다. 이 점을 고려할 때 분명해지는 것은 (한계) 거래 비용이 클수록 부패 거래의 잠재적 파트너로 찾게 되는 사람의 숫자는 적어진다는 것이다.

실제로 부패의 거래 비용은 크기 때문에 지역주의적 부패가 부패의 지배적 형태가 된다. 따라서 **시장 부패**의 사례들은 예외로 간주해야 한다(Cartier-Bresson 1997). 시장 부패가 가능하기 위해서는 검찰이 기소를 자제하거나 여론을 반영하거나 적어도 부패를 널리 허용하는 태도를 취하고 있어야 한다. 그게 아니라면 '코요테들'이나 '해결사들'의 경우에서와 같이 거래 비용을 낮추는 데 도움이 되는 어떤 제도적 메커니즘들이 이미 시장 내에 발전해 있어야 시장 부패가 가능할 것이다. 독일연방 범죄수사국 German Federal Bureau of Criminal Investigation에 따르면, 거래 기간이 한 달보다 짧은 부패 사건은 드러난 부패 사건의 단지 20%에 불과했다. 그에 비하여 54%의 부패 사건에서는 뇌물 제공자와 수뢰자 간의 계약이 3년 이상 지속되었다(Bundeskriminalamt 2004: 37).

대부분의 부패 거래에서는 고도의 비밀이 유지되고 투명성이 낮으며 참여자가 제한되는 특징이 발견된다는 게 이 장의 주장이다. 부패 거래에는 갖가지 비용이 발생한다. 예를 들면, 관료들은 불법 활동을 하기에 충분한 재량권을 확보하기 위해 자원을 사용할 소지가 다분하다. 그러나 그와 같은 형태의 비용은 차라리 생산적인 비용으로 간주되어야 할 것이다. 그와 같은 비용은 거래의 결과 발생하는 것이 아니기 때문에 여기서는 더 다루지 않을 것이다. 그와 비슷하게 뇌물을 받고 특혜 행정 서비스를 제공하는 공무원들 간의 협력 문제도 이 장에서는 상술하지 않을 것이다. 그와 같은 협력은 때로 필요할 수 있는데 특히 통제를 우회하고 책임 분담의 결과로 조성된 장애를 극복하기 위해 필요하다.

부패 거래의 비용은 그 비용이 발생하는 순서에 따라 범주화할 수 있다. 대개 특혜 행정 서비스와 뇌물의 교환은 동시에 발생하지 않는다. 대체로 뇌물을 받기에 앞서 부패 관계를 형성할 때 자원을 투자하기 때문에, 거래 비용이 발생할 수 있는 세 단계가 존재한다. 첫째, 계약을 시작하기 위해서는 필요한 서비스와 적절한 파트너에 관한 정보가 수집되어야 하고, 계약이 구체화되어야 한다. 이 점에 대해서는 다음 절(6.2)에서 더 자세히 다룰 것이다. 둘째, 자원을 쓰는 순간 수익을 얻을 수는 없기 때문에, 계약의 이행을 보장하고 기회주의를 추방하기 위한 전략을 개발해야 한다. 이 점에 대해서는 이 장의 3절에서 조사한다. 셋째, 거래를 완료해도 부패 거래는 합법 계약과 다른데 왜냐하면 거래 당사자들이 믿을 수 있는 것은 서로의 자비로운 마음뿐이기 때문이다. 결국 둘 다 상대방을 해롭게 할 수 있는 정보를 소유하게 된다. 그들의 관계는 특혜 행정 서비스와 뇌물을 교환하는 것으로 끝나지 않는다. 이러한 상황에 대해서는 이 장의 4절에서 연구할 것이다. 이 장의 5절에서는 결론을 내리고 앞으로의 연구를 위한 제안을 할 것이다.

이 장에서는 신제도경제학이라는 이론을 적용하는데 그 이론적 논지는 사례 연구의 도움을 받으면서 더 분명하게 드러난다. 학술논문에서 제공하는 증거는 아직 드물기 때문에, 부분적으로는 국제 언론의 보도를 인용했다. 신문은 세부사항을 신뢰성 있게 보도하기보다 선정적으로 사건화하는 경향이 있기 때문에, 다양한 기사 데이터베이스에서 추출한 수천 개의 기사를 4년에 걸쳐 여과함으로써, 비록 소수이지만 몇 가지 사례 연구를 할 수 있게 되었고, 그러한 사례 연구의 결과 이론적으로 결론을 내리기에 충분한 세부사항을 확보할 수 있었다. 기사의 신빙성을 검증하기 위해 한 신문의 기사를 다른 신문의 기사와 교차 점검했는데, 사건들이 유죄 판결로 종결되지 않을 때마다 그러한 사건들은 의혹에 불과하다는 점이 분명해졌다.

6.2. 계약의 시작

파트너 찾기

부패 거래로 모종의 서비스를 받으려고 할 경우 잠재적 파트너가 실제로 필요한 서비스를 제공할 능력이 있는지에 관한 정보가 있어야 한다. 부패는 때로 기만적인 제의로 발생하기도 한다. 예를 들면, 흔히 속도위반 범칙금의 납부를 피하려고 뇌물을 제공하는 경우에 실제로는 속도위반 딱지를 발급할 권한도 없는 사람들이 뇌물을 받으려고 경찰인 체하는 일이 발생한다. 그와 같은 사례는 많은 저개발국가들에서 수도 없이 존재한다.

서비스 제공 능력이 있는 파트너를 찾았을 때에도 그 파트너가 기꺼이 그 서비스를 제공할 의사가 있는지, 그리고 뇌물의 대가로 필요한 서비스를 제공하기에 그 파트너의 범죄 능력이면 충분한지를 알아 보아야만 한다. 직접적인 조사는 위험하다. 왜냐하면 잠재적 파트너가 부패에 연루되기를 꺼릴 경우 서비스 제공 요구를 고발할 수 있기 때문이다. 예를 들면 속도위반 딱지 발부를 책임지고 있는 독일의 한 경찰관은 속도위반자들에게 뇌물을 주면 속도위반 딱지를 발부하지 않겠다고 제안한 혐의를 받았다. 그러한 부패 거래의 제안은 중개인을 통하여 운전자들에게 전달되었다. 운전기사 두 명이 그 일을 검찰에 신고했고, 검찰은 중개인이 뇌물을 받는 순간 그 중개인을 체포했다.[4] 검찰 당국이나 내부 감사 조직이 부패

4 퀼니쉐 린트샤우, "속도위반 딱지를 경찰서에서 훔쳐 속도위반자에게 팔다", 1998.1.20.

척결을 위하여 노력하게 되면, 부패 거래의 파트너를 찾는 사람들은 훨씬 더 겁을 먹을 수 있을 것이다. 검찰 당국이나 내부 감사 조직은 뇌물을 줄 것처럼 행동하지만 실제로는 범죄 조직을 적발하기 위하여 상대방과 흥정하는 '공작원Agent Provocateur'을 고용할 수 있다. 이러한 방식은 미국 연방범죄수사국FBI이 사용하는 상투적인 수법인 것 같다.[5]

부패 거래로 서비스를 판매한다는 것을 알리는 수단으로 대중광고를 사용할 수는 없다. 부패 거래에 관한 정보를 찾거나 퍼뜨리는 사람들은 언론이나 인쇄된 광고 자료와 같은 정규적인 매체에 의존할 수 없다. 투명한 시장 환경에서는 잠재적 파트너들 간의 비교가 쉽게 이루어지지만 부패 거래의 기회에 관한 정보를 그런 투명한 시장 환경에서 주고받지는 않는다. 정보를 주고받을 다른 수단을 찾아야만 한다. 첫째, 위장된 형태로 관련 정보를 어느 정도 공개적으로 유포하는 방법이 있다. 둘째, 중개인을 통하여 '광고'를 조직하는 방법이 있다. 마지막으로 잘 아는 사업 파트너들에게만 정보를 제공하는 방법이 있다.

물론 정보를 공개적으로 유포하는 경우 적발 가능성이 극적으로 높아짐에 틀림없다(Alam 1990: 90; Borner and Schwyzer 1999: 32; Rose-Ackerman 1998: 97). 이 문제를 극복하는 한 가지 방법은 정보를 위장된 형태로 유포하는 것인데 예를 들면 누군가가 자신이 부패 거래를 할 용의가 있다는 소문을 내는 것이다. 그와 같은 소문이 효력을 발휘하려면 잠재적 파트너가 그 소문을 제안으로 받아들여야 한다. 사치스러운 생활 태도는 그와 같은 소문을 퍼뜨리는 한 가지 방법이 된다. 왜냐하면 공식 소득을 능가하는 생활은 그 사람의 부패 가능성을 분명하게 암시하기 때문이다(della Porta and Vanucci 1999: 56-59). 헤이만(Heymann 1995: 51)도 소문을 퍼뜨려 부패 거래로 제공할 수 있는 서비스를 광고하는 것을 묘사하는데 미국의 전직 법

---

5 시카고선, "알드 프리아스Ald Frias, 뇌물 재판에서 함정수사문제를 제기할 계획", 1997.12.9; "녹화테이프에서 프라이스의 뇌물수수 드러나", 1997.12.12, 그리고 AP통신, "증권 담당 변호사, 텔레뱅킹 금융사기와 뇌물 혐의", 1998.7.30.을 보라.

무차관의 사례였다. 그러나 그와 같은 소문은 검찰 당국에도 실제 부패 사건을 포착할 값진 기회가 될 수 있다고 그는 강조한다.

부패 거래에 관한 정보를 퍼뜨리는 또 한 가지 방법은 브로커를 개입시키는 것인데 브로커는 부패 거래를 통한 서비스 제공을 공공연히 알렸다고 해서 제재를 두려워할 필요가 없을지도 모른다.[6] 나이지리아 국영 석유회사의 운영이 바로 그 경우에 해당되는 것 같다. 각각의 계약마다 특정 수혜자에게 지불될 '커미션'이 상세하게 정해졌다. 거래자들은 그 수혜자가 어떤 때는 잘 알려진 나이지리아인이었고, 또 어떤 때는 다른 누군가를 대리하는 것으로 보이는 완전히 모르는 사람이었다고 언급했다.[7] 그와 같은 대리인을 이용할 경우의 이점은 명백하다. 실제 뇌물을 받고 서비스를 제공하는 사람은 파악할 수 없지만 그 서비스는 대규모의 수혜자들에게 제공될 수 있는 것이다.

뇌물을 주면 모종의 서비스를 받을 수 있다는 정보를 조직적으로 유포할 수 없다고 해서 부패 거래가 안 일어나는 것은 아니다. 부패 거래의 기회는 우연히 찾아올 수도 있다. 합법적인 거래 관계가 확립된 사업 파트너들 사이에서 그러한 부패의 기회를 접할 가능성이 가장 크다(Rose-Ackerman 1999: 12). 그들의 관계가 깊어짐에 따라 자기 회사나 부서를 희생시키면서 부패 거래를 공모할 기회가 도래할 수 있다(Wintrobe and Breton 1986). 이 경우에 기존 관계가 불법 관계로 변질되면서 부패가 등장한다. 정확히 말하면, 처음부터 부패로 인해 사람들이 의기투합하는 것은 아니다. 거래가 좁은parochial 것으로 판명 나면서 기존의 합법적 유대가 없었던 사람들은 배제된다. 합법적인 관계가 부패 거래 관계를 수립하는 도구가 되고, 부패 거래 관계는 합법적인 관계에 기생하는 형태로 연결된다.

---

6 브로커에게 예상되는 처벌 수위가 비교적 낮을 경우 특히 그러하다. 우선 브로커의 활동은 법적 제재의 대상이 안 될 수도 있고, 브로커들은 여기저기 잘 옮겨다니는 특성으로 인해 기소를 피할 수도 있다.

7 워싱턴포스트, "아바카 정권 내부에 부패가 만연하다. 아바카 장군, 광범위한 이권에 연루되다", 1998.6.9.

계약조건 정하기

뇌물 제공은 위험한 일이다. 왜냐하면 관리들은 도덕적인 이유나 아니면 단지 그 부패 범죄를 완수할 능력이 충분하지 않기 때문에 뇌물 수수를 거부할 수 있다. 그러나 부패할 소지가 다분한 사람들조차도 자신들은 부패를 싫어한다는 것을 사람들에게서 인정받기 위해 자신의 부패 거래 상대방을 때로는 고발하는 선택을 할 수 있다. 뇌물 수수를 고발해서 평판이 좋아지는 이득보다 제공된 뇌물의 가치가 적을 경우에 특히 그러한 일들이 일어날 수 있다(della Porta and Vanucci 1999: 195). 부패 거래의 성립에 필요하고도 적절한 뇌물의 수준을 어떻게 결정할 것인가의 문제가 여기서 발생한다. 필요한 서비스를 제공받는 데 필요 이상으로 뇌물을 제공할 위험과 고발 당할 위험을 비교 검토해야 할 것이다.

부패 거래를 협상할 때는 서비스의 대가로 받는 수익return의 유형에 관한 동의도 필요하다. 부패 거래의 파트너들이 금전적인 유인誘因 대신에 선물이나 각종 혜택을 선호할 수도 있다. 왜냐하면 그런 선물이나 혜택이 서비스 제공과 연관된 것인지를 검찰 당국이 추적하기 어려울 수 있기 때문이다. 국민들도 그와 같은 혜택을 직접적인 금전 제공보다는 뇌물 성격이 덜한 것으로 여길 수 있다. 호화 만찬 초대는 일본에서 보듯이 통상적인 거래 수단일 뿐이고, 불법 유인책은 아닌 것처럼 보인다. 외국 정치인 딸의 등록금을 납부해주는 것은 불법 뇌물이 아니라 문화 교류를 증진하는 한 가지 방법으로 보일 수 있다. 그러나 이와 같은 현물 거래에는 서로의 요구를 맞추기 어려운 점과 여러 사람이 나눠가질 수 없는 교환수단의 불가분성 문제가 따른다. 바로 그러한 교환수단의 불가분성으로 인해 화폐의 진화가 이루어졌다는 것이 경제학의 정설이기도 하다.

부패 거래를 시작할 때 거래의 조건을 충분히 상세하게 규정하지 못하면 그 위험이 증폭될 수 있다. 부패 거래의 파트너들은 자신들의 거래에서 대가를 정확하게 규정하는 것을 피하려고 할 수 있다. 덜 정확하게 하는 것이 불법 행동을 변명하기에 더 좋은 이점을 지니는데 예를 들면 자신들의 거래는 단지 친구들 사이에 선물을 교환하는 것에 불과하다고 변명할 수 있는 것이다. 부패 계약의 조건을 충분히 상세하게 정하지 않음으로 인해서 나중에 분쟁과 고발 사태가 초래된 한 가지 사례가 앞으로 이 장 4절(후유증)의 '고발과 갈취'라는 소절에서 소개될 것이다.

부패 거래의 파트너들은 뇌물 제공을 감출 수도 있다. 뇌물을 대출로 바꿈으로써 뇌물 제공에 합법적인 외피를 씌울 수 있다. 대출을 갚지 않거나 대출을 유리한 조건으로 해주는 것 안에 사실상의 뇌물이 숨어 있는 셈이다. 다른 거래 안에 뇌물을 묻어두는 방법으로 뇌물을 숨길 수도 있다. 예를 들면 어떤 상품을 시장 가격보다 훨씬 높거나 낮은 가격으로 거래하는 것이다. 그와 유사한 한 가지 사례가 있는데 러시아의 재무부장관과 그의 세 부하 직원들은 러시아 민영화의 역사에 관한 자신들의 저서에서 나오는 인세를 너무 많이 지급받은 혐의를 받았다. 그들이 지나치게 많은 인세를 받은 것은 그 책을 출판한 출판사가 민영화 과정에서 재무부로부터 받은 특혜와 연관된 것으로 보였다.[8] 마이애미에서는 항만청의 직원들이 공공자원을 부당하게 사용하여 한 정당에 자금을 제공했다는 주장이 제기되었다. 한 민간회사가 '민주당 전국위원회'에 미화 약 20만 달러를 제공하고 그 대가로 항만의 크레인을 무료로 사용한 것이다. 1996년 인도네시아에서는 네덜란드 통신회사인 KPN이 자사가 받은 혜택에 보답하기 위하여 노골적인 금전 제공 대신에 재무위험을 감수하면서 간접적인 보답 방안을 선택했다. 인도네시아의 국영 통신회사인 텔콤셀Telkomsel의 지분 17%를 매입하는 대가로, 네덜란드 통신회사 KPN은 수하르토 가문의 친구(그리고 아마도 수하르트 가문을 위해 일하는 브로커인) 조디 씨Mr. Djody에게 풋옵션[9]을 무상으로 제공했다. KPN은 아울러 조디 씨가 텔콤셀의 지

8 디벨트, "옐친Yeltsin, 비리 사건에도 불구하고 츄바이스Tschubais를 지지", 1997.11.17.; 로스앤젤레스타임스, "뇌물사건으로 옐친 보좌관 두 명 추가로 해고", 1997.11.16.; 슈피겔, "마지막 실수", 48/1997 그리고 뉴욕타임스, "러시아의 부패에 관한 CIA의 증거를 고어가 거부하다", 1998.11.23.을 보라.

9 [옮긴이] 풋옵션put option이란 주식이나 채권 같은 자산을 장래의 특정 시기에 미리

분 5%를 추가 매입할 수 있도록 미화 91만 달러 대출의 보증을 서주고, 조디 씨에게 2001년까지 대출금을 갚든지 아니면 지분을 반납하든지 자유롭게 선택할 수 있는 선택권을 부여했다.[10]

부패 거래에서 수익return의 성질을 위장하는 것은 중요하지만 거기에는 거래 비용이 수반된다. 바로 위에서 언급한 네덜란드 통신회사의 사례가 그 점을 잘 보여준다. 풋옵션의 시장 가격은 어림잡아 미화 3천만 달러이다. 대개 그와 같은 옵션을 받는 사람이 주는 사람보다 그 가치를 높게 평가한다면 그와 같은 옵션은 의미가 있다. 옵션의 가치 평가에서 주는 사람과 받는 사람 간에 이러한 차이가 발생하는 것은 옵션 제공자가 또 다른 오픈포지션[11]으로 위험을 분산hedge할 수 있기 때문이거나, 혹은 정보의 불균형으로 인하여 어떤 회사의 진정한 가치를 평가함에 있어서 옵션 제공자가 유리한 위치에 있기 때문이다. 그러나 그 어느 것도 위의 사례에는 해당하지 않는다. 옵션을 주고받은 것은 나중에 결과가 증명하듯이 당사자들에게 이익이 되지 않았을 것이기 때문에 그것은 거래의 불법성을 위장하는 것과 관련된 비용이라고 보아야 한다. 즉, 인도네시아 측은 예를 들면 미화 1천5백만 달러를 받는 것을 선호했을 것이고, 네덜란드 측은 옵션과 연관된 위험을 훨씬 더 높게 평가했다.

부패 거래에서 특혜에 대한 수익을 다른 (합법적인) 거래와 연계하는 경우에 또 다른 불리한 점이 있다. 합법 거래는 법원에 의해 강제집행될 수 있지만, 그러한 법의 보호는 거래의 부패한 당사자에게는 해당되지 않을 수 있다. 이러한 측면은 기회주의나 계약 이행 문제로 연결되는데 이 점에

정한 가격으로 팔 수 있는 권리를 말한다.

10 월스트리트저널, "KPN, 통신사 지분 얻기 위해 대출을 도와주다", 1999.3.31.을 보라. 더 자세한 내용은 네덜란드 텔레비전 방송 KRO와《네트워크Network》라는 정치 잡지 1999년 3월 28일과 6월 23일자에 보도되었다. KPN은 대체로 혐의를 시인했다.

11 [옮긴이] 오픈포지션open position이란 선물거래에서의 적극적 투자기법 중 하나로 금융자산의 가치변동을 적극적으로 활용하고 이익을 얻기 위하여 고의적으로 선물매입 포지션이나 선물매도 포지션 중 어느 한쪽만을 유지함으로써 가격 변화에 노출시키는 것을 말한다.

대해서는 다음 절에서 다룬다.

6.3. 계약 이행

부패 행위에 관한 형식 모델에서는 추가 비용을 들이지 않고도 계약이 이행될 수 있다고 가정한다. 이러한 가정은 뇌물과 혜택을 면대면으로 주고받기 때문에 기회주의가 개입될 가능성이 없는 시장 부패의 드문 경우에만 현실성이 있어 보인다. 대개 부패 거래에서는 수익return을 얻기 전에 거래의 한 당사자가 서비스를 제공하거나, 아니면 서비스가 제공되기 전에 거래의 한 당사자가 수익을 얻을 필요가 있다. 이것은 대규모 부패 거래의 규칙인데 왜냐하면 대규모 부패 거래에서는 특혜로 제공되는 서비스가 너무 복잡해서 단번에 제공될 수 없기 때문이다. 특혜로 서비스가 제공되려면 입찰 절차의 조작이나 어떤 결정들을 얻어내기 위한 지속적인 로비가 필요하다. 입찰 절차 조작이나 어떤 결정들이 이루어지기 위해서는 상당히 오랜 기간이 걸린다. 그와 같은 경우에 한 당사자가 거래를 취소할 가능성이 있다(Rose-Ackerman 1999: 17, 98). 한 당사자가 특혜로 서비스를 제공받은 후에 수익의 제공을 거부하거나, 한 당사자가 뇌물을 미리 받은 후에 상호 합의한 서비스를 이행하지 않고 도망가버릴 수 있다(Boycko et al. 1995). 한 당사자가 서비스의 가격을 추후에 인상하거나, 단순히 더 많은 뇌물을 요구할 수도 있다. 그런가 하면 한 당사자가 공개 경쟁입찰에서 경쟁자들의 입찰가격에 관한 비밀을 동시에 많은 경쟁자들에게 팔아먹음으로써 매번 그 전에 팔아먹은 정보를 무효화시킬 수도 있다.

세계은행(World Bank 1997: 34)은 그와 관련하여 한 기업인을 인용한다. "두 종류의 부패가 있다. 첫 번째는 당신이 정해진 가격을 지불하고 원하는 바를 얻는 것이다. 두 번째는 당신이 지불하기로 한 돈을 지불하고 집에 가지만 당신이 원하는 바를 얻을지 아니면 누군가가 당신을 협박할지 몰라 매일 밤 잠을 못 자는 것이다." 부패 거래를 보증할, 즉 상호 합의한 것의 이행을 보장할 수 있는 메커니즘을 살펴볼 필요성이 여기서 제기된다. 그와 같은 메커니즘들과 그것들이 부패 거래에서 지니는 의미를 다음 대목에서 논한다.

부패 계약의 법적 효력

계약 이행에 관한 첫 번째 문제는 불법 거래에서 일어나는 분쟁을 해결하는 데 (법원과 같은) 합법적인 제도들이 어느 정도 관여할 수 있는가이다. 첫 번째 장애는 검찰의 기소를 두려워하기 때문에 발생한다. 일단 민사소송에서 증거가 제공되면, 그 증거는 범죄 수사에도 사용될 수 있다. 검찰의 기소를 면제받을 수 있다면 그처럼 염려할 필요가 없어질 것이다. 특히 뇌물 수수자가 외국 공무원일 때 그와 같은 검찰의 기소 면제가 이루어질 수 있는데 왜냐하면 과거 OECD 국가에서 그와 같은 사건들은 기소되지 않았기 때문이다.[12] 법적으로 해결하려면 그에 필요한 증거를 확보해야 한다는 것도 문제이다. 부패 거래를 체결하는 사람들은 의도하지 않은 정보 누설을 피하기 위해 어떻게든 그와 같은 증거를 남기지 않으려고 할 것이다. 계약서, 영수증, 증인의 증언, 그리고 거래의 진정성을 담보하기 위한 유사한 수단들을 부패 거래에서는 '발견하기 어려울' 때가 많다.

그러나 법원과 같은 제3자가 개입하기에 충분한 증거가 발견되는 경우에도 부패 계약의 법적 강제는 대개 가능하지 않다. 독일 민법(Bürgerliches Gesetzbuch: BGB) 제138조를 보면, 국민도덕과 충돌하는 거래들은 '무효(독일어로 sittenwidrig)'라고 천명하고 있다. 오늘날 독일의 재판에서는 부패 계약에 연원을 둔 보상금 청구의 경우 그 법적 집행을 금지하고 있는데 여기서 독일 사법부가 부패 계약을 어떻게 해석하는지를 알 수 있다. 민법

12 이러한 상황은 최근 바뀌었다. 이 점에 대해서는 비헨(Wiehen 1996: 116)의 연구와 이 책의 7장을 보라. 그러나 OECD 국가들이 외국 공무원에 대한 뇌물 제공을 위법으로 간주하고 있음에도 아직까지 유죄 판결이 난 경우는 물론이고 검찰의 기소에 관한 기록도 남아 있지 않다.

제817조 2항에서는 부패 거래에 관여한 사람들이 자신들이 받아야 할 뇌물이나 혜택을 되찾을 수 있는 권리를 부인한다. 법의 테두리 밖에서 움직이는 사람들은 법의 보호를 요구할 수 없다.[13] 그와 비슷한 규정은 다른 나라에도 존재한다.[14]

그러나 중개인을 사용함으로써 그와 같이 부패 거래가 법의 보호를 받을 수 없는 문제를 피할 수 있다. 중개인에게 '정해진 커미션'을 지불하면, 중개인은 뇌물 제공이라는 '궂은 일'을 떠맡는 것이다. 중개인에게 커미션을 지불하는 것은 서면계약으로 할 수 있으며, 합법적인 외양을 띤다. 중개인은 뇌물을 다 제공하고 거래를 주선하며, 뇌물의 대가인 서비스까지 제공된 후에는 자신에게 약속된 수익을 요구하거나 거절당할 경우 법에 호소하겠다고 위협할 수 있다. 그런가 하면 중개인은 **중간 구매자***intervening purchaser* 역할을 할 수 있는데 우선 뇌물을 제공함으로써 중개인 자신을 위한 계약을 따내고 그 계약을 자신의 고객에게 넘겨주는 것이다. 그와 같은 경우에 회사와 중개인이 미리 세부적인 가격과 조건을 정하는 것이 용이한데 그러한 세부사항 중에는 계약을 따내는 데 필요한 뇌물 제공과 그에 대한 보상 방안도 포함된다.[15]

과거에는 그처럼 중개인이 부패 거래를 알선하는 일이 실패하는 경우

13 법집행이 이루어지지 않는 일반적인 경우와 여기서 논하는 부패 계약 간에는 큰 차이가 있다. 법적으로 강제할 수 없는 경우는 흔히 계약이 지나치게 복잡하거나 관련 항목을 측정할 수 없어서 계약의 세부사항을 검증할 수 없는 경우이다(Hart 1987: 168; 1991). 부패 계약의 경우 법적으로 이행을 강제하지 않는다는 것이 법원의 명백한 방침이다. 부적절한 계약 관계가 법적 강제력의 뒷받침을 받아서는 안 된다는 생각이 그와 같은 방침의 이면에 깔려 있다. 이러한 맥락에서 부적절한 계약관계의 이득은 부패 거래의 당사자들 간에 아무렇게나 나누어진다는 것이 법원의 의식적인 고려사항이다.

14 프랑스 법에서도 공공계약에 불법적인 영향력을 행사하는 것과 그러한 영향력 행사에 따른 권리를 요구하는 것은 무효로 간주된다(Jarvin 1986: 31).

15 델라포르타와 바누치(della Porta and Vanucci 1999: 156-165)와 월스트리트저널, "바퀴에 기름 칠하기—뇌물이 만연한 국가에서 어떻게 미국 회사가 경쟁력을 가질까?" 1995.9.29.를 보라. 그러므로 공공조달에서 계약을 되팔고 하청계약을 체결하는 것은 금지되는 경우가 많다. 싱가포르에서는 공공조달에서 계약을 되팔거나 하청계약을 맺는 민간 기업에 대하여 5년간 공공계약 참여를 금지한다.

가 많았다. 왜냐하면 첫째, 계약 이행의 위험이 민간 기업과 서비스 제공자 사이의 관계에서 중개인과 서비스 제공자 사이의 관계로 넘어가는 것에 불과하기 때문이다. 뇌물을 제공한 후에도 뇌물의 대가인 서비스가 제공되지 않을 수 있는 위험을 중개인이 떠안는 것이다. 그러므로 이행을 보장하는 문제가 여전히 남게 된다. 둘째, 회사와 중개인 사이의 계약이 반드시 법의 보호를 받는 것은 아니기 때문이다. 즉, 중개인에게 커미션을 제공하는 주된 목적이 뇌물을 대신 제공해주는 것에 있다면 법원은 그 계약의 이행을 법적으로 강제하지 않을 수도 있다.

예를 들면 독일에서는 맥주공장 자재 납품업체가 영국인 중개인에게 제소당하는 일이 발생했는데 그 업체가 나이지리아 지방정부와 계약을 체결할 수 있도록 영국인 중개인이 알선했으므로 커미션을 내놓으라는 것이었다. 거기서 중개인은 총 30만 마르크의 뇌물을 나이지리아 지방정부에 전달했다고 밝혔다. 독일연방 재판소Bundesgerichtshof는 1985년 그 중개인의 주장을 기각했다. 왜냐하면 그 계약이 독일민법 제138조를 위반했기 때문이다. 나이지리아 지방정부 공무원들에게 뇌물을 전달하는 것이 그 중개인의 주된 일이고, 이러한 뇌물 전달에 대한 보상이 커미션의 존립 기반이었다는 점이 기각 결정의 논거였다(Fikentscher 1987: 86). 국제상공회의소(International Chamber of Commerce: ICC)의 중재원Arbitration Council도 1982년에 그와 비슷한 결정(사건번호 3916번)을 내렸다(Jarvin 1986: 31). 어느 이란인 중개인은 이란 당국과 그리스 회사 간의 많은 계약을 알선했는데 중개인으로서 계약 총액의 적어도 2%를 받을 것이라는 서면계약서도 가지고 있었다. 이란 혁명으로 이러한 사업 거래가 끝나고 난 후에도 그리스 회사는 여전히 중개인에게 미지불한 커미션이 남아 있었지만 그 지불을 거부했다. 이란인 브로커는 이 사건을 중재원에 가져갔다. 이란인 브로커가 한 활동은 1차적으로 정부 관리들에게 "영향력을 행사하는 것"이었다고 중재관은 결론 지었다. 이러한 결론에 따라 그 계약은 무효임이 선언되었고, 이란인 브로커의 주장은 기각되었다.

그와 같은 법원의 결정을 바탕으로 최근 많은 민간 기업들이 중개인에게 주어야 할 커미션 지불을 거부했는데, 중개인의 중개 덕분에 특혜를 받았음에도 불구하고 커미션을 주는 것은 행위의 도덕률에 위배된다고 주장하며 이를 거부하는 것이다. 그 결과 요즘 중개인들은 뇌물 전달부터 하지 않고, 대개 뇌물 전달과 동시에 커미션 수령도 요구한다. 따라서 회사들로서는 여전히 계약의 이행 가능성 문제에 직면해 있고, 중개인을 사용해도 그 문제를 해결하는 데는 도움이 안 될 수 있다.

인질 잡기

부패 거래의 이행을 강제할 법적 수단이 없을 경우 부패 거래의 당사자들은 사적으로 대안을 모색해야 한다(Klein 1996; Klein et al. 1978: 303; Williamson 1985: 163-205). 무엇보다 계약 이행의 모든 단계에서 협력이 이루어지도록 보장하는 방식으로 계약서를 작성해야 한다. 즉, 계약은 **자기구속적인***self-enforcing* 것이어야 한다. 부패 거래의 어느 당사자가 계약에서 정해진 자신의 몫을 이행하지 않을 경우 도중에 계약을 취소할 수 있다고 위협함으로써 계약은 자기구속적일 수 있다. 그와 같은 보복적 조치와 더불어, 계약을 불이행하는 기회주의적 행동으로 얻을 수 있는 이득보다 계약 불이행으로 인한 비용(예를 들면 미래에 이윤을 창출할 기회를 상실하는 것)이 더 클 것인지의 여부를 당사자들은 계산해야 한다.

대개 부패 거래는 자기구속적이지 않다. 부패 계약이 이행되도록 하기 위해서는 특별한 메커니즘이 필요하다. 한 가지 가능한 방법은 '인질'을 잡는 것이다(Wiggins 1991: 640; Williamson 1983). 담보물이라는 개념과 매우 닮은 것인데, 인질을 잡는다는 것은 계약 불이행이라는 기회주의적 행동으로 이익을 얻을 수 있는 누군가가 그런 기회주의로 인해 손해 볼 처지에 있는 상대방에게 소중한 자산을 인질로 내주는 것이다. 제공하기로 한 서비스를 제공하지 않을 경우에 인질을 잡고 있었다면 그것은 불이행 당사자에게 명백한 위협이 된다. 부패 거래에서 인질은 할부의 형태로 제공될 수 있다. 서비스를 제공한 후에도 약속된 뇌물을 받지 못할까 봐 두려워하는 공무원들은 뇌물의 일부를 미리 달라고 요구할 것이다(Moody-Stuart 1994: 15). 그와 같은 선불은 어느 정도가 적당할지 잘 계산해야 하는데 왜냐하면 선불이 너무 많으면 받는 쪽의 기회주의적 행동을 유발할 수 있기 때문이다. 도중에 계약을 취소할 경우의 위험과 비용이 최소한으로 줄어들도록 서비스의 이행과 뇌물 제공 계획이 동시에 이루어지도록 하지 않으면 안 된다(Rose-Ackerman 1999: 35).

어떤 종류의 계약 관계에서도 그와 같은 지불 계획을 볼 수 있지만, 부패 계약이라고 하는 특별한 경우에 있어서는 좀 다른 방법이 사용되기도 한다. 즉, 부패 계약에서 기회주의가 발생하지 않게 합법 계약이 안전장치를 제공해주도록 부패 계약을 합법 계약과 연계할 수 있다. 부패 계약이 이행되도록 하는 보장장치로 다른 누군가가 소유한 자원(공공조달의 경우 국가)을 사용할 수 있다. 다음 사례에서 그러한 경우를 볼 수 있다. 잠수함 제조업체인 호발트슈벨케 도이체 베르프트(약칭 하데베, Howaldtswerke Deutsche Werft AG: HDW)는 1978년 이란 정부로부터 잠수함 건조를 수주했다. 총액이 10억 마르크를 넘었고, 이란의 국왕은 그 중 1억9백만 마르크의 커미션을 자기 몫으로 요구했다. 그리하여 거래는 이란 정부가 HDW에 2억3,100만 마르크를 선불하고, 그 중에서 이란 국왕이 요구한 커미션에 해당하는 액수만큼을 이란 국왕의 스위스 은행 계좌로 송금하는 것으로 주선되었다.

이 경우 부패 계약의 이행을 강제하기 위하여 제3자, 즉 이란 정부의 돈을 사용했다. 만일 이란 국왕이 계약을 취소하려고 할 경우 HDW는 선불 받은 돈을 안 돌려줄 것이라고 위협할 수 있다. 그와 비슷하게 이란 국왕 쪽도 계약 불이행을 염려할 필요가 없는데 왜냐하면 자기 몫의 커미션을 미리 받았기 때문이다. 여기서 계약이 불이행될 경우의 모든 위험은 그 부패 거래에서 아무런 이득도 취하지 못하는 누군가가 짊어지게 되었으니 바로 이란 정부였다. 만일 분쟁이 발생할 경우 이란 정부는 이미 지출한 경비를 다 잃어버릴 수 있었다. 이처럼 제3자가 커미션을 지불하는 방식은 일반적으로 효과적인 것처럼 보이지만 이란 정부가 관련된 이 경우에는 성공하지 못했다. 이란 혁명으로 이란 왕정이 종식되었고, 새로운 정권 담당자들은 전술한 잠수함 구입을 취소하고 선불한 커미션의 반환을 요구했다. 이에 HDW는 반환 요구를 거부하고, 선불받은 돈은 이미 필요한 투자에 사용했다고 주장했다. 1991년 이 사건은 파리에 있는 국제상공회의소ICC의 중재원에 회부되었다. 중재원의 결론은 그 거래와 직접 연관된 경비만을 HDW가 보유할 수 있고, 이란 국왕 몫의 커미션은 그와 같은 경비로 간주할 수 없다는 것이었다. HDW는 커미션을 이란 정부에 반환하지 않을 수 없었다. 물론 HDW는 그 돈을 되찾을 권리를 이란 국왕에게 행사할 수 없었다. 이 사건에서 보듯이, 만일 제3자가 부패 거래의 이행을 강제하는 장치로 오용된 자신의 자산을 반환받을 수 있을 경우, 계약 이행을 강제할 수 없어서 발생하는 위험을 부패 거래의 당사자들이 계속 떠안게 된다.

평판

부패 계약의 이행을 강제할 수 있는 또 하나의 장치는 부패 거래의 당사자가 신뢰할 만하다는 평판을 확립하는 것이다(Kreps 1990; Kreps and Wilson 1982; Rose-Ackerman 1999: 99-102; Wiliamson 1985: 260, 375-377). 과거에 기회주의적으로 행동한 적이 없다면, 이는 이윤보다 정직을 더 선호하는 신호로 제3자에게 다가갈 수 있다. 이 경우 과거의 행동을 보면 한 개인의 도덕적 태도가 드러나고, 그런 태도로 인해 결국은 더 많은 이윤을 얻게 되리라고 판명될 것이 확실하다.

반면 과거에 기회주의적으로 행동한 부패 공무원은 나쁜 평판이 더욱 심화될 수 있다(Bardhan 1997: 1324). 과거의 그런 경험만 없다면 그와 부패 거래를 체결할 수 있는 파트너들도 그의 과거 경험을 근거로 미래의 협력을 거부할 수 있기 때문이다. 좋은 평판을 유지해야 이득을 취할 수 있다는 것은 다음과 같은 유명한 농담에서도 알 수 있다. "나는 원칙주의자이다. 한번 맺으면 변함이 없다."[16] 얄궂게도 부패했다고 해서 부정직한 것은 아니라는 식이다. 다시 말해 정직하고 신망이 있다는 평판을 확립하는 일이 부패 거래의 당사자들에게는 어울리지 않는 게 아니다(Husted 1994: 24). 반면에 합법 거래에서의 분쟁은 법에 회부해서 해결할 수 있기 때문에, 부패 거래에 비하여 상호 신뢰에 덜 의존할 수 있다.

넓은 의미에서의 부정직으로 인하여 때로 부패가 초래되는 것처럼 보인다. 부정직으로 말미암아 공무원들이 국민을 위해 일하지 않고 뇌물을 챙긴다는 논리다. 그러나 그러한 논리만 가지고 사람들의 도덕적 태도를 언제나 더 잘 정의할 수 있을지는 의문이다. 정직을 선호하는 것이 부패에 미치는 영향은 모호할 수 있다. 정직을 선호하면 부패에 관여하고 싶은 욕구가 줄어들 수 있지만, 정직을 선호하는 것으로 말미암아 부패 계약이 더 잘 이행될 수도 있다. 기회주의에 대해 부정적이면서 상호주의에 대해서는 긍정적인 태도로 인하여 부패가 방해받기보다는 오히려 부패가 촉진될 수 있다. 1998년 불가리아의 일반 국민들을 대상으로 한 조사에서 이렇게 물었다. "만일 누군가가 자신의 연줄을 성공적으로 사용한다면 자신을 도운 사람에게 선물을 주어야 한다고 느낄 것이라 생각합니까?" 60%의 응답자가 이 질문에 동의했다(Center for the Study of Democracy 1998). 그와 같은 상황에서 의무감을 느낀다면 그것은 확실히 부패 계약을 이행하는 데 도움이 된다.

평판은 저절로 일반대중에게 알려지지 않는다. 일반대중에게 알려지기 위해서는 정보의 각 조각을 처리하고 전달할 메커니즘이 필요하다. 합법 시장에서와 마찬가지로 부패 거래에서의 서비스 공급자도 자신의 정직성을 알릴 방법을 찾아야 한다. 그러나 합법 시장과 달리 그 정보는 검사들한테 들키지 말아야 하고, 그렇기 때문에 일반대중을 상대로 한 정보 전달

---

16 이 농담은 미국 정치인들 사이에서 통용되는데 드루(Drew 1983: 97)가 자신의 연구에서 이 농담을 다시 원용했다.

은 금물이다. 좋은 평판을 확립하는 것은 특히 중개인들이 선택해야 할 사항이고, 부패 거래에서 중개인이라는 제도적 장치가 중요함을 다시금 보여준다. 부패 거래에서 서비스를 실제로 제공하는 사람과 달리, 중개인은 자신의 과거 기록을 사람들에게 드러냄으로써 정직하게 거래한다는 평판을 확립해야 할 상황에 처할 수 있다. 부패 계약을 취소한다는 것은 그 중개인에 대한 나쁜 평판을 초래할 수 있고, 따라서 그와 같은 행동은 애당초 금물일 것이다. 그러므로 부패 거래를 성립시키는 데는 실제 파트너들보다 중개인들이 명백히 이점을 가지게 된다. 또한 중개인은 부패 거래의 이행을 보장하는 사람으로서 관련 당사자들을 연결시키는 역할을 수행할 수 있다(della Porta and Vanucci 1999: 46). 올덴버그(Oldenburg 1987: 522)는 중개인들에 관한 한 가지 사례를 제공한다. 중개인들은 자신의 고객들을 위하여 인도의 경지정리 부서에 가지고 있는 연결망을 사용하겠다고 제의했다. 그 부서가 단지 공정하게 처리해주기만을 바라는 농부들에게는 때로 '환불money-back'도 보장했다. 이러한 발표는 그다지 놀랄 만한 일이 아닐 수 있지만, 농부들이 그것을 믿었다는 사실은 확실히 놀라운 것이었다. 델라포르타와 바누치(della Porta and Vanucci 1999: 61)에 따르면, 부패 거래의 중개인들은 중개인의 평판이 중요함을 강조한다. "무엇보다도 당신이 부패 거래의 당사자로서 최소한의 신용을 얻고 싶다면 약속을 존중하고 스위스 시계처럼 정확할 필요가 있다. 11월 10일 10시에 1천만 파운드가 지불되어야 한다면 합의된 총액보다 단돈 6펜스짜리 은화 한 개라도 모자라지 않은 돈을 가지고 5분 전에 거기에 가 있지 않으면 안 된다."

반복

부패 관계를 형성하는 데에도 규모의 경제가 있다. 부패의 새로운 기회가 생기면 옛 파트너와 거래하고 싶은 것이 인지상정이다. 그 한 가지 이유는 다음에 또 거래가 있다는 기대가 있으면 현재 진행 중인 거래가 이행되지 않는 사태를 방지할 지렛대가 되기 때문이다. 후속 거래에서 협조하지 않겠다는 협박만으로도 충분히 현 거래에 기회주의가 스며들지 못하게 막을 수 있다. 미래의 거래를 카드로 활용하여 배신자를 응징할 수도 있다.

그처럼 반복되는 거래를 통해 협조가 이루어진다는 것은 이미 액설로드(Axelrod 1984)의 세미나 발표 논문에서 언급되었다. 대리인이론의 틀 안에서 거래의 반복성이 계약 이행에 미치는 영향을 분석한 것은 페츨바노스(Pechlivanos 1998: 2004)이다.[17] 그는 반복되는 공모 기회가 대리인의 행동에 미치는 영향을 조사한 뒤 미래의 거래를 취소하는 방법으로 불이행 파트너를 응징할 때에만 공모는 지속 가능하다고 주장한다. 거래가 반복될 때 그것이 이행을 강제하는 효과를 발휘하는 것을 다음 사례에서 볼 수 있다. 독일의 아비아Avia라는 회사는 사우디아라비아로부터 시장 가격보다 낮은 가격으로 석유를 구입하면서 독일 출신 중개인과 레바논 출신 중개인에게 격주 단위로 계속 미화 37만8천 달러를 지불한 혐의를 받았다. 그 중개인들은 사우디아라비아 공무원들과의 계약을 "알선했다". 이러한 알선으로 모든 당사자들이 이익을 볼 수 있다는 사실 때문에 계약에 대한 충성심이 확보되었다. 이 거래에서 발생하는 이득을 어떻게 나눌지를 둘러싸고 심각한 분쟁이 일어났을 때에도 자칫하면 미래의 거래가 위협받을 수 있다는 두려움 때문에 화해할 수 있었다.[18]

미래의 거래를 체결하지 않겠다는 위협은 미래의 부패 거래뿐 아니라 후속 합법 거래와 관련해서도 할 수 있다. 합법 거래의 파트너들은 기존의 유대관계를 이용하여 합법 거래에 부수되는 이면계약의 이행을 강제할 수 있다. 이제 시장에서의 합법 거래를 취소할 수 있다고 위협함으로써 부패 거래에서 계약을 이행하지 않으려는 기회주의를 불식할 수 있는 것이다.

---

17 페츨바노스(Pechlivanos 1998: 2004)와 달리 대부분의 대리인이론가들은 거래 비용을 무시하는데, 예를 들면 코프만과 라바레(Kofman and Lawaree 1996: 390), 라퐁트와 티롤(Laffont and Tirole 1993: 478), 그리고 올슨과 토르스빅(Olsen and Torsvik 1998: 433) 같은 연구자들이다.

18 독일의 주간지 슈피겔, 1984년 제18권: 79쪽을 보라. 그와 관련된 이탈리아의 사례는 델라포르타와 바누치(della Porta and Vanucci 1999: 129-131)를 참조하기 바란다.

합법적인 시장 거래에서는 경쟁이 치열한 점을 고려하면 그와 같은 위협은 효과적이지 못할 수도 있다. 즉, 다른 경쟁자들을 찾을 수 있을 뿐만 아니라 시장 거래를 취소한다고 해서 반드시 막대하고 돌이킬 수 없는 손실을 초래하는 것도 아니기 때문이다. 그러나 경쟁이 제한적일 때, 그리고 파트너들 간의 신뢰를 바탕으로 합법 관계가 이루어지고 있을 때에는 장기간 지속되고 있는 거래를 끝내겠다는 위협이 양측에 공히 심각한 손해를 끼칠 수 있다. 그와 같은 위협은 합법 계약이 순조롭게 이행되도록 하기 위해 이용하는 것이 일반적이지만, 부패 거래의 이행을 보장하는 데에도 오용될 수 있다. 부패 거래는 합법 거래의 부산물일 수 있다는 주장이 힘을 얻게 되는 것도 같은 맥락에서다.

또한 부패는 정부 규제의 부산물로 등장할 수 있다. 규제를 집행하려면 반복적인 통제가 필요한 경우가 많은데, 예를 들면 오염 배출 기준의 충족 여부를 감시하는 것에서부터 보호관찰 명령, 보조금 자격 검증에 이르기까지 계속 통제하지 않으면 안 된다. 자주 접촉하는 사람들끼리 부패 계약을 맺으면 거래 비용을 낮출 수 있는데 그로 인해 공무원들 중에는 뇌물 받는 습관이 굳어지는 경우가 생겨난다. 예를 들면 경찰은 범죄자들의 활동을 늘 감시하고 통제함으로써 범죄자들과 부패 거래를 체결할 때 거래 비용을 낮출 수 있다고 보르너와 슈바이처(Borner and Schwyzer 1999)는 주장한다.

수직적 통합

부패 계약의 이행을 보장하는 또 다른 방법은 소유권을 공유하는 것이다(Klein et al. 1978; Wiggins 1991: 607; Williamson 1985). 소유권의 공유 방식은 계약의 원래 조건을 준수하도록 유인을 제공하는 일반적인 수단이다. 서비스나 상품을 제공하는 사람과 받는 사람이 수직적으로 통합되어 공동소유와 공동경영의 형태로 하나의 회사를 형성하는 것이다. 이제 그 회사의 이윤을 증대시키면 각 파트너가 이익을 얻게 된다.

이러한 방식을 부패 계약의 경우에도 사용할 수 있다. 정치적 결정, 예를 들면 어떤 인프라 프로젝트의 확정을 '**매수할**' 수가 있는데 합작투자회사를 세워 각 정치인에게 무료로 지분을 줌으로써 가능하다. 또는 공무원이 합작투자회사의 지분을 살 수 있는 옵션을 부여받을 수도 있다. 이런 방식으로 부패 계약을 체결하는 것의 이점은 명백하다. 즉, 혜택을 받는 사람이 일종의 합법 문서로 된 자기 재산을 획득하게 되면서 그와 동시에 계약의 조건을 준수할 동기를 부여받는 것이다. 부패 계약에서 합의된 서비스를 이행하지 않을 경우 지분은 쓸모 없어질 것이다. 따라서 합작회사의 미래 이윤을 배분할 자격을 부여하는 형태로 사실상의 뇌물 제공이 이루어진다.

인도네시아의 수하르토 전 대통령과 그의 많은 친구와 친척들은 인도네시아의 항공, 전력, 석유와 가스 산업 분야에서 수많은 합작회사 지분을 소유하고 있는 것으로 알려졌다. 보도에 의하면 그러한 지분을 현금으로 매입한 것이 아니라 정부의 인허가와 계약에 대한 대가로 획득했다고 한다.[19] 인도네시아의 또 다른 사례는 이 장의 2절에서 언급한 인도네시아 국영통신회사의 지분 매각과 관련한 비리와 비슷하다. 미국의 광산회사 프리포트Freeport는 1991년 인도네시아 이리안자야Irian Jaya에 구리, 은, 금이 대량 매장되어 있다는 사실을 발견했다. 이에 프리포트는 더 오래 더 많은 지역을 탐사하게 해달라고 요구하고, 인도네시아 정부는 그 요구를 들어주는 대신에 프리포트가 인도네시아 현지 자회사를 합병한 뒤 그 자회사의 지분 10%를 '현지 회사'에 판매하도록 요구했다. 이러한 지분 판매 과정에는 인도네시아의 광업에너지장관의 친구가 경영하는 바크리그룹Bakrie Group이라는 한 회사만 응찰했다. 그 지분은 버진아일랜드Virgin Islands 사가 매입했고, 고위정치인이 그 회사의 지분을 보유하고 있는 것으

19 파이낸셜타임스, November 2, 1998: "인도네시아: 회사들이 수하르토 지분을 사려고 하다", 1998.11.2.를 보라.

로 알려졌다.[20] 그와 같은 지분을 가진 정치인들은 탐사 기간과 지역의 확대를 요구하는 프리포트의 주장을 수용할 동기 부여가 이미 된 셈이고, 따라서 기회주의적으로 태도를 바꿀 가능성이 없다.

수직적으로 통합하는 또 다른 방법은 부패 거래에서 특혜 서비스를 제공한 사람에게 경영관리권을 부여하는 것이다. 여기서 약속된 뇌물의 제공을 거부하는 일은 일어날 수 없다. 왜냐하면 그렇게 할 경우 장래에 경영관리권을 가진 누군가와 협력할 일이 있을 때 직접적이고 안 좋은 영향을 미칠 것이기 때문이다. 경영관리권을 부여하는 한 가지 방법은 회사의 이사 직책을 공무원에게 부여하는 것이다(Jagannathan 1986).

사회적 편입

부패 거래에서 기회주의를 불식하고 계약 이행을 보장하는 데 도움이 되는 제도적 장치를 고안할 수 있다. 이 경우 개인주의적인 최적화와 그에 따른 거래 비용 절감 욕구가 사회적 관계에 영향을 미친다. 그러나 인과관계는 너무나 자주 역전될 수 있다. 즉, 사회적 관계가 영향을 받을 수도 있지만 거꾸로 먼저 영향을 미칠 수도 있다. 다시 말하면 부패 관계를 수립할 때에는 모종의 조직적 연계가 이미 존재하는 파트너와 수립할 가능성이 많은 것이다. 예를 들면, 누군가가 부패 거래의 파트너를 물색할 경우에 그는 이사회의 동료 이사와 부패 거래를 체결하는 것을 선호할 수 있다. 왜냐하면 파트너가 어떤 형태이든 간에 미래의 협력관계에 묶여 있을수록 기회주의적 행동을 취할 가능성은 적어지기 때문이다. 그와 비슷하게 정치

20 MSNBC, "금 항아리의 대가", 1998.11.15.; 워싱턴포스트, November 30, 1998: "광산회사, 구멍을 메우다", 1998.11.30.; 월스트리스저널, September 30, 1998: "한통속. 수하르토 집단과 광산회사가 어떻게 그렇게 짝짜꿍이 되었나", 1998.9.30.를 보라. 프리포트가 인도네시아 쪽에 혜택을 제공한 것이 첫눈에는 명확하지 않다. 그러나 그 지분의 가격이 너무 낮고, 바크리그룹은 재무위험도 거의 겪지 않았다. 왜냐하면 2억 1250만 달러의 지분 매입 자금을 조달하는 데 필요한 1억 7300만 달러의 은행 대출에 대하여 프리포트가 보증을 서주었기 때문이다.

인들은 자신이 이미 지분을 가지고 있는 회사에 계약이 돌아가도록 로비하기 마련이다. 부패 계약이 기존 합법 관계의 부산물로 등장하는 이유가 바로 거기에 있다. 경영권이나 지분을 보유하고 있으면 기회주의적 행동을 하지 못하게 된다.

사회적인 관계가 이미 형성되어 있으면 기회주의를 불식할 수 있기 때문에 기존의 사회 관계는 경제 거래의 초석이 될 수 있다. 따라서 경제 거래를 사회구조 안에 편입시킬 때 경제 거래는 용이해진다(Granovetter 1992). 사회구조의 일원으로서 다른 구성원의 도움을 받을 수 있다는 이점은 기회주의적으로 행동하게 하거나 다른 구성원을 고발하게 하는 유인을 언제나 능가한다. 부패 계약의 체결을 용이하게 하기 위하여 그와 같은 사회구조를 이용하는 것은 어렵지 않다(Cartier-Bresson 1997: 163; Rose-Ackerman 1999: 98). 수많은 사회적 구조가 문제가 될 수 있는데 예를 들면 친척, 같은 민족이나 문화 집단에 속하는 것과 같은 관계들이다. 다른 형태의 사회적 관계로는 비밀결사나 범죄조직도 있는데 특히 그런 조직들이 상호주의의 규칙을 정해놓고 있을 때 문제가 된다(Anderson 1995: 42-47; Gambetta 1998: 59; Schrag and Scotchmer 1997). 그런 조직들은 사람들에게 폭력을 행사할 수 있기 때문에 기회주의를 가장 잘 방지할 수 있다. 만일 그런 조직들이 분쟁을 공평하게 해결하는 것으로 일반대중에게 인식되면, 제3자를 위해 중개인 역할을 할 수도 있다(della Porta and Vanucci 1999: 221-231). 정당도 부패 거래를 보장하는 역할을 맡을 수 있다(della Porta and Vanucci 1999; 103-109, 122-123). 사회구조는 또한 부패 거래의 기회에 관한 정보를 퍼뜨리는 데에도 유용할 수 있다. 어떤 집단의 내부 성원에게는 그 집단 밖으로 퍼뜨리면 안 되는 미묘한 종류의 정보를 접할 기회가 많다. 이러한 점에서 사람들은 그런 집단의 내부 성원들을 시장보다 더 선호하게 되는데, 시장에서는 익명의 정보 취득자가 의도적으로 법집행 당국과 협력할 수 있기 때문이다.

6.4. 후유증

"나는 시위원회에서 두 번째 임기를 수행하던 중에처음으로 뇌물을 받았다.
… 마치 처음으로 아내와의 신뢰를 저버리고 외도를 한 것처럼 끔찍한 일이었다."[21]

서비스와 수익을 교환하면 계약은 끝난다고 생각하는 것이 일반적이다. 계약 문제는 실질적인 교환이 행해지도록 보장하고 알선하는 것과 관련된 문제이며, 지금까지 계약 문제에 관한 논의도 그러한 차원에서 이루어졌다. 서로의 요구가 충족된 후에는 계약 관계와 관련한 추가적인 문제는 없는 것으로 여겨진다. 이것은 합법 계약에는 해당할 수 있는 이야기지만, 부패 계약에서는 추가적인 후유증이 있을 수 있는데 왜냐하면 각 파트너가 부패 계약을 고발할 수 있다는 사실 때문이다. 합법 계약과 부패 계약 둘 다 공히 거래 당사자들을 상호 의존의 굴레에 묶어놓지만, 부패 거래에서는 계약이 완료된 후에도 거래 당사자들이 부패 계약에 계속 묶여 있게 된다. 부패 계약에서 한 당사자는 상대방에게 해를 끼칠 수단을 가지고 있기 때문에, 고발을 위협함으로써 상대방에게서 돈을 추가로 갈취하려고 시도할 수 있다.

실제로 부패 거래의 직접 당사자들에게서 얻은 정보는 수사 당국의 수사에 필요한 주요 정보 원천이다(Anderson 1995; Rose-Ackerman 1999: 53). 독일의 프랑크푸르트 암 마인Frankfurt am Mein에서 조직범죄를 전문적으로 수사하는 W. 샤우펜슈타이너W. Schaupensteiner 검사는 수사 당국이 사용하는 주요 정보 원천은 "대개 내부자이다. 그들의 정보는 보통 익명으로 제공된다. 최근의 핵심적인 사건들도 그와 같은 익명의 제보로 시작되었다"고 밝혔다.[22] 이탈리아 밀라노의 검사인 G. 콜롬보G. Colombo도 그와 비

---

21 이 말은 마이애미 비치Miami Beach의 전직 시장이 한 말인데 그는 어느 은행업자에게서 매달 미화 1천 달러를 받고 1992년 탈세와 뇌물 수수죄로 17개월 수감형을 받았다. 유에스에이투데이, "마이애미의 고질적이고 뻔뻔스러운 부패", 1998.4.22.를 보라. [옮긴이] 시위원회City Commission 형태의 지방정부에서는 시위원 중에서 한 명이 시장이 된다. 시장이 되어도 다른 시위원보다 별로 권한이 크지 않다.

22 프랑크푸르터 노이에 프레스, "부패: 식욕이 있으면 먹게 된다 (번역은 신문사 자체의

슷한 경험을 보고하는데, 그가 맡은 수사는 '깨끗한 손' 운동[23]의 일환으로 이루어진 것이었다(Colombo 1995).

고발과 갈취

계약을 파기하는 데는 사소한 일이 동기로 작용한다. 행위자들은 "자신을 나쁘게 대한 사람을 나쁘게 대하는" 경향이 있다는 것을 우리는 수많은 실험 연구를 통해 알고 있다. 이러한 보복적인 행동은 상대방을 응징하는 것이 자신에게 큰 대가를 치르게 하는 일일 때에도 일어난다. 이러한 응징 행동은 게임이론의 기대와는 상충되는 선택이다.[24] 이러한 유형의 행동은 "부정적 상호주의negative reciprocity"라고 불리는데, 부패 거래의 당사자들 사이에서 분쟁이 일어날 때 특히 잘 나타날 수 있다.

프랑스 최대 회사인 엘프 아키텐Elf Aquitaine은 부패한 정치적 거래에 자금을 댈 목적으로 국제금융네트워크를 수립한 것으로 알려졌다. 소위 '투자위원회Investment Board'라는 이 네트워크는 위원회 위원장의 친척과 친구들로 구성되었다. 이 네트워크는 잘 수립되었고 한동안 성공적으로 영위되었지만, 한 명의 구성원을 쫓아낸 것이 문제가 되어 네트워크의 운영은 종료되었다. 쫓겨난 사람은 복수를 했고 네트워크의 운영을 고발했다.[25] 분쟁의 유형에 따라 다르기는 하지만, 분명한 것은 분쟁으로 말미암아 한 당사자가 보복하거나 아니면 불법 거래에 관여하기보다는 정직을 선호하는 일이 일어날 수 있다는 것이다.

것)", 1998.4.14.을 보라.

23 [옮긴이] '깨끗한 손Clean Hands' 운동이란 1992년 2월부터 이탈리아의 젊은 검사 안토니오 디 피에트로가 조사팀을 꾸려 2년 동안 정치계, 경제계, 마피아가 연관된 나라 전체의 부정부패 사건을 다루고 1400여 명을 기소한 사건을 말한다. 이탈리아어로는 '마니 풀리테Mani Pulite' 운동이라고 한다.

24 [옮긴이] 왜냐하면 게임이론이 말하는 '죄수의 딜레마'에서 두 죄수는 각기 자신에게만 이익이 되는 선택을 하는 데 반하여, 여기서 말하는 응징 행동은 자신에게 이익이 안 되더라도 선택하는 행동이기 때문이다.

25 라이니셔 메르쿠어, "더러운 사업", 1997.11.27.을 보라.

부패 거래의 당사자들 간에 분쟁이 일어나는 것은 물론이고, 부패 거래의 당사자는 아니지만 잘 아는 사람들로 인해서도 분쟁은 일어날 수 있다. 부패 거래에 관여하는 내부자들은 특히 자신들이 기소를 두려워할 필요가 없을 경우 고발할 수 있다. 기소를 두려워할 필요가 없는 내부자들은 입을 다무는 대신에 그에 상응하는 함구비hush-money를 뜯어내기에 가장 좋은 위치에 있는 셈이다. 독일의 헤세Hesse에 있는 기민당Christian Democratic Party이 바로 그 경우인 듯하다. 기민당 사무소의 한 직원은 100만 마르크의 당자금을 횡령한 혐의를 받았다. 그러나 그가 당의 불법 비밀 계좌를 고발할까 두려워한 당은 그를 처벌하지 않고, 오히려 그의 부채 일부를 갚아주기까지 했는데, 이러한 부채 상환이 바로 함구비의 일종이라는 주장이 제기되었다.[26] 함구비의 또 다른 사례는 베트남에서 보도되었는데, 국경 경찰이 운전자들의 무면허 운전을 눈감아주는 대가로 돈을 받을 때 기자인 체하는 시민들이 몰래카메라로 그 장면을 찍은 다음 경찰로부터 돈을 갈취하려고 시도한 것이다.[27]

이 장 2절(거래의 시작)의 '거래 조건 결정하기'라는 소절에서 언급했듯이, 부패 거래는 특히 분쟁을 낳을 가능성이 있는데 왜냐하면 거래를 시작할 때 그 조건을 충분히 상세하게 정하지 않기 때문이다. 예를 들면 이스라엘 전직 총리 네타냐후Netanyahu와 그 부인은 이사와 청소 서비스를 무료로 제공받은 혐의를 받았다. 그 대가로 선거가 끝나면 무료 이사와 청소 서비스를 제공해준 업자 야코브 아메디Yaakov Amedi는 정부 계약을 받기로 예정되어 있었다고 한다. 그러나 네타냐후가 선거에서 패배하고 정부 계약을 얻지 못하게 된 아메디는 네타냐후에게 미화 11만 달러의 계산서를 제출했다. 네타냐후가 지불을 거절하는 바람에 이 사건이 법정으로 가게

26 쥐트도이체 차이퉁, "헤시안Hessian 기민당, 함구비 지급 의혹", 2000.2.4.를 보라.
27 사우스차이나모닝포스트, July 13, 2000: "시민 몰카, 경찰 부패를 들추다", 2000.7.13.을 보라.

되면서 세상에 공개되었다.[28] 무료 이사와 청소 서비스를 해준 대가로 정부 계약을 받는 것이 여하간 이행해야 할 일인지, 아니면 재선에 성공했을 경우에만 이행할 일인지를 당사자들이 구체적으로 정하지 않았음에 틀림없다.[29]

불법 거래에 관한 정보를 누설할 수 있는 또 하나의 계기는 제3자의 금전 욕심 때문에 주어질 수도 있다. 검사들도 내부 정보를 제공해준 검사측 증인들에게 보상금을 제공할 수 있지만, 민간 회사에 고용된 사설 첩보원들도 내부 정보에 돈을 걸 수 있는데 예를 들면 뇌물로 사업을 따낸 부패 업자 때문에 상실한 시장 접근의 기회를 재탈환하기 위해서이다(Rose-Ackerman 1999: 56). 언론의 경우 제보자에게 보상금을 지불하는 것이 당연한 관행이다. 그렇게 함으로써 정치 스캔들을 특종 보도할 수 있기 때문이다. 파키스탄의 베나지르 부토Benazir Bhutto와 그 남편의 비리에 관한 결정적 정보는 런던에 있는 협력자에 의해 누설되었다. 파키스탄 검사들은 미화 100만 달러를 지불하고 부토 부부의 비리 정보를 얻어냈다.[30] 사람들은 여러 가지 이유로 내부 정보를 가지고 돈을 벌 수 있고 또 내부 정보를 받는 대가로 돈을 지불할 용의가 있기 때문에, 부패 거래에 관한 내부 정보를 팔고사는 시장은 이미 등장했다.

로즈애커만(Rose-Ackerman 1999: 53)이 지적하듯이, 뇌물 제공자와 수뢰자에게 부과되는 처벌은 흔히 비대칭적이다. 기업인은 어쨌든 기소를

28 AP 통신, "경찰: 비비Bibi(베냐민 네타냐후 전 이스라엘 총리의 애칭) 소환 계획!" 2000.3.28.을 보라.

29 흥미롭게도 이 책의 2장 3절에서 언급한 아빙크(Abbink et al. 2000)의 실험에서는 두 가지 다른 상황에서 실험하는데, 하나는 참가자들 상호 간에 거래 조건에 관한 소통이 없는 경우이고, 다른 하나는 자신들의 (구속력 없는) 거래의 조건에 관하여 분명하게 협상할 가능성을 부여받은 경우였다. 신뢰는 두 번째 경우에서 부분적으로 더 높았다. 부패 계약이 덜 명확할수록 그 계약은 기회주의적 배신 행위에 더 취약하다는 것을 여기서 알 수 있다.

30 싱가포르 스트레이트타임스, "관련 문서에서 부토 불법 비자금 드러나", 1998.2.1.을 보라.

피할 수 있지만, 뇌물을 받은 정부 관리는 적발되면 무거운 처벌을 받을 수 있음을 생각하라. 기소가 면제된 증인이 보상금을 받거나 혹은 복수함으로써 얻는 다른 어떤 비금전적인 이득이 있을 경우 관련자들은 부패 거래를 쉽게 고발할 수 있다. 기업인은 자신이 기소를 면제받게 될 경우 그 상황을 이용하여 공무원을 협박할 수 있다. 여기서 기업인의 협박으로 갈취가 이루어질지 아닐지에 관한 고전적인 문제가 제기된다. 협박을 받은 공무원이 협박자에게 돈을 주면 무사할 것이라는 확신을 갖지 못할 경우 그와 같은 협박은 흔히 효과를 발휘하지 못한다. 그러나 부패 거래의 파트너들이 장차 부패 계약을 반복하여 맺을 수 있는 모종의 기회가 있을 경우, 그와 같은 협박은 효과를 발휘할 수 있다. 장래의 부패 거래가 충분히 이익을 낼 수 있는 한 기업인이 공무원을 고발할 이유는 없다. 기업인이 공무원을 고발하지 않을 동기를 부여하기 위해서라도 공무원은 기업인과 앞으로도 부패 거래를 체결하지 않을 수 없게 된다.

그뿐 아니라 이익을 나누는 규칙도 바뀔 것이다. 첫 부패 거래에서는 협조하지 않으면 양측 공히 아무런 이익이 없을지 모른다는 생각에서 부패 거래의 수확을 나눠 가졌지만, 이제는 협조가 이루어지지 않을 경우 기업인은 공무원을 고발하게 된다. 그래서 기업인의 입지는 훨씬 더 튼튼해진다. 독일의 보쿰에 있는 법원에서 도로건설부 공무원이 노면 표시 관련 계약을 체결할 때 뇌물을 받았다고 자백했다. 그는 1987년부터 도로건설부서에서 일하기 시작했으나, 그 일에 경험이 없는 탓에 경쟁입찰에서 경쟁하는 회사들의 이름을 유포했다. 그 후에 그는 응찰회사 명단 유포의 혜택을 본 민간 회사로부터 독일 화폐로 2천 마르크가 든 봉투를 받았다. 그는 법정에서 자신의 행위를 해명하면서, 그리고 자신이 왜 결국 이러한 부패 관계의 덫에 걸려들었는지를 정당화하면서 "어느 날 갑자기 내가 그의 자비를 구하는 위치에 놓이기 시작했음을 알게 되었다"고 말했다.

고발과 갈취가 계약 설계에 미치는 영향

공무원들은 한번 부패 거래에 발을 들여놓으면 기업인에게 발목이 잡히는 것을 알기 때문에, 처음에는 부패 거래를 시작하지 않으려고 한다. 그와 동시에 어떤 이유에서건 기소를 두려워할 필요가 없는 기업인들은 공무원들에게 첫 은전을 베풀 때 매우 관대한 듯한 외양을 띨 수 있다. 기업인들의 이러한 태도는 일종의 '미끼'로 묘사되기도 하는데, 다시 말하면 상대방을 꼼짝없이 자신의 지배하에 머물도록 하기 위하여 은전을 베푸는 것이다. 처음에는 어떤 수익도 요구하지 않은 채 주는 선물이 바로 그러한 미끼에 해당할 수 있다. 그러나 공무원이 일단 선물을 받고 나면 기업인에게 의존하기 시작하는 셈이다. 얼마간의 시간이 지나고 나면 진짜 부패 거래를 거절하는 일이 갑자기 어려워지는데, 왜냐하면 지금까지 선물받은 것이 폭로될 경우 그것 자체로 골치 아파질 수 있을 뿐 아니라 더 심각한 비리가 있을지도 모른다는 의심을 받을 수도 있기 때문이다. 바로 그러한 관계를 이탈리아 장관들의 사례에서 볼 수 있는데 갈레오티와 멀로의 연구(Galeotti and Merlo 1994: 14)에 나오는 사례이다.

> 일단 첫 거래가 성사되고 나면, 장관과 기업인 간의 균형이 깨지면서 장관이 받는 뇌물의 몫은 감소하기 마련인데, 이는 장관의 협상력이 감소해서이다. 다른 말로 하면 첫 제안을 수용함으로써 미래의 거래에서는 더 공정한 이익 분배가 이루어진다. 왜냐하면 양 당사자가 서로에게 '인질'로 붙잡히게 되기 때문이다.

부패 거래의 수확이 공공정책 결정자에게 돌아가지 않고 그가 속한 부서나 정당에 돌아갈 경우, 그 부서나 정당이 뇌물을 증액시키기 위해서는 순환보직제를 채택하는 것이 유용한 수단이 된다. 새로운 공무원이나 정치인들은 뇌물 제공자들에게 휘둘렸던 전임자들보다 높은 뇌물 액수를 요구할 수 있다. 갈레오티와 멀로(Galeotti and Merlo 1994: 14), 그리고 델라포르타와 바누치(della Porta and Vanucci 1999: 43)는 이탈리아 정부에 그러한 순환보직 활용 사례가 있었다고 소개한다. 전임 장관들이 반복된 부패 거래로 말미암아 민간 당사자들에게 '인질'로 잡혀버리자, 장관들이 소속 정당을 위해 거두어들이던 뇌물 액수를 키우기 위해 장관들을 교체했다는 것이다.

부패 거래가 완료된 후에 고발의 위험이 잔존하기 때문에 생기는 두 가지 주목할 만한 효과가 있다. 첫 번째 효과로는 처벌의 수위가 높아지는 것을 지적할 수 있다. 전형적인 현상은 범죄자들이 처벌을 일종의 비용으로 간주한다는 것인데 경제학자들이 많이 언급하는 사항이다(Becker 1968; Becker and Stigler 1974). 처벌의 수위를 높이면 그 영향은 정부의 특혜 서비스를 받는 사람들에게 전가되어 더 많은 뇌물을 내게 된다는 것이다.[31] 그러나 이러한 경제학자들의 주장은 무조건 옳은 게 아니다. 특히 기소가 면제된 기업인들의 눈치를 보며 살아가는 공무원들의 경우 처벌의 수위가 높아지면 기업인에게 더욱 더 의존하게 된다. 그리하여 공무원들의 협상력은 감소되고 따라서 뇌물의 액수도 작아진다.

부패 거래가 완료된 후에 폭로의 위험이 잔존하여 생기는 두 번째 부작용은 부패 계약을 이행할 때 나타난다. 폭로의 위험이 있다는 사실은 부패 계약의 이행을 강제하는 메커니즘으로 기능할 수 있다. 이 점은 다음의 사례에서 확인할 수 있다. 인도의 전직 총리 나라시마 라오Narasimha Rao에

---

31 로즈애커만(Rose-Ackerman 1978: 121; 1975: 189); 앤드비그와 모에네(Andvig and Moene 1990); 노이게바우어(Neugebauer 1978: 15); 무케르지와 팡(Mookherjee and Png 1995: 150); 굽타와 차우드후리(Gupta and Chaudhuri 1997: 333)를 보라. 라스무센과 람세이어(Rasmussen and Ramseyer 1994)는 그와 같은 활동의 비용과 이익이 불일치한다고 보고한다. 이것을 '툴로크의 패러독스Tullock Paradox'라고도 부른다(Bardhan 1997: 1326; Rasmussen and Ramseyer 1994; Tullock 1980a). [옮긴이] 정부의 개입이 비교적 제한되어 있어서 누구든지 열심히 일하면 부자가 될 수 있을 정도로 경제적인 기회가 풍부하고 시장경제의 발전이 앞서 있는 사회에서는 렌트를 추구하려는 동기가 상대적으로 약할 수 있기 때문에 툴로크의 모형에서 예측한 것과는 달리 렌트 추구 활동이 크게 나타나지 않는다. 이를 '툴로크의 패러독스'라고 한다.

대한 법정 소송에서 런던에 기반을 둔 한 허브(향초) 무역상은 1983년 라오 총리가 미화 10만 달러의 뇌물을 받는 대가로 공공조달에서 자신에게 특혜를 제공하기로 약속했다고 주장했다. 그러나 뇌물을 준 후에도 특혜는 제공되지 않았고, 무역상은 1997년 이 사건을 법정으로 가져갔다.[32] 폭로의 위험 때문에 부패 계약이 이행되는 또 한 가지 사례는 이 책의 10장(결론)에서 서술한다.

이상의 부패 거래 사례에서는 계약의 한쪽 당사자가 기회주의적 배신을 한다. 그리하여 사건은 법원으로 옮겨진다. 전술한 것과 같이 합법 거래의 경우 법원이 계약의 이행을 강제하지만, 부패 거래를 둘러싼 법적 분쟁의 경우 법원은 분쟁을 해결해 주지 않는다. 부패 거래를 둘러싼 분쟁의 경우 법원은 그 해결을 거부할 수 있다. 사건을 법원으로 가져간 당사자는 그렇게 함으로써 상대방에게 국민의 이목이 집중되게 하여 그 상대방의 배신 행위를 폭로할 수 있다. 배신자는 기소당하는 것을 넘어 국민들의 경멸에 노출되면서 고통을 겪는다. 이런 식으로 한쪽 당사자는 자신은 쉽게 기소를 피할 수 있지만 상대방은 국민에게 자신이 노출되는 고통을 겪을 수 있다는 사실을 이용한다. 기회주의적 배신 행위를 예방하고 최초의 부패 계약을 이행되게 함에 있어서는 그와 같은 고발이 유용할 수 있다. 처벌이 예상되기 때문에 부패 거래의 이행은 보장되고, 불법 관계는 안정되는 것이다.

손해 볼 것이 거의 없거나 위험 감수를 즐기는 파트너가 상대방의 돈을 잘 뜯어낼 수 있을 것이다. 그러므로 각 파트너는 사건이 고발될 경우 입게 될 손실을 똑같이 중히 여기고, 그럼으로써 고발을 삼가는 것이 부패 계약에서 반드시 필요하다. 또 다른 해결책은 역시 중개인을 개입시키는 것이다. 고객의 신분에 관하여 계속 입을 다물고 양 당사자들이 나중에 서로를

---

32 싱가포르 스트레이트타임스, "라오 총리의 법 개정, 외국인들에게 특혜 주기 위한 것으로 드러나", 1997.11.9. 그리고 CNN, "전직 인도 총리의 뇌물사건 드러나다", 1997.11.4.를 보라.

고발하는 투서를 보내지 않도록 하는 것이 중개인들에게 맡겨진 임무 중 하나일 것이다. 따라서 중개인들은 경우에 따라 '희생양'이 되기도 해야 하는데, 부패 거래의 상대방이 이행을 지연시키거나 불이행할 경우 그 책임이나 비난을 대신 뒤집어쓰며, 자칫 고객에게 피해를 끼칠 수 있는 위험을 흡수하는 방화벽이 되어야 하는 것이다. 중개인은 대리인으로 행동하며, 부패 거래를 알선하고 그에 따른 서비스와 수익이 교환된 뒤에도 고객의 신분에 관해서는 침묵을 지키리라고 기대할 수 있는 사람이다. 따라서 나중에 상대방이 거래를 고발할 경우, 중개인은 돈을 받았기 때문이든 아니면 어쩔 수 없기 때문이든 간에 전적인 책임을 기꺼이 지지 않으면 안 된다.[33] 이런 점에서 회사의 간부들은 회사 내에서 자기보다 아래에 있는 직원을 중개인으로 활용할 수 있다. 그런 하급 직원들은 부패 계약을 주선하는 일을 맡을 수 있다. 그와 같은 하급직원들의 입을 다물게 하는 일은 어렵지 않은데 예를 들면 해고하겠다고 위협하면 된다. 하급직원들이 나중에 회사 간부들의 어떠한 개입도 부인할 수 있는 한, 회사의 경영진은 직원들에게 의도적으로 뇌물 제공을 부추길 수 있다. 일본에서는 그와 같은 사람들을 '요고레 야쿠汚れ役'(천한 역할)라고 부르는데 평소에도 월급을 많이 받을 뿐만 아니라 유죄를 선고받을 경우에는 가족에게 특별한 혜택이 주어지는 하급직 직원들이다. 자신들의 중개인과 흥정할 수 있는 중개인의 약점 같은 정보를 확보하는 것도 고객이 중개인을 통제할 수 있는 또 다른 방법이다(della Porta and Vanucci 1999: 56).

---

33 여기서 우리는 중개인 중에도 상이한 형태가 존재한다는 사실을 알 수 있다. 중개인의 서로 다른 유형에 대하여 논한 연구자는 올덴버그(Oldenburg 1987: 531)이다. 우선 부패 거래에서 제공될 서비스를 광고하고 정직하다는 평판을 쌓은 중개인은 어떤 분명한 연계도 피할 만큼 충분히 고객으로부터 독립적일 것이다. 그와 달리 일일이 고객의 통제를 받음으로써 자신의 재량권이 장기적으로 지속되도록 하는 중개인도 있다.

6.5. 결론

부패 거래는 그것을 위장하거나 숨길 필요가 있는데 그러다 보면 부패 거래의 비용이 증가하기 마련이다. 부패 거래의 이행을 보장할 사적인 메커니즘을 개발할 필요도 있으며 그것은 부패 거래의 비용을 증대시키는 또 다른 요인이다. 더욱이 고발의 위협으로 인해 부패 계약이 완료된 후에도 부패 계약의 파트너들은 서로에게 인질로 잡히게 된다. 한편 거래 비용을 절약하기 위하여 여러 유형의 중개인들을 고용할 수 있다. 그런 중개인들은 거래를 알선하거나 이행을 보장하거나 혹은 '희생양'이 되어 준다.

이 장의 또 한 가지 결론은 부패가 흔히 다른 관계의 부산물로 발생한다는 것이다. 여기서 말하는 '다른 관계'는 합법적인 시장 거래의 성격을 지닌 관계로서 신뢰, 위계적인 관계, 혹은 사회적 구조를 바탕으로 형성된 것이다. 부패 거래에 관한 정보를 탐색하고 유포하며, 부패 거래의 당사자들이 주고받는 혜택을 좀 더 쉽게 위장하고, 부패 계약의 이행을 뒷받침하고, 계속적인 갈취나 고발을 피하는 데 있어서 그와 같은 구조는 도움이 된다.

부패가 복지에 미치는 영향에 대해서는 논란이 분분하다. 시장 거래에서는 지나친 관료주의와 규제로 인해 경제 활동이 방해를 받는데 부패는 그러한 시장 거래의 효율성을 재확립하는 데 도움이 될 수 있다고 주장하는 연구자들도 있다. 이러한 쟁점에 대하여 검토한 연구로는 바르드한(Bardhan 1997: 1322)과 앤드비그(Andvig 1991)를 보라. 대규모 거래 비용의 존재는 이러한 논쟁에 또 다른 차원을 보탠다. 대규모 거래 비용의 존재로 인하여 부패한 시장으로의 진출입은 제한되고, 거래는 내부자에게만 국한되며, 부패 거래가 장기적인 관계로 전환되고, 경쟁은 제한된다(Rose-Ackerman 1999: 30). 또한 편협한 지역주의적 부패가 부패의 지배적인 형태가 된다. 그 결과 기껏해야 부패로 인하여 생기는 변화는 정치적 동기로 인한 비효율성이 경쟁의 부재로 인한 비효율성으로 바뀌는 것뿐이다.

부패를 도덕적 타락과 연관시키는 관점이 있다. 그러나 이러한 관점은 부패 거래의 비용을 고려하지 않은 것으로 한계가 있다. 개인의 도덕적 태도는 부패 거래의 파트너들에게 오히려 유용한 도구가 될 수 있는데 왜냐하면 개인의 도덕적 태도가 부패 거래의 이행을 보장하는 기능을 할 수 있기 때문이다(Rose-Ackerman 1999: 97-99). 부패를 막고 부패와 싸우는 데는 각 개인에 대한 처벌이 중요하다는 통념조차도 거래 비용을 고려하지 않은 한계가 있기는 마찬가지다. 어떤 조건하에서는 개인에게 부과된 처벌이 도리어 부패 계약의 이행을 보장하고 부패 관계를 안정시키는 데 도움이 될 수 있다는 게 이 장의 주장이다. 부패가 시장 거래의 부산물로 등장한다면 이러한 시장 거래를 어느 정도 처벌해야 할지를 반드시 고려해야 하는데, 예를 들면 부패에 연루된 회사들의 블랙리스트를 만들고 그리하여 그 리스트에 오른 회사들은 다음 공공계약에서 배제하는 것이다. 일단 부패를 용이하게 하기 위하여 위계적인 관계를 사용했다면, 불법행위의 책임은 1차적으로 회사에 있고 그 직원에게는 부차적인 책임만이 있을 뿐이다. 이렇게 되면 '희생양'이 되었을 법한 개인이나 사소한 비행 후에 부패에 발목이 잡힌 공무원만 처벌하는 것이 아니라 위법을 저지른 회사에 처벌을 부과하는 방법으로서 법인의 형사책임을 물을 필요가 있다.[34]

툴로크의 1971년 연구(Tullock 1971) 이래로 흔히 거래 비용은 복지를 축소시키는 것으로 간주되었다. 그러나 부패 계약의 거래 비용의 경우에 그러한 주장은 유지될 수 없다(Lambsdorff 2002b; 이 책의 5장). 부패는 경제 발전을 저해하기 때문에, 부패와 관련된 거래 비용은 부패를 막는 데 도움이 되고 따라서 공공복지를 증진하는 데 유리하게 작용할 수 있다(Gambetta 1998: 59). 지금까지 이 책에서 살펴본 결과에 의하면 부패와 싸우는 가장 좋은 방법이 있는데, 그것은 부패를 용이하게 하는 데 사용되는

34 회사의 형사책임을 물을 경우 그 회사는 형사책임을 면하려고 회사 차원의 집행 경비와 감시 체계를 줄일 것이므로 회사가 책임질 잘못을 알아내지 못하게 될 수 있다고 알렌(Arlen 1994)은 말한다. 그러나 회사가 직원들을 "적절히 돌보았는지" 혹은 한 회사가 밝힌 정보를 형사소송 때 그 회사에 대하여 불리하게 사용할 수 없는지를 고려하여 회사를 처벌한다면 그러한 단점은 극복될 수 있다고 그녀는 지적한다.

제도들이 순조롭게 작동되는 것을 제한하고, 그렇게 함으로써 부패 계약의 거래 비용을 증대시키는 것이다. 이러한 점에서 중개인들의 행동은 엄밀하게 조사할 필요가 있고, 중개인들을 제재하는 데 논의의 초점을 맞춰야 하는데, 말하자면 벌칙을 부과하거나 중개인들을 등록시킴으로써 책임감을 향상시킬 필요가 있다. 예를 들어 과거 나이지리아에서 원유는 중개인으로 활동하는 군사정권 담당자들의 친족들에게 판매되었다. 그 후 중개인들을 제외하고, 정유업체를 소유한 최종 사용자나 세계적으로 인정된 무역업자에게만 원유를 팔도록 하는 새로운 규제가 고안되었다.[35]

부패의 원인을 연구할 때 거래 비용을 고려하면 유익하다. 법적으로 이행을 보장할 수 있는 계약의 가치를 증대시키는 사법부의 역할은 이러한 맥락에서 흥미롭다. 사회적 구조는 전반적인 사회의 이익을 희생시키고 끼리끼리 혜택을 주고받는 경향이 있기 때문에 그러한 사회적 구조로 말미암아 부패의 기회는 쉽게 확대될 수 있다. 따라서 부패를 용이하게 하는 성향이 있는 조직적 구조와 회사들에 대한 조사는 앞으로 연구할 만한 가치가 있는 항목이다. 그와 같은 측면에 초점을 맞춘 실태조사는 부패에 대한 이해를 증진시키는 데 기여할 수 있다. 예를 들면 불가리아에서 행한 실태조사이다. 그리고 마지막으로 부패를 용이하게 하는 제도들이 실제로 한 국가의 전반적인 부패 수준에 어느 정도 기여하는지를 알아보려면 부패의 원인을 국가간 비교연구를 통해 분석할 필요가 있다.

---

35 국제투명성기구(Trasparency International 1999:7) 그리고 파이낸셜타임스, "석유: 나이지리아가 허가증을 지급하다", 1999.8.18.를 보라.

제7장

수출업자의 윤리와 뇌물의 기술

알라 — 평화가 그에게 있기를 — 의 사도는 뇌물을 받는 사람뿐만 아니라 뇌물을 주는 사람도 저주했다.
–《수난 아부다우드》24권, 3573호

7.1. 서론

앞 장들에서 살펴보았듯이 거리낌없이 뇌물을 받으면 부패한 행위자 자신에게 불리한 점이 발생한다. 정직성을 요하는 과업을 맡기고 싶은 사람들에게 부패한 공무원은 쓸모 없는 존재가 된다. 부패 공무원은 부패 거래의 상대방에게도 의심스러운 존재일 수밖에 없는데 왜냐하면 부패 거래의 상대방으로서도 자신들이 계속 기만당할 것이라고 생각하기 때문이다. 합법적인 것이든 불법적인 것이든 이제 어떤 과업도 그러한 부패 공무원에게는 맡기지 않을 수 있다. 거리낌없이 뇌물을 받으면 역효과를 낳기 마련이다. 나는 이것을 '보이지 않는 발'의 원리라고 부르는데 '보이지 않는 발'의 원리는 좋은 의도가 없을 때에도 좋은 거버넌스를 할 수 있게 도와준다. 그러나 '보이지 않는 발'의 원리가 갖는 위력은 생명력이 있을까? 일반적으로 경쟁이라는 '보이지 않는 손'은 한편으로는 좋은 시장을 가져다 주면서, 다른 한편으로는 좋은 거버넌스를 파괴하는가? 경쟁으로 인하여 '보이지 않는 발'의 원리가 붕괴되지 않을까? 그렇지 않다고 나는 주장한다. 윤리적 행동은 다양한 이유로 시장의 압력을 이기고 살아남는다.

1986년 11월 마수파 에프라임 솔Masupha Ephraim Sole은 레소토 고원개발청(Lesotho Highlands Development Authority: LHDA)의 청장으로 임명되었는데 레소토 고원개발청은 남아프리카공화국에 물을 공급하고 레소토에 전기를 공급할 댐과 터널 시스템, 즉 레소토 고원수자원프로젝트Lesotho Water Highlands Project를 책임지고 있었다. 많은 초국적 기업들이 참여했고 그 중에는 LHDA에 자격을 갖춘 전문직원을 공급하는 캐나다의 에이커스Acres 사도 있었는데 에이커스 사는 중개인 밤 씨Mr. Bam를 그 일에 관여시켰다. 1991년 6월부터 1998년 1월까지 에이커스 사는 밤 씨에게 캐나다 달러로 49만 3061달러 60센트를 지불했고, 밤 씨는 그 중 일부를 솔 청장의 계좌로 이체한 사실이 수사 결과 증거와 함께 밝혀졌다. 같은 기간에 에이커스 사는 캐나다 달러로 18만 825달러 48센트를 밤 씨 부인의 스위스 은행 계좌로 이체하고, 밤 씨 부인은 다시 그 돈을 솔 청장의 계좌로 이체했다(Darroch 2004). LHDA가 에이커스 사와 체결한 계약 금액의 3.6%를 밤 씨가 받기로 사전에 약정되었던 것이다. 솔 청장은 뇌물을 받은 대가로 LHDA가 에이커스 사에 용역 계약을 부여하는 데 따르는 정확한 절차를 점검하지 않고 묵인해주었다.

그러나 에이커스 사는 밤 씨에게 돈을 준 것은 합법이고 레소토의 가끔 걱정스럽고 또 변덕스러운 정치 기류를 고려할 때 밤 씨와 같은 자격을 갖춘 대변자가 필요했으며, 그 후에 밤 씨가 그 돈으로 무엇을 했는지는 그의 문제라고 주장했다. 다른 한편 검사들은 상황 증거를 제출하면서 에이커스 사는 그와 같은 대변자가 필요하지 않았고 밤 씨는 계약된 서비스를 이행하지 않았다고 밝혔다(Darroch 2004). 판사인 레홀라 씨Mr. Lehohla는 "에이커스 사가 직접적인 이해관계를 맺고 있는 조직(LHDA)의 청장에게 대리인(밤 씨)을 통해 돈이 지불되고 있다는 것을 모르는 상태에서, 이러한 관행이 지속된 기간 내내 그 많은 돈을 꾸준히 지불했다는 것은 상식에 어긋난다"는 견해를 취했다. 레홀라 판사는 돈을 비밀리에 지급한 것이야말로 그 돈이 뇌물임을 말해주는 지표라고 간주했다(Darroch 2004: 21-22). 이러한 많은 상황 증거를 바탕으로 레홀라 판사는 에이커스 사가 뇌물을 제공한 책임이 있다고 결정했다.

레소토 고지개발청의 사례는 많은 다른 불법 거래 중에서도 대표적인 경우이다. 어떻게 받는 쪽과 주는 쪽이 공히 부패에 연루되는지를 이 사례에서 볼 수 있고, 불법행위의 책임을 누가 가장 많이 질 것인지를 둘러싼 투쟁에 대해서도 이 사례를 통해 알 수 있다. 기업의 유일한 책임은 기업의 이윤을 증대시키는 것이라고 프리드먼(Friedman 1970)은 세미나 발표문에서 주장한다. 프리드먼의 그러한 주장에 의하면, 부패 사례에서 누가 '죄인'인지를 밝힐 때 기업인을 지목하는 것은 잘못이다.[1] 경제학자들은 인간을 부를 극대화하는 존재로 묘사하면서, 기업인에 대해서는 주로 주어진 환경에 반응하고 국가에 의한 시장 왜곡과 국가가 조성해놓은 부패 기회에 반응하는 사람으로 간주하는 경향을 보인다. 브루너와 메클링(Brunner and Meckling 1977: 82-84)은 뇌물을 받고 정부와 행정을 움직이는 사람들에게 책임을 명시적으로 부과하는 반면에, 뇌물을 주는 사람에 대해서는 주어진 제도적 환경을 수동적으로 받아들이고 그에 따라 반응하는 사람들로 생각한다. 그와 비슷한 취지에서 베커(Becker 1968: 176)는 다음과 같이 기술한다.

> 여기서 채택한 이론은 경제학자들이 대개 이용하는 선택이론이고, 그 선택이론에 의하면 어떤 사람이 범죄를 저지르는 것은 자신의 시간과 여타 자원들을 다른 활동에 사용함으로써 얻을 수 있는 효용보다 범죄를 통해 기대되는 효용이 더 크기 때문이다. 그러므로 사람들

---

1 법을 준수해야 하고 기업은 불법행위에 연루되어서는 안 된다는 것을 프리드먼도 받아들이는 경향이 있지만, 부패의 경우 흔히 법과 이윤이 충돌하는데 그처럼 법과 이윤이 충돌하는 문제를 프리드먼은 해결하지 못한다. 프리드먼의 주장은 더 부도덕한 입장으로까지 확장되는데 사람들이 유일하게 법적 제한을 준수하는 것은 효과적인 제재가 작동할 때뿐이라는 논리이다.

중에 '범죄자'가 생기는 것은 그들의 기본 동기가 다른 사람들의 기본 동기와 다르기 때문이 아니라, 그들의 편익과 비용이 다르기 때문이다.

미국에서는 기업인이 외국 정부 관리에게 뇌물을 제공하면 처벌받지만 다른 나라에서는 최근까지지도 처벌을 받지 않은 상황에서 뇌물 제공에 따르는 실질적인 비용은 없는 것이나 마찬가지였고, 반면에 뇌물을 제공한 기업인들은 다 비슷한 편익을 얻었을 것이다. 이러한 윤리적 관점의 당연한 귀결은 모든 기업인들이 오직 자기 회사 주주들의 이익에만 매달려서 똑같이 행동한다는 점일 것이다. 그리하여 부패 거래를 체결할 기회는 오직 뇌물을 받는 사람들의 선택 여하에 달려 있게 될 것이다. 이윤과 도덕성의 충돌을 캅슈타인(Kapstein 2001)은 이렇게 잘 묘사한다. "오늘날 대부분의 회사에는 정부 관리에게 뇌물을 제공하는 것을 금하는 내부 규칙이 있다. 그러나 막상 여전히 부패 거래를 체결하는 다른 회사들과 경쟁하게 될 때 내부 규칙으로 부패를 금하고 있는 회사들은 어떻게 반응할까? 여기서 끝내 승리하는 것은 최종 결과일까, 아니면 도덕적 규칙일까?"

기업인들은 윤리적 측면을 고려해서도 안 되고 고려하지도 않는다고 경제학자들은 주장하는 경향이 있다. 기업인들이 윤리적 측면을 고려하려 할 때조차도 결국은 시장의 압력을 이길 수가 없다는 것이다. 그러나 그와 반대되는 가설에 의하면 윤리는 기업인의 행동에 결정적인 영향을 미치고 따라서 어떤 기업인은 다른 기업인에 비해 뇌물 제공을 좀 더 선호하게 된다고 한다. 윤리가 시장의 압력을 이길 수 있는지의 여부를 여기서 논하려고 한다. 이 논의는 적어도 지난 10년간 정치경제학계의 화두였다.

7.2. 부패의 기술

부패가 전 세계적으로 보편적이라는 성격을 고려하여 반부패 개혁은 전 세계의 모든 행위자들을 포함시키는 데 초점을 맞추었다. 가난한 개발도상국들은 높은 부패 수준으로 인해 1차적으로 타격을 받는 경우가 많지만, 정작 스스로는 부패를 막을 역량이 없다. 다국적기업과 국제원조기구들이 자기 조직 내부에서부터 부패와 제대로 싸워주지 않고 저개발국가들에서 뇌물을 용인한다면, 저개발국가들이 국내에서 반부패 개혁을 위해 노력하더라도 효과를 발휘하지 못할 때가 적지 않다. 선진국들은 다양한 국제협약에 가입하면서 자신들의 책임을 수용하게 되었다. 1997년 OECD의 모든 회원국이 서명한 협약에 따르면, 외국 정부 관리에게 뇌물을 제공하는 것과 그와 같은 뇌물 제공에 대해 세금 감면 혜택을 주는 것은 금지된다. 그 협약의 한 가지 목적은 국제 기업 거래에서 부패 수준을 낮추고 모든 수출업자들에게 동등한 활동 무대를 제공하는 데 있다.[2]

이러한 국제적인 노력 덕분에 부패에 관한 전 세계적 인식도 크게 변화하기는 했지만, 과연 기업들이 얼마나 자발적이고 적극적으로 부패와의 싸움에 기여할 수 있을지는 여전히 의문이다. 이 문제는 지금도 최우선적으로 다루어야 할 과제이다. 왜냐하면 사람들이 법률과 국제적 협약을 교묘하게 피할 수 있기 때문이다. 기업들은 뇌물을 커미션으로 다시 포장해서 그러한 경비에 대한 세금 감면을 계속해서 주장할 수 있다.[3] 회사들은 뇌물을 주지 않는 대신에 대출 보증을 서거나 주식과 옵션을 건네거나, 아니면 뇌물 제공을 현지 대리인이나 자회사, 합작투자기업의 파트너에게 위임할 수 있다(Moran 2006). 부패가 회사의 이윤 창출에 계속 도움이 되

---

2 정부와 기업은 물론이고 세계은행과 국제통화기금IMF 같은 국제기구도 자기 조직 내부의 부패를 막기 위하여 대출 방침을 개정했다. 이러한 노력이 얼마나 만족할 만한 효과를 발휘하는지에 대해서는 여전히 논란이 있지만, 바로 그러하기 때문에 이 점에 대한 토론은 앞으로도 계속될 것 같다.

3 1996년 독일 상공회의소Deutsche Industrie-und Handels Kammertag(DIHK)는 소속 기업들의 해외 지사들을 상대로 뇌물에 대한 세금 감면 혜택을 없애면 사업에 부정적인 영향을 미치는가를 묻는 설문조사를 실시했다. 자료로 출간되지는 않았지만, 그에 대한 전반적인 반응은 영향이 없다라는 것이었다. 분명한 것은 회사들이 뇌물에 대해서도 세금 감면을 받을 수 있는 또 다른 방법을 찾아내리라는 점이다.

는지의 여부에 따라서 법망을 빠져나가는 회사들의 기술도 계속 발전할 것이다.

그러나 민간 기업들은 다양한 이유에서 진정으로 그리고 자발적으로 뇌물 관행에 종지부를 찍으려 할 수 있다. 첫째, 단지 도덕 감정 때문만이 아니라 순전히 경제적인 고려에 의해서도 부패한 사업 방식을 포기할 수 있다. 부패 거래는 위험하고 또 결국에는 이윤 창출에 도움이 안 될 수 있다. 부패 거래의 불투명성을 고려하면 회사 직원들부터 뇌물의 잘 보이지 않는 부분을 자기 개인 통장으로 돌리려고 할 수 있다(Bannenberg 2002: 142-143). 그러므로 직원들의 뇌물 제공 관행을 허용하면 역효과가 올 수가 있는데, 즉 충성스러운 직원이 치부할 기회나 찾고 자기 회사를 속이는 데 모든 노력을 기울이게 될 것이다. 예를 들면, 독일의 공항 운영사 프라포트Fraport는 우즈베키스탄 타슈켄트 공항의 현대화 사업을 수주하려고 뇌물을 제공한 혐의를 받았다. 그러나 검사는 그 혐의를 기각했는데 왜냐하면 프라포트 사 직원들이 그 돈을 뇌물로 제공하지 않고 횡령, 즉 자신들의 호주머니에 챙겨넣었을 것이라고 판단했기 때문이다.[4] 그와 비슷한 사례로 프랑스 기업 엘프 아키텐은 독일 기민당에 뇌물을 제공한 혐의를 받았으나 사라진 돈에 대한 또 다른 설명으로 회사 내 횡령 의혹이 제기되었다.[5] 아직까지 보도되지 않은 또 다른 사례로서 독일 기업 마네스만Mannesmann의 어느 전직 직원이 나에게 제보한 것이 있는데 그 회사의 홍콩 주재 무역 담당 간부에 관한 내용이다. 그 사건은 틀림없이 1995년쯤에 일어났을 것이다. 마네스만의 홍콩 주재 무역 담당 간부는 중국 대륙과의 다양한 계약을 따냈다. 그때마다 그는 수주액의 10%를 뇌물로 지불했다고 보고했고, 그 회사의 상급 기관은 그의 보고를 승인했다. 그러나 나중에

---

4 블룸버그, "독일 검찰, 프라포트 매니저들의 뇌물 제공 혐의에 대한 조사를 중단", 2004.3.22.를 보라.

5 인터내셔널 헤랄드 트리뷴, "프랑스의 엘프 아키텐 사가 독일의 콜 총리 재선 자금을 제공했다는 의혹의 수수께끼: 그것은 뇌물을 숨기기 위한 거짓말이었나?", 2000.10.13.을 보라.

수주액의 10%나 뇌물로 줄 필요가 없었다는 폭로가 터져 나왔다. 평균적으로 5%만 지불하면 되었다. 홍콩 주재 무역 담당 간부는 중국과의 계약을 뇌물 액수 부풀리기에 사용한 다음에 그 중 일부를 자신의 스위스 은행 계좌로 입금한 것이다. 마네스만은 그를 해고하고 그 사건을 검찰 당국에 회부하려고 했다. 그러자 홍콩 주재 무역 담당 간부는 뇌물을 받은 중국인들의 신상을 공개하겠다고 협박했는데, 그렇게 되면 마네스만 사가 앞으로 홍콩 지역에서 사업하는 것은 불가능해질 상황이었다. 결국 사건은 조용히 무마되었다.

어느 석유회사의 다음과 같은 주장도 위의 사례와 비슷한 경우이다.

> 부패 거래에 참여하는 기업들은 … 결국 그 거래에서 아무것도 얻지 못한다. 비록 여기저기서 사업 거래를 따낼 수 있다 하더라도 회사 안에 부정직의 문화가 창출되는 것을 비롯하여 그 대가를 치르기 마련이다. 부정과 뇌물과 장부 조작이 어떤 목적을 위해 용인된다면, 그것이 다른 사람들에게 용인되지 않으리라는 보장은 그 어디에도 없다. 부정직은 저질러도 좋은 방법이라고 전 조직이 믿게 된다(OECD 2003: 11).

뇌물 제공에 관여하는 회사는 고발과 갈취를 당할 수도 있고, 자사의 평판이 추락하는 것을 두려워하지 않으면 안 될 수도 있다. 더욱이 그 회사의 지불 성향이 알려지면서 뇌물의 액수가 당초 요구액보다 올라갈 수도 있다. 정직한 회사라는 평판은 공무원들이 지나친 뇌물을 요구하지 못하게 하는 안전판이 될 수 있다. 그러므로 직원들의 뇌물 제공을 금지하는 것이 때로는 기업의 이윤 극대화 전략과 상충되지 않을 수 있다. 그와 같은 고려를 할 때 우리는 비로소 왜 경쟁 시장에서는 다른 전략, 즉 사업상의 뇌물에 대한 다른 태도가 지속되는지를 알 수 있다. 명백한 것은 뇌물 제공이 경쟁의 자연스러운 결과가 아니라는 점이다.

글상자 25. 축구 경기 조작 방법 6

프로 축구의 경기를 조작하는 데는 두 가지 유형이 존재한다. 내부 조작과 외부 조작이다. 내부 조작은 선수, 매니저, 감독과 같은 게임의 내부 행위자가 저지르며 대체로 경기를 이기기 위한 조작이다. A팀이 B팀을 물리친다면 A팀은 우승할 수도 있다. B팀에게 그 게임은 그다지 중요하지 않다. 그래서 A팀에게 점수를 선사할 팀 간에 조작이 이루어진다.

그러나 외부 조작은 다르다. 외부 조작은 도박꾼, 정치인, 혹은 스포츠 마케터와 같은 게임의 외부 행위자들이 게임에 들어와 어느 팀이 경기에서 지게 할 때 일어난다. 외부 조작에서는 그 고유의 조직적인 어려움이 발생한다. 무엇보다도 문제가 되는 것은 어떻게 게임 외부의 행위자가 들어와서 전문 직업인인 게임 내부의 행위자들로 하여금 자신들의 구체적인 규정들을 뒤집도록 하느냐이다. 외부 조작이 일어나지 못한 한 가지 사례를 살펴보기로 하자.

케나 에롤Kena Erol에게는 한 가지 계획이 있었다. 2005년 4월 6일 에롤은 5백 유로짜리 지폐가 가득 든 가방을 들고 터키 북동부에 있는 사바츠포르Sabatspor 축구 경기장에 걸어 들어갔다. 터키 슈퍼 리그Turkey Super League의 골키퍼인 하칸 올건Hakan Olgun에게 뇌물을 주기 위해서였다. 사바츠포르 팀이 게임에서 지기를 바라는 누군가가 그 일이 이루어지기만 하면 많은 돈을 기꺼이 지불하려고 했고, 에롤은 바로 그 누군가의 대리인이었다.

에롤은 사바츠포르 팀 선수들 중에서 골키퍼 올건을 제외하고 적어도 다른 7명 이상에게 말을 해놓았지만, 누구보다 골키퍼 올건을 포섭할 필요가 있었다. 왜냐하면 골키퍼는 한두 번 실수로도 팀 전체를 살리거나 죽일 수 있기 때문이다. 그날 아침 에롤은 올건을 만났다. 그러나 그날은 에롤에게 정말 운이 없는 날이었다. 올건은 에롤과의 대화를 몰래 녹음했다. 이것이 그들이 나눈 대화의 일부이다.

에롤 이번 경기 조작에 관하여 다른 모든 선수들에게 다 말해놓았소. 다들 이 일을 알고 있어요.
올건 뭐라고? 팀 전체가 알고 있다고요?
에롤 그건 걱정하지 말아요.

---

6 이 글상자는 데클란 힐Declan Hill이 보도한 내용인데 힐은 캐나다와 미국 텔레비전 방송과 CBC, BBC 라디오의 탐사보도 기자였다. 현재는 옥스퍼드 대학교에서 디에고 감베타Diego Gambetta의 지도 아래 사회학 박사학위 논문을 쓰고 있다.

올건 이해할 수 없군. 당신은 내가 그냥 골문을 떠나 골을 '먹기'를 바라는 거요?

에롤 전반전에는 당신 팀이 1대0으로 앞설 겁니다. 그러나 케이세리Kayseri가 이번 게임에서는 이겨야 해요. 당신은 후반전에 두세 골을 먹어주면 돼요.

올건 어떻게 당신을 믿죠?

에롤 돈은 차에 있어요. 보여주겠소.

올건 이번 게임의 승패에 돈을 건 거요, 아니면 다른 팀과 짠 거요? 우리 팀의 경영진도 이 일을 알고 있소?

에롤 만일 이 일을 팀 경영진에게 말한다면 당신은 한 푼도 못 받을 거요. 나는 당신한테 혜택을 주려는 겁니다. 이번 시합에 터키화로 5천억 내지 6천억 리라를 건 사람들이 있어요. (에롤은 안에 돈이 든 가방을 보여준다.) 가방에 10만 유로가 있고 앞으로 더 많은 돈이 생길 거요. 우리가 원하는 점수만 나도록 해줘요.

올건 맙소사, 이거 전부 5백 유로짜리 지폐잖아? 내 평생 이렇게 많은 돈은 처음 보는군. 이걸 나한테 줄 거라고요?

에롤 시합이 끝나면 전부 당신 호주머니 속으로 들어가는 거요.

올건 나는 1300억 내지 1400억 리라의 빚이 있어요. 내가 얼마를 벌게 되는 거죠?

에롤 적어도 750억 터키리라. 나머지는 당신 동료들 몫이오.

"이번 시합에 터키화로 5천억 내지 6천억 리라를 건 사람들"의 신분은 공개된 적이 없다. 그러나 이와 같이 녹음된 대화 자료를 바탕으로 터키축구연맹은 무슨 일이 일어났는지에 대한 정확한 기록을 갖게 되었다. 터키축구연맹의 집행 이사회는 게임 조작에 가담한 혐의로 6명의 선수에게 출장금지 조치를 취하고, 올건에게는 제보에 대한 대가로 5만 유로를 지급했다. 터키축구연맹은 또한 에롤에게 연맹 위원회에 나와 그 행적을 밝히라고 요구했다. 아마 당연한 것이겠지만 에롤은 위원회에 출두하기를 거부했다.

이러한 게임 조작 시도를 둘러싼 모든 혼탁한 상황을 돌아볼 때 한 가지는 분명하다. 에롤은 경기 조작자로는 형편없는 사람이었다. 그의 뇌물 제공 시도는 서투르고 투박했다. 그의 말은 설득력이 없었다. 설령 그가 자신의 경기 조작 능력을 향상시키려 한다 해도 과연 어떤 방법이 있을까?

한 가지 중요한 사항은 외부 조작의 경우 조작자는 유능해야 한다는 것이다.

1994년 말레이시아에서 있었던 한 사례를 보자. 다음은 말레이시아의 전직 국가대표 선수가 어떻게 게임 조작에 협조하도록 동원되었는지를 고백한 내용 중에서 일부를 발췌한 것이다.

> 게임 조작자가 나에게 연락했다. 그는 전화 통화에서 타밀Tamil어를 사용했다. 그는 내가 경기 조작에 협조하기를 원했다. 나는 두려웠다. 그러자 그는 이렇게 말했다. "걱정하지 마. 이미 너희 팀 전체를 구워삶아놨어." … 그러고는 나에게 요청하기를, XX에게 "만일 XX가 협조하지 않으면 다리를 분질러놓겠다"고 말해주라는 것이었다. 나는 XX에게 그대로 말해주었다. XX는 시합을 조작하는 데 동의했다. 조작자는 나에게 다시 요청하기를, 나머지 팀원들에게도 알려주라고 했다. 팀원 모두가 동의했다. 조작자는 게임 조작의 대가로 팀원 각자에게 말레이시아화로 2만 링깃을 지급하겠다고 약속했다. 우리는 확실히 이기지 않기 위하여 지거나 비기지 않으면 안 되었다.

이 발췌 내용을 보면 조작자는 세련된 전략가임이 드러난다. 첫째, 말레이시아에서 사용되는 언어의 하나인 타밀어로 말하는데 타밀어는 규모가 작고 상대적으로 억압받는 노동계층 공동체에서만 사용되는 언어이다. 타밀어를 사용함으로써 조작자와 선수 사이에 '저들이 아닌 우리'라고 하는 일종의 연대감을 확립한 것이다. 이러한 연대감으로 나머지 대화의 톤은 저절로 정해지는 효과가 발휘되었다.

둘째, 조작자는 선수들의 머릿속에 마치 자신이 팀의 경영진이고 감독이 된 것 같은 착각을 불러일으켰다. 시합이 조작되지 않도록 보장하는 데 늘 관심이 있는 경영진들에게 선수들이 찾아가지 않도록 확실히 하는 것이 조작자의 희망이었다. 그래서 곧바로 조작자는 경영진도 뇌물을 받았다고 주장함으로써 선수들을 경영진과 분리시켰다. 터키에서 에롤은 경기 조작에 실패했다. 경영진도 포섭되었느냐고 선수가 묻자 에롤은 "만일 이 일을 팀 경영진에게 말한다면 당신은 한 푼도 못 받을 거요"라고 협박했다. 말레이시아 조작자의 방법이 훨씬 더 좋았다. 왜냐하면 선수가 감독에게 가서 조작자의 접근 사실을 고발하면 감독은 조작자에게 알려줄 가능성이 있기 때문이다.

말레이시아인 조작자는 협조하지 않는 선수를 진짜 응징할 것처럼 위협하지만 물론 선수를 직접 위협하지는 않았다. "내가 다리를 분질러버리겠다고 XX에게 말해줄래?" 조작자는 선수에게 대놓고 협조하지 않으면 다리를 분질러버리겠다고 말할 수 있었지만, 그렇게 하면 그 선수와 우정과 신뢰를 형성하려던 의도에서 벗어나게 될 것이다. 그 선수가 XX에게 "협조하지 않으면 다리를 분질러놓겠다고 하더라"고 말하게 되면, 그 선수는 당연히 조작자의 편에 서는 결과가 된다.

선수가 팀과의 연결망을 확립하도록 해주는 것도 조작자가 하는 일이다. 그렇게 하면 조작자가 져야 할 위험부담은 훨씬 줄어든다. 위의 발췌된 내용에는 포함되어 있지 않지만, 조작자는 연결망에 들어온 선수들에게 즉시 돈을 지급하기도 했다. 돈을 즉시 지급함으로써 조작자는 두 가지 일을 한 셈이다. 첫째, 그는 신뢰를 형성했다. 신뢰는 불법행위를 할 때 가장 중요한 요소이다. 둘째, 그는 선수들의 발목을 잡았다. 선수들은 일단 돈을 받으면 그 돈이 단지 시합을 이기기 위한 것이라고 주장하기는 어려울 것이다.

경기 조작은 극히 비밀리에 이루어지는 범죄이다. 많은 사람들이 경기 조작을 말하지만, 실제로 경기 조작의 역동성과 메커니즘의 본질을 이해하는 사람은 거의 없다. 이러한 유형의 부패를 효과적으로 막으려면 세련되고 주의 깊은 분석을 할 필요가 있다. 훌륭한 경기 조작자가 세련되고 주의 깊은 만큼이나 그러한 범죄를 막는 사람도 세련되고 주의 깊지 않으면 안 된다.

마지막으로 언급할 것은 앞장들에서도 상세히 설명했듯이, 대체로 부패 계약은 법적으로 이행을 보장받을 수 없다. 따라서 부패 거래를 체결하면 불이행, 고발, 갈취와 같은 실질적인 위험이 수반된다. 이러한 위험들을 다루려면 실질적인 범죄 능력이 필요하다. 국제 무역업자와 투자자 중에는 경험이 부족한 사람들이 있다. 2001년 4월 11일 호주의 뉴스닷컴news.com.au에 올라온 다음의 기사가 그 점을 잘 기록하고 있다.

> 제이쿱 비어진스키Jakub Bierzynski에게 그 일은 그의 인생에 경종을 울린 사건이었다. 미국과 폴란드 합작투자회사로서 바르샤바에 거점을 둔 미디어기획사 오엠디폴란드OMD-Poland의 사장인 그는 지난해 부패에 연루될 뻔했다. 규모가 큰 국제 고객 두 명이 두 개의 광고 계약을 체결하는 대가로 미화 '수십 만' 달러의 뇌물을 각각 요구한 것이다. 비어진스키는 "매우 차가운 물로 샤워를 하는 기분이었다. 이

> 처럼 부패한 환경에서 나는 과연 사업을 할 수 있을까 하고 자문해보았다"고 말했다. 미국에 있는 모회사가 그와 같은 뇌물 제공에 대해서 어느 정도 막아줄 것이라는 생각은 그의 착각이었다. 비어진스키는 두 고객의 뇌물 요구를 거부했다. … "뇌물 제공에 대한 도덕적 관념은 차치하고 뇌물을 주는 기술이 나에게는 없었다. 전에 한 번도 뇌물을 제공해본 적이 없고, 얼마를 주어야 하는지, 누구에게 주어야 하는지, 어떤 상황에서 뇌물을 주어야 하는지도 몰랐다. 그래서 그처럼 경쟁적인 무대에서 나는 패배했고, 사업의 세계에서 결국 사형 선고를 받았다." 그 대신에 34세의 비어진스키는 자신의 분노를 승화시켜 중부 유럽과 동부 유럽에서는 전례가 없는 반부패기업연합을 발족시켰는데 그 연합의 회원사들은 뇌물을 제공하지도 받지도 않기로 서약했다.

기업인들은 새로운 시장에 진입할 때 주의하는 경향이 있다. 비록 오랜 경험에서 비롯된 '노하우know-how'가 이점이 될 수 있지만 그 이점은 인맥know-who이 없다는 약점으로 인하여 쉽게 상쇄되어버리기 때문이다. 부패 거래에는 어느 정도의 전문성과 능력이 필요하다는 점에 대해서는 경기 조작의 사례를 제시한 글상자 25에서 소상히 설명했다. 부패 거래에 필요한 범죄 능력을 결여한 사람들은 불법 거래를 시도하지 않는 것이 좋다고 사람들은 말한다. 그런 사람들은 합법적인 대안을 찾거나 합법적인 접근을 허용하지 않는 시장의 경우 그 시장을 떠나는 것이 더 낫다. 실증적 조사에 의하면 부패로 인해 결과적으로 민간 영역이 왜곡되는 경향이 있다(글상자 26을 보라). 이 장에서는 수출업자의 행동을 비교 평가하려고 한다. 뇌물 제공자의 행동을 평가하기 위해서는 기업인에 대한 국제적인 조사를 실시하고 수뢰자의 지표와 비슷한 부패 지표를 확립하면 될 것이다. 실제로 그와 같은 조사가 최근에 실시되었고, 그것을 통해 전문가들의 주관적 인식을 충분히 알 수 있을 것이다. 이 장에서는 국제투명성기구TI의 뇌물공여지수(Bribe Payers Index: BPI)에서 나타난 결과를 분석한다. 그와 같은 인식이 어느 정도나 진실을 말해주는지를 논의할 것이다. 조사 결과가 얼마나 견고하게 유지되느냐를 평가하는 데는 다른 방법을 사용하는 것이 유용하다. 다른 방법이란 쌍무무역bilateral trade에 관한 자료에 초점을 맞추고 그것을 수출국에서 인식되는 부패 수준과 연관시키는 것이다. 그렇게 함으로써 '깨끗한' 나라들과 더 많이 무역을 하는 수출업자와 '부패한' 나라들에 주로 수출하는 업자들을 구분할 수 있게 된다.

글상자 26. 민간 부문을 왜곡시키는 부패

벡과 그의 동료들(Beck et al. 1991)은 부패로 인하여 국제무역이 왜곡되는지를 조사했다. 그 결과 부패로 인해 미국의 수출 경쟁력이 통계적으로 의미 있는 수준에서 약간 저하되는 것으로 나타났다[약한 음(−)의 영향]. 따라서 우리는 미국이 그처럼 수출에 미치는 부패의 영향력을 좀 더 민감하게 고려하여 수출 전략을 짤 것임을 여기서 알 수 있다. 하인스(Hines 1995)도 그와 비슷한 결론을 보고하는데, 부패 국가로 인식된 나라에서는 1977년 이후 미국의 항공기 수출이 감소했다는 것이다. 또, 미국의 투자자들은 다른 나라의 투자자들과 달리 1977년 이후로 덜 부패한 나라에서의 외국인직접투자FDI를 선호하는 것으로 나타났다. 하인스는 이것을 해외부패방지법(Foreign Corruption Practices Act: FCPA)의 시행과 연관시킨다. 그와 연관된 조사를 웨이(Wei 2000b)도 실시하는데 일본이 부패한 국가에 더 많이 투자하는 경향이 있는지, 즉 일본이 뇌물 제공 성향이 더 뚜렷한지를 알아보려는 것이었다. 그러나 일본과 미국의 투자 패턴에는 차이가 없는 것으로 나타났다. 하인스의 조사 결과만 가지고 부패로 인해 미국이 수출 경쟁에서 불리하다고 주장할 수는 없을 것이다. 왜냐하면 1977년 이전 부패한 시장에서 누렸던 경쟁상의 이점은 1977년 이후에 중립화되었다는 점도 하인스의 연구 결과는 똑같이 잘 보여주기 때문이다.

하비브와 주라비키(Habib and Zurawicki 2001; 2002)는 부패로 인해 모든 투자자들이 똑같이 투자를 저해받는지 조사했다. 양자 간 외국인직접투자FDI 자료를 근거로 조사한 결과, 투자 유치국이 부패한 나라일 경우 그 국가에 진입할 때 부패 인식 수준이 높은 국가 출신의 투자자들은 깨끗한 국가의 경쟁 투자자들보다 투자를 방해받는 정도가 적은 것으로 나타났다. 부패가 거의 없는 국가 출신의 투자자들은 역시 부패 수준이 낮은 투자 유치국을 선호한다. 이것은 투자자본국과 투자 유치국 사이의 심리적 거리를 말하는지도 모른다. 조직적인 문제나 도덕적인 문제도 작용할 수가 있는데, 현지에서의 부패 경험을 축적한 투자자는 부패 거래를 형성하는 방법과 덜 얽매이는 법을 더 잘 알 것이기 때문이다.

알레시나와 베더(Alesina and Weder 2002)는 정부가 부패하면 OECD 국가들의 원조를 받는 데 촉진요인이 되는지 아니면 저해요인이 되는지를 조사했다. 부패에 관한 여러 가지 상이한 측정치를 사용하고 조사 대상 국가들도 바꾸어가며 조사했다. 회귀분석의 세부내용을 다양하게 해서 검증했지만, OECD 같은 국제기구들이 원조를 함에 있어서 부패한 국가를 차별한다는 점은 입증하지 못했다. 반면에 연구 결과 중에는 부패한 국가들이 훨씬 더 OECD 국가들에게서 해외 원조를 쉽게 끌어들인다는 사실을 보여주는 것도 있었다. 그들은 또한 양자 간의 원조 흐름도 조사했다. 스칸디나비아 국가들과 호주는 통계적으로 의미가 있는 수준에서 부패한 국가에 대한 원조 제공을 기피하는 경향이 있는 것으로 나타났다. 그 반대쪽 끝에 미국이 위치하는데 미국은 원조 제공에 있어서 통계적으로 의미가 있는 정도로 부패한 국가들에 더 큰 호의를 보이는 경향이 있는 것으로 나타났다. 불행하게도 양자 간 원조 흐름에 관한 회귀분석에서는 자료의 신뢰도가 낮은 PRS가 제공한 부패 변수만을 사용했다. 이들은 다른 지수를 사용하여 자신들의 연구 결과를 교차 검증하는 작업을 하지 않았고, 따라서 그렇지 않아도 논란을 불러일으키기에 충분한 그들의 연구 결과에 적지 않은 의심을 보탰다.

그와 비슷한 의미에서 샌드홀츠와 그레이(Sandholtz and Gray 2003)는 다자기구들의 차관에 부패가 어떤 영향을 미치는지 조사했다. 그 결과 한 국가의 부패 수준이 높을수록 1990년대 후반 국제통화기금의 융자금을 많이 받은 것으로 나타났다[양(+)의 영향]. 국제통화기금이 부패를 대수롭게 여기지 않은 것이 아니라 오히려 부패 수준이 높은 국가일수록 지불 위기가 만연함을 가리키는 것으로 보아야 한다. 그러나 세계은행의 차관에 있어서는 그와 비슷한 영향을 찾아볼 수 없었다.

다음 절에서는 람스도르프의 연구(Lambsdorff 1998a; 2000)에서 개발된 무역이론에서 도출한 결과를 요약한다. 이러한 논의의 연장선에서 3절에서는 기업 조사 결과를 제시한다. 4절에서는 2절과 3절의 결과를 비교한다. 5절에서는 뇌물공여지수BPI를 확립하는 데 사용된 자료를 비판적으로 분석한다. 마지막으로 6절에서는 결론을 내린다.

7.3. 무역이론The trade approach

양국 간 무역 자료는 수출업자의 뇌물 제공 성향을 측정하는 출발점으로 사용된다. 수출국의 부패 수준이 무역에 통계적으로 의미 있는 영향을 미친다는 것이 가장 중요한 가정이다. 가장 명백한 영향은 공공부문에서 수입하는 상품과 연관된다. 공무원과 정치인들이 어느 정도로 부패했느냐가 경쟁하는 수출업자 중에서 누가 계약을 따낼 가능성이 가장 많은가에 영향을 미친다. 입찰 절차가 허위로 만들어질 수 있고, 계약은 뇌물을 가장 많이 제공하는 수출업자에게 특혜로 주어질 수 있다. 또한 민간부문의 수출도, 심지어는 다국적기업의 본사와 자회사 간의 무역도, 한 국가에 만연한 부패의 수준에 영향받을 수 있다. 한편, 세관, 통상부, 통상규제 당국과 같이 대외무역을 규제하고 통제하는 모든 국가 수준에서 어느 정도로 부패가 이루어지고 있느냐가 무역에 영향을 미친다. 뇌물을 잘 제공하는 수출 국가들이 부패한 수입 시장에서는 경쟁상의 우위를 확보할 수 있다. 다른 한편, 깨끗한 수출 시장의 경우 뇌물을 제공하는 방법으로는 그와 같은 경쟁상의 우위를 확보할 수 없다.

다음의 조사에서는 18대 수출대국이 부패한 수입국가로 수출하는 경향이 정해진다. 이러한 목적을 위해 국제통화기금의 무역국Directions of Trade으로부터 양국 간 무역 흐름에 관한 자료를 얻었다. 숫자는 1993년부터 1997년까지 106대 수입대국에 수출한 것을 나타내는데 106대 수입 대국은 각국의 수입 통계를 근거로 정해진 것이다.

그림 7.1은 인도의 수입시장에서 차지하는 점유율을 나타내는데 이 장에서 채택한 무역이론을 잘 보여준다. 인도는 비교적 부패한 나라로 인식된다. 부패의 영향을 덜 받는 다른 나라들과 대비되는 점이다. 부패했다고 인식되는 국가의 수입 시장에서 지속적으로 높은 점유율을 기록하는 국가

그림 7.1. 인도 수입 시장 점유율

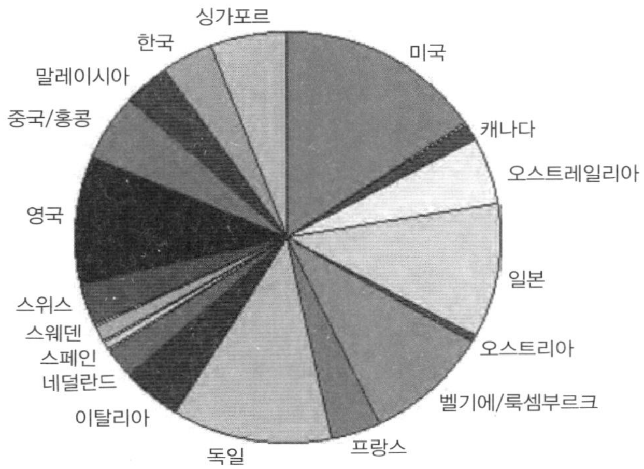

가 있다면 그 국가는 뇌물을 기꺼이 제공하는 국가로 볼 수도 있다. 이 장의 보론은 그와 관련한 통계적 분석의 기술적 세부 사항을 보여준다.

회귀분석의 결과는 표 7.1에 있다. 지리적 거리, 식민지-피식민지의 관계, 언어, 그리고 유럽연합EU 회원 여부가 미치는 영향은 배제했다(변수 통제). 부패 지수가 가지는 다양한 계수에 1차적인 관심을 두었다. 이탈리아, 벨기에/룩셈부르크, 프랑스의 경우 부패한 시장으로 수출하는 경향이 통계적으로 의미 있는 수준에서 나타났다. 말레이시아, 호주, 스웨덴의 경우 깨끗하다고 인식되는 시장으로 수출하는 경향이 통계적으로 의미 있는 수준에서 나타났다.

다른 요인들이 미칠 수 있는 영향은 배제(변수 통제)되었기 때문에 회귀분석의 결과는 각 수출업자가 뇌물을 제공하는 성향과 관련된 것이라고 결론을 내릴 수 있다. 이탈리아의 계수는 -0.034인데 이는 부패 지수가 1만큼 올라가면(즉 부패가 감소하면) 편차지수deviation index[7]는 0.034만큼

7 [옮긴이] 편차지수deviation index는 목표값target value에서 얼마나 떨어져 있는지를 측정하는 지수를 말한다.

표 7.1. 부패의 부재가 무역 패턴에 미치는 영향

Country	Impact: Lack of Corruption
말레이시아	.046**
호주	.031**
스웨덴	.027*
싱가포르	.022
일본	.010
한국	.001
캐나다	-.001
스페인	-.003
영국	-.003
오스트리아	-.004
중국/홍콩	-.010
미국	-.013
독일	-.016
스위스	-.017
네덜란드	-.017
프랑스	-.024*
벨기에/룩셈부르크	-.031*
이탈리아	-.034**

* 95% 신뢰수준에서 유의함; ** 99% 신뢰수준에서 유의함.

감소한다는 것을 가리킨다. 실제 시장 점유율이 목표값target value에 가까운 수입 시장에서 이것은 시장 점유율이 그 값의 두 배만큼, 즉 거의 7% 하락하는 것과 같다. 예를 들어 콜롬비아가 영국 수준으로(즉, 부패 지수상에서 6포인트만큼) 부패를 줄인다면, 이탈리아의 수입 시장 점유율을 42%나 감소시킴으로써 점유율이 현재의 4%에서 2.4%로 줄어들 것이다. 이러한 맥락에서 도출되는 결론은 이탈리아 수출업자들의 뇌물 제공 성향이 높기 때문에 그와 같은 영향이 초래되었다는 것이고, 수입 시장이 더 깨끗할 때는 뇌물 제공의 효과가 떨어진다는 것을 알 수 있다.

7.4. 조사 결과

어느 수출업자가 뇌물 제공 성향이 강한지를 결정하는 다른 방법은 유경험자들의 주관적 평가를 수집하는 것이다. 이를 위한 적합한 방법론을 개발하기 위하여 괴팅겐대학교에서 인터넷으로 첫 실험을 실시했다. 부패에 관심이 있는 인터넷 사용자들을 대상으로 조사하면서 질문의 적정성을 검증하기 위하여 다른 질문들을 사용했다. 이러한 검증 덕분에 통계적으로 의미 있는 조사가 되는 데 필요한 응답자 수도 결정할 수 있었다. 좀 더 포괄적인 작업은 갈퉁(Galtung 1999)이 수행했다. 그리하여 1999년 갤럽 Gallup International이 국제투명성기구를 위해 조사를 맡았고, '뇌물공여지수(Bribes Payer's Index: BPI)'가 출간되었다. 그 조사 결과는 표 7.2에서 볼 수 있는데 거기에는 2002년 자료가 업데이트되어 있으며, 2002년 자료도 같은 방법으로 조사했다.

14개 신흥국 시장의 기업인들을 조사했다. 해당 국가는 아르헨티나, 브라질, 콜롬비아, 헝가리, 인도, 인도네시아, 모로코, 나이지리아, 필리핀, 폴란드, 러시아, 남아공, 한국, 그리고 태국이다. 국제투명성기구는 국제적인 부패와 그것이 개발도상국에 미치는 영향에 관심이 있기 때문에 이러한 신흥국들에 초점을 맞추었다. 그와 동시에 이 신흥국들은 수출과 수입의 균형이 비교적 맞는 무역 패턴을 보이기 때문에 조사 대상으로 선택한 것이기도 하다. 이 신흥국들의 수입 시장은 단지 어느 한 수출대국에 지배되지 않는다. 응답자들 중에는 주요 외국인 기업과 국내 기업의 경영자, 공인회계사, 양국 상공회의소의 관계자, 주요 상업은행 관계자, 그리고 법률 관계자가 포함되었다. 응답률은 갈퉁의 연구(Galtung 1999:12)에 소개되어 있는데 겨우 20%를 넘을 정도로 다소 낮았다. 그러나 이 수치는 조사를 위해 접촉한 모든 사람들 중에서 조사가 가능한 최종 표본의 비율을 의미한다. 조사를 위해 접촉한 사람 중에서 거의 80%가 질문에 답하기를 거부한 것이 아니라 기꺼이 필요한 시간을 투자하

표 7.2. 국제투명성기구의 뇌물공여지수

1999년 순위	국가	1999년 응답자 수	1999년 지수	2002년 지수
1	스웨덴	423	8.3	8.4
2	호주	371	8.1	8.5
	캐나다	448	8.1	8.1
4	오스트리아	382	7.8	8.2
5	스위스	457	7.7	8.4
6	네덜란드	440	7.4	7.8
7	영국	479	7.2	6.9
8	벨기에	395	6.8	7.8
9	독일	493	6.2	6.3
	미국	523	6.2	5.3
11	싱가포르	397	5.7	6.3
12	스페인	426	5.3	5.8
13	프랑스	483	5.2	5.5
14	일본	472	5.1	5.3
15	말레이시아	375	3.9	4.3
	홍콩			4.3
16	이탈리아	487	3.7	4.1
17	타이완	417	3.5	3.8
18	한국	418	3.4	3.9
19	중국(1999년 홍콩 포함)	456	3.1	3.5
	러시아			3.2

주: 점수는 10(매우 깨끗한 수출업자)에서부터 0(매우 부패한 수출업자)까지 걸쳐 있다.

여 응답할 사람을 찾기 위해서는 그 정도로 많은 사람들을 접촉할 필요가 있었다는 것이다. 이러한 의미에서 응답률이 낮다고 해서 특수한 유형의 조사로 말미암아 응답자들이 응답을 거절한 것으로 보아서는 안 된다.

먼저, 수출업자들의 뇌물 제공 성향에서 차이를 인식했는지에 대해 응답자들은 답을 해야 했다. "어떤 나라 출신의 기업들은 다른 나라 출신의 기업들보다 이 나라에서 사업을 따내거나 유지하기 위하여 더 기꺼이 뇌물을 제공합니까? 이 질문은 공개 입찰 경쟁, 예를 들면 새로운 투자의 허가를 획득하기 위한 경쟁에도 똑같이 적용될 수 있습니다." 매우 흥미롭게도 778명의 유효한 응답 중에서 단지 89명만이 모든 수출업자가 똑같다는 의미에서 "아니오"라고 답한 반면에, 567명은 "예"라고 답했다(122명은 "모른다"고 대답했다). 응답자들이 인식하듯이, 뇌물을 제공할 의사가 없어도 시장 압력을 견딜 수 있고 그렇게 나라에 따라 뇌물 제공 의사가 없는 회사들도 있기 때문에 각국 수출업자들의 행동은 알려지게 되고 차이가 나게 된다고 결론을 내릴 수 있다. 19개 주요 수출국의 뇌물 제공 성향을 평가하기 위하여 이어서 다음과 같은 질문을 했다. "당신이 잘 아는 사업 부문에서 다음과 같은 국가 출신 기업들은 이 나라에서 사업을 따내거나 유지하기 위하여 뇌물을 제공할 가능성이 매우 많은지, 꽤 있는지, 아니면 없는지 말씀해주십시오."

첫 번째 질문에서 "예"라고 답했던 567명 응답자들만 두 번째 질문에 답하도록 했다. 무응답 가능성은 배제하고, "가능성이 매우 많다very likely", "가능성이 꽤 있다quite likely", "가능성이 없다unlikely"라는 세 범주의 선택지만 제공했다. 그리하여 원래 자료(BPI'i)는 1(가능성이 없다)부터 3(가능성이 매우 많다)까지 걸쳐 있다. 그 결과는 BPIi=10+5·(1-BPI'i)로 다시 공식화되어 10은 윤리 수준이 매우 높은 수출국가임을 나타내는 반면에 0은 뇌물을 제공할 경향이 매우 강한 것으로 인식되는 국가를 가리킨다. 표 7.2를 보면 스웨덴, 호주, 캐나다는 좋은 평판을 얻은 반면에 이탈리아, 대만, 한국, 중국/홍콩은 뇌물을 제공할 가능성이 가장 높은 것으로 인식되었다.[8]

---

8 또다른 조사는 브레이(Bray 2006)가 수행했다. 영국, 미국, 독일, 프랑스, 네덜란드, 브라질, 홍콩에 거점을 둔 대규모 국제 기업들의 중역 350명을 대상으로 사전에 마련된 질문지로 전화 인터뷰를 실시했다. OECD 회원국과 비회원국을 합쳐 17개 주요 수출국 소속 회사들이 OECD 협약을 준수하는지에 관하여 4점 척도로 평가해 달라고 응답자들에게 요구했다. 답변의 선택지는 다음과 같이 제시되었다. 1) 철저하게 준수한다. 2) 어쩌다가 준수하지 않는 경우만 제외하면 전반적으로 잘 준수한다. 3) 자기 회사는 준수하고 싶지만 경쟁자들이 뇌물을 제공한다면 따라서 뇌물을 제공할 것이다. 4) 그 투자 유치국에서 뇌물을 제공하는 것이 관행이라면 자신들도 언제나 뇌물을 제공할 것이다. 그 결과

그 결과는 각각의 국가 내부에서 인식되는 부패의 수준과 강한 상관관계를 보여주는데 각각의 국가 내부에서 인식되는 부패의 수준이란 현지 정치인과 공무원들이 주로 기업인들을 다룸에 있어서 저지르는 부패의 수준을 말한다. 기업인들은 국내에서 하듯이 해외에서도 비슷하게 행동한다는 것을 여기서 알 수 있을 것이며, 국내 정치인과 공무원의 부패 지수와 기업인이 해외에서 저지르는 부패 지수가 실제로 수렴된다는 것도 여기서 알 수 있다. 그러나 우리가 거기서 할 수 있는 또 한 가지는 응답자들이 국내 정치인 · 공무원의 부패와 기업의 해외에서의 부패를 제대로 구분하지 못하며, 따라서 한 국가가 국내에서 부패를 막는 데 얼마나 노력하는가에 관한 전반적인 평판에 따라 그 나라 회사들의 해외 활동에 관한 평판도 덩달아 형성될 수 있다는 것이다.

7.5. 상이한 방법들에 대한 비교

무역이론에서 도출한 결과를 국제투명성기구TI의 뇌물공여지수BPI와 비교하면 약간의 차이를 발견할 수 있다. 두 가지 접근방법 간의 전반적인 상관관계 계수는 0.07에 불과하다. 그러나 일부 국가의 수출업자들에게는 두 가지 접근 방법의 차이에도 불구하고 조사 결과의 유사성이 보인다. 이탈리아와 프랑스는 수출 성과가 빈약한 것으로 여겨지는 반면에, 스웨덴과 호주는 뇌물 제공을 삼가는 것으로 인식되면서 부패했다고 인식되는 국가에서는 단지 작은 시장 점유율밖에 기록하지 못한다.

두 가지 접근 방법 간에 큰 차이가 나는 것은 아시아 국가 수출업자들의 경우이다. 아시아 국가의 수출업자들은 그림 7.2에서 십자十字가 그려진 부분(빨간 색깔 부분)에 위치한다. 아시아 국가들은 무역이론의 경우보다 BPI의 경우에 상당히 더 나쁜 것으로 평가받는다. 그 차이는 현저하고 그

BPI와 (0.97의 상관관계 계수를 보일 만큼) 강한 상관관계가 있는 것으로 나타났으며, 결과적으로 브레이의 조사는 국제투명성기구의 지수를 뒷받침했다.

그림 7.2
산포도: 뇌물공여지수BPI, 그리고 무역이론

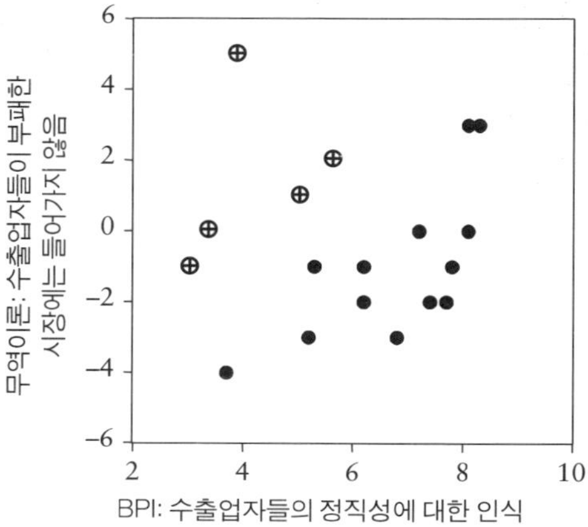

것에 대해서는 다양한 해석이 가능하다. 아시아 국가들은 실제로 뇌물 제공 성향이 강하지만 다른 경쟁 국가들과는 달리 뇌물을 제공하면서도 시장 점유율은 올리지 못하거나, 아니면 아시아 국가들에 대한 인식이 왜곡된 것이다.

그와 같은 왜곡은 아시아 국가들의 성공으로 인해 초래된 것인지도 모른다. 아시아 국가들은 지난 20년 동안 수출에서 막대한 신장세를 기록한 반면에, 미국이나 유럽 같은 전통적인 수출국가들은 시장점유율의 감소를 맛보았다. 따라서 무역이론과 BPI 간의 차이는 수출 증가에 따른 결과일 수 있다.

이러한 점을 설명하는 데에는 두 가지 추론이 가능하다. 첫째, 새로운 수입 시장에 진입하려고 할 때 뇌물 제공은 효과적이지 못한 방법이다. 부패는 시장점유율을 유지할 때 더 유용하기 때문이다. 이 점에서는 BPI 조사가 무역이론보다 강점이 있을 것이다. 새로운 시장을 개척할 때보다는 사업을 유지할 때 부패가 더 효과적이라고 생각하는 데에는 그만한 충분한 이유가 있다. 거래 비용을 고려하면, 장기간 지속되는 사업 관계가 이미 형성되어 있을 때 부패 거래를 체결하기가 더 쉽다는 것을 알 수 있다(Lambsdorff 2002a). 부패 관계의 파트너들은 자신들의 약속을 자신들이 지키리라고 서로에게 확신시킬 수 없다. 부패 관계의 파트너들은 뇌물을 받은 후에는 약속을 어기는 경우가 많거나 뇌물을 추가로 요구한다. 부패 계약을 이행하지 않을 경우에 법에 호소하는 것은 대체로 불가능하다. 부패 계약의 이행을 보장하기 위해서는 다른 메커니즘을 사용해야 한다. 부패 관계의 파트너들 사이에 '정직성'의 평판을 확립하거나 반복적인 사업 관계를 형성하면, 기회주의적 배신 행위를 차단할 안전장치가 될 수 있다. 그러나 이러한 방법들을 더 쉽게 이용할 수 있는 이들은 시장점유율을 유지하려는 사람이지 새로 진입하려는 사람은 아니다. 따라서 수출업자가 부패한 시장에 수출을 하는 경향만 가지고 수출업자의 뇌물 제공 성향을 완전히 파악할 수는 없을 것이다. 이러한 추론이 적절하다고 생각된다면 무역이론이 제시하는 설명은 왜곡된 것일 수 있다.

둘째, 사람들의 인식에는 편향이 있을 수 있다. 사람들의 인식은 순전히 전해들은 말, 소문, 험담일 수도 있고, 그와 달리 실제 경험일 가능성도 똑같이 존재한다. 그저 전해들은 말이거나 소문이거나 험담일 경우 사람들의 인식은 현실을 잘 가리키는 지표가 못 된다. 뇌물공여지수BPI가 실제 수출에서 나타나는 행동을 반영한다고 국제투명성기구TI에서 명시적으로 밝힌 적이 없다는 사실을 이 단계에서 말할 필요가 있다. 사람들의 인식에 실제로 존재할 수 있는 편향 가운데 한 가지는 응답자들이 성공적인 경쟁자들에 관하여 부정적 의견을 가질 수 있다는 점이다. 여기서 주관적 지표들이 가지는 편향의 문제가 제기된다. 기업인들은 경쟁자들의 성공을 불공정한 관행의 결과로 비난하는 경향을 가지고 있을 수 있다. 예를 들어 미국 중앙정보국CIA의 한 보고서에 의하면, 1994년부터 1995년까지 미국은 다른 경쟁 국가들의 뇌물과 부패로 인하여 대외무역 분야에서 360억 달러 상당의 손실을 보았다는 것이다. 그러나 그러한 천문학적 규모의 손실은 미국 기업인들이 시장점유율에서 다른 나라들에게 밀린 뒤에 변명거리를 찾는 것일 가능성이 더 크다는 힐난이 뒤따랐다. 이러한 힐난을 진지하게 받아들인다면, 사람들의 인식에 기초한 주관적 지표는 부적당한 것으로 치부되고 국제투명성기구의 뇌물공여지수보다 무역이론이 더 현실에 가깝다고 사람들은 생각하게 될 것이다.

7.6. 결론

국제투명성기구의 부패인식지수CPI는 주로 뇌물을 받는 사람들의 부패 수준을 나타낸다. 국제적인 기업 간 거래를 고려하면, CPI와 같이 사람들의 인식을 바탕으로 한 평가는 공정하지 않다. 서구의 기업인들이 저개발국 공무원에게 뇌물을 건넨다면, CPI와 같은 지수는 뇌물을 제공하는 국가들이 아니라 뇌물을 받는 국가에 나쁜 점수를 준다는 점에서 불공정하다. 그런 점에서 이 장을 통해 CPI와 같은 현행 지수를 적절히 보완하고, 정치적으로 민감한 오해도 불식했다고 생각한다. 그러나 아시아 수출 국가들을 평가하는 문제에 대해서는 여전히 논란의 여지가 있다고 하지 않을 수 없다.

반부패 개혁의 몇 가지 쟁점도 이 장에서 알아본 것과 유관하다. 첫째, 부패 게임을 하는 데 있어서 뛰어난 기술자인 사람들이 있는가 하면, 도덕적인 양심의 가책을 느끼는 사람들도 있다. 그런가 하면 자신이 속한 기업의 문화를 두려워하는 사람들도 있는데 왜냐하면 직원들이 자기 회사를 배신하는 방향으로 잘못 치닫거나 전에는 정직하던 고객과 공급자가 부패 거래의 전리품을 나누는 데 참여하고 싶어하기도 하기 때문이다. 그러나 가장 낮은 수준의 윤리강령만이 살아남을 만큼 최악의 상황은 아니다. 일부 경제학자들의 믿음과는 반대로 치열한 경쟁 속에서도 윤리가 살아남을 가능성은 존재하는 듯하다. 수출국가들 간에도 행동 유형이 상이하기 때문에 수출 국가들이 단순히 문화적인 분위기를 주어진 것으로 받아들여서 자국의 윤리적 기준을 거기에 맞추지는 않는다고 결론을 내릴 수 있다. 수출업자들의 행동이 국가마다 다른 한 뇌물 제공 성향도 국가별 수출업자들의 선택에 따라 달라진다.

둘째, 수출업자들 간에 큰 차이가 존재한다는 점은 반부패 개혁을 해나가는 데 도움이 될 수 있다. 회사가 기업윤리를 준수하기 위해 최선을 다한다고 해서 그것이 반드시 그 회사의 이윤 극대화 전략과 상충될 것이라는 법은 없다.

셋째, 최근 연구에 의하면 기업들도 반부패 개혁에 이바지할 수 있다. 국제투명성기구는 뇌물 방지를 위한 경영원칙Business Principles for Countering Bribery을 개발했는데 그 내용을 들여다보면 행동강령, 내부고발자를 위한 절차, 그리고 준수 메커니즘compliance mechanisms과 같은 반부패 조항들을 실행하는 방법에 관하여 소상하게 안내하고 있다. 기업의 거버넌스를 통하여 부패를 억제하는 방법을 조사한 최근의 연구도 있다(EIRIS 2005). 이 장에서는 기업의 성취를 수입 시장 점유율로 보여주고, 부패가 수출입에 미치는 영향을 비롯한 몇 가지 조사 결과를 밝혔는데, 기업의 성취와 그러한 조사 결과 사이에는 강한 상관관계가 존재한다. 기업의 거버넌스가 잘 이루어지는 회사를 유치하는 국가들은 그 수출업자의 부패에 따른 영향을 적게 받는 대신에 부패한 수입 시장에서 상대적으로 낮은 시장점유율을 기록한다. 기업의 거버넌스가 잘 이루어지면 그 효과가 나타나는 것 같다. 증권시장에서는 기업의 거버넌스가 강력한 회사들이 더 높이 평가받는다는 연구 결과도 있다.

그러나 이 장 서두에서 거론한 레소토의 사례가 시사하듯이, 회사가 행동강령을 우회하는 데 능하다면, 행동강령은 쉽게 사문화될 수 있다. 중개인을 고용하는 것도 행동강령을 우회하는 한 가지 방법이다. 예를 들면 방위산업과 항공산업 분야의 회사들은 현재 행동강령을 실천하느라 분주하지만, 오늘날은 현지 대리인들이나 혹은 상대적으로 덜 엄격한 환경에서 운영할 수 있는 자회사들을 통하여 그런 회사들의 뇌물이 전달되고 있는 것 같다.

그러므로 반부패 개혁을 추진할 때는 중개인들을 다루는 법에 관하여 신경을 쓰지 않으면 안 된다. 오늘날 특히 정부가 국제적인 거래를 통하여 무언가를 구매하는 경우에 부패 계약을 주선하는 핵심에는 중개인들이 자리하고 있는 듯하다. 한 가지 대책은 중개인의 활동을 막는 것이다. 공공계약과 관련하여 알제리에서는 중개인의 개입을 금지하고 있다. 인도에서도 정부의 무기 거래에는 어떠한 커미션의 지불도 불허하는데 그로 인해 중개인의 활동도 차단되고 있다. 그러나 연구 결과에 의하면 그와 같은 금지 조치를 우회하는 경우가 많다(Aburish 1985: 29, 105-109). 법적으로 중개인이 하는 일을 처벌하기가 어렵고, 중개 역할은 흔히 쉽게 기소를 피할 수 있는 외국 국적자들이 수행한다.

어떤 대리인들에게는 정직을 위해 최선을 다하는 것이 이로울 수 있다는 연구 결과도 있다. 그러한 측면을 좀 더 체계적으로 이용하면 반부패 개혁에 도움이 될 수도 있다. 글상자 27을 보면, 대리인이 자발적으로 등록을 할 경우 정직을 위해 최선을 다하는 데 어떻게 도움이 되는지를 알 수 있고, 그러한 등록제도를 통해 밀과 겨를 구분하는 방법도 배울 수 있다.

글상자 27. 부패 거래의 중개인 차단하기

부패는 일종의 기술이다. 회사들 중에는 자사가 직접 부패 거래를 체결할 만큼 부패에 능숙하지 못하다고 생각하면, 그 더러운 일을 전문가에게 위임하려고 한다. 이러한 전문가들은 중개인으로 활동하면서 공무원의 범죄 능력에 관하여 자신이 가진 내부 정보를 활용하고, 무엇보다도 자신이 반복하여 거래한 정치인들과의 관계를 이용한다(Hasker and Okten 2004). 그리하여 중개인은 부패 거래의 보증인으로 활동하는데 거래의 실제 당사자들을 연결하여 참여시키는 것이 보증인의 역할이다(della Porta and Vanucci 1999: 46; Vanucci 2000). 다행히 부패 거래를 중개함에 있어서는 완전 경쟁이 존재하지 않는다. 왜냐하면 중개인들은 자신들의 고객을 속이는 일이 많고 역으로 고객도 중개인들을 속이는 일이 많을 뿐만 아니라 그들 간의 계약은 법의 보장을 받을 수 없기 때문이다. 그럼에도 불구하고 규모가 큰 부패 계약은 흔히 중개인들이 주선한다. 어떻게 하면 중개인들의 활동을 제한할 수 있을까?

부패 거래는 그 후유증이 빨리 나타나고 민간 기업의 문화를 파괴한다. 기업들 중에는 부패 거래에서 손을 떼지는 않고 그 일을 중개인에게 위임함으로써 정직한 체하는 경우가 있다. 미국의 해외부패방지법FCPA과 같은 법률 조항에 의하면 뇌물을 직접 주든 중개인들을 통하여 간접적으로 제공하든 상관없이 뇌물 제공을 금하고 있다. 그와 비슷한 조항이 1997년 제정된 OECD 협약에도 있다. 회사들이 이러한 법률 조항들을 우회하는 한 가지 방법은 합리적 무시rational ignorance[9]이다. 중개인들은 계약을 체결해주는 대가로 큰 몫을 받고, 부패 거래의 양 당사자는 중개인에게 정직하게 중개하겠다는 각서를 쓰도록 공식적으로 요구하며, 그 나머지는 중개인이 전적으로 맡는다(Bray 2004; Sayed 2004; Stansbury 2004).

그러나 회사가 부패 거래를 알지 못했다고 주장하기 어렵게 하는 다양한 '위험 신호들red flags'이 존재한다. 커미션의 파격적인 규모도 그러한 난관에 속하고, 뇌물을 현금으로 받고 싶다거나 번호계좌[10]로 송금받고 싶다거나 하는 요구도 마찬가지이다. 그 외에 부패 계약의 이행을 중개인이 보장해야 할 필요성 때문에도 난관은 초래된다. 중개인이 부패 거래의 어느 한쪽 당사자에게 속지 않기 위해서는 뇌물 제공 전에 커미션을 챙길 필요가 있다. 그와 같은 선불은 일반적인 사업 관행에 배치되기 때문에 회사들로서는 중개인의 의도를 의심하게 된다. 공무원이나 정치인이 중개인을 '천거할' 때에도 문제는 발생하는데 특히 공무원이나 정치인이 중개인의 회사에 지분을 갖고 있을 경우에 그러하다. 마지막으로 중개인이 뇌물을 제공하고 다른 회사들을 대표하던 과거의 기록과 관련하여 의문을 불러일으키는 평판을 듣고 있다면 그것은 중개인이 앞으로도 뇌물을 정직하게 전달할지에 관한 바로미터가 된다(Bray 2004: 127; Darroch 2004: 50-51).

중개인을 더 엄격하게 규제하는 것은 분명히 반부패 개혁을 위한 한 가지 방법이다. 예를 들면, 공공조달, 채굴권, 혹은 보조금 제공과 같은 다양한 정부 기능과 관련하여 커미션을 제공하는 것은 법률 위반이 될 수 있는데 그 커미션을 받는 사람이 그 특별한 과업을 위해 등록되지 않았다면 위법인 것이다. 등록된 중개인들의 경우 해마다 감사를 받게 하는 것을 포함하여 회계 표준을 의무화할 수도 있다. 무등록 중개인에게 지불된 돈이 공공계약이나 채굴권과 연관된 것이라면, 이로 인해 회사는 형사책임을 질 수 있을 것이고 그와 관련된 계약은 법적으로 보장받지 못하는 사태가 발생할 수 있을 것이다. 이라크에서는 70명의 중개인이 외국 회사를 법적으로 대표할 수 있도록 허용받았고, 이러한 규제 바깥에서 활동하는 중개인은 사형에 처해졌다고 알부리시(Alburish 1985: 29)는 보고한다.

정직한 회사들 중에는 자신들이 고용한 중개인의 부패한 행동으로 나쁜 평판

---

9 [옮긴이] 합리적 무시rational ignorance란 어떤 정보가 주는 이득보다 그것을 얻기 위한 비용이 큰 경우 그 정보를 얻지 않고 무시하는 게 경제적으로 합리적이라는 개념이다.

10 [옮긴이] 번호계좌numbered account란 특히 스위스 은행에서 사람의 이름이 아닌 번호로만 인식되는 예금 계좌를 말한다.

을 얻게 되거나 법적 책임을 지게 될까 봐 두려워하는 경우가 있다. 그와 같은 회사들은 자신들이 고용한 중개인이 뇌물을 제공하지 못하도록 하기 위해 선량한 관리자의 주의 의무[11]를 기꺼이 수행한다. 단, 그러한 선량한 관리자의 주의 의무에 소요되는 행정 비용을 합리적인 수준까지 줄일 수만 있다면 말이다. 그러나 국민과 법원은 그와 같은 회사의 행동을 존중해주지 않을 수도 있다. 왜냐하면 다른 회사들도 합법성의 외양을 띠기 위하여 그와 비슷한 공식적인 절차를 작동시킴으로써 자신들이 중개인과 맺고 있는 부패한 관계를 위장하기 때문이다. 다른 한편, 중개인 중에는 최선을 다해 정직하게 하려는 경우도 있다. 부패를 싫어하거나 불법 거래에 거의 능숙하지 못한 중개인들은 그와 같이 정직하게 하는 것으로 이득을 취할 수 있다. 그런 중개인들은 정직한 회사의 신임을 얻게 된다. 정직한 중개인과 정직한 회사를 짝지어주는 것에 반부패 개혁의 초점을 맞추어야 한다.

반부패 개혁의 한 가지 적절한 방법은 중개인들에게 자격증을 부여하는 방안일 것이다. 중개인들을 전문기관에 등록하게 하고, 뇌물금지 정책을 채택하고, 중개인들의 통상적인 업무를 검사하고 감사하게 함으로써 중개인들의 정직성을 담보할 수 있다.[12] 중개인들의 등록을 받는 기관은 선관주의의무를 다하면서 추호라도 위험 신호가 접수되면 그 사실을 공개할 것이다. 그 기관은 선관주의의무를 다하는 데 필요한 행정 비용을 낮출 수 있는데, 그 기관의 중개인 평가 내용을 다수의 회사들이 이용할 수 있기 때문이다. 자격증은 한 회사가 국민과 법원 앞에서 자사의 평판을 변호하는 데 사용할 수도 있다. 그 자격증은 그 회사의 정직성을 편향됨이 없이 보여주는 것이기 때문이다.

그와 동시에 무자격 중개인들의 경우 기꺼이 부패 거래를 중개하겠다는 의사를 드러내는 것이나 마찬가지이다. 따라서 부패한 회사들은 더 쉽게 부패한 중개

---

11 [옮긴이] 선량한 관리자의 주의 의무(약칭 선관주의의무, due diligence)란 평균적인 사람에게 요구되는 주의 의무로서 법률용어이다. 어떤 행위자의 과실을 인정하고 그에 따른 법적 책임을 추궁할 수 있기 위해서는 행위자에게 어느 정도의 주의 의무가 요구되어야 한다는 것이다. 이 경우 중개인의 뇌물 제공 행위가 기업의 형사책임으로 돌아오지 않게 하기 위해서는 기업이 중개인의 활동을 점검하는 최소한의 선관주의의무를 다해야 한다고 볼 수 있다.

12 그와 같이 중개인에게 자격증을 부여하는 기관이 최근 한 곳 창설되었다. 바로 투명중개 및 계약 단체(Transparent Agents and Contracting Entities: TRACE)이다. 이 기관이 채택하고 있는 방법들이 성공할지 깊은 관심을 가지고 지켜볼 필요가 있다. [옮긴이] TRACE는 전 세계 1천여 개 회원사에게 뇌물 방지 준수 방침과 서비스를 지원하는 비영리 뇌물방지기업협회이다.

인을 알아볼 수 있게 된다. 등록된 중개인을 고용할 수 있는데도 불구하고, 무자격 중개인을 선호한다면 그 회사는 정직하게 행동할 의사가 없음을 드러내는 것이 되고, 내부고발자나 검사나 일반국민들은 더 쉽게 부패 사건을 적발할 수 있다. 이렇게 되면 부패한 회사의 위험 부담은 증가하고, 윤리의식이 덜 철저한 회사들조차도 합법적인 영업을 선호할 수가 있다.

18개 수출국(i) 각각은 106개 수입 시장(j) 각각에서 일정한 시장 점유율(M_{ij})을 획득한다. 인도 수입 시장에서의 그와 같은 점유율 사례는 그림 7.1에서 제시되었다. 그림 7.1은 18개 수출국이 인도 수입 시장에서 실제로 차지하는 시장점유율을 보여준다. 그와 같은 시장점유율은 108개 수입 시장에서 정해진다. 회귀분석을 하기 전에 실제 시장점유율은 목표값(target value: T_{ij})과 비교된다. 이 목표값은 상품의 부채꼴 분포를 나타내는 함수로 시장점유율의 기대치를 의미한다. 즉, 특정 수출국가에서 생산한 상품의 구조가 고려되는 것이다. 10개 범주의 상품(k)이 고려되는데 이 10개 범주는 국제표준무역분류표(Standard International Trade Classification: SITC)에 따라 정해진 것이다. 예를 들면 이 10개의 범주 중에는 원료와 연료, 기계와 수송장비, 다양한 가공품, 화학제품이나 식품, 그리고 살아 있는 동물이 포함되어 있다. 수출국 i 와 모든 수입국 j 에 있어서 목표값은 다음과 같은 식으로 나타난다:

$$T_{ij} = \sum_{k-0}^{9} \frac{M_{jk}X_{ik}}{M_jX_k}$$

여기서 M_j는 국가 j의 수입품의 달러 가치를 나타내고, M_{jk}는 국가 j가 범주 k를 수입한 것의 달러 가치를 가리키며, X_{ik}는 국가 i가 범주 k를 수출한 것을 나타내고, X_k는 18개국 모두가 범주 k를 수출한 것을 의미한다. 이 식은 국가 i가 모든 산업 부문의 수출에서 획득할 수 있는 시장 점유율(X_{ik} / X_k)을 산출하고, 그 값에 국가 j의 수입 시장 점유율(M_{jk} / M_j)을 곱한다. 이러한 값들의 합계는 총체적인 시장점유율의 기대치를 제공한다.[13] 편차지

---

13 쌍무무역 데이터로는 전 세계의 수출을 적절하게 측정할 수 없으므로, 이 공식은 더 조율되어야 한다. 람스도르프(Lambsdorff 2000)를 보라.

수(D_{ij})는 실제값과 목표값을 비교함으로써 구축된다.

$$D_{ij} = \frac{M_{ij} - T_{ij}}{M_{ij} + T_{ij}}$$

만일 수출국가 i 가 수입 국가 j 에서 (총체적인 수출의 강점 그리고 수입과 수출의 독특한 부문별 구성에 의해 정해지는) 목표값을 초과하는 시장점유율을 획득할 수 있다면, D_{ij} 는 양(+)으로 나타난다. 목표값을 초과하는 시장점유율을 획득할 수 없다면 음(-)의 값을 얻게 된다. 이러한 편차지수는 회귀분석에서 종속변수로 들어갈 것이다.

설명변수의 영향을 관찰하기 위하여 다변량회귀분석의 방법을 사용한다. 설명변수 중에서 가장 중요한 것은 1998년 국제투명성기구TI의 부패인식지수CPI인데 이것은 수입국의 부패 수준을 보여줄 목적으로 사용된다. 이 점에 대해서는 이 책의 1장을 보기 바란다. 국제투명성기구의 부패인식지수 산출에는 적어도 세 개의 자료를 이용할 수 있는 국가들만 포함되는데, 그럼으로써 훨씬 더 신뢰할 수 있는 숫자를 내놓게 된다. 그러다보니 많은 대규모 수출국가들이 배제되었다. 회귀분석의 목적을 위하여 다른 모든 국가들 각각의 부패 인식값도 정해졌다. 여기서는 큰 국가들의 결과만을 제시할 것이다. 그 결과는 회귀분석의 구체적인 내용을 달리할 때에도 영향을 받지 않고 유지되는 것으로 나타났다. 이 점에 대해서는 람스도르프(Lambsdorff 2000)를 보기 바란다. 부패인식지수를 포함시키는 목적은 각각의 수출국가가 상대적으로 부패하거나 상대적으로 깨끗한 국가에 수출하는 경향을 분리하여 결정하려는 것이다.

각 수출 시장까지의 거리가 커짐에 따라 자연스럽게 수입 시장에서 차지하는 점유율도 낮아질 것이다. 여기서 지리적 거리라는 변수의 필요성이 제기되는데 그 지리적 거리는 각국의 인구 중심지와 인구 중심지 사이의 거리로 측정된다. 또한, 공통의 언어도 무역에 도움이 될 수 있으며, 이것은 더미변수를 포함시키는 이유가 된다. 이 변수의 경우 수출국과 공통된 언어를 가진 국가에 1의 값을 부여하는데 공통언어의 기준은 언론, 기업, 혹은 교육 부문에서 공식 언어로 사용되거나 높은 대표성을 지니는 것이다.[14] 식민지 시절의 유대관계도 고려해야 할 또 하나의 중요한 요인이다. 이것도 더미변수로 포착하는데 지난 100년간 한 국가가 각 수출국의 식민지였던 적이 있는지의 여부를 가리키는 것인데 수출국의 영향력이 식민지였던 국가의 문화혁명에 의해 근본적으로 뒤집어지지 않은 경우라야 한다.

유럽연합 외부 국가들의 경우 유럽연합 회원국들과 무역을 하는 데 불리한 점이 있는 것 같다. 이것은 유럽연합 회원국의 경우 1의 값을 취하는 더미변수를 포함시킴으로써 검증되었다.[15] 영연방이나 EFTA[16]와 같은 다른 정치적 조직들은 통계적으로 의미가 없었다. 종교적 신념, 무역관계를 수립할 때의 규모의 경제, 혹은 무역국가간의 공유 국경 유무를 포함하는 많은 추가적인 변수들을 검증했다. 그러나 이러한 것들 역시 통계적으로 의미가 없는 것으로 나타났다. 회귀분석의 최종 식은 다음과 같이 도출되었다.

$$D_{ij} = C1_i + C2 \times \text{Geographic Distance}_{ij} + C3_i \times \text{Absence of Corruption}_j + C4 \times \text{Language - Dummy}_{ij} + C5 \times \text{Colonial - Ties}_{ij} + C6_h \times \text{EU - Dummy}_j$$

14 수출국에서 여러 언어를 사용하는 경우 각 언어의 중요성에 따라 각 더미변수의 구성이 결정된다.

15 후속 회귀분석에서는 수출국이 유럽연합 회원국인지 아닌지에 따라 두 개의 계수, 즉 (C6h)와 $h \in \{0,1\}$가 허용되었다.

16 [옮긴이] EFTA는 유럽자유무역연합European Free Trade Association을 말한다. 1960년 5월 영국이 중심이 되어 유럽경제공동체(European Economic Community: EEC)에 대항하여 설립했으나 영국이 EEC에 가입한 후 2007년 현재는 아이슬란드, 리히텐슈타인, 노르웨이, 스위스 4개국이 활동하며 본부는 스위스 제네바에 있다. 한국과는 2005년 7월 FTA 협상을 타결하고 2006년 9월 1일 한-EFTA FTA협정이 발효되었다.

식민지 시절의 유대관계, EU-더미, 그리고 특히 지리적 거리와 같은 변수의 경우 분석 결과에 있어서 통계적으로 매우 중요한 의미가 있었다. 부패 없음이라는 요인이 무역 패턴에 미친 영향을 조사한 결과는 표 7.1에 나타나 있다.

제8장

어떻게 신뢰가 불법 거래를 용이하게 하나?

실증적 접근

8.1. 서론

부패 거래는 법에 호소하지 못하기 때문에 법적으로 이행을 보장받을 수 없다. 그러므로 부패에는 기회주의, 약속 위반, 고발 위협이 수반된다(della Porta and Vanucci 1999; Husted 1994; Lambsdorff 2002a; Rose-Ackerman 1999: 91-110; 이 책의 6장). 따라서 투자자가 보기에 부패 거래의 예측 가능성은 낮고 상호 약속에 관한 신뢰도 없다. 이러한 신뢰의 결여로 인하여 투자자들은 부패 거래의 체결을 주저하게 된다는 것이 최근 실증적 연구를 통하여 뒷받침되었다.

1997년 WB/UB(세계은행/바젤대학교)는 같은 시점을 기준으로 여러 나라를 조사하여 부패 거래의 예측 가능성과 신뢰에 관한 중요한 지수를 발간했다. 그리고 이 자료는 연구자들에게 유용하게 사용되고 있다. 세계은행(World Bank 1997: 103, 172)은 부패의 수준이 일정한 39개 선진국과 개발도상국을 대상으로 조사한 결과 부패 거래가 좀더 예측 가능하게 체결되는 나라일수록 더 높은 투자율을 기록하는 것으로 나타났다고 주장한다. 이러한 분석 방법은 캄포스와 그의 동료들(Campos et al. 1999)에 의하여 계속되고 또 더 정교해졌는데 이들은 WB/UB가 같은 시점을 기준으로 59개 국가들을 조사한 동일한 데이터를 사용했다. 캄포스와 그의 동료들은 1인당 GDP와 중등학교 등록률이 같다고 전제(변수 통제)하고 분석한 결과, 부패 거래의 예측 가능성이 낮을수록 그리고 전반적인 부패의 수준이 높을수록 GDP 대비 투자 비율은 감소한다는 것을 알아냈다. 부패가 경제에 미치는 영향에서는 부패의 수준보다 부패의 유형이 더 결정적이라고 그들은 결론을 내렸다. 카우프만과 웨이(Kaufmann and Wei 1999)도 WB/UB가 조사한 부패 거래의 예측 가능성에 관한 측정치를 사용했다. 그들은 부패의 수준뿐만 아니라 부패 거래의 예측 가능성도 회사 경영자들이 관료들과 협상할 때 걸리는 시간을 결정하는 중요한 요소라는 사실을 입증했다. 웨이(Wei 1997)는 WEF가 작성한 다른 데이터를 사용하는데 그는 부패 거래의 예측 가능성이라는 동일한 쟁점을 다루기 위하여 '자의성arbitrariness'이라는 용어를 쓴다. 그는 부패 거래의 자의성이 자본 흐름에 역기능을 수행한다고 주장함으로써 부패는 세금보다 더 해롭다는 가설을 정당화한다. 이러한 연구 결과를 근거로 부패의 역기능을 줄이기 위해서는 부패 거래를 좀 더 예측 가능하게 해야 한다고 주장하는 사람도 있을 것이다. 규제와 사법권은 부패 거래의 이행을 보장하고 따라서 투자자의 신뢰를 회복하는 데 도움이 될 수 있다는 식의 주장이다. 이러한 주장이 건전한 것인지에 대하여 이 장에서 논의할 것이다.

일반적으로는 부패를 추방하면 투자자들의 신뢰는 회복되기 마련이다. 그러나 투자자들 스스로가 뇌물을 제공하고 있다면, 부패 추방과 투자자의 신뢰회복이라는 두 가지 목적은 충돌한다. 파키스탄 전력산업의 예를 들어보자. 부토 전 총리의 재임 기간에 많은 민간 전력회사들이 정부와 계약을 체결하고 정부의 수자원전력개발청Water and Power Development Authority에 전력을 공급했다. 그러나 반부패 개혁을 주도하는 정부 기관이 판단하기에는 그러한 전력 공급 계약의 대가로 관료와 정치인들에게 뒷돈이 제공된 게 틀림없었다. 정권교체가 이루어지자 새 정부는 과거의 계약을 재협상하면서 전기요금을 30%나 인하했다. 그러나 국제통화기금과 세계은행은 민간 전력회사들에게 차관을 제공하는데 전기요금이 인하될 경우 차관이 급증할 것으로 판단하고, 일방적으로 전기요금을 인하하면 외국인 투자자들의 신뢰를 심각하게 떨어뜨릴 것이라고 파키스탄 정부에 경고했다. 그리고 정부에 압력을 가하기 위하여 IMF와 세계은행은 차관 계약을 연기시켰다.[1]

그와 유사한 사례가 인도네시아에서도 있었는데 인도네시아 정부의 전력 담당 부서는 당초 외국계 대기업과의 합작투자 방식으로 건설한 대규모 발전소로부터 전기를 공급받기로 계약을 체결했으나 부패 의혹이 제기되자 계약을 취소해버렸다. 이 사례에서는 수하르토의 친척이 그 합작투자회사의 지분을 챙겼기 때문에 뇌물 수수 의혹을 불러일으켰고, 전기요금의 인상도 초래되었다. 그러나 수출신용보험사들의 외국인 대표들은 원래의 계약을 존중하라고 인도네시아 정부에 압력을 가했다. 그들이 압력을 가하면서 제시한 논리는 "미래의 투자 분위기는 장기적인 결정을 바탕으로 형성될 것이고 … 그러한 장기적인 결정을 바탕으로 외국인 투자자들의 근본적인 권리는 보호받을 수 있다. … [계약 불이행]은 인도네시아의 신용을 악화시키고 장차 우리가 당신들과 함께 일할 수 있는 힘을 약화시킬 것이다"라는 것이었다.[2] 이상 살펴본 파키스탄과 인도네시아의 사례에서는 부패 추방과 불법 거래(혹은 불법 의혹이 있는 거래)를 존중하는 것 사이에 충돌이 일어났다. 만일 부패가 1차적으로 해로운 게 투자자들의 신뢰를 떨어뜨리기 때문이라면, 계약이 어떻게 형성되었는가와 상관없이 신뢰를 회복하고 유지하는 데 반부패 개혁의 초점을 맞추어야 할 것이다. 정말 그렇다면 부패 의혹과 상관없이 외교적 수단에 호소하고 거래가 계약대로 이행되도록 압력을 가하는 일도 정당화될 것이다. 머피와 그의 동료들

---

1 파이낸셜타임스, "파키스탄: 전기요금 분쟁 해결 시도", 1998.10.29. 그리고 로이터통신, "파키스탄 수자원전력개발청, 투자자들의 위협에 직면하다", 1998.4.26.을 보라.

2 이 인용문은 파 이스턴 이코노믹 리뷰, "전력 공급에 문제 발생", 1999.10.21.에서 가져온 것이다. 그와 함께 파이낸셜타임스, "인도네시아 전력 분쟁 잠정 타결", 2000.3.10.도 참고하라.

(Murphy et al. 1993: 413)은 그와 비슷한 맥락에서 뇌물을 제공하지 않고 정치인들에게 회사의 지분을 주어야 하는데, 그렇게 할 경우 정치인의 신용에 대한 투자자들의 신뢰가 회복되고 몰수의 위험을 낮출 수 있다고 주장한다.

그러나 나는 감히 이러한 주장에 도전하려고 한다. 부패로 인해 민간인 당사자들은 비용을 지불해야 하는데 비용은 뇌물 제공뿐만 아니라 다양한 조직적 문제가 발생하는 데 따른 결과 때문에도 발생한다. 부패는 또한 막대한 거래 비용을 초래한다. 계약 불이행 시에 법에 호소할 수도 없기 때문에 거래 비용을 줄일 수도 없다. 투자자들은 부패 거래의 막대한 거래 비용을 감수하고라도 부패 거래를 체결하든지 아니면 부패 거래의 예측 불가능성을 고려하여 부패 거래를 그만두든지 선택해야 하는 상황에 직면한다. 부패 거래의 비용이 낮다면 앞으로도 더 많은 부패 거래에 참여하고 싶은 동기를 부여받게 될 것이다. 그러나 부패 거래의 이행을 보장받을 수 없다면 그것만으로도 부패는 억제될 수 있을 것이다. 그러므로 부패 거래가 계약대로 이행되도록 하는 것은 더 뿌리깊은 부패의 원인이 됨으로써 투자자들의 신뢰를 무너뜨릴 뿐만 아니라 여러 가지 측면에서 복지를 저해하는 요인으로 작용할 가능성이 있다(Rose-Ackerman 1999). 반면에 부패 계약의 거래 비용이 증대되면 투자자들은 골치 아픈 부패 거래를 선호하지 않게 될 뿐만 아니라 나아가 국가 전체의 부패 수준을 낮추는 데도 도움이 될 수 있다. 거래 비용으로 말미암아 부패 거래는 그 비용이 지나치게 비싼 것으로 인식되면서 부패 거래를 체결하려던 파트너들도 합법적인 대안을 더 선호하게 될 수 있다.

부패 거래의 예측 가능성 자체가 부패의 원인으로 작용할 수 있다는 주장은 실증적 연구에 의해서도 뒷받침되는데 지금까지 그러한 실증적 연구에는 거의 주목하지 않았다. 1998년 동유럽에 있는 체코, 슬로바키아, 불가리아, 우크라이나 4개국 국민들을 대상으로 한 조사에서 이렇게 물어보았다. "만일 누군가의 도움으로 계약이 성취되었다면 도움을 받은 사람은 도움을 준 사람에게 선물을 주어야 할 의무감을 느낄 것이라고 생각하십니까?"(Miller et al. 2001: 99). 체코의 유효한 응답자 중에서는 13.7%가 "아니오"라고 답한 반면에, 슬로바키아와 불가리아의 경우 10.4%만이 "아니오"라고 답했다. 우크라이나에서는 "아니오"라고 답한 사람의 비율이 8.9%까지 떨어졌다.[3] "아니오"라는 응답 비율이 낮다는 것은 남의 도움을 받았으면 사람들은 답례를 해야 할 의무감을 느낀다는 것을 말해주며, 그러한 답례는 의심스러운 거래나 부패한 거래로 연결될 가능성이 있음에도 불구하고 답례의 의무감을 느낀다는 의미이다. 그와 반대로 "아니오"라는 응답 비율이 높다는 것은 기회주의의 성향을 말해준다. 흥미롭게도 4개국 국민의 "아니오" 응답률이 다른 것은 국제투명성기구TI의 부패인식지수CPI 상에서 4개국이 자리 잡고 있는 위치와 상관관계가 있다. 2000년 부패인식지수를 보면, 체코는 4.3을 기록하고 불가리아와 슬로바키아는 3.5를 기록한 반면에, 우크라이나는 1.5를 기록하여 부패 수준이 높음을 보여주었다. 답례의 의무감이 있으면 부패 계약의 이행 가능성을 높이는 데 도움이 된다는 사실을 이러한 상관관계를 통해 알 수 있다. 그러나 4개국 간의 차이는 그다지 크지 않았고, 단지 4개국만 조사했기 때문에 일반화하기에는 한계가 있다.

부패 거래의 예측 가능성과 부패의 상관관계를 좀 더 확실하게 알기 위해서는 조사 대상 국가의 수를 늘려야 한다. 람스도르프와 코넬리우스(Lambsdorff and Cornelius 2000)가 아프리카 26개국을 대상으로 조사한 연구에서 그와 같은 상관관계를 파악할 수 있다(그림 8.1). 뇌물을 불규칙적으로 그리고 추가적으로 제공하고 난 후에 약속대로 특혜 서비스가 이행될 것을 신뢰하는지 아프리카 기업인들에게 물어서 얻은 자료이다. 특혜 서비스가 적절히 이행되리라는 신뢰도가 높은 경우는 인식된 부패의 전반적 수준이 높은 것과 밀접한 상관관계를 지니는 것으로 나타났다. 이 장에서는 그 점을 더 깊이 탐구할 것이다. WB/UB(세계은행/바젤대학교)의 자

3 이 질문의 답변 자료는 출판물의 형태로 발표되지 않았다. 나는 W. 밀러W. Miller에게서 자료를 제공받았다.

그림 8.1. 아프리카 26개국의 부패와 신뢰

출처: 람스도르프와 코르넬리우스(Lambsdorff and Cornelius 2000)

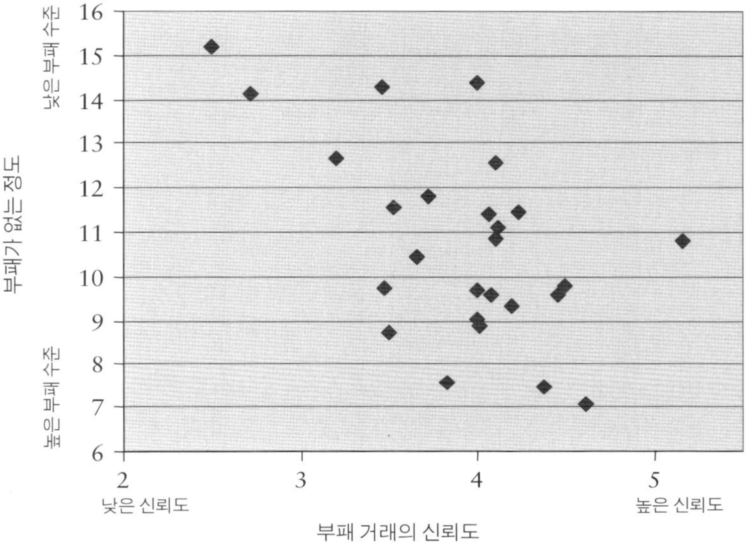

료를 사용하여 조사한 결과에 의하면 부패 거래의 신뢰도가 높으면 부패의 수준도 높아진다는 것이 나의 주장이다. 이러한 결과는 다양한 세부사항들을 고려하고 인과관계를 여러 번 검증해도 영향을 받지 않고 유지된다는 점을 보여줄 것이다.

8.2. 상호주의, 연결망, 그리고 부패

문화적 환경에 따라서는 사적인 차원에서 부패 계약의 이행이 더 잘 보장되는 나라가 있다. 예를 들면 상호주의적 거래를 하는 데 금융시장을 통한 거래가 거의 이루어지지 않음으로써 사람들이 금융자산을 축적하지 않고 상호주의적 혜택을 축적할 때가 바로 그러한 경우이다. 그런 경우에는 상호주의가 지속적으로 중요해지는데 왜냐하면 기회주의적 배신 행위에 대한 제재가 매우 강해서 심지어 상호 거래의 연결망에서 배제되기도 하기 때문이다(Kranton 1996). 공무원을 다루는 것과 관련해서도 상호주의적 거래를 하면 뇌물을 훨씬 잘 감출 수가 있고, 부패 계약의 이행을 보장할 수 있게 된다. 만일 상호주의를 합법적이고 정당한 거래에만 국한시킬 수 있는 도덕감정이 작동하지 않는다면, 부패 거래에서 특혜 서비스가 실제로 이행될 것이라는 신뢰는 상호주의로 인해 더 높아진다.

부패 거래에 유리한 또 다른 문화적 환경으로는 친척이나 가족 간의 강한 연결망과 네트워크 경제network economies의 존재를 들 수 있다. 즉 많은 형태의 인적 연결망이 통상적인 사업 거래에 도움이 된다. 상호주의에 비하면 인적 연결망은 거래 비용을 줄임으로써 경제적 교환을 가능하게 하는 효과가 있다. 예를 들면 벤-포라트(Ben-Porath 1980)를 보라. 그러나 인적 연결망은 그러한 효과를 발휘하는 동시에 기회주의를 막는 사회적 신뢰관계 속에 개인을 편입시킴으로써 부패 거래의 체결을 용이하게 할 수도 있다. 인적 연결망 자체를 부패와 동일시하여 연구자가 갖는 주관적 견해에 따라 동일한 현상을 놓고 어떤 사람은 인적 연결망이라고 부르고 또 어떤 사람은 부패라고 부를 뿐이라고 주장하는 연구자들도 존재한다. 즉, 한 사회에서는 부패라고 불리는 것이 또 다른 사회에서는 인적 네트워크를 효과적으로 활용하는 것으로 여겨진다. 나는 그러한 주장에 동의하지 않는다. 실제로 인적 연결망과 부패의 관계는 그 사람들이 생각하는 것처럼 그렇게 단선적이지 않다. 일본, 독일, 스위스, 혹은 스칸디나비아 국가들은 조정시장경제 국가들[4]로 분류되는데 인적 연결망을 광범위하게 사용하는 것이 그 국가들의 특징이다(Soskice 1999). 그러나 동시에 그 국가들은 다양한 주관적인 지표들을 통해 볼 때 대체로 부패가 없는 나라들로 평

4 [옮긴이] 조정시장경제(coordinated market economies: CMEs)란 시장과 국가-사회관계가 맞물려 있어서 노사관계나 훈련과 고용 체계 같은 제반 생산체제 요소의 작동에 대하여 국가나 사회의 조정 혹은 개입이 상시적으로 일어나는 경제를 말한다. 반면 자유시장경제(liberal market economies: LMEs)는 시장과 국가-사회관계가 풀려 있어서 시장이 자율적으로 기능하며, 모든 생산 관련 제도의 작동이 기본적으로 기업에 의해 시장의 원리대로 이루어지는 경제를 말한다.

가된다. 단순한 인적 연결망의 존재보다 더 중요해 보이는 것은 그 인적 연결망이 주로 구성원들의 물질적 편익을 증대시키는 기능을 하는가, 아니면 제3자를 향해서도 모종의 공정성을 함양하는가이다. 개신교 집단에 관한 고전적인 사례는 베버(Weber 1920: 207-236)가 제공한다. 개신교 집단도 구성원의 불법행위를 제재할 수 있지만, 그것은 인적 연결망을 통해 물질적 이익을 추구하려는 것이라기보다는 오히려 구성원들의 전반적인 덕성을 유지하고 발전시키기 위한 것으로 보인다. 개신교 집단은 제3자에 대한 공정한 행동을 매우 중시한다. 따라서 개신교 집단에서는 공정성의 측면이 그 집단의 물질적 이익보다 우위에 놓일 수 있다. 그리하여 개신교 집단의 어떤 구성원이 물질적 이익에 반하여 행동하는 것은 사회적으로 받아들여지는 것이 될 수 있는데 특히 부패에 연루되지 않기 위하여 뇌물 수취를 거부할 때가 그러하다. 인적 연결망 내에서 제3자에 대한 공정성과 같은 고려를 하게 되는 순간, 모든 인적 연결망을 부패 거래를 용이하게 한다는 단순논법은 설 자리가 없어진다. 그와 달리 제3자에 대한 공정성 따위에는 전혀 관심이 없을 때 친척이나 가족 간의 네트워크를 비롯한 인적 연결망을 통해 부패 거래는 용이하게 이루어질 수 있다. 예를 들면 중국의 **관시**關係 문화는 개인을 사회구조에 편입시킴으로써 기회주의를 막아주는 안전장치를 제공하지만 동시에 그렇기 때문에 부패 거래를 용이하게 하기도 한다(Schramm and Taube 2003).

8.3. 데이터

웨이(Wei 1997)는 부패 거래의 예측 가능성을 측정하는 한 가지 방법을 제시했다. WEF의 기업 조사 자료에서 자의성에 관한 측정치를 도출해낸 것이다. 질문 자체는 전반적인 부패 수준에 관한 것이지만, 답변의 분산variance[5]을 통해 자의성의 한 가지 형태를 볼 수 있다고 그는 주장한다. 뇌

5 [옮긴이] 분산variance이란 통계 작업에서, 수집한 자료가 평균값을 기준으로 하여 어떻게 흩어져 있는지를 나타내는 데 사용하는 값이다.

물이 만연한 현상에 관한 응답자들의 불안이 그 분산에 반영되어 있다면 그의 주장은 타당한 것으로 간주할 수 있다. 같은 시점의 여러 국가들에서 이루어지는 외국인직접투자FDI에 관하여 회귀분석을 할 때 그와 같은 의미의 자의성은 의미 있는 변수로 투입된다. 그러나 자의성이 FDI라는 변수로 제대로 측정되었는지에 대해서는 의문이 제기된다. 구체적으로는 응답자들이 한 답변의 분산은 한 국가 내의 이질적 조건들을 반영하거나 하나의 설문에 대하여 바른 답변을 하면서 응답자들이 겪는 주관적인 어려움과 관련된 것일 수도 있다. 그러므로 투자자들이 부패 거래 상대방의 신뢰성을 확신하는지의 여부와 직접 관련된 데이터를 사용하는 것이 바람직하다.

나는 WB/UB가 실시한 기업 조사에서 추출한 데이터를 사용한다. 그 조사에 포함된 두 개의 질문(질문 12N과 14)은 한 국가의 전반적인 부패 수준과 관련된 것이다.[6] 거기에 더하여 "불규칙적이고 추가적인 지불"에 관련해 소속국가의 세 가지 특징에 대한 견해를 묻는 질문을 응답자들에게 했다. 여기서 "불규칙적이고 추가적인 지불"이란 "뇌물과 부패"에 아주 가까운 용어이다. 이러한 질문들은 신뢰의 세 가지 상이한 측면들을 다루는데 첫째, 뇌물의 규모 둘째, 추가적인 요구의 가능성 셋째, 기회주의적 배신 행위가 일어날 개연성이다.

- **뇌물 규모가 예측 불가능함**. 조사의 질문 15: "내가 속한 분야의 회사들은 대개 이 '추가적인 지불'이 얼마인지를 미리 안다."
- **추가적인 요구가 없음**. 조사의 질문 16: "어느 회사가 '추가적인 지불'을 해야만 한다 하더라도 거기서 끝나지 않고 더 많은 지불을 요구받을 것을 항상 우려하지 않으면 안 되는데, 예를 들면 다른 관리가 요구

6 이 데이터는 브루네티와 그의 동료들(Brunetti et al. 1997)이 더 자세하게 묘사했다. WB/UB의 데이터는 인터넷에서 얻을 수 있다(www.macro.vwl.uni-mainz.de/ls/ger/94.php).

하는 경우이다."

- **기회주의의 수준**. 조사의 질문 17: "한 회사가 '추가적인 지불'을 요구받고 그대로 지불한다면 약속된 서비스는 대개 합의한 대로 이행된다."

이러한 진술들에 대해 응답자들은 1(늘 그렇다)부터 6(결코 그렇지 않다)까지 6점 척도에 따라 평가하도록 되어 있다. 따라서 질문 15와 17에 대하여 1(늘 그렇다)이라고 답하고 질문 16에 대하여 6(결코 그렇지 않다)이라고 답하였다면, 부패 거래의 예측 가능성도 높고 신뢰도 높은 것을 의미하는 반면에, 질문 15와 17에 대하여 6(결코 그렇지 않다)이라고 답하고 질문 16에 대해서는 1(늘 그렇다)이라고 답했다면 부패 거래의 예측 가능성도 낮고 신뢰도 낮은 것을 의미한다.[7]

그런데 질문 16에 대한 답변으로 우리의 분석은 하나의 문제점에 봉착한다. 응답자들이 한 국가의 전반적인 부패 수준에 대한 평가와 이 질문을 제대로 구분하지 못할 수 있기 때문이다. 질문 16의 의도는 같은 거래에서 뇌물이 여러 차례 제공되는지의 여부를 결정하는 것이다. 그러나 응답자들로서는 전반적으로 높은 부패 수준에 대한 인식, 그리고 구분되는 다양한 거래에서 뇌물을 반복적으로 제공한 것을 질문 16처럼 같은 거래에서 뇌물을 반복적으로 제공하던 경험과 혼합할 수 있다.[8] 그뿐만 아니라

---

7 답변에 대한 이러한 단순한 해석에서 문제는 발생하기 시작한다. 우선 기본적으로 추가 지불을 전혀 경험하지 못한 응답자는 질문 15와 질문 17에 답할 때 어려움을 느낀다. 실제로는 부패가 존재하지 않았다고 말하고 싶었는데도 그런 선택지는 없기 때문에 할 수 없이 뇌물 액수에 대해서는 전혀 미리 알지 못했다거나 약속된 서비스는 결코 이행된 적이 없다고 답하는 응답자도 있었을 것이다(Brunetti 1997: 31-33). 그 결과 표본(응답자)의 일부가 연구자들에 의해 절단됐다. 추가적인 지불을 할 필요가 없었다고 응답할 사람들은 배제된 것이다. 만일 이러한 절단된 표본까지 고려한다면 데이터는 수용할 만해 보인다. [옮긴이] 어떤 표본이 조사과정에서 고의로 무시된 경우 표본이 절단되었다고 한다.

8 질문 14에서 전반적인 부패 수준이 다음과 같은 질문에 따라 결정되는 점을 고려하면 그러한 혼동의 가능성은 훨씬 더 높다. "내 사업 분야의 회사들이 일을 성사시키려면 모종의 비공식적인 '추가 지불'을 하지 않으면 안 되는 것이 일반적이다." 같은 거래에서 뇌

질문 16은 부패 거래에서 발생하는 갈취와 연관될 수도 있다. 민간 당사자가 공공정책 결정자에게 특혜를 받으려고 자발적으로 노력하는 것이 아니라, 예를 들면 괴롭힘을 모면하려고 어쩔 수 없이 뇌물을 제공하는 경우에 갈취가 발생한다. 특히 다음번 뇌물 제공이 언제 있게 될지에 관하여 안심하지 못할 때 갈취가 일어날 수 있다. 갈취를 당한 경험이 있는 응답자들은 추가적인 지불을 매우 자주 했던 경험을 보고함과 동시에 앞으로도 계속 뇌물을 반복 제공하지 않으면 안 될까 봐 두려워할 것이다. 질문 16은 이러한 영향을 많이 받기 때문에 자발적인 부패 계약에서의 예측 가능성의 수준을 제대로 반영하지 못한다. 이러한 이유로 나의 분석에서는 질문 16을 더는 포함하지 않을 것이다.

예측 가능성이 너무 약하면 부패 거래는 더 이상 이루어질 가치가 없어질 수 있다. 그렇게 되면 한 국가의 부패 수준도 낮아질 수 있다. 그러므로 예측 가능성이 약하면 부패가 감소한다는 것은 검증 가능한 가설이다. 투자자들은 부패 거래에 관여하거나 합법적인 대안을 따르거나 선택할 수 있기 때문에[9] 부패 거래의 비용이 커지면 투자자들로서는 합법적인 대안을 선호하게 될 것이다. 그러나 합법적인 대안을 이용할 수 있느냐 하는 것은 나라마다 다를 수가 있다. 합법적인 대안을 쉽게 이용할 수 있는 곳에서는 부패에 관여하게 하는 압력을 덜 받는다. 합법적인 대안의 존재를 묘사하기 위하여 WB/UB의 또 다른 주관적인 지표를 사용할 수 있다. 바로 불만처리제도를 이용할 수 있느냐의 여부이다. 조사에서는 질문 18이 그 점과 관련된 것이다. "만일 정부의 한 관계자가 규칙에 반하여 행동한다면 나는 대개 다른 관리나 그의 상사에게 가서 일을 제대로 처리하게 된다." 이 변수는 다음의 회귀분석에서 "합법적인 대안들"로 불릴 것이다.

조사는 74개국에서 실시되었다. 그런데 짐바브웨의 데이터에서 모종의

물을 반복적으로 제공하는 것이 필요하다면 질문 14에서 말하는 뇌물의 보편성도 커질 것이다.

9 갈취당하는 경우에는 그와 같은 합법적인 대안이 존재하지 않는다는 점을 참고하라.

불일치가 나타났다. 내가 물어보니, 이 데이터를 만든 사람 중 한 명인 베아트리스 베더Beatrice Weder는 그러한 불일치를 해명하지 못할 뿐 아니라 브라질의 데이터도 신뢰성이 떨어진다고 경고했다. 결국 짐바브웨와 브라질 두 나라는 분석 대상에서 제외되었다. 표 8.A1과 8.A2, 보론 1에 데이터가 소개되어 있다. 부패의 수준은 WB/UB의 질문 12N과 14로 결정되었다. 질문 12N과 14의 두 변수는 부패의 빈도와 부패가 기업 활동에 미치는 영향을 직접 겨냥한 것이다. 나는 이 질문들에 대한 답변을 표준화하여 그 단순 평균을 부패 수준에 대한 인식 지수로 취했다.[10] 그 변수를 표준화한 것이 국제투명성기구TI 부패인식지수CPI의 평균과 표준편차이다. 이로 말미암아 그 후에 행해진 회귀분석과의 비교는 간단해질 것이다. 10은 깨끗한 국가를, 0은 부패 수준이 높은 것을 가리키기 때문에, 그 변수는 '부패의 부재不在'로 불릴 것이다.

부패의 원인을 결정하기 위한 조사는 이미 다양하게 실시되었다. 거래비용이 통계적으로 의미 있는 수준에서 부패의 원인에 기여하는지를 평가한다고 해서 지금까지 밝혀진 부패의 다른 결정요인들을 무시해서는 안 된다. 구체적으로는 회귀분석을 하면서 1인당 GDP(1995년 세계개발지표 World Development Indicators의 1인당 GDP를 로그 스케일[11]로 나타낸 것)는 같다고 전제해야 한다. 왜냐하면 부패의 수준은 한 국가의 발전 수준과 상관관계를 갖는 경향이 있기 때문이다. 1인당 GDP는 부패의 거래 비용과도 상관관계가 있기 때문에 1인당 GDP 변수를 생략하면 누락변수 편향이 발생하고 그로 인해 조사 결과가 타당성을 상실할 위험이 있다. 회귀분

---

10 질문 12N에 대한 답변에 -1을 곱해야 한다. 부패 수준에 대한 지표로 질문 12N이나 14 중에서 어느 것을 취해도 회귀분석에서 얻은 결과는 유지된다.

11 [옮긴이] 로그 스케일은 큰 숫자를 상대적으로 작은 숫자로 나타내는 방법이다. 디지털 시스템에서 숫자의 자리수는 데이터 양의 증가를 의미하기 때문에 작은 숫자로 큰 데이터를 표현하는 것이다. 예를 들어 10을 기준으로 할 때 100은 10의 제곱이므로 로그 2, 1000은 10의 세 제곱이므로 로그 3, 10000은 10의 네 제곱이므로 로그 4가 된다. 그러나 100을 기준으로 할 때 10000은 100의 제곱이므로 로그 2가 된다.

석에서는 또한 영국 식민지 경험의 영향이라는 변수도 생략해야 하는데 트라이스만(Treisman 2000)에 의하면 영국 식민지 경험이 있으면 그만큼 부패 없음의 수준도 높아지는[양(+)의 영향] 것으로 나타났다. 영국 식민지 경험의 영향이라는 변수는 더미변수이다.[12] 지난 100년간 어느 단계에서 영국 식민지였던 국가에는 변수값 1을 부여함으로써 나는 여기서 영국 식민지 경험의 영향이라는 변수를 채택했다.

8.4. 회귀분석

보론 1에 있는 표 8.A2에서 볼 수 있듯이 부패 거래의 예측 가능성과 부패 사이에는 강한 상관관계가 존재한다. 질문 12N, 14, 15, 그리고 17 사이의 상관관계가 바로 그러한 상관관계를 의미하는 것이다. 이 상관관계는 그림 8.2와 8.3에 나타나 있다. 공무원들이 기회주의적으로 행동하거나 부패 거래에서 약속한 특혜 서비스를 이행할지의 여부가 불확실할 때 부패 수준이 낮아지는 것을 확인할 수 있다. 이러한 상관관계에서 알 수 있는 것은 부패 거래 당사자들 간의 관계에 신뢰가 형성되어 있으면 한편으로는 한 번의 부패 거래에 소요되는 거래 비용이 낮아지고 다른 한편으로는 그 자체가 부패의 원인이 될 수 있다는 점이다.

확실한 것은 다른 많은 설명변수들도 부패가 없는 정도에 영향을 미친다는 사실이다. 편향되지 않은 상관계수를 도출하기 위해서는 그런 변수들이 미치는 영향은 통제되어야만 한다. 이를 위해서는 표 8.1에서 본 것과 같은 다변량회귀분석multivariate regression 기법을 적용할 필요가 있다. 상관계수 아래의 괄호에 나와 있는 검정통계량t-statistics를 살펴봄으로써 비전문가들도 쉽게 표를 이해할 수 있다. 상관계수가 2를 넘거나 -2 아래로 내

---

12 영국 식민지 경험이 부패 수준을 낮추는 정확한 원인은 밝혀지지 않았다. 조사 답변의 친영국 편향이 원인일 가능성은 없고 실제로 영국 식민지에서는 부패가 적었을 수가 있다고 트라이스만(Treisman 2000)은 주장한다. 영국 식민지 경험이 부패를 낮추는 원인은 보통법 체계와 영국 식민지에 남겨진 법문화일 가능성이 있다.

그림 8.2 뇌물의 예측 불가능성

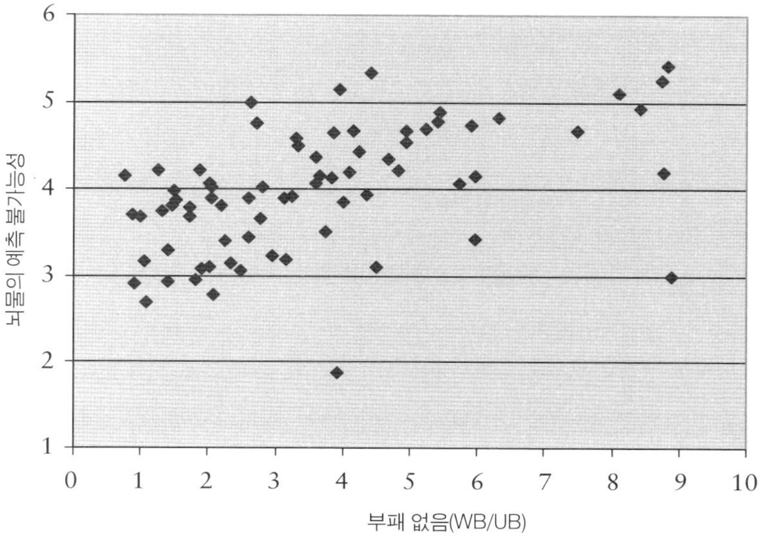

그림 8.3 기회주의와 부패 없음

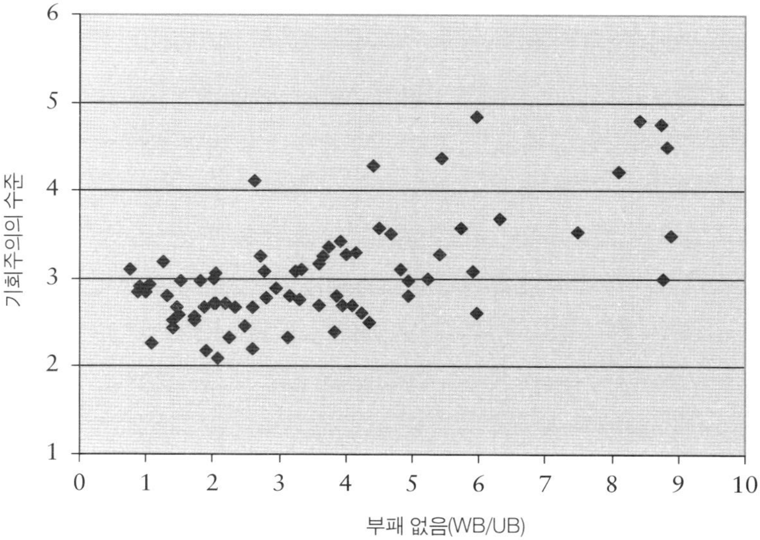

표 8.1. OLS[13] : 종속변수: 부패 없음, WB/UB

독립변수	1	2	3	4	5	6	7
상수	-5.33 (-4.8)	-8.40 (-8.7)	-8.66 (-9.5)	-1.07 (-0.5)	-1.06 (-0.4)	2.32 (1.2)	-3.35 (-1.3)
뇌물 규모의 예측 불가능성	0.87 (2.5)	1.09 (4.0)	0.87 (3.3)	0.42 (1.6)	0.65 (2.1)		1.33 (5.2)
기회주의의 수준	1.79 (4.7)	0.53 (1.5)	0.69 (2.1)	0.99 (3.2)	1.15 (3.5)	1.61 (6.2)	
1인당 GDP(1995)		0.80 (6.9)	0.86 (7.9)	0.64 (5.6)	0.40 (3.2)	0.34 (2.7)	0.66 (5.9)
영국 식민지 경험			1.17 (3.3)	0.85 (2.6)			
합법적 대안				-1.29 (-4.1)	-1.20 (-3.2)	-1.64 (-5.07)	-0.89 (-2.2)
조사 대상 국가 수	72	71	71	71	55	55	55
R^2	0.52	0.72	0.76	0.81	0.84	0.74	0.80
J-B(Jarque-Bera) 검정통계량	16.9	3.0	0.5	0.3	1.9	1.2	0.9

려가면 그 계수는 통계적으로 의미가 있고, 부패 수준에 상당한 영향을 미친다는 것을 의미한다.

나는 소득(로그스케일logarithmic scale로 나타낸 1인당 GDP), 한 국가가 전에 영국 식민지였는지의 여부, 그리고 응답자가 뇌물 제공 외에 합법적 대안을 언급하는지의 여부(합법적 대안)를 검증했다. 그 결과는 표 8.1의 회귀분석 1-4에서 볼 수 있다. 1인당 GDP, 합법적 대안, 그리고 영국 식민지를 경험한 역사는 모두 부패의 정도를 낮추었다.

다양한 세부사항들을 고려하더라도 예측 가능성에 관한 두 가지 지표, 즉 뇌물 규모의 예측 불가능성과 기회주의의 수준은 부패가 없는 정도에

13 [옮긴이] OLS(ordinary least square)는 회귀분석에서 회귀방정식의 계수를 구할 때 가장 흔히 사용하는 방법을 말하며, 흔히 최소제곱법(最小自乘法, least squares method)이라고 한다.

통계적으로 의미가 있는 수준에서 영향을 미쳤다. 회귀분석 4에서만 뇌물 규모의 예측 불가능성이 살짝 통계적 의미성에서 벗어났다. 양(+)의 상관계수가 의미하는 바는 예측 가능성(질문 15와 17에 대한 답변의 값이 낮은 것)이 높으면 부패가 늘어난다는 것이다. 그 반면에 예측 불가능성과 기회주의가 심할수록 부패는 없어진다. 기술적 이유(보론 2를 보라)로 인해 나는 많지 않은 국가들을 대상으로 한 조사에서 영국 식민지 경험을 배제하고 회귀분석을 실시하기도 했다. 회귀분석 5-7을 보라. 그렇게 하면 대체로 앞에서 보았던 결과가 재생산된다.

이 조사에서 한 가지 중요한 질문은 한 국가의 부패 수준을 어떻게 결정하느냐이다. WB/UB의 조사에 나오는 응답자들의 답변으로 결정할 경우 부패의 수준과 부패의 예측 가능성을 동일한 표본의 응답자들로 결정한다는 단점이 있다. 그러한 설문조사 데이터는 주관적 평가라는 비판도 있을 수 있다. 이 장에서 입증하려는 것을 응답자들이 주관적으로 기대했다면 그러한 문제점들이 발생할 수 있다. 즉, 예측 가능성이 높으면 부패가 증가한다는 관념을 응답자가 갖고 있었다면 그것은 응답자들의 평가에 영향을 미칠 수 있을 것이다. 따라서 조사 결과는 부패의 수준과 부패의 예측 가능성 간의 실질적인 관계를 보여주는 것이 아니라 단지 응답자들이 그 관계가 어떠하리라고 생각하는지를 보여주는 것이라고 할 수 있겠다.

이러한 결점 혹은 한계에 대한 지적이 과연 타당한지에 대해서는 1장과 이 책 맨 마지막의 부록에서 설명하는 다른 부패 측정치, 즉 국제투명성기구TI의 부패인식지수CPI를 가지고 검증할 수 있다. 이를 위해 여기서는 1999년 이후 부패인식지수 데이터를 사용한다. 왜냐하면 다른 데이터도 비슷한 시기의 것이기 때문이다. 그러나 부패인식지수는 여러 가지 데이터를 편집하여 구성한 지수이므로 거기에는 WB/UB의 데이터도 포함되어 있다. 따라서 위에서 제기된 문제점들이 부패인식지수에도 없지 않다. 그러므로 나는 WB/UB의 데이터가 아닌 자료만 가지고 각국의 점수를 결정하는 방법으로 부패인식지수를 수정할 것이다. 이것도 여전히 실질적인

표 8.2 OLS: 종속변수: 부패 없음, 국제투명성기구

독립변수	1	2	3	4	5	6	7
상수	-2.22 (-2.1)	-5.43 (-6.0)	-5.72 (-6.3)	0.89 (0.4)	-1.56 (-0.6)	2.23 (1.0)	-2.59 (-1.0)
뇌물 규모의 예측 불가능성	0.49 (1.4)	0.65 (2.6)	0.53 (2.1)	0.18 (0.7)	0.74 (2.3)		1.06 (3.9)
기회주의의 수준	1.48 (4.0)	0.35 (1.1)	0.41 (1.3)	0.65 (2.2)	0.57 (1.6)	1.03 (3.6)	
1인당 GDP(1995)		0.78 (6.9)	0.84 (7.2)	0.62 (4.9)	0.47 (3.1)	0.44 (2.7)	0.60 (4.5)
영국 식민지 경험			0.60 (1.6)	0.22 (0.6)			
합법적 대안				-1.11 (-3.2)	-0.64 (-1.5)	-1.18 (-3.1)	-0.52 (-1.2)
조사 대상 국가 수	62	62	62	62	47	47	47
R^2	0.45	0.70	0.71	0.76	0.77	0.74	0.76
J-B(Jarque-Bera) 검정통계량	7.2	2.1	2.0	0.9	0.5	1.0	0.4

부패 수준에 대한 주관적인 지표이지만, WB/UB 데이터에서 등장하는 응답자들과는 다른 응답자들이라는 점에서 의미가 있다. 그 결과 WB/UB의 조사에서와 같이 부패의 예측 가능성이 높아지면 부패의 수준도 높아지는 것으로 나타났지만, 그러한 결과가 응답자들이 그러한 관계를 염두에 두고 답했기 때문은 아니라는 점을 더 확신할 수 있게 되었다. 나는 이전과 동일한 회귀분석을 실시했다. 그 결과는 표 8.2에서 볼 수 있는데 회귀분석 5-7의 경우 영국 식민지 경험 변수를 배제한 것이다. "예측 불가능한 뇌물 규모"의 상관관계 계수와 "기회주의 수준"의 상관관계 계수는 표 8.1에 비하여 더 작고 통계적인 의미성도 더 적은 것을 관찰할 수 있다. 그러나 대부분의 세부사항을 고려할 때에도 그 변수들은 여전히 종래의 수준에서 통계적으로 의미가 있는 것으로 나타났고, 특히 회귀분석 6과 7처럼 그 변수들의 영향력을 분리하여 검증할 때 그러했다. 이 장의 보론 2에서는 좀

더 많은 기술적 세부사항을 제공하는데 특히 인과관계, 표본선택, 그리고 조사 결과의 견고성에 관한 세부사항을 제시하고 있다.

8.5. 결론

부패가 존재하면 투자자들의 신뢰는 저하된다. 그러므로 부패를 추방하면 투자자들의 신뢰는 당연히 회복될 것이다. 그러나 투자자들이 스스로 뇌물을 제공하고 있다면 부패 추방과 투자자 신뢰 회복이라는 이 두 가지 목표는 충돌한다. 부패한 환경에서 투자자들의 신뢰를 먼저 회복하려는 시도는 잘못된 것인데 왜냐하면 이 경우의 신뢰는 그 자체가 더 많은 부패의 원인이 될 수 있기 때문이다. 부패의 예측 가능성이 높으면 부패가 많아진다는 사실을 이 장에서 입증했다. 기업인들이 뇌물을 제공하면 그에 따른 보상이 약속대로 주어질 것이라는 신뢰를 가질 때, 합법적 대안을 찾아보려는 동기는 줄어든다. 따라서 투자자들의 신뢰 속에 예측 가능한 형태의 부패가 이루어지면 공공정책 결정자들은 안주할 수 없게 된다. 왜냐하면 그로 인하여 부패가 더욱더 확산되기 때문이다.

부패 거래를 통해 상호주의적으로 혜택을 교환할 수 있다는 신뢰를 무너뜨려야만 부패를 뿌리뽑을 수 있을지 모른다. 그러한 형태의 신뢰가 수행하는 역기능을 고려하여 반부패 개혁의 전략을 수정하지 않으면 안 될 것이다. 예를 들면, 내부고발을 장려하면 부패 거래 파트너들 간의 신뢰를 파괴하는 데 도움이 될 수 있다. 법원은 부패 계약의 이행을 결코 보장하지 않는다는 점을 확실히 하는 것도 효과적인 방안이다. 마지막으로 이 장의 서론에서 거론한 두 가지 사례가 보여주듯이, 정치인들은 부패 계약의 이행을 중단해야만 한다.

보론 1_WB/UB 데이터 설명[14] [15]

표 8.A1 분포

	Q12N	Q14	Q15	Q17	Q18
평균	4.14	3.79	4.04	3.06	3.81
최대값	5.26	5.96	5.80	5.47	4.83
최소값	1.56	2.36	2.70	2.10	2.37
표준 편차	0.88	0.90	0.71	0.65	0.51
비대칭도[14]	-1.23	0.50	0.11	1.48	-0.59
첨도[15]	3.89	2.33	2.43	5.35	2.96
J-B(Jarque-Bera) 검정통계량	20.54	4.39	1.14	42.85	4.15

표 8.A2 상관관계 계수

	Q12N	Q14	Q15	Q17	Q18
질문 12N. 높을수록 부패	1	-0.80	-0.43	-0.62	0.60
질문 14. 낮을수록 부패	-0.80	1	0.74	0.70	-0.68
질문 15(뇌물 규모의 예측 불가능성), 낮을수록 예측 가능	-0.43	0.74	1	0.66	-0.48
질문 16(추가 지불 요구 없음), 높을수록 없음	-0.67	0.86	0.73	0.63	-0.53
질문 17(기회주의의 수준), 낮을수록 기회주의 없음	-0.62	0.70	0.66	1	-0.32
질문 18(합법적 대안). 낮을수록 합법적 대안이 효과적임	0.60	-0.68	-0.48	-0.32	1

---

14 [옮긴이] 비대칭도skewness는 통계 집단의 도수분포에서 평균값에 관한 비대칭의 방향과 그 정도를 나타내는 특성값을 말한다. 도수분포가 대칭일 때는 산술평균, 중앙값median, 최빈값이 모두 일치하지만, 비대칭일 때의 도수는 최빈값의 좌우에 균등히 분포하지 않는다. 비대칭도는 왜도歪度라고도 한다.

15 첨도(kurtosis, 尖度)는 도수분포가 얼마나 뾰족하고, 또한 얼마나 평평한지를 나타내는 척도를 말한다. 그것은 모든 관측치를 표준값으로 전환함으로써 계산된다. 표준값은 관측값에 4배를 한 후 관측치의 수로 나눈다. 얻어진 값이 0보다 크지만 3보다 작으면 분포는 완첨(playkurtic, 평평함), 3과 같으면 중첨(mesokurtic, 높이가 정상적임)이라고 한다. 또한 3보다 크면 급첨(leptokurtic, 뾰족함)이라고 한다.

보론 2_회귀분석에 관한 기술적 세부사항

회귀분석에서 나타났듯이 부패 거래의 신뢰성과 부패 간의 관계가 실제로 선형적인지에 대해서는 확실히 논란의 여지가 있다. 교차항Cross-terms이 잔차residuals에 미치는 영향을 분석하면 영국 식민지 경험은 특히 다른 국가 식민지 경험에 비하여 다른 영향을 미치고, 이러한 차이는 더미변수로는 잘 포착되지 않는 것으로 나타났다. 이 때문에 영국 식민지 경험의 영향이라는 변수를 배제한 회귀분석으로 돌아가게 되었다.

같은 시점의 여러 나라를 대상으로 한 회귀분석의 경우 확실히 조사 대상 국가에 따라 영향을 받는다. 조사 대상 국가 선정에 실제로 문제가 있는지를 조사하는 완벽한 통계적 방법은 없다. 왜냐하면 더 많은 국가들에 대한 데이터를 이용할 수 없기 때문이다. 조사 대상 국가를 임의로 정하지 않고 일정한 기준을 충족하는 국가들만 포함시킬 때 특히 표본 선택에 따른 편향은 실제로 존재할 수 있다. 내크와 아즈파르(Knack and Azfar 2003)는 조사 대상 국가를 임의로 정하지 않고 일정한 기준을 충족하는 국가들만 포함시킬 경우 그에 따른 표본 제한으로 회귀분석 결과에 편향을 초래할 수 있으며, 특히 국가 규모가 클수록 부패 수준도 높은 것[양(+)의 상관관계]으로 나타난 회귀분석의 경우가 그러하다는 것을 입증했다. 거버넌스에 관한 데이터는 보통 투자자들에게 정보를 제공하기 위하여 수집되기 때문에 그와 같은 편향이 발생한다. 그러나 투자자들은 작고 부패한 나라에는 거의 관심이 없다. 회귀분석의 결과 국가 규모가 클수록 부패 수준도 높은 것[양(+)의 상관관계]으로 나타나는 이유가 바로 거기에 있는데 그것은 단지 투자자들에게 데이터를 제공하는 기관이 작고 부패한 국가들을 무시하기 때문이다. 표본 선택에 편향이 있으면 부패 거래 당사자들 간의 신뢰성과 부패 사이의 관계도 잘못 나타날지는 명확하지 않다. 그러나 더 중요한 점은 WB/UB의 데이터가 투자자들에게 정보를 주기 위해 수집된 것은 아니므로 전술한 것과 같은 표본 선택 편향이 나타날 가능성은 상대적으로 적다는 사실이다. WB/UB 데이터에는 주로 세계은행 채무국가들이 포함되고, 조사 결과가 나올 시점에 따라 배울 모델로 기능하는 일부 선진국들이 포함된다. 그 결과 깨끗하고 큰 국가들에 대한 명백한 편향이 없다. 예를 들면, WEF 글로벌경쟁력보고서(Global Competitiveness Report: GCR)의 조사 대상 국가들의 경우 그 평균 인구가 8천만 명에 달하지만, WB/UB의 조사 대상 국가들은 그 평균 인구가 5천만 명이다. GCR 조사 대상 국가들의 부패인식지수는 평균 6.1점이지만, WB/UB의 조사 대상 국가들은 평균 4.2점을 기록하는데 4.2점은 대체로 세계 평균과 비슷하다. 따라서 조사 대상 국가 선택은 전체로서의 세계를 대표한다고 생각할 수 있다. 그리고 표본 선택 편향의 가능성이 있는 지표는 존재하지 않는다.

어떤 유형의 회귀분석도 누락변수 편향에 취약한 것은 분명하다. 부패 거래 당사자들 간의 신뢰성과 부패 수준 둘 다에 영향을 미칠 수 있는 변수를 생략하면 조사 결과는 편향될 것이다. 예를 들면, 고소득 국가는 끼리끼리 특혜를 주고받는 상호주의적 거래에 덜 의존함으로써 부패의 수준을 일정한 선에서 차단할 수 있을 것이다. 그러므로 1인당 GDP를 회귀분석에 포함하는 것은 중요하다. 합법적 대안이나 불만 메커니즘을 이용할 수 없는 국가에서는 부패 거래의 신뢰성이 높은 동시에 부패의 수준도 높아질 수 있다. 그러므로 합법적 대안의 질은 동일하다고 전제하는 것이 중요하다. 또 다른 변수로는 성가신 규제의 존재가 있을 수 있다. 규제로 인하여 민간 기업과 관료들이 자주 접촉하면 신뢰관계를 형성하는 데 도움이 되는 동시에 부패의 기회도 창출된다. 규제의 이러한 영향이 실제적인지를 검증하기 위하여 WB/UB의 규제 지표를 취하여 대외무역, 외환, 노동, 혹은 창업에 대한 규제와 가격 통제가 기업의 업무 수행에 얼마나 문제를 야기하는지를 측정했다. 그 결과 이 변수는 통계적으로 의미 있는 영향을 미치지 않는 것으로 나타났다. 이 변수는 조사 결과를 더 이상 바꾸지 않기 때문에 그 회귀분석은 여기서 기술하지 않았다.[16] 내가 알기로는 생략할 경우 조사 결과에 편향을 초래할 정도로 중요한 변수는 이제 없다.

부패 거래에 예측 가능성이 있으면 부패 거래가 잘 이루어지고 그 이행이 보장되며, 결과적으로는 부패 거래의 예측 가능성 자체가 부패의 원인이 된다. 그러나 그 역도 가능하다고 생각할 만한 이유가 있다. 부패 거래에 관여하는 사람들에게 커다란 이득이 걸려 있을 경우 그 거래가 예측 가능하도록 환경이 조성될 수 있다. 예를 들면, 반복적인 거래를 통하여 미래에도 부패 거래에 따른 이득이 있을 것으로 전망되면 현재의 부패 거래가 이행되는 데 도움이 될 수 있다(Lambsdorff 2002a; 이 책의 6장). 그와 같은 인과관계의 역전으로 말미암아 최소제곱법(ordinary least squares: OLS) 회귀분석의 결과에 편향이 발생할 것이다. 이 문제를 다루면서 처음으로 할 일은 도구변수instrumental variables를 찾아내는 것이다. 도구변수들은 부패 거래의 예측 가능성과 긴밀한 상관관계를 가지며, 회귀분석의 오차항error term과는 그다지 상관관계가 없을 것이다. 여기서 사용된 도구변수는 한 국가 내의 개신교인의 비율이다. 개신교인의 숫자에 관한 데이터는 라포르타와 그의 동료들(La Porta et al. 1999)에서 가져왔다. 개신교는 부패의 수준을 낮추는 것으로 트라이스만(Treisman 2000), 팰덤(Paldam 2001), 그리고 라포르타와 그의 동료들(La Porta et al. 1997; 1999)의 연구에서 밝혀졌다. 확실한 것은 부패 거래와 관련하여 종교는 윤리적 지침을 제공한다는 점에서 영향을 미칠 수 있다는 점이다. 종교는 사람의 마음속에 부패를 거부하는 내면의 장애를 조성함으로써 행위자로 하여금 부패 거래를 거부하게 할 수 있다. 종교를 가진 사람은 부패 거래로 치르게 될 도덕적 대가도 중요하게 여기기 때문이다. 그러나 개신교에 비해 다른 종교들은 더 위계적이다(La Porta et al. 1997). 많은 사람들은 개신교인의 비율이 높은 사회에서 부패 수준이 낮은 것으로 나타나는 중요한 이유가 바로 그와 같이 다

---

16 저소득 국가들의 경우 규제의 수준이 높은 것으로 나타났다. 따라서 규제가 부패에 미치는 영향은 이미 1인당 GDP로 포착되었을 수 있다.

른 종교에 비해 개신교가 덜 위계적인 데 있다고 생각한다. 그러나 종교의 위계적인 특징과 부패 간의 실제 연관성에 대해서는 더 정밀한 검토가 필요하다.

전술했듯이 개신교인 집단과 같이 부패 거래의 약속에 잘 얽매이지 않는 기회주의의 네트워크를 제재함으로써 부패 거래는 그 이행이 더 잘 보장되고 예측 가능하게 된다.[17] 그러나 그러한 제재의 효과가 나타나기 위해서는 부패를 반대하는 방향으로 흐르는 네트워크 성원의 윤리적 고려가 그러한 제재로 말미암아 크게 억제되어야만 한다. 성원들의 물질적 편익을 증진하는 것이 목적인 네트워크가 그 목적을 달성하려면 통제 메커니즘과 함께 특히 위계적 내부질서의 확립이 필요하다. 개신교인들은 위계적인 조직구조에 상대적으로 덜 편입되어 있고, 폐쇄적 네트워크에도 잘 들어가려고 하지 않는다. 폐쇄적 네트워크의 특징은 자신들의 행동(예를 들면 부패)이 외부 사람들에게 부정적 외부효과(예를 들면 부패의 사회적 악영향)를 부과함에도 불구하고 그것을 대수로이 여기지 않는 것이다. 보통 개신교인들은 외적인 장애의 영향을 상대적으로 덜 받는다. 개신교인의 비율이 높은 사회에서는 다음과 같은 태도가 함양되는데 개인이 자기 친족에게 덜 의존할 뿐만 아니라 자신이 처한 사회환경과 물질적 이해관계의 지배를 덜 받는다는 것이다. 이러한 경우에 개인들은 기꺼이 기회주의적으로 행동할 수 있으며, 특히 부패 계약은 부당하므로 그런 계약을 파기하는 것은 문제가 안 된다고 생각할 때 그렇게 행동한다. 따라서 개신교는 부패 계약에 따르는 거래상의 어려움을 증대시키므로 개신교인의 비율이 높으면 부패는 감소한다는 것이 우리의 가정이다.

개신교인의 비율은 상관계수 0.46의 수준에서 '뇌물 규모의 예측 불가

---

17 시민 참여는 부패를 막는 한 가지 요인으로 여겨지는데 위계적인 형태의 종교는 그와 같은 시민 참여를 저해한다는 점을 라포르타와 그의 동료들(La Porta et al. 1997)은 강조한다. 그러나 시민 참여는 부패를 초래할 수도 있는데 특히 부패가 공무원의 개입과 관련하여 발생할 때 그러하다. 따라서 종교가 부패의 예측 가능성에 영향을 미친다는 것은 가장 중요한 논점이 될 수 있다.

능성'과 상관관계가 있고, 0.35의 수준에서 '기회주의의 수준'과 상관관계가 있기 때문에 개신교인의 비율은 좋은 도구변수가 된다. 그 외에 고려된 도구변수는 식민지 역사와 민족언어적 분열이다. 식민지 역사로 인하여 토착민들 간에는 은밀한 거래가 이루어지고 식민당국자들에 의한 착취적인 과세와 몰수를 피하기 위한 방법으로 상호주의적 거래 방식을 사용했을 가능성이 있다. 이러한 거래 관행과 거래 방식은 독립 후에도 지속됨으로써 부패 거래의 이행을 보장하는 훌륭한 토양으로 전환될 수 있다. 그 결과 이전에 식민지였던 국가에서는 부패 거래 파트너들의 기회주의적 배신 행위가 큰 문제가 되지 않을 수 있다. 민족언어적 분열은 부패의 수준에 영향을 미치는 요인이라고 모로(Mauro 1995)는 주장한다. 이러한 연관성에 관한 최근의 더 많은 실증적 연구는 글상자 2를 보라. 이런 점은 대부분이 다시 거래할 때 고려할 사항과 연관될 수 있다. 모름지기 분열된 사회에서는 각 집단이 자신의 친척이나 민족집단에 혜택을 주는 방법으로 상호주의적 거래를 지키는 경향이 있는 것이다. 이로 인하여 부패 거래가 성행하고 같은 씨족 구성원들 간에는 기회주의적 배신 행위도 없게 된다. 그러나 '뇌물 규모의 예측 불가능성'과 '기회주의의 수준'을 개신교인의 비율, 식민지 역사, 그리고 민족언어적 분열과 같은 변수에 대하여 회귀분석하면 통계적으로 의미 있는 영향은 나타나지 않는다. 그러므로 이러한 도구변수들은 무시한다. 개신교는 기회주의나 예측 가능성에 영향을 미칠 뿐만 아니라, 그 자체가 부패에 직접적으로 영향을 미칠 수 있다. 개신교의 바탕위에 성립된 사회가 좀 더 절차지향적이고 법률지향적인 제도를 확립하는 경향이 있다면 개신교의 부패 억제 효과가 발생할 수 있다. 그러한 제도는 부패를 막는 데 도움이 되기 때문이다. 물론 이처럼 개신교가 부패를 감소시킨다는 가설이 유지되는지에 대해서는 논란이 있을 수 있다. 개신교가 부패를 감소시킨다는 가설이 유지된다면, 개신교 사회에서는 부패에 연루되기를 거부하는 사람들이 이용할 수 있는 합법적 대안들이 발전할 것이다. 회귀분석에서 개신교 변수를 통제했기 때문에, 개신교가 미칠 이러한

표 8.A3 TSLS(2단계 최소제곱법); 종속변수: 부패 없음, 국제투명성기구TI; 도구변수: 개신교인의 비중

독립변수들	1	2	3	4	5	6
상수	-5.02 (-1.3)	-8.05 (-4.7)	-21.55 (-2.2)	-0.48 (-0.2)	-4.17 (-4.0)	0.20 (0.1)
뇌물 규모의 예측 불가능성	1.32 (2.3)	3.16 (3.0)	4.10 (2.7)			
기회주의의 수준				1.47 (2.3)	2.47 (3.0)	2.21 (2.7)
1인당 GDP (1995)	0.74 (6.2)	-0.01 (-0.0)	0.10 (0.4)	0.49 (2.7)	0.11 (0.3)	0.05 (0.2)
영국 식민지 경험	0.02 (0.4)			0.05 (1.2)		
합법적 대안들	-0.47 (-1.0)		2.30 (1.6)	-0.98 (-2.9)		-0.82 (-1.8)
조사 대상 국가 수	63	47	47	63	47	47
R^2	0.72	0.64	0.72	0.72	0.64	0.72
J-B(Jarque-Bera) 검정통계량	1.8	1.1	0.4	1.8	1.1	0.4

형태의 영향 때문에 조사 결과에 편향이 발생하지는 않을 것이다.

조사 결과는 표 8.A3에 나타나 있다. 1인당 GDP와 영국 식민지 경험, 합법적 대안들과 같은 다른 모든 변수와 관련하여, 종속변수인 부패의 유무가 거꾸로 그와 같은 변수에 영향을 미치는 내생성endogeneity의 문제는 없다고 판단되고, 변수들은 또한 도구변수로 사용되었다. 회귀분석 1과 4에는 모든 국가가 포함되지만, 나머지 회귀분석에서는 영국 식민지였던 국가들을 배제했다. 회귀분석 2와 3에서는 개신교인의 비중이 '뇌물 규모의 예측 불가능성'에 통계적으로 의미 있는 영향을 미치지 못했고, 따라서 그 결과는 과대평가되지 않았다. 모든 회귀분석에서 개신교인의 비중은 통계적으로 의미가 있기 때문에, 개신교인의 비중을 도구변수로 사용한 점은 문제가 없는 것으로 확인되었다. '뇌물 규모의 예측 불가능성'과 '기

회주의의 수준'이 종속변수인 '부패 없음absence of corruption'에 미치는 영향은 여전히 통계적으로 의미 있는 수준에서 '부패 없음'의 수준을 높여주는[양(+)의 영향] 방향으로 나타난다는 것이 조사 결과 확인되었다.

제9장

관계적 부패 계약[1]

"왜 그렇게 많은 정치인들이 변호사일까? 왜냐하면 모든 사람이 변호사를 고용하기 때문에 변호사 출신 국회의원들은 자신들을 고용한 많은 회사들로부터 후원을 쉽게 받을 수 있기 때문이다. 그 반면에 의사가 국회의원이 될 경우 의사 출신 국회의원을 고용하는 회사는 별로 없으므로 의사 출신 국회의원은 후원금을 모으기가 어렵고 따라서 뇌물을 받지 않으면 안 될 것이다."
– 스티글러(Stigler 1971)

9.1. 서론

부패는 의심할 나위 없이 현대사회의 대표적인 악 가운데 하나로 간주된다. 범죄 의도를 지닌 사람들이 부패를 행하고 욕심이 부패를 낳는다. 그러나 이러한 단순한 설명이 타당하다면 왜 우리는 현실에서 그와 반대되는 사례를 접하게 되는 것일까? 더구나 부패한 사람들이 다양한 자선기관에 관여하는 경향이 있는 것은 왜일까? 많은 뇌물 제공자와 수뢰자가 일반적인 여러 가지 사업 거래와 정치적 계획에 관여하면서 거기서 신뢰할 만하고 정직한 파트너로 간주되는 이유는 무엇일까? 우리는 그런 사람들을 범죄자로 바라보지만 그러한 관점은 그들의 사회 참여와는 상충된다. 그들이 위임받은 권력을 오용하는 점을 고려하면, 그들이 자신들의 평상시 관

1 이 장과 관련된 글은 우트쿠 텍소즈Utku Teksoz와 함께 썼으며, 원래 람스도르프 외, 《부패의 신제도 경제학 — 규범, 신뢰 그리고 상호주의》(런던: 루틀리지, 2004), 138-151쪽에 수록되었다.

계에서 향유하는 신뢰는 약간 논란의 여지가 있다.

비록 단순논법이기는 하지만 부패한 행위자는 권력을 오용하기에 앞서 반드시 그것을 위임받아야만 한다. 그리고 부패와 관련한 비행을 저지를 기회가 있어야만 한다. 대개는 공직 보유자들이 독점적 지위에 있는 동시에 법을 해석하고 적용하고 바꾸는 데 재량권을 가지고 있으되 책임감은 결여하고 있을 때 그러한 부패의 기회가 생겨난다(Klitgaard 1988: 75). 이러한 일은 흔히 공공조달의 영역에서 발생하거나 지나친 정부 규제로 인하여 시장의 힘이 방해를 받을 때 발생한다. 선출직 정치인은 권력을 위임받고 임명직 관료는 상급자들에 비해 정보상의 이점을 지니기 때문에, 그들은 부패한 목적에 지위를 남용할 수도 있다. 그러므로 일정한 수준의 신뢰는 부패의 기본적인 전제조건이다. 그런데 부패한 사람들은 무엇 때문에 권력을 오용하게 될까? 부패한 사람들은 그저 위선자들일 뿐이라는 가설도 존재할 수 있을 것이다. 부패한 사람들은 마치 자신이 이타적이고 헌신적인 사람이라는 평판을 획득함으로써 이득을 취하려고 할 수 있지만 실제로 그들을 끌고가는 것은 오직 이기심일 뿐이다. 부패한 사람들이 사회참여에 적극적인 것은 단지 자신들의 진짜 의도를 위장하기 위해서이다. 그들은 정말로 부패한 자기 목표를 달성하기 위하여 자신의 신뢰성을 무기로 사용한다. 실제로 이러한 설명도 일리가 있다. 그럼에도 불구하고 이 장에서는 다른 설명을 제공한다. 순전히 부패하기만 한 관계 같은 것은 거의 존재하지 않는다는 점이다. 부패한 거래는 대개 상이한 행위자 간의 좀 더 복잡한 관계에 끼어들 뿐이다. 이처럼 부패한 거래를 내포하는 복잡한 관계에는 다양한 합법적 거래와 심지어는 자선사업도 포함된다.

따라서 완전히 합법적인 관계와 불법적인 관계 사이의 연관성을 규명하는 것이 이 장의 목적이다. 부패 계약에는 높은 거래 비용이 수반된다는 기본적인 사실로 인해 그러한 연관성은 중요한 의미를 갖는다. 부패 관계는 불안정하다. 한 사람의 말을 철석같이 믿었다가는 철저한 배신과 사기를 당할 수 있는 것이 바로 부패 관계이다. 부패 계약은 상호 고발로 끝이

나기도 한다. 부패 관계 이전에 합법적인 관계가 존재한다면 그러한 거래 비용을 낮출 수 있고, 부패 계약의 이행을 보장하는 기반이 될 수도 있다.

합법적 거래와 부패의 관계를 확실히 하기 위하여 우리는 신제도경제학의 개념적 분석틀을 간략히 살펴보고, 그것을 부패 거래에 적용할 것이다(6장 2절 참조). 합법적인 거래가 어떻게 부패 거래를 성사시키고 이행을 보장하는 기반이 될 수 있는지에 대해서는 사례 연구(6장 3절 참조)를 바탕으로 알아볼 것이다. 이 장의 마지막 절에서는 결론을 내리고 정책 제안을 한다.

9.2. 신제도경제학의 기여

거래 비용 분석

코스(Coase 1937) 이래로 상품이나 서비스를 교환하는 데는 거래 비용이 수반된다는 것이 정설이다. 거래 비용이 존재하는 결정적인 이유는 정보가 상당히 불완전하다는 것이다. 그렇기 때문에 알맞은 계약 파트너를 물색하고, 시장 조건에 관한 충분한 배경 정보를 수집하고, 계약의 세부사항을 정하고, 기회주의적 배신 행위에 대비하여 합법적이든 비공식적이든 간에 당사자들을 보호할 방안을 모색하는 데 많은 시간과 물질적 자원이 소요된다. 이러한 거래 비용 때문에 사람들이 가진 정보는 시장의 기회를 평가하고 미래를 예측하기에 불충분하기 마련이다. 거래 비용이 높을수록 계약 파트너 간의 상호 신뢰의 수준이 낮아진다[음(-)의 연관성]는 것은 거래 비용의 또 다른 측면이다(Furubotn and Richter 1998: 49). 즉, 계약하는 사람들 간의 신뢰가 낮을수록 거래를 성사시키는 데 반드시 더 많은 시간과 노력과 돈이 소요되는 것이다. 대부분의 거래는 익명의 시장 참여자들이 아니라 잘 아는 사업 파트너들과 반복적으로 체결된다는 점에서 거래 비용이 클수록 계약 관계가 힘든 경향이 있는 이유를 부분적으로 알 수 있다.

어떤 사업 파트너들은 제한된 정보만을 가지고 있고 다른 사업 파트너들은 정보상의 이점을 보유하고 있다면 전자의 제한된 정보는 후자들에게 이용당할 수 있다. 이러한 유형의 행동을 일반적으로 '기회주의'라고 칭하는데 간교한 속임수로 자기 이익을 추구하는 것을 말한다. 여기에는 거짓말, 도둑질, 왜곡, 모호하게 하기, 그리고 위장하는 것과 같은 의도된 형태의 기만 행위들이 포함된다. 오직 정보가 비대칭적으로 배분될 때 기회주의가 발생할 수 있다. 사전적事前的인 정보의 비대칭이 존재한다는 것을 고려하면 계약을 설계하기에 따라 역선택[2]의 문제가 발생할 수 있다. 그와 비슷하게 사후적인 정보의 비대칭의 경우 도덕적 해이의 문제가 발생할 수 있다. 이러한 상황에 대처하기 위하여 사전적인 검사가 이루어지고 사후적인 계약 이행 보장장치가 마련된다(Williamson 1985: 64).

정보 비대칭의 문제는 계약하는 당사자들 간의 문제일 뿐만 아니라 국외자들에게도 문제가 된다. 계약하는 양쪽 당사자가 서로를 잘 알고 서로 소통을 위해 노력한다 하더라도, 이것을 제3자에게 전할 수는 없을 것이다. 고용주는 피고용인의 직무태만에 대해 알 수 있지만, 그것을 법원에서 입증할 수는 없을 것이다. 그러므로 정보 비대칭의 문제는 훨씬 더 커진다. 왜냐하면 계약으로부터의 일탈을 당사자들이 관찰할 뿐만 아니라 그러한 일탈은 국외자들에게도 틀림없이 입증될 것이기 때문이다. 개중에는 법원에서 해결하기 불가능한 분쟁도 있는데, 파트너들이 국외자들의 혐의를 입증하지 못하기 때문이다(Hart 1987: 168).

관계로 계약 맺기

부패 거래를 체결하려는 사람들은 정보의 비대칭과 기회주의의 위험으로 가능한 한 많은 정보를 수집하는 데 자원을 쏟아붓지 않으면 안 된다. 즉, 부패 거래에는 거래 비용이 수반된다. 특히 장기 계약의 경우 정보 수집에

---

2 [옮긴이] 역선택adverse selection이란 정보의 불균형으로 불리한 의사결정을 하는 상황을 말한다. 예를 들면, 보험 가입 대상자의 건강 상태와 사고 확률에 대해 특수 정보를 갖지 않은 보험회사가 질병 확률과 사고 확률이 높은 사람을 보험에 가입시킴으로써 보험재정을 악화시키는 경우를 들 수 있다.

많은 돈이 소요된다. 장기 계약의 경우 관계가 지속되는 동안 일어날 수 있는 다양한 만일의 사태들을 예측하기가 어려워진다. 그와 같은 만일의 사태들을 다루는 방법을 정하고 합의에 도달하는 데 비용이 발생할 뿐만 아니라 계약의 조건들이 이행될 수 있도록 충분히 분명하고도 확실한 방법으로 계약서를 작성하는 데도 비용이 발생한다(Hart 1987: 166). 이러한 비용을 고려하면 제한된 정보로 만족하며 살아가는 것이 바람직해진다. 계약은 불완전할 것이다. 왜냐하면 모든 우발적 사고를 미리 예측한다는 것은 불가능하거나 단순히 비경제적일 수 있기 때문이다. 실제로 당사자가 합의 과정에서 갖는 정보량에 비해 계약 집행 단계에서 갖게 되는 정보의 양이 당초보다 증가하는 경향이 있다(Nelson and Winter 1982: 96-139). 특히 노동 계약 같은 장기 계약에서는 당사자들이 처음에는 불완전한 계약으로 출발하는 것이 일반적이다. 거래의 과정에서 추가 정보를 획득할 때에는 그에 따라 계약은 더 구체화될 수 있다. 따라서 계약 설계에서 일정한 여백을 두는 것은 모종의 우발적 사고에 대비하여 융통성 있는 계약을 만드는 극히 합리적인 방법으로 보인다. 여기서 계약의 기간과 복합성이 점점 증가하는 '관계적' 유형의 계약이 등장한다(Macneil 1978: 890). 이 맥닐의 연구를 바탕으로 윌리엄슨(Williamson 1985)은 신고전적 계약 제도에서는 원래의 합의가 강조되었으나 관계적 계약 유형으로 넘어오면서 시간 경과에 따라 변화하는 관계 전반에 강조점이 놓인다는 사실을 알아냈다.

합의 조건을 잘 정의된 의무사항으로 축소하는 것은 불가능하므로 계약은 관계적이다(Goetz and Scott 1981: 1091). 잘 정의된 의무사항 대신에 파트너들은 이제 정상적인 결과로서 문제점이 야기될 것을 내다보고 그런 문제점들의 해결을 위해 합법적인 조치뿐만 아니라 다른 모종의 조치도 강구한다(Macneil 1974: 738-740). 그와 같은 관계적 계약은 관계의 구조와 장기적인 사업 관계 속에 편입된 암묵적이고, 비공식적이고, 구속력이 없는 거래이다(Furubotn and Richter 1998: 158). 그 불완전한 성격 때문에 관계적 계약은 지속적인 관계의 일부를 구성한다. 또 관계적 계약의 협상 단계는 지속적인 성격을 지니는데, 미래의 계약에 관해 협상함으로써 새로운 계약을 안정시키게 된다는 것은 암시적이든 명시적이든 간에 진술되어 있는 의도이기 때문이다. '지속적'이라는 말을 여기서 사용한 것은 그 관계를 시작하는 조건과 끝내는 조건이 엄격하게 정해지거나 미리 구체화되지 않았다는 의미에서이다. 계약의 이행과 재협상이 지니는 지속성으로 인하여 관계는 안정화된다(Macneil 1974: 753).

단순한 신고전적 거래 분석에서는 거래 파트너들의 익명성을 전제하는 반면에, 관계적 거래에서는 거래에 관여하는 사람이 누구인가가 중요하다고 주장한다. 거래 중에는 함께 어울리는 폐쇄적 집단 내부에서만 이루어지도록 구속을 받는 경우가 있는 것이다. 그와 같이 비용을 최소화해주는 거래를 하려면 그런 집단 내부 거래를 가능하게 하는 자원들에 대한 최초의 투자가 필요하다. 혹자는 이것을 '정체성의 전문화specialization of identity'라고 명명하기도 한다. 어떤 거래에 관여하려면 관련된 당사자들 간에 일정한 규칙과 규범, 혹은 행동강령이 필요하기 때문에 정체성은 중요하다. 계약 당사자들의 정체성이 바뀌면 전 과정이 다시 시작되며, 이는 새로운 거래 비용의 발생을 의미한다. 특정인들에 국한된 거래 관계는 그 자체가 기회주의적 행동을 막는 억제장치가 되므로 이제 부정 행위를 저지르게 되면 그 당사자들은 지속적 관계에서 오는 미래의 혜택에서 배제될 것이다(Ben-Porath 1980: 1-6). 개인들은 자기 집단의 내부에서만 관계를 맺는 경향이 있는데, 이는 새로운 파트너를 찾는 데 거래 비용이 소요될 뿐만 아니라 효과적인 제재는 소집단 내부에서 더욱 효율적으로 가해질 수 있기 때문이기도 하다.[3] 따라서 상호주의적 사업 관계와 집단 내부의 관계를 통하여 계약의 이행을 보장하는 메커니즘에 의존하면 그것이 거래 비용을 감소시키는 메커니즘이 된다(Klein et al. 1978).

기회주의적 행동을 막기 위해 계약 이행 메커니즘을 의도적으로 고안

3 중국의 관시關係 네트워크에 관한 흥미 있는 논의와 집단 규모가 커짐에 따라 어떻게 제재의 효율성이 위태로워지는지는 슈람과 타우베(Schramm and Taube 2003)를 보라.

할 수 있다. 그러나 인과관계는 역방향으로도 흐를 수 있다. 즉, 계약을 존중하도록 확실히 하기 위하여 이미 사회적 관계가 확립된 사람들 사이에서만 배타적으로 관계가 맺어질 수 있다. 어떤 조직이나 네트워크의 동료 구성원과 같은 사회적 관계가 존재하면 기회주의적 배신 행위가 일어날 가능성은 적다. 사회적 관계 속으로 편입되면 안전을 지켜주는 메커니즘이 존재하기 때문에 기회주의를 막기가 수월하다(Granovetter 1992). 가족이나 친척과의 유대관계와 같은 사회적 관계는 계약의 존속 기간보다 더 오래 지속된다. 더욱이 이러한 유대관계는 쉽게 변하지도 않는다. 그러므로 기회주의의 유혹이 클 때조차도 개개인은 자기 집단에 계속 충성하려는 동기를 부여받게 될 것이다.

부패 계약 체결하기

여러 가지 측면에서 합법적인 계약에 대한 분석은 부패 계약에도 적용할 수 있다. 합법적 계약과 부패 계약 사이에는 명백한 공통점들이 존재한다. 첫째, 파트너들은 서로를 속일 수 있다. 둘째, 정보의 비대칭이 있을 수 있다. 셋째, 기회주의에 대한 방비책을 마련하지 않으면 안 된다. 넷째, 거래 당사자 간에 신뢰가 있으면 부패 거래를 계획하는 데 도움이 될 것이다. 다섯째, 사회적 관계가 존재하면 부패 거래를 맺기가 수월할 수 있다. 그리고 이러한 모든 메커니즘에는 거래 비용이 수반되기 때문에, 파트너들 간에는 계약과 관련하여 문제가 해결되지 않고 남을 가능성이 있다.

그러나 거래 비용과 계약 이행 메커니즘과 관련하여 합법 거래와 부패 거래 사이에는 세 가지 주된 차이가 있다(Lambsdorff 2002a; 이 책의 6장). 첫째, 법원은 부패 거래의 이행을 보장하지 않는다. 그러므로 법적 제재의 결여를 완전히 대체할 정도로 완벽한 사적 규제private ordering를 마련하지 않으면 안 된다. 따라서 그와 관련한 거래 비용은 상당히 늘어날 가능성이 있고, 그러고도 여전히 빠져나갈 구멍은 수없이 존재할 것으로 예상된다. 둘째, 부패 거래는 비밀리에 체결된다. 부패 거래를 체결하는 것과 연관된 거래 비용이 합법 거래보다 상당히 더 높은 이유가 바로 거기에 있다. 파트너 물색은 물론이고 협상과 계약 이행 보장도 일반 대중의 눈을 피해 하지 않으면 안 된다. 광고와 같은 투명한 수단은 이용할 수 없다. 더 비쌀 가능성이 다분한 대안적 형태의 수단들을 강구하지 않으면 안 된다. 셋째, 합법 거래와 달리 부패 거래는 후유증이 존재한다. 부패 거래의 당사자들은 결국 서로가 서로에게 의존하는 관계가 되고 마는데, 부패 거래의 당사자들은 다른 당사자에 관한 비밀을 보유하고 있기 때문이다. 결국 부패 거래의 당사자들은 서로의 눈치를 보며 살아가게 된다. 문제의 특혜 서비스가 주어진 후에도 부패 거래의 당사자들은 오래도록 상호 의존 관계에 매이게 되는데 그러한 관계는 추가적인 갈취나 함구비 요구의 기반이 될 수도 있다. 부패 활동에 관여한 사실이 노출될 경우 부패 거래 당사자 중 어느 한 쪽이 잃을 게 더 많을 때에는 그렇지 않은 쪽이 고발하겠다고 위협할 수도 있다.

같은 사람들과 오래도록 더 많은 계약을 체결할 가능성이 있다면 거래 비용도 상당히 감소하고 광고, 신뢰 획득, 그리고 공통지식 자본capital of common knowledge을 형성하는 것과 관련한 위험도 많이 감소한다. 부패 거래의 파트너를 물색하고 협상하고 계약의 이행을 보장함에 있어서 각 단계마다 상당한 고발의 위험이 존재하기 때문에 부패 관계는 국외자에 대하여 폐쇄적 성격을 지닐 수밖에 없다. 그러므로 바로 그 불법성으로 인하여 부패 거래는 익명의 당사자 간 거래가 아니라 부득이하게 특정인들에게 국한된 거래가 되지 않을 수 없다. 신뢰는 부패 거래의 결정적 요소가 된다. 따라서 당사자들이 사후에 기회주의적 행동을 하지 못하도록 하기 위하여 상당한 정도의 상호 신뢰를 향유하는 당사자들 사이에서 부패 거래를 체결하는 경우가 매우 많다.

9.3. 부패와 합법 거래를 연결하기

부패 계약에는 합법 계약보다 더 많은 거래상의 어려움이 수반된다. 이러한 거래 비용을 낮추기 위한 메커니즘은 다양하게 존재한다(della Porta and Vanucci 1999; Husted 1994; Lambert-Mogiliansky 2002; Lambsdorff 1999; 2002a; 2002c; 이 책의 6장과 7장을 보라; Rose-Ackerman 1999: 91-110; Vanucci 2000). 여기서 우리는 그와 같은 메커니즘의 하나에 초점을 맞춘다. 바로 부패 거래를 이미 확립된 합법 관계에 연결하는 것이다. 두 명의 당사자 간에 완벽하게 합법적인 관계가 존재한다면 부패 거래가 번성할 비옥한 토양이 될 수 있다. 이 경우 부패는 익명의 파트너들 사이에서 나타나는 하나의 단순한 행위가 아니다. 오히려 부패는 복합적인 관계 속으로 편입된다. 장기적인 사업이나 위계적인 조직 속에 뿌리를 내림으로써 그 이행이 보장되는 암묵적이고, 비공식적이며, 구속력이 없는 합의도 부패에 포함된다.

합법 거래를 하는 과정에서 사업 파트너들은 서로를 제재할 다양한 수단들을 이용할 수 있다. 사업 파트너들은 서로의 평판을 파괴할 수 있고, 이익이 되는 미래의 거래를 끝내버릴 수 있다. 또 위계적 통제권을 보유하고 있을 때는 서로를 처벌할 수 있으며, 혹은 기존 우정을 상호 비난 관계로 변질시켜버릴 수도 있다. 그리고 이와 같은 제재를 가하겠다고 위협하면 합법 거래의 이행에 도움이 된다. 이미 확립된 합법 관계가 존재하는 상황에서 당사자들은 부패 거래의 진행을 공모하고 싶은 유혹을 느낄 수 있다. 기존의 합법 관계를 바탕으로 서로를 제재할 수 있으므로, 합법 계약에 딸린 부패 계약의 이행을 보장하는 데에도 제재하겠다고 위협하는 방법을 사용할 수 있다. 그뿐만 아니라 당사자들은 파트너 물색 비용을 절약할 수 있는데 왜냐하면 그들은 이미 서로를 알고 있으면서 단지 부패 계약도 포함시켜 거래의 범위를 확장시킬 뿐이기 때문이다. 익명의 파트너들로서는 부패 거래를 행하기가 어렵다. 그러나 기존의 합법적 유대관계를 가지고 있는 사람들에게는 부패 거래를 이미 확립된 합법 관계에 연결하기가 훨씬 더 쉬울 것이다. 당사자들은 처음에는 합법 관계로 출발하지만 그것이 나중에 부패 거래도 행하는 관계로 악화될 수 있다. 이런 경우에 신뢰가 존재하면 그 과정은 용이해진다. 부패 거래는 합법 거래에 연결되는 경우가 많다는 것이 이 장의 핵심 논지이다. 부패 거래는 다양한 합법 거래도 이루어지는 사회적 관계 속으로 편입되는 경우가 비일비재하다. 이론이 실제 생활에 어떻게 적용되는지를 보여주기 위하여 이 절에서는 몇 가지 사례 연구를 살펴볼 것이다.

독일의 세 가지 사례

• 사례 1

최근 독일에서는 빌레펠트Bielefeld 지역의 전직 사회민주당 의원 R(Günter R.)이 부패 사건에 연루되었다.[4] 그가 부패 혐의로 체포되었다는 소식은 그의 고향인 빌레펠트 사람들에게 엄청난 충격이었다. 그는 수년간에 걸쳐 거의 이상에 가까운 '좋은 시민'의 모범이 아니었던가? 그의 사회적 헌신은 많은 사람들의 표상이 되었다. 그는 특히 교육을 강조하면서 일련의 자선조직, 시민단체, 그리고 비영리조직에 관여했다. 그럼에도 불구하고 그는 1995년부터 2000년까지 자신의 그러한 지위들을 남용하여 독일 마르크화로 여섯자리 숫자에 달하는 치부를 한 것으로 기소되었다. 그가 대표를 맡은 재단 가운데 하나는 독일유스호스텔협회와의 협조 하에 생활양식 및 교육 기획 사업들을 하기 위한 비영리 회사였다. 이 기획 사업들에는 상당한 건축 공사가 포함되었다. 그러던 중 1990년대 중반에 한 건설회사의 전무이사인 B(Lutz-Peter B.)와 R 의원의 친분이 점점 두터워졌다. 그러한 친분으로 인해 빌레펠트 정치인 R의 비영리 목적은 뒷전으로 밀려났다. 몇몇 계약이 B의 회사에 돌아가도록 R이 영향력을 행사하지 않은 것

---

4 쥐트도이체 차이퉁, "다선의원, 비리로 수감되다," 2002.1.11.

은 분명했다. 범죄를 감추기 위하여 과다청구 수법이 사용되었다. 이러한 과다청구를 바탕으로 R이 대표를 맡고 있던 비영리조직은 부풀려진 건설비를 지불했고, 그에 따라 남게 된 뒷돈은 전술한 건설회사의 전무이사 B와 R이 나눠가졌다. R 의원은 또한 자칭 '건축 감독' 활동의 대가로 임금을 받음으로써 불법 자금의 흐름을 위장했다.

이 사례와 또 다른 수많은 유사 사례에서 사람들은 어떤 결론을 도출할까? 혹자는 R 의원이나 B 같은 사람들이 단지 자신의 진정한 본성을 위장하고 또 지위를 이용하여 부패 거래를 위장했을 뿐이라고 주장할지 모른다. 그와 달리 사회참여, 회사 내부의 신뢰 관계, 그리고 정직성에 대한 평판은 전혀 부패 거래와 다르지 않다고 주장할 수도 있다. 그 반면에 R 의원은 부패 거래를 체결하게 되었을 때 그 거래의 한쪽 파트너로 신뢰받기 위하여 자신의 평판이 필요했다. 만일 R 의원이 순전히 사리사욕이나 추구하는 사람으로 여겨졌다면 B와의 신뢰관계를 형성할 수는 없었을지도 모른다.

• 사례 2

1992년 포츠담에 있는 바예리쉐 페라인스방크Bayerische Vereinsbank의 국장인 A(Leonard A.)는 독일 통일 후 옛 동독의 금융시장으로 몰려갔던 그의 경쟁자들 대부분과 마찬가지로 급조된 지방 건물에서 일하는 게 싫었다. 그 대신에 그는 포츠담 시에서 가장 좋은 지역에 호화로운 사무실을 지어 근무하는 게 꿈이었지만, 그가 눈독을 들인 시유지 한 곳은 아직 보상 문제가 걸려 있어서 건축을 할 수 없었다. 거기에는 또 다른 문제도 있었다. 바예리쉐 페라인스방크의 주된 경쟁 은행 가운데 한 곳도 그 부지에 관심을 보이면서 그 부지는 사람들의 주목을 받게 되었다. 이러한 문제점들을 우회하기 위하여 A는 자신의 친구이면서 테니스 동호인이고 1990년부터 포츠담 시의 건축주택 담당 간부인 K(Detlef K.)를 부패 거래의 파트너로 삼았다. A는 시유지 건축 허가를 획득하는 데 K와의 개인적인 관계를 활용했다. 그 결과 A는 시유지와 관련된 일반적인 절차가 완료되기 전에 건축 허가를 획득하고, 시가 그 건축 부지를 판매할 때 A의 은행이 경쟁자들을 제치고 선정되었다. 그 대가로 A의 은행은 매우 아름다운 대저택 한 채를 시중 가격보다 상당히 낮은 가격으로 살 수 있는 옵션을 K에게 제공했다. K는 주택 구매에 직접 참여하지 않고 단지 그 호화주택을 살 수 있는 옵션만 받는 것으로 계약은 공식 체결되었다. 그러나 이 게임의 모든 참가자들에게 영향을 미치는 상황 변화가 일어났다. 첫째, 포츠담 시의 시장 G(Horst G.)가 시의 건축주택 담당 부서 직원들을 순환 배치했다. 그리하여 시유지 건축 허가도 없던 일이 되어 버렸고, 따라서 바예리쉐 페라인스방크에서도 A보다 더 높은 권한을 가진 사람들이 K에게 주기로 한 옵션을 무효화시켜버렸다. 이로 인해 테니스 동호인이던 A와 K 사이의 우정도 영향을 받았다. 몇 년 후 K의 두 친구가 A에 대하여 은행 대출을 해주는 대가로 개인적 사례를 요구했다고 고발하면서 녹음 테이프를 증거로 제출한 사실에 대하여 무슨 다른 설명이 가능할까? A는 그 전에 K와 체결한 불법거래를 고발함으로써 반격에 나섰다. A는 30개월 징역형을 살았고, K는 1998년 시청 공무원 직책에서 쫓겨났다.[5]

이 경우에는 시유지 건축 허가라는 법적인 의미에서의 공식적인 관계와 우정이 부패 거래를 체결하는 기반으로 작용했다. A로서는 자신에게 시유지 건축 특혜 허가를 제공할 정도로 충분한 범죄 능력을 가진 시청 공무원을 찾는 것이 비용도 많이 들고 위험하기도 한 일이었을 것이다. 또한, 공개적으로 뇌물을 제공했다면 그것도 당연히 역풍을 불러왔을 것이다. 그러나 그에게는 딱 맞는 공무원과 이미 확립된 관계를 맺고 있었으니 우연히도 그의 테니스 동호인이던 K와의 관계였다. 그러므로 A는 파트너를

---

5 타게스 슈피겔, "전직 은행 국장, 갈취 혐의로 유죄 선고받나?", 1997.12.16.; 타게스 슈피겔, November 29, 1997, "검찰, 포츠담 시 건축주택 담당 간부 K씨 수사를 검토", 1997.11.29.; 마인-에코, "포츠담의 가장 수수께끼 같은 정치인이 시를 대대적으로 개편하다", 1998.1.13., 그리고 람스도르프(Lambsdorff 1999: 56)를 보라.

물색하거나 그 파트너의 범죄 능력을 알아보는 데 자원을 투자할 필요가 없었다. 다만 K가 시중 가격보다 싸게 주택을 구입하도록 계약을 체결하는 데 자원이 사용되었고, 그 계약은 시유지 건축 허가라는 특혜 서비스에 대한 대가로 주택 염가 구입 옵션을 제공하는 이면의 숨은 계약이었다. 여기서 우리는 부패 거래의 한 가지 두드러진 특징을 보게 되는데 바로 부패 거래에서는 비밀이 불가피하게 필요하다는 점이다. 그러나 무슨 이유에서인지 포츠담 시장 G는 건축주택 담당 부서 공무원들의 순환배치를 결정했고, K는 중요한 직책을 더 이상 유지하지 못하게 되었다. 이로 인하여 합법 계약에 부속된 부패 계약을 이행하는 데 필요한 합법적인 기반이 사라져버렸다. 미래의 합법적 거래 전망이라도 있으면 기회주의를 막는 데 도움이 되었겠지만 그러한 미래의 합법적 거래 전망도 없어졌다. 그러므로 바예리쉐 페라인스방크는 주택 염가 구입 옵션을 취소하는 기회주의적 조치를 취하게 되었다. A와 K의 옛 우정은 이제 상호 고발 관계로 악화되고 말았다.

• 사례 3

독일 프랑크푸르트의 중앙역에서 마약 거래 현장을 감시하는 임무를 맡은 33세의 경찰이 콜롬비아 출신의 창녀뿐만 아니라 윤락업소 경영자와도 개인적 관계를 맺기 시작했다. 이 세 명의 당사자들이 서로를 어떻게 인식하는지에 대해서는 분명히 격차가 존재했다. 경찰관은 순진하게 그 관계의 진정성을 믿었던 반면에, 윤락업소 경영자와 창녀는 처음부터 경찰관이 접근할 수 있고 가져다줄 수 있는 정보 때문에 기본적으로 부패 계약의 상대로서 경찰관이 필요했던 것으로 보인다. 경찰관은 프랑크푸르트 중앙역 주변에 근무하는 사법기관 요원들에 관한 정보를 윤락업소 경영자와 공유했고, 경찰의 기습단속 일시와 같은 다른 정보도 그에게 전달했다. 1997년 마약과 거래상을 찾아내려고 윤락업소를 수색할 때 경찰관은 처음으로 윤락업소 경영자를 만났고, 그 이듬해인 1998년부터 계속 그와의 개인적 관계를 발전시켰다. 그리고 경찰관은 만찬 석상에 자주 나타났고,

그 윤락업소 출신의 창녀들과 함께 이런저런 파티에도 참석하기 시작했다. 경찰관은 프랑크푸르트 중앙역 주변에 있는 세 명의 여자와 친밀한 관계를 맺었다. 2000년 5월 28일 경찰관이 체포되자, 윤락업소 경영자는 스페인으로 도주한 것으로 보도되었다. 그 관계의 금전적 측면을 살펴보면, 경찰관은 집 세 채를 임대했다. 이 집들은 윤락업소 경영자가 제공한 것인데 경찰관은 그 집들을 다시 창녀들에게 두 배로 전대轉貸했다. 이러한 부패 계약으로 경찰관은 특별 수입을 올렸겠지만, 실제로는 윤락업소 경영자에게 훨씬 많이 휘둘리는 신세로 전락했다. 경찰관이 전대하는 집들에 사람들이 다 들어오지 않으면 경찰관은 심지어 손해도 감수해야 했는데 실제로 그런 일이 일어나기도 했다. 경찰관은 체포되고 나서 콜롬비아 창녀와의 관계를 후회하면서 그녀는 자신을 철저히 이용했을 뿐 어떠한 진실된 감정도 없는 여자였다고 고백했다.[6]

경찰관들은 협상에서 매우 유리한 위치에 설 수 있다. 경찰관들이 홍등가와 같은 하나의 고정된 지역을 통제하는 책임을 맡게 되면 뇌물을 요구할 수많은 기회를 갖게 된다는 것을 이 사례는 잘 보여주고 있다. 경찰관들이 자신의 관할하에 있는 사람들과 갖는 잦은 접촉을 고려하면, 거래 비용은 상당히 줄어들 수 있다. 예를 들면, 경찰관들은 범죄자들의 활동을 항상 통제하기 때문에 범죄자들과의 부패 계약에서 거래 비용을 낮출 수 있다고 보르네르와 슈바이처(Borner and Schwyzer 1999)는 주장한다. 즉, 단속을 강화하겠다거나 심지어는 가만두지 않겠다고 위협함으로써 범죄자들의 기회주의적 배신 행위도 막을 수 있다는 것이다. 경찰관들의 이러한 부패 거래에서는 관할 구역 통제라는 합법적 관계가 부패 거래의 기반으로 작용할 수 있다. 이러한 점은 위의 사례에도 해당될 수 있겠지만, 위의 사례에서 경찰관이 느낀 것과 같은 우정은 이미 부패 계약의 이행을 보장하는 충분 조건이 된 것으로 보인다.

6 프랑크푸르터 노이에 프레스, "경찰관, 홍등가에서 뇌물을 받다", 2000.8.9.

필리핀 훼텡

또 다른 사례는 필리핀에서 일어난 사건인데 코로넬(Coronel 2000: 26-36)이 상세하게 소개한다. 훼텡Jueteng은 옛날 중국 숫자놀이의 변형으로 필리핀에서 불법으로 행해지는 복권이었다. 훼텡은 불법이지만 그것을 보호해주는 여러 단계의 세력이 존재하기 때문에 필리핀 전역에서 인기가 있었다. 마을 수준에서부터 국가 수준에 이르기까지 관리들과 법집행자들이 훼텡 운영자의 활동을 보호했다. 코브라도어cobradore라는 내깃돈 수금원은 카보cabo라는 촌장에게 보고하고, 촌장은 다시 훼텡 운영자의 감독을 받았다. 영향력 있는 관리들로 하여금 이 복권을 보호하도록 확실히 조치하는 것이 훼텡 운영자가 하는 일이었다. 물론 보호를 받기 위해서는 항상 대가를 지불해야 했다. 1995년 추정치에 따르면 매년 필리핀 화폐로 약 25억 페소(미화 기준으로 거의 1억 달러)의 훼텡 자금이 이 복권을 용인하는 대가로 뇌물을 제공하는 데 사용되었다.

그와 같은 보호를 누리면서 이 복권은 거의 비밀이 유지된 적이 없었다. 훼텡 운영자는 그 지역 주민들뿐만 아니라 정부 관리들에게도 잘 알려져 있었다. 2000년 10월 일로코스수르Ilocos Sur 주의 주지사 루이스 차비트 싱손Luis 'Chavit' Singson은 조셉 에스트라다Joseph Estrada 대통령이 1998년 11월부터 2000년 10월까지 불법 도박 수입으로부터 필리핀 화폐로 5400억 페소(미화 기준 1080만 달러)를 받았다고 고발했다. 필리핀에서는 일상적인 정치와 훼텡 네트워크가 너무 긴밀하게 얽혀 있어서 그 둘 사이에 선을 긋기가 어려웠다. 훼텡 운영자가 정치 집단의 일원이 되거나 심지어는 공직을 보유하는 것도 드문 일이 아니었다. 싱손 주지사 자신도 그 점에서 예외가 아니었다. 그와 그의 형 호세 보니토 싱손Jose 'Bonito' Singson은 경찰 보고서에 훼텡 운영자로 자주 등장했다. 그와 동시에 훼텡 자금은 최고위 행정직 선출을 위한 선거운동에서 어느 정도의 역할을 한 것으로 보인다.

싱손 지사의 이야기에 따르면, 에스트라다는 1998년 8월 싱손과 다른 훼텡 운영자인 봉 피네다Bong Pineda, 그리고 피네다의 친한 친구인 찰리

아통 앙Charlie 'Atong' Ang을 집으로 초대했다. 그 자리에서 에스트라다는 피네다에게 훼텡 수익을 모아 그것을 앙에게 전달하는 임무를 맡겼다. 그러나 두 달 후에 싱손은 훼텡 수익금의 수집 임무를 넘겨받으라는 요청을 받았는데 왜냐하면 에스트라다와 앙 사이에 문제가 생겼기 때문이다. 싱손은 22개 지방으로부터 훼텡 수익금을 수집하는 원장元帳을 보관했는데 하루에 수집되는 훼텡 자금은 필리핀 화폐로 5천만 페소(미화 기준 1백만 달러)에 달했다. 그중 3%는 에스트라다 대통령에게 뒷돈으로 제공되었다. 싱손은 훼텡 수익금을 걷어서 그것을 에스트라다의 집이나 말라카냥 궁에서 에스트라다에게 전달했다고 자백했다.

이 시점까지만 해도 모든 것은 완벽하게 조화를 이루는 듯했다. 그러나 에스트라다는 훼텡 네트워크로부터 더 많은 몫을 받고 싶었다. 이 목적을 달성하는 방법은 필리핀오락게임사(Philippine Amusement and Gaming Corporation: Pacor)를 통하여 빙고투볼Bingo-2 Ball이라는 이름으로 훼텡 복권을 합법화하는 것이었다. 불법인 훼텡 복권을 새로운 합법 게임으로 바꾸는 작업을 감독하게 된 사람은 아통 앙Atong Ang이었다. 아통 앙은 우선 기존 훼텡 운영자 중에서 일부를 빙고투볼 가맹업체로 선정했다. 그러나 그는 자신이 대표인 한 사기업에 빙고투볼 게임의 총 수금액 가운데 너무 많은 27%의 몫을 지급했다. 이것은 본질적으로 일종의 횡령에 해당한다. 싱손에 따르면 아통 앙은 그 회사에서 단지 에스트라다의 얼굴마담에 불과했고, 이 모든 일의 본질적인 목적은 사업의 합법화에 있는 것이 아니라 훼텡 도박에서 더 많은 몫을 움켜쥐기 위한 것이었다. 한 가지 흥미로운 점은 아통 앙이 의회로부터 그 게임의 합법화에 관한 허가도 받지 않은 채 일을 추진했다는 것이다. 에스트라다 대통령의 후원을 배경으로 아통 앙은 그렇게 할 수 있었다. 그 게임을 합법화함으로써 전에는 보호비(protection money, 인텔리헨시야intelihensiya)로 경찰에게 주어지던 돈이 이제는 에스트라다 대통령에게 돌아가도록 한 것이다. 한편 보도에 의하면 경찰은 게임 합법화로 상실한 보호비를 보상받기 위하여 파코르Pacor의 수익 가운데 합법적인 몫을 받으려고 파코르와 협상하고 있었다고 한다.

차비트 싱손이 자기 지역에서 훼텡 도박으로 얻을 수 있었던 이득을 앗아가는 사건이 그 다음에 일어났다. 빙고투볼 가맹권이 차비트 싱손의 형인 동시에 훼텡 운영자로서는 경쟁자이기도 한 보니토 싱손에게 주어졌다. 차비트 싱손은 무심코 그 게임에서 밀려났다. 그는 반격에 나섰고, 에스트라다 대통령의 숨은 거래를 폭로했다. 훗날 차비트 싱손은 에스트라다가 다른 누군가에게 도박 권리를 주었기 때문에 모든 내막을 공개했다고 인정한다.

필리핀의 훼텡 복권 사례에서 볼 수 있는 것은 주지사와 대통령의 관계와 같이 완벽하게 합법적인 기존 관계가 어떻게 부패 거래를 맺는 수단으로 사용될 수 있는가 하는 점이다. 정치와 훼텡은 너무 많이 얽혀 있었다. 일상적인 정치적 거래에서 신뢰관계를 형성하거나 서로를 제재하는 풍부한 기회가 생겨나는 것이다. 이로 말미암아 불법 거래를 체결할 견고한 기반이 조성되었다. 특히 싱손은 자신이 공무원이기 때문에 대통령의 선의에 이미 의존하고 있었다. 이로 인해 싱손으로서는 기회주의적 배신 행위를 하지 못했을 것이다. 싱손과 에스트라다가 보유하고 있던 정치적 지위로 인해 그들은 밀실에서 부패 거래를 체결할 수 있었다. 그러므로 그들은 파트너를 물색하는 거래 비용을 절약하고, 자신들이 부패 거래를 체결할 의사가 있음을 광고함으로써 사람들을 놀라게 하는 위험도 최소화했다. 그 거래 덕분에 에스트라다는 불법 게임을 묵인 혹은 보호해주는 대가로 도박 수익금의 전국 합계액에서 자기 몫을 요구할 수 있었다. 그러한 안정된 관계가 끝장이 난 것은 에스트라다가 더 많은 몫을 챙기려고 시도했기 때문이다. 차비트 싱손이 향후의 부패 거래에서도 쓸모가 있으려면 그 네트워크에서 내부자로 머무를 수 있어야 했지만, 반대로 그는 밀려나고 말았다. 훼텡 복권과 같은 부패 거래는 폐쇄된 집단 내부에서 체결되기 때문에 어떤 내부자가 침묵을 지키도록 하는 유인도 제공하지 않은 채 나머지 당사자들이 그 내부자를 배제하는 것은 확실히 잘못이다.

훼텡 복권과 같이 고도로 조직화되고 중앙집권화된 부패 관행은 드문데 그 경우에는 노출이 불가피해서 흔히 그에 따른 대응조치도 필요하기 때문이다. 훼텡 사례에서 보았듯이, 위계적인 정부 조직과 정당 그리고 친족이 훼텡과 고도로 밀접하게 얽혀 있어서 그들의 조직은 존립할 수 있었다. 이러한 합법 관계로 인하여 기회주의를 제재하고 충성심을 보장할 충분한 메커니즘이 작동할 수 있었다. 따라서 부패 관계는 이러한 합법 관계에 기생하는 형태로 연결될 수 있었다. 결국 부패 관계는 파탄이 났지만, 필리핀 정부 조직과 정당, 친족이 이처럼 효과적인 부패의 기반을 앞으로 어떻게 봉쇄할 것인지는 계속 지켜보아야 한다.

9.4. 결론과 정책 제안

부패 거래에는 특히 높은 거래 비용이 소요되는데, 왜냐하면 (1) 부패 거래는 비밀을 유지해야 하고, (2) 부패 계약의 이행을 보장하는 법원의 명령을 얻어낼 수가 없으며, (3) 부패 거래의 파트너들은 계약이 완료된 후에도 서로의 눈치를 보며 살아가야 하기 때문이라는 것이 이 장의 주장이다. 부패 계약을 체결하고 그 이행을 보장하기 위해서는 다양한 제도적 메커니즘을 이용할 수 있다. 부패 관계를 합법 관계와 연결하는 것은 거래 비용을 절약하는 한 가지 방법이다. 부패 관계는 그 자체가 저절로 확고한 것이 아니다. 부패 관계를 더 확고하게 하거나 기회주의에 덜 취약하게 하는 방법은 부패 관계가 합법 관계 속으로 편입되는 것이다. 이러한 맥락에서 사람들은 이제 더는 부패 관계에 관하여 말할 수 없고, 단지 부패의 측면과 합법의 측면을 동시에 지닌 관계에 대해 말할 수 있을 뿐이다. 정치적 맥락에서든 우정의 맥락에서든 기존의 합법적 유대 관계가 존재할 경우 부패 거래의 이행을 보장할 기회는 무르익을 수 있다. 지속적인 합법 관계의 맥락에서 부패 거래를 체결하면 상당한 정도로 거래 비용을 절약하고 그와 관련된 위험을 줄일 수 있다는 가설은 이 장에서 살펴본 사례를 통해서도 뒷받침된다.

인간 생활 속에서 순전히 부패하기만 한 거래는 거의 존재한 적이 없다. 거래 비용을 고려하여 기존의 합법적인 관계의 틀 안에서 부패 거래가 체결되는 것이 현실이다. 부패 거래의 파트너들에게는 흔히 합법적인 기반이 필요한데 왜냐하면 그 합법적인 기반 위에서 후일 합법 거래에 부속된 불법 계약을 체결할 수가 있기 때문이다. 그와 똑같은 양면 가치ambivalence는 사람들의 동기와 관련되어서도 일어날 수 있다. 순전히 부패하기만 한 의도 같은 것은 아마도 존재하지 않을 것이다. 사람들의 동기가 흔히 생각보다 더 복잡하고 더 다양한 것은 단지 심리적인 이유 때문만은 아니다. 가장 부도덕하고 부패했으며 사리사욕만 추구한다고 비난받는 사람들도 약간의 진심이 담긴 목적과 관심은 가지고 있다고 보아야 한다. 그들도 파트너와 친구들을 찾아내어 신뢰 관계를 확립해야 한다. 그리고 그들도 일거리를 찾고 계약을 체결하면 그 한도 내에서는 약속된 것을 정직하게 이행할 것이라 기대한다. 요컨대 합법적인 행동과 불법적인 행동은 그 중 하나가 선택되고 다른 하나는 생략되는 그러한 대체 관계에 있지 않다. 너무나도 자주 합법 행동과 불법 행동은 서로를 보완한다. 합법 관계가 존재하면 그 위에서 부패 계약을 체결하고 이행을 보장할 기반이 형성된다.

이러한 방법으로 부패 문제에 접근하면 향후 연구를 위한 여러 갈래 길이 보인다. 첫째, 부패가 복지에 부정적인 영향을 미친다는 점에 대해서는 합의가 이루어져 있지만, 그 중에서도 부패의 형태에 따라 어떤 형태의 부패는 다른 형태의 부패에 비해 복지를 더 저해할 수 있다는 것이다. 부패 거래의 이행을 보장하는 데 이용되는 합법적인 기반과 관련하여 한 가지 쟁점이 있을 수 있다. 예를 들어 건전한 사업 관계에 부패가 연결될 경우, 원래부터 비생산적인 정치적 관계에 부패가 연결될 경우에 비해 덜 해로울 수가 있다.

관료의 재량권을 제한하고 공무원의 책임감을 향상시킴으로써 부패 거래의 기회를 줄이는 데 흔히 반부패 개혁의 초점이 맞추어진다. 거기서 한 걸음 더 나아가 이 장에서는 반부패 개혁의 한 가지 핵심적인 전략을 제안한다. 공무원의 직위 자체에서 뇌물을 받아낼 기회가 생겨날 뿐만 아니라 부패 거래의 이행을 보장하고 부패 거래의 비용을 절감할 메커니즘도 제공될 수 있다. 그러므로 부패 거래의 이행을 어렵게 하고 부패 거래의 거래비용을 낮추는 데 공직이 이용되지 않도록 반부패 개혁의 초점을 맞추어야 한다.

반부패 개혁의 전략을 짤 때에는 공무원의 법적 의무와 함께 공무원이 법적으로 맺고 있는 다른 모든 관계도 똑같이 고려해야 한다. 이익충돌[7]이 일어나는 경우에는 감독과 규제가 필요하다. 부패에 대한 우리의 접근 방식에 비추어 보면, 예를 들어 장기적인 사업 관계처럼 공무원이 법적으로 맺고 있는 관계가 부패 거래의 이행을 보장하는 근거로 작용할 때 이익충돌이 일어난다. 이러한 경우에는 규제를 통해 부패 거래의 이행을 보장하는 데 공직이 오용되지 않도록 제한해야만 한다. 또한 우정은 공무원의 사적 영역에 속하므로 우정이 공무원의 임무를 압도해서는 안 된다. 그렇지 않을 경우 공무원이 누군가에게 특혜를 주고 싶은 유혹을 받을 뿐만 아니라 우정을 핑계 삼아 뇌물을 선물로 위장할 수도 있고, 보상quid pro quo을 혼란스럽게 할 수도 있으며, 하나의 혜택이 주어진 지 수년이 지났음에도 불구하고 상호주의가 지속될 수도 있기 때문이다. 우정이 부패 거래의 이행을 보장하는 데 도움이 되는 이유도 바로 거기에 있다. 이 장에서 특별히 강조했듯이, 합법적인 관계에서 부패한 후속 관계가 파생할 가능성을 조사하는 것은 성공적인 반부패 개혁을 추진하는 데 불가결한 요소이다.

---

7 [옮긴이] 이익충돌conflict of interest은 공직자의 사적 이익과 공익을 수호해야 할 공직자의 책무가 서로 부딪치는 상황을 말한다. 이러한 이익충돌을 막기 위해 한국의 공직자윤리법은 2005년 법개정을 통해 "국가 또는 지방자치단체는 공직자가 수행하는 직무가 공직자의 재산상 이해와 관련되어 공정한 직무 수행이 어려운 상황이 야기되지 아니하도록 이해 충돌의 방지에 노력하여야 한다"는 이익충돌 금지 원칙(제2조의 2)을 규정하고, 그에 따라 '주식백지신탁' 제도(제14조의 4)를 도입했다.

제10장

결론

모든 사회는 공무원과 정치인의 부패를 막기 위해 지속적으로 노력한다. 그것이 바로 반부패 개혁 작업이다. 지적인 노력을 기울이는 것만으로도 언젠가는 공무원과 정치인의 부패를 막는 목표를 달성할 수 있으리라고는 상상할 수 없다. 부패 수준을 낮추기 위해서는 먼저 시민의식을 갖춘 사람들의 용기와 헌신이 있어야 할 것이다. 그러나 부패 추방을 위한 범사회적 노력에는 무언가 철저한 전략이 필요하다. 반부패 개혁에 관한 우리의 지식은 놀랄 만한 속도로 증가하고 있다. 반부패 개혁의 아이디어는 전 세계에 걸쳐 검증되고, 반부패 개혁의 경험도 빠르게 교환되어 어떤 방안이 제일 좋은지를 결정할 수 있게 된다. 그러나 우리의 생각을 조직하는 데 도움이 되는 가용하면서도 대단히 중요한 틀은 여전히 존재하지 않는다. 그와 같은 대단히 중요한 틀과 관련하여 이 책에서는 한 가지 영감을 제공한다. 이른바 '보이지 않는 발의 원리principle of the invisible foot'가 바로 그것이다.

반부패 개혁과 관련하여 가장 처음으로 제시된 방안은 **부패를 강력하게 억제하는 것**이다. 즉, 가혹하게 처벌하고 불법 행위를 적발할 가능성을 최고도로 높이는 것이다. 이러한 접근 방법은 장점이 있지만, 이 방법이 미래 지향적이면서 주도적인 원리가 될 수 있을지는 의문이다. 뇌물과 사기에 관한 검찰 조사 자료를 보면 그러한 조사가 특히 일부 선진국에서는 널리 이루어지는 반면 일부 저개발국에서는 극히 드물다는 사실을 알 수 있다(United Nations 2006). 그러므로 부패가 심한 많은 국가들에서 유죄 선고율이 효과적인 부패 억제 방책이 될 수 있을 만큼 높은 수준에 도달할 것인지의 여부는 아직 의문이다. 더욱이 부패를 강력하게 억제하는 방안을 시행할수록 한계이득은 감소하고 거꾸로 한계비용만 증가하는 경제학 법칙을 따른다면, 처벌을 강화해도 범죄자는 별로 줄어들지 않는 반면에 절대적인 정직성을 추구하는 비용만 점점 더 늘어남으로써 도리어 반갑지 않은 부작용을 초래할 가능성이 있다. 부패를 법으로 다스리는 데는 비용이 많이 들고 정직한 사법부가 필요하다. 감시 체계가 발전되면서 행정 절차가 복잡해졌는데, 관료들이 자발적으로 부패 척결에 앞장서도록 하는 데는 그러한 복잡한 행정 절차가 오히려 역기능으로 작용할 수도 있다. 훨씬 더 나쁜 것은 작은 부정 행위조차 제재할 경우 역효과가 초래될 수 있다는 점이다. 부패를 강력하게 억제하는 방안이 소규모 비리를 저지른 사람들에게 비상구를 제공하지 않는다면, 그 방안은 효과적이지 못하다. 부패를 강력하게 억제하는 방안이 갖는 이러한 결점은 앞으로 점점 더 현실화될 것이고, 따라서 반부패 개혁 작업을 끌고 나갈 다른 원리들을 모색하지 않으면 안 될 것이다.

검사들 중에는 정직성을 위한 싸움에 그야말로 헌신하는 사람들도 있다. 그들은 그러한 강경한 입장이 부패를 막는 데 효과적인 억제 장치가 된다고 생각한다. 그러나 그들이 부패 네트워크의 내부자와 내부고발자들을 다루는 태도를 보면 때로는 만족스럽지가 못하다. 큰 물고기를 잡기 위해서는 작은 물고기를 풀어주는 것이 필요하다. 무관용정책policy of zero tolerance은 효과적인 반부패 개혁 방안이 될 수 없다. 절대적인 정직성을 위하여 정치적으로 모든 수단을 다 동원하는 것도 심한 역효과를 불러올 수 있다. 다음 사례를 살펴보자. 파나마에 등록된 항공우주기술설계 회사인 AEDC(Aerospace Engineering Design Corporation) 사는 영국 화폐로 200억 파운드에 달하는 비행기 부품을 롤스로이스Rolls-Royce 사로부터 구입하여 사우디아라비아 공군에 판매하는 거래를 주선한 것으로 알려졌다. AEDC 사는 15%에 달하는 커미션을 받기로 합의하고 그 거래를 알선했다. 그리고 거래를 성사시키기 위하여 사우디아라비아 국적을 가진 유명 인사들과 '가까운 관계'를 유지했다. 그러나 롤스로이스 사는 협상한 대로 커미션을 지불하지 않았다고 한다. AEDC 사는 이 사건을 영국 고등법원에 회부했다. 그렇게 되자, 롤스로이스 사는 자사의 평판이 실추되는 것을 우려했는데, 그 점에 있어서는 영국 정부도 마찬가지였다. 왜냐하면 영국 정부는 그러한 거래와 관련하여 뇌물을 제공하는 것을 한 번도 승인한 적이 없었기 때문이다. 결국 롤스로이스 사는 법정 밖에서 이 사건을 해결하기로 하고, AEDC 사는 소송을 철회했다.[1] 영국 정부는 완벽하게 정직한 거래라는 영국 정부 스스로의 약속을 이행할 수 없었던 것으로 보인다. 조사가 더 진행되는 상황을 회피하기 위하여 영국 정부는 최악의 선택을 하지 않을 수 없었다. 뇌물을 실제로 제공하는 선택을 한 것이다.

반부패 개혁을 위한 또 다른 접근방법은 **예방**이다. 이 방법도 비슷한 한계 상황에 봉착할 가능성이 있다. 예방론자들이 특히 강조하는 것은 인센티브 제공과 윤리 훈련이다. 윤리 훈련은 확실히 앞으로 중요한 쟁점이 될 것이다. 특정 영역과 특정 국가에 고유한 이익충돌을 좀 더 명확하게 이해하는 데 윤리 훈련은 도움이 될 수 있다. 나아가 회사 직원과 관료들의 투명성과 소명의식을 향상시키는 데 윤리 훈련은 유용할 수 있다. 반면에 윤리 훈련은 비용이 많이 들고 시간이 많이 걸리며 때로는 어떤 조직의 진정한 의도를 위장하는 수단으로 악용될 수도 있다. 예를 들어 민간 기업들은 경쟁 기업을 지나치게 의식하는 이른바 '죄수의 딜레마'에 빠짐으로써, 말로는 부패 척결을 외치지만 실제로는 부패 계약의 이득을 취하는 이중적 행동을 할지도 모른다. 깨끗함을 유지해야 하는 사람들에게는 윤리 훈련을 실시하면서 더러운 일은 외주를 주게 될 것이다. 결국 윤리 훈련은 자사

---

1 파이낸셜타임스, "롤스로이스: 사우디 공군 납품 비리문제에 침묵", 1997.12.20.을 보라.

의 직원이 체포될 때 회사로서는 할 일을 다했으므로 그 사건과 무관하다고 발뺌할 구실만 제공할 뿐이고, 회사는 책임을 면할 수가 있다. 관료들의 윤리 훈련도 그와 비슷한 한계에 직면할 가능성이 있다.

관료와 정치인들의 정직성을 유도하기 위하여 윤리 훈련 대신에 인센티브를 부여하는 방안은 실행하기가 매우 어렵다. 첫째, 보수를 높이는 척도로 삼을 만한 측정 가능한 경제적 잉여가 존재하지 않는다. 관료 기구의 부서들이 이윤을 창출하는 곳으로 그 본질적 성격이 바뀔 수도 없고, 정치적인 노력으로 이윤을 창출할 수도 없기 때문이다. 둘째, 인센티브를 부여한다는 것은 곧 공무원의 소득원을 다양화한다는 것인데 그렇게 함으로써 그들이 받는 봉급만큼이나 중요한 직업의 안정성은 저하되고 공직을 획득하면서 갖게 되는 위험 회피 성향(그리고 부패에 덜 연루될 가능성)도 감소하게 된다. 그 결과 관료와 정치인들에게 인센티브를 부여하는 방안은 경제학자들의 처방만도 못하게 된다. 인센티브 이론은 기껏해야 공공부문에 존재하는 여러 가지 모순과 사기 저하를 알아내는 데 도움이 될 뿐이다. 그러나 공식적인 대리인이론에서 종종 주장하는 것과 같이 인센티브 그 자체로는 결코 뇌물 제공자를 이기기 어려울 것이다. 물론 현실적으로 공무원의 내적 동기부여, 직업윤리 함양, 그리고 사회의 반부패 규범과 같은 다른 요인들을 보완하는 차원에서는 인센티브 제공 방안이 도움이 될 수 있다.

투명성을 높이는 것은 여전히 잠재적 효과가 큰 대단히 중요한 원칙인 것처럼 보인다. 투명성을 높임으로써 부패를 줄일 수 있는 가능성은 매우 크다. 투명성을 높일 경우 복지부동의 구실이 될 수 있다는 지적이 많기는 하지만, 투명성을 높이는 데 따르는 행정적 비용은 크지 않다. 부패 거래에는 자의성이 필요한데 행정 분야에서 정보가 자유롭게 공유되고 공개되면 그러한 자의성을 효과적으로 제한할 수 있다. 투명성을 중시하는 회사 문화가 조성되면 뇌물을 묵인하기가 어려워진다. 그러나 이러한 논리가 언제나 완전히 옳은 것은 아닐 수도 있다. 적어도 앞으로는 이러한 논리가 어느 정도 미세하게나마 수정될 수도 있을 것이다. 한 가지 염려스러운 것은 투명성으로 인하여 부패 거래의 당사자들 간의 상호주의를 감시하는 것도 용이해질 수 있다는 점이다(Pechlvanos 2004). 만일 뇌물 제공자들이 투명한 환경 덕분에 공무원들이 돈은 받고 특혜 서비스는 베풀지 않는 기회주의를 막을 수 있다면 뇌물 제공자들은 투명한 환경을 선호할 수 있다. 그와 마찬가지로 때로는 투명하지 않은 관료제도가 부패를 예방할 수 있는데 왜냐하면 뇌물 제공자들은 (1) 부패 계약을 맺을 적임자를 물색하고, (2) 뇌물을 받은 공무원이 상응하는 특혜 서비스를 정직하게 베푸는지 관찰하느라 수고해야 하기 때문이다. 그와 비슷한 의미에서 공공조달의 경우 투명성에 약간의 제한을 둘 필요가 있다는 것이 일반적인 관행이다. 왜냐하면 응찰자들은 경쟁자들의 호가를 몰라야 하기 때문이다. 모든 호가가 동시에 공개되기까지는 어느 정도의 비밀 유지가 필수적이다. 엉뚱한 단계에서 투명성이 도입될 경우 담합 입찰이 용이해지기 때문이다. 그러므로 투명성의 원리는 좀더 조율되어야 할 것이다. 모든 정보의 무제한 공개를 옹호할 것이 아니라, 이해관계자에게 핵심 정보를 제공하는 포괄적인 정보 관리 체계를 작동하지 않으면 안 될 것이다. 그러한 포괄적인 정보 관리 체계를 어떻게 설계할 것인가 하는 것은 앞으로 수년간에 걸쳐 계속 중요한 쟁점으로 남을 것이다.

최근 중국의 경험을 보면 공공조달을 실시함에 있어서 투명성의 이점과 한계가 잘 드러난다. 건설과 관련된 모든 지방의 공공계약은 소위 '손에 잡히는 건설 시장'이라는 방식으로 이루어졌다. 입찰이 발표되고 응찰은 인터넷을 통하여 받는다. 회사들의 이름은 따로 기록되고 제출 서류에는 남지 않는다. 그 다음에는 컴퓨터가 데이터베이스에서 전문가들을 임의로 선택하고, 전문가들에게는 무슨 사업 때문에 그들의 전문성이 필요한지 알려주지 않은 채 회의에 나오도록 요구한다. 전문가들은 보안검사를 통과한 뒤 비디오로 모니터되는 방에서 만나는데 그곳에서 휴대폰은 작동되지 않는다. 거기서 전문가들은 가장 좋은 응찰자를 선택하는데 그 응찰자가 반드시 최저가 입찰자일 필요는 없다. 나의 느낌으로는 그와 같은 중국의 방식은 그 방식을 유지하는 한 부패를 크게 감소시킬 수 있다. 그와 동시에 투명성과 모호성을 혼합하여 사용하면 부패를 최소화하는 효과를 거둘 것임에 틀림없다.

현재 반부패 활동은 그와 같은 방법들이 어느 정도로 전 세계적 타당성을 지닐 수 있는지에 관해서는 알지 못한 채 주로 가장 좋은 방안을 검증하는 데 초점이 맞추어져 있다. 책임감과 모니터링과 보도의 측면을 아우르는 통합 시스템이 흔히 제안된다. 그러나 범죄자들이 새롭게 확립된 체계 내에서 구멍을 찾아내어 반부패의 노력을 허물어버릴 수 있는지의 여부에 대하여 우리는 거의 알지 못한다. 그러한 새로운 노력들은 예를 들면 채굴이 일어나는 각각의 자본 유치국 정부와 채굴 산업의 세입 투명성을 증진시키는 것을 목적으로 한다. 그러나 앞으로 가장 중요한 문제는 뇌물 제공이 다른 형태로 계속될 수 있을 것인가이다. 범죄 의도를 지닌 회사들은 현지의 대리인이나 자회사를 개입시키거나, 합작투자회사를 구상함으로써 혜택이 현지 정치인들에게 돌아가도록 할 수 있다. 이처럼 더 세련된 범죄 방법들이 사용된다면 어떤 통합 시스템도 금방 한계에 봉착할 수 있다. 반부패 개혁의 새로운 시스템은 부패를 피하려 하기보다는 범죄자들로 하여금 자신의 활동을 재조직할 수밖에 없도록 할 수 있을 것이다.

부패와 싸우는 더 바람직한 방법을 찾으려면 범죄자의 활동에 대한 미시적 분석이 필요하다. 정직성의 기준만 상상하고 있을 게 아니라, 어디에 부패가 가장 만연해 있고 어떻게 부패 거래가 주선되는지에 초점을 맞추어 현실을 진단해야 한다. 또한 부패 거래를 수행하기 위하여 사용하는 제도적 설계의 특수성을 중점적으로 분석해야만 한다.

반부패 개혁의 몇몇 원리들이 갖는 한계를 고려하여, 이 책에서는 범죄자의 계산을 이해하면 우리가 앞으로 개혁을 추진해 나아가는 데 훌륭한 출발점이 될 수 있음을 자세히 설명했다. 이 책에서 개발한 것은 **보이지 않는 발의 원리**인데 이것은 신제도경제학의 일부 생각을 원용한 것이다. 신제도경제학에 의하면 부패한 행위자는 최선을 다해 정직하게 국민을 위해 봉사할 수도 없고 범죄 거래의 상대방에게도 신뢰성 있게 상호주의를 약속할 수도 없다. 부패한 행위자들은 거리낌없이 뇌물을 받음으로써 스스로 불확실성 속에 빠지고 만다는 것이다. '보이지 않는 발'의 원리를 강화하면 사리사욕을 추구하는 공무원조차도 확실히 부패를 삼가게 된다. '보이지 않는 발'의 원리에 의거한 반부패 개혁의 구체적 방안은 다음과 같다. 첫째, 거리낌없이 뇌물을 받는 사람들은 공직자로서의 신뢰를 상실하도록 해야 한다. 둘째, 부패 거래의 당사자들 간의 배신을 부추겨야 한다. 셋째, 부패 계약의 안정성을 허물어뜨려야 한다. 넷째, 법이 부패 계약의 이행을 보장하는 일이 없도록 해야 한다. 다섯째, 부패 거래 중개인들의 활동을 어렵게 해야 한다. 마지막으로 이익충돌을 규제하는 좀 더 명확한 방법을 찾아야 한다.

글상자 28. 비대칭적 처벌로 부패와 싸우기[2]

부패한 행위자가 범죄 행동을 하지 못하도록 반드시 막아야 한다. 그러나 단지 법을 어기면 고통이 따른다는 제도적 위협만으로는 부패를 방지할 수 없다. 부패 거래의 한 행위자가 상대방에게 속을 가능성이 있으면 그것도 부패를 억제하는 효과가 있다. 그뿐만 아니라 부패 사건이 보도될 위험이 커질수록 부패 방지 효과도 증대된다. 부패 거래에서 기회주의적 배신 행위가 쉽게 이루어지도록 법적 제재를 전략적으로 고안하면 그러한 부패 거래의 불확실성은 증폭될 수 있다.[3]

기본적으로 부패 거래에는 법적 제재를 받지 않으면 안 되는 네 가지 행동이 있다. 수뢰자(공무원)는 첫째, 뇌물을 받았기 때문에 처벌을 받을 수 있고 둘째, 정부 계약이나 인허가와 같은 특혜를 제공함으로써 적법하지 못한 방법으로 뇌물에 보답했기 때문에 처벌받을 수 있다. 뇌물 제공자(기업인)의 경우 첫째, 뇌물을

2 이 글상자의 내용은 마티아 넬Mathia Nell과 공저한 것이다. 넬은 경제학 박사이며 독일 파소대학교의 경제이론학과 학과장실에서 연구 조교수 직책을 맡고 있다. 그의 박사 논문 주제는 부패, 법, 준수에 초점이 맞추어져 있다.

3 비대칭적 처벌이 부패를 방지하는 효과에 대한 좀 더 자세한 분석은 람스도르프와 넬(Lambsdorff and Nell 2005)을 참조하라.

주었기 때문에 법의 제재를 받을 수 있고 둘째, 특혜로 계약이나 인허가를 따냈기 때문에 법의 제재를 받을 수 있다. 부패 거래를 통하여 양쪽 당사자가 상호주의적으로 혜택을 주고받을 것이라는 신뢰를 깨뜨리고 내부고발이 쉽게 이루어지도록 하기 위해서는 위와 같은 부패 거래의 (예상되는) 네 가지 법적 제재를 잘 조율할 필요가 있다. 우리는 다음과 같은 비대칭적인 처벌을 고안할 것을 제안한다. 즉, 공무원의 경우 수뢰에 대한 처벌은 낮추고 뇌물에 보답하기 위해 특혜로 계약이나 인허가를 주는 행위에 대한 처벌은 높이자는 것이다. 그리고 기업인의 경우 뇌물 제공에 대한 벌칙은 강화하고 특혜로 계약을 체결하거나 인허가 등을 받은 것에 대한 벌칙은 경감하자고 제안한다.

뇌물이 영향력을 행사하기 위한 목적으로 제공될 경우 특혜 행정으로 연결되기 때문에 공무원에 대한 어떤 유형의 뇌물 제공 행위도 용납해서는 안 된다. 검사들은 공무원의 행위에서 부조리를 입증하느라 많은 고생을 하는데 특히 공무원이 민간인 당사자와 반복하여 거래를 하고 있을 때가 그러하다. 이러한 맥락에서 선물과 금전적 유인을 교환하고 있다면 그것은 비리의 가장 명백한 지표가 될 수 있고, 그것은 틀림없이 법적 제재를 받지 않을 수 없다. 그러나 공무원의 뇌물 수수를 엄하게 처벌하면 역효과를 초래할 수 있다. 왜냐하면 관리들이 돈을 받은 것 때문에 기업인들 앞에서 꼼짝 못하는 처지에 놓이게 되면서 부패 거래의 파트너들이 침묵 협약을 맺어버리는 상황으로 몰릴 수 있기 때문이다. 공무원이 뇌물을 받은 후에도 계약이나 인허가를 주기로 한 약속을 취소하면 기업인의 입장에서는 '부정적 상호주의negative reciprocity'의 피해를 입을 수 있다. 기업인으로서는 공무원이 저지른 속임수에 대하여 보복하거나 고발할 수가 있다. 그러나 만일 공무원의 뇌물 수취에 대하여 약한 제재를 가하면 공무원은 그와 같은 보복을 두려워하지 않고 기업인에 대한 약속을 취소할 더 넓은 여지를 갖게 된다. 그러므로 우리는 뇌물 제공에 대해서는 제재를 가해야 하지만 뇌물 수취에 대해서는 제재의 수위를 낮출 것을 제안한다.

예를 들어 공무원이 무자격 응찰자에게 계약이나 인허가를 부여함으로써 공공정책의 결정이 왜곡된다면, 사회적으로 가장 큰 피해가 발생한다. 이 경우에는 계약이나 인허가 같은 불법 특혜를 받은 기업인보다는 공무원에게 제재가 가해져야 한다. 뇌물에 대한 대가로 특혜 행정을 베푸는 이와 같은 행동이 엄벌에 처해진다면 공무원은 뇌물을 받았더라도 뇌물에 상응한 행정적 혜택을 주지 못하게 될 수 있다. 뇌물을 받은 후에 공무원이 특혜 행정을 베풀었다가는 엄벌에 처해진다는 몹시 불편한 상황으로 인해 기회주의가 증진될 것이다.

그러나 공무원에게 특혜를 받았다고 해서 기업인을 처벌하면 역효과를 초래할 수 있다. 기업인들은 속았을 경우에 거리낌없이 부패 사건을 고발하지만, 불법 특혜를 받았다고 해서 엄벌을 받을 상황에 처하게 되면 고발할 가능성이 줄어든다. 그러나 기업인들은 비록 특혜를 받았다 하더라도 항상 부패 거래를 폭로할 준비가 되어 있을 것이다. 그와 달리 공무원들은 공공계약이나 인허가를 주는 것만으로는 기업인에 의한 내부고발의 위험을 낮출 수 없다. 왜냐하면 그처럼 계약이나 인허가를 주었다고 해서 부패 계약이 안정화되지 않기 때문이다.

이런 점에서 뇌물을 제공한 기업인이 조사를 받지 않도록 무조건적인 면죄부를 부여할 경우 똑같이 역효과를 불러올 수 있다. 왜냐하면 이 방법은 부패 계약을 취소한 공무원을 위협하는 데 오용될 수 있기 때문이다. 이러한 역효과가 나지 않게 하려면 공무원이 이미 특혜를 제공했을 경우에만 뇌물 제공자가 수사를 받지 않도록 면죄부를 부여해야 할 것이다. 그럼으로써 공무원이 계약이나 인허가를 내주어 내부고발의 위험을 낮추는 일은 불가능해질 것이다. 왜냐하면 뇌물 제공자는 특혜를 받고도 공무원을 고발할 수 있기 때문이다.

비대칭적 처벌을 잘 활용하면 서로 배반하지 않고 약속을 지키며 입을 다물 것이라는 부패 행위자 사이의 신뢰를 깨뜨려버릴 수 있기 때문에, 반부패 개혁 입법의 부패 방지 효과를 높이기 위해서는 비대칭적 처벌을 정교하게 설계할 필요가 있다. 그러나 많은 국가들이 뇌물에 대한 대칭적 처벌을 하는 경향이 있다. 다른 많은 나라들과 마찬가지로[4] 독일에서도 형법 제331-335조 하에서 대칭적 처벌을 하고 있는데 왜냐하면 법학자들은 정부 결정의 객관성뿐만 아니라 통합성과 행정 당국의 청렴성에 대한 국민의 신뢰를 법의 보호 주제로 다루고 있기 때문이다(Bannenberg 2002: 18-19; Kargl 2002: 782-783).[5] 사람들은 부패 거래에서 양 당사자가 보호의 주제를 비슷하게 위태롭게 하므로 똑같이 처벌을 받을 것이라고 주장한다. 그와 같은 대칭적 처벌은 독일기본법 제3조에 그 근거를 두고 있기도 하다. 한 사건의 동등한 사실은 동등한 법적 결과를 낳지 않으면 안 되고, 한 사건의 동등하지 않은 사실은 다른 법적 결과를 낳지 않으면 안 된다는 것이 독

4 여기서 주목할 만한 예외는 대만인데 이 나라에서는 뇌물을 받는 사람들만 처벌을 받는다(Hepkema and Booysen 1997).

5 보호 주제는 제299-300조(상업 부패)에서도 비슷하게 정해져 있다.

일기본법 제3조의 의미이다.

그러나 우리가 보듯이 부패 거래의 양쪽 당사자가 제331-335조에 나오는 보호의 주제를 동등하게 침해한다는 추론에는 논란의 여지가 없지 않다. 실제로 공무원이 뇌물을 요구하거나 받을 경우 무절제venality의 인상을 줄 수 있지만 그것이 실질적인 행정적 특혜의 제공을 의미하지는 않는다. 그러나 현실에 있어서는 뇌물을 받은 대가로 특혜 행정을 베풀어야만 법적 의무를 위반하고, 행정 당국의 정직성을 해치며, 국민의 신뢰를 저하시킬 수 있다. 더욱이 경제적 관점에서 보면, 뇌물을 요구하거나 받음으로써 경제적 손실이 초래되는 것은 단지 경미한 정도에 그친다. 뇌물 수취는 사실상 민간부문에서 공공부문으로 자원이 재분배되는 것에 불과하다. 따라서 공직의 정직성을 훼손하고 정부의 객관성 관념을 거스르며, 자원의 효과적인 배분을 왜곡시키고, 경쟁의 공정성을 무너뜨리는 것은 오히려 뇌물에 대한 대가로 특혜 행정을 베푸는 행위일 수가 있다. 이러한 점에서 우리는 보호의 주제와 관련한 강조점을 무절제에서 뇌물을 받고 특혜 행정을 베푸는 행위로 옮기려고 한다. 그와 마찬가지로 공공정책의 결정을 왜곡시키는 것은 기업인들이 불법 특혜 행정 서비스를 거리낌없이 받는 행위가 아니라 뇌물이나 다른 이점을 제공함으로써 경쟁을 비켜가려는 움직임일 수 있다. 이러한 관점에서 볼 때 대칭적 처벌은 반부패 개혁에서 바람직하지도 않고 논리적이지도 않은 대응일 수 있다.

흥미로운 것은 법률 조항 중에 부패 거래 당사자들의 기회주의적 배신 행위를 고무하기보다는 오히려 어렵게 할 가능성이 있는 조항도 있다는 점이다. 과거 터키 형법의 제215조 2항은 공무원이 아직 뇌물의 대가로 특혜 행정을 베풀지 않았다면 뇌물 제공자에 대한 수사를 하지 않아도 되도록 규정했다(Tellenbach 1997: 642). 놀랍게도 제215조 2항에 의하면 뇌물 제공자는 그 사건을 고발할 경우 주었던 뇌물을 되찾을 수 있었다. 그와 같은 조항은 우리의 제안에 배치되는데 왜냐하면 불법적인 특혜 행정을 요구할 때 뇌물 제공자의 입지가 그런 조항으로 인하여 강화될 수 있기 때문이다. 이러한 입법에 힘입어 뇌물 제공자들은 약속을 지키지 않은 공무원들을 효과적으로 위협할 수 있었다. 그리하여 법제도를 정하기에 따라서는 공무원들은 부패 계약에서 자신이 한 약속을 이행하지 않을 수 없게 될 수도 있다.[6]

6 터키의 형법은 2005년에 개정되었는데 새로운 조항이지만 과거와 똑같이 논란의 여지가 있는 조항이 발효되었다.

독일 형법의 제299-300조(상업 부패), 331-335조와 관련된 판결도 우리의 제안과는 부합하지 않는다. 왜 그러한지는 다음의 부패 사례가 잘 말해준다. 알리안츠 아레나Allianz Arena라는 뮌헨의 새로운 축구 경기장을 건설하는 것과 관련하여 부패 사건에 연루된 저명한 축구 매니저 칼 하인츠 빌트모세르Karl-Heinz Wildmoser는 바바리안Bavarian 지방법원의 최종 판결에서 유죄를 선고받았다. 공무원(또는 감독자)이 뇌물에 상응하는 특혜 행정을 베풀 의도는 없었더라도 뇌물을 받았다면 이미 제299-300조와 331-335조에서 보호하고 있는 내용을 위반한 것(그리고 그에 따라 조항들이 발효되었다)이라고 바바리안 지방법원은 강조했다. 뇌물을 받았기 때문에 이미 강한 제재가 부과되었다면 수뢰자가 특혜 행정을 베풀어도 막을 길이 없고, 따라서 그들의 범죄 경력에서 다음 발걸음을 떼는 것 역시 막을 수 없다.

부패 범죄를 저지를 수 있는 사람들이 거리낌없이 불법 행위에 참여하는 것을 억제한다는 좀 더 넓은 의미에서 부패 억제라는 말을 이해한다면, 비대칭적 처벌과 기소 면제는 반부패 입법의 부패 방지 효과를 더 높일 수 있을 것이다. 또한 부패를 좀 더 엄격하게 단속하기 위해서는 의원들이 반부패 법률의 틀을 정하거나 재조정할 때 비대칭적 처벌과 기소 면제의 이점을 진지하게 고려해야 할 것이다.

부패 행위자들이 범죄 행동을 하지 못하도록 반드시 막아야만 한다. 그러나 부패를 막는 문제는 단지 법적인 제재를 가하여 고통받게 하겠다고 위협하는 일을 넘어선다. 부패 방지 정책을 고안할 때에는 부패 거래의 한쪽 당사자가 상대방에게 속을 위험도 고려해야 한다. 부패의 한쪽 당사가 상대방에게 고발당할 위험도 마찬가지로 염두에 두어야 한다. 가장 강력하게 처벌하여 부패를 막으려고 할 경우 그로 인하여 부패 거래의 파트너들이 담합하여 침묵을 지키지 않을 수 없게 됨으로써 오히려 역효과를 초래할 수 있다. 뇌물과 선물을 받았다고 해서 공무원을 처벌할 경우 부패가 줄어드는 것이 아니라 오히려 늘어날 수 있다. 그와 같은 처벌로 인하여 관리들은 작은 비리를 저지르고도 기업인들의 눈치를 보며 살아가야 하는 처지에 놓이게 될 뿐만 아니라, 나아가 더 나쁜 유형의 비리를 저지르게 되는 출발점이 될 수도 있다. 6장 4절의 '고발과 갈취'라는 소절의 마지막 부분에 나오는 독일 도로 건설 당국 공무원의 예를 들어보자. 그 공무원은 독일 화폐로 2천 마르크를 받은 후 이제 자신은 뇌물 제공자의 눈치를 살피며 살아야 하는 처지에 놓이게 된 것을 느꼈다. 그는 뇌물 제공자에게 특혜를 준 것이 거의 없음에도 불구하고, 그 후 부패 관계에 묶여버렸다. 반부패 개혁의 많은 실용적 방안들은 다음과 같은 방법에서 도출된다. 몇 가지만 들어보면 증인보호 입법crown witness regulation의 도움으로 내부고발을 장려하는 것, 부패 거래에서 중개인의 존립을 어렵게 하는 것, 정보 제공자에게는 면책특권과 금전적 유인을 제공하는 것이 있다. 이러한 방법을 사용하면 뇌물을 효과적으로 막을 수 있다. 그와 관련하여 도출되는 한 가지 개념은 글상자 28에서 설명한 것과 같은 비대칭 처벌을 고안하는 것이다. 처벌을 하는 가장 중요한 목적은 부패 관계가 안정화되지 못하게 하는 것이다. 처벌을 함으로써 처벌받은 공무원이 부패 경력을 본격적으로 시작하는 출발점이 되게 할 게 아니라, 처벌을 통하여 기회주의와 내부고발이 장려되도록 비대칭적 처벌을 모색해야만 한다.

반부패 개혁 활동가들은 흔히 활동을 시작하면서 광범위한 연합을 형성하려 하고 또 협력자를 물색한다. 그러나 그런 협력자들을 어디서 찾을 수 있을까? 신뢰할 만한 사람이라고는 시민사회 활동가, 도덕주의자, 이상주의자, 성직자들뿐일까? 이 책에서 강조했듯이, 거리낌없이 부패 거래에 참여하는 사람들은 또한 거리낌없이 거래 상대방을 배신할 수도 있다. 따라서 반부패 개혁의 연합을 형성할 때에는 그 누구도 미리 배제해서는 안 된다. 3장에서 설명했듯이, 공무원들은 뇌물을 받고 싶은 유혹을 받을 때에도 다른 한편으로는 정직을 위하여 최선을 다하는 데 관심을 가질 수 있다. 반부패 연합에 가담하게 되면 정직을 위해 최선을 다하는 길이 열릴 수 있다. 그렇게 되면 공무원들이 베푸는 행정 서비스의 가치는 증대되고 공무원들 스스로도 자기 직업에 희망적인 관점을 가질 수 있다. 7장에서 보았듯이, 기업인들은 반부패 활동에 동참하고 싶어할 가능성이 있다. 기업인이 반부패 활동에 동참하면 '죄수의 딜레마'를 극복하는 데 도움이 될 뿐만 아니라 각 기업에도 이윤극대화 전략이 될 수 있다. 왜냐하면 기업인이 눈에 띄게 반부패 활동에 헌신하면 뇌물을 요구할 사람도 줄어들고 부하 직원들도 더는 자기 회사를 배신하지 않게 될 수 있기 때문이다. 로비스트들은 부패를 싫어할 수 있다. 부패가 드러날 경우 자신들을 고용한 고객의 이익을 대중들이 지지하도록 만들기가 어렵게 되고, 고객들이 지지자들의 기반을 넓히는 데도 제약을 받기 때문이다. 중개인들도 자신들이 부패에 관여하는 것을 허용하지 않는 구속력 있는 규칙을 찾고 싶어할 수 있다. 글상자 27에서 보았듯이 중개 행위는 결코 범죄 활동을 하지 않는다는 것을 정직한 회사들에게 확신시킬 수 있기 때문이다. 심지어는 클렙토크라트와 같은 지배자도 반부패 개혁에 참여하는 데 (분명히 매우 제한된) 관심을 가질 수 있고, 자신들이 부패 거래를 체결할 기회를 기꺼이 제한하려고 할 것이다. 이것은 마피아 두목들이 자기 후손들에게 미칠 위험을 피하기 위한 전략 차원에서 자기 사업을 합법화하려고 시도하는 행위와 어느 정도 비교할 수 있다. 전체주의 정권의 통치자들도 자신이 발표한 정책에 헌신하는 길을 찾아야만 하는데 그것은 그들이 언제나 권력을 오용한다는 평판과는 다른 것이다. 요컨대 반부패 성전의 운동가들은 사회의 많은 부분에서 지지를 발견할 수 있다.

부패와의 싸움은 유도 시합과 같다. 범죄 세력의 힘에 무모하게 맞서는 대신 적의 에너지가 적들의 자멸을 초래하도록 유도해야만 한다. 무관용 정책을 선포하는 대신 인간 행동은 언제나 불완전하다는 사실을 알아야만 한다. 부패와의 싸움에서 최선의 전략은 절대적인 정직성의 세계를 요구하는 것이 아니라 바로 그와 같은 인간 행동의 불완전성을 우리의 전투에 정교하게 활용하는 것이다.

경제학적 사고의 위력은 '보이지 않는 손'이라는 개념과 더불어 시작되었다. 즉, 종전에는 오직 선의에서만 이타심이 나온다고 생각했으나, 이제 경쟁이 이기적인 행위자를 일반대중을 위해 일하도록 이끎으로써 선의를 대체한 것이다. 또 개인적인 도덕성은 민간 영역인 시장에서 사람들의 행동을 이끌 지도원리로서의 적실성을 상실했다. 이러한 '보이지 않는 손의 원리'는 정치와 행정에서도 타당할까? 반부패 개혁은 선한 의도 없이 성공할 수 있을까? 시민적 자유를 저해할 수도 있는 도덕적 제재에 반부패 개혁의 초점을 맞출 경우 반부패 개혁은 정체되는 것일까? 부패와의 싸움에서 우리는 '보이지 않는 손'의 원리만큼 강력한 메커니즘을 갖지 못할 수도 있다. 부패와의 싸움에서도 '보이지 않는 손'과 비슷한 게 있다면 그것은 부패 행위자들이 자기들이 한 약속을 지키지 못하게 하는 것이다. 마치 '보이지 않는 발'처럼 배신의 위험이 항상 존재하고, 그렇게 되면 정직에 최선을 다하지 않는 사람들의 삶은 힘들어진다. 이와 같은 '보이지 않는 발'의 원리가 작동할 경우 사리사욕만을 추구하는 행위자도 부패를 삼가게 되고 시민적 자유와 좋은 거버넌스가 조화를 이룰 수가 있다.

부록_국제투명성기구 부패인식지수의 기술적 세부사항

부패의 원인과 결과를 규명하려는 과정에서 학자들은 최근 국가간 비교분석에 초점을 맞추고 있다. 이러한 국가간 비교분석을 하는 데는 다양한 국가들의 부패 수준을 평가하는 것이 필요하다. 그와 같은 평가는 종종 국제기구들이 국가의 위험도를 결정하기 위해 편집되기도 하고, 그렇게 수집된 데이터는 투자자들에게 팔리기도 한다. 그외 다른 자료들은 엘리트 기업인이나 일반대중을 조사한 것이다. 인식은 결코 현실과 혼동되어서는 안 되지만, 일단 합의가 형성되면 수집된 인식은 부패의 실제 수준을 알려준다는 어느 정도의 신뢰가 생겨난다. 최근 몇 년간 가장 중요한 것은 국제투명성기구TI의 부패인식지수CPI이다.

객관적 데이터 대 주관적 데이터

인식 데이터를 사용하지 않고 객관적 데이터를 사용한 연구자들은 고엘과 넬슨(Goel and Nelson 1998), 피스만과 가티(Fisman and Gatti 2002), 그리고 글래서와 삭스(Glaeser and Saks 2006)이다. 객관적 데이터란 미국의 여러 주에서 공직 남용abuse 혐의로 유죄 선고를 받은 공무원들의 숫자이다. 그들은 유죄 선고율이 높으면 실제 부패 수준도 높다는 증거라고 생각한다. 그러나 유죄 선고율은 부패 수준을 잘 보여준다기보다는 오히려 사법부의 질을 잘 보여줄 수 있다. 그럼에도 불구하고 글래서와 삭스(Glaeser and Saks 2006)는 그 데이터가 '중앙'정부 검찰의 기소와 그에 따른 유죄 판결을 의미하지, '지방'법원의 유죄 판결을 의미하지 않는다는 것을 근거로 그 데이터를 옹호한다. 유죄 선고율은 소득과 교육의 수준이 낮아질수록 감소한다고 글래서와 삭스(Glaeser and Saks 2006)는 보고한다. 고엘과 넬슨(Goel and Nelson 1998)은 지방정부가 주민 한 사람을 위하여 실제 지출하는 총지출과 유죄 선고율 사이에 통계적으로 의미 있는 관계가 있다면서, 국가 개입과 공공지출이 렌트 추구 활동을 초래하고 따라서 부패를 초래한다고 주장한다. 그러나 연방 검사들이 지방의 협조를 필요로 한다면, 그 데이터는 지방 기관들의 질로 인해 편향성을 띠게 될 것이다. 그러한 염려를 고려하여, 대부분의 연구자들은 주관적 지표에 의존한다.

그런데 같은 시점의 여러 국가를 조사하는 횡단면 자료cross-country data와 관련하여 편향성이 없으면서 엄격한 데이터는 구하기 어렵고, 그런 편향성이 없고 엄격한 자료는 대개 타당성과 관련하여 훨씬 더 심각한 문제를 불러일으킨다. 그와 같은 자료의 한 경우로는 UN마약범죄사무국United Nations Office no Drugs and Crime이 수집한 것을 들 수 있다(United Nations 2006). 이 자료는 매우 다양한 국가들의 국가기관들이 조사한 것으로 UN 범죄 동향 및 형사사법제도 운영 실태조사United Nations Survey of Crime Trends and Operations of Criminal Justice Systems라고 부른다. 이 조사의 주된 목적은 보도된 범죄의 발생률에 관하여 국제적이면서도 비교 가능한 자료를 얻는 데 있었다. 설문지는 우선 형상사법제도의 주된 구성요소에 관한 통계 자료를 수집하기 위한 일련의 질문으로 구성되었다. 이 조사의 최신판은 1998년부터 2000년까지 조사한 것이다. 모든 국가의 데이터는 공식적인 국가범죄통계에서 가져왔다.[1] 그러나 부패 범죄의 정확한 법적인 정의는 각국의 상황에 따라 다를 수 있다. 그리고 뇌물, 횡령, 사기의 차이도 문제가 될 수 있다. 그런가 하면 각국의 국가기관에서 사용한 통계적인 계산과 총계 방법도 다른 나라에서 사용한 방법과 상당히 다를 수 있다. 그뿐만 아니라 독일, 뉴질랜드, 핀란드와 같은 국가에서는 사기 범죄에 대한 1인당 유죄 선고율이 극단적으로 높다. 여기서 결론적으로 도출할 수

---

1 이 조사의 방법론에 관한 완전한 설명과 데이터는 인터넷 주소 www.uncjin.org/Statistics/WCTS/wcts.html에서 구할 수 있다.

있는 사실은 부패를 수사하는 한 국가의 사법부의 효율성과 능력에 따라 그 데이터가 크게 좌우된다는 것이다. 이 경우에 높은 수준은 반부패 개혁 작업의 성공을 가리키지, 실제로 부패 수준이 높음을 가리키는 것이 아니다. 객관적인 데이터의 경우 그와 같은 문제는 흔히 일어난다. 그러므로 국가간에 부패 수준을 비교할 때에는 여러 국가들을 대상으로 부패에 관한 인식을 조사하는 것이 더 신뢰할 만하다.

2005년에 사용한 자료들

우리는 자료를 선택하기 전에 근본적인 의사결정 과정을 조직하는 가이드라인을 설정했다. 즉, 국제투명성기구의 부패인식지수 운영위원회 Transparency International Steering Committee의 도움을 받아 어떻게 최종 결정에 도달할 것인지에 관한 조직적 가이드라인뿐만 아니라 어떤 자료가 우리 조사에 포함되기 위해 충족해야 할 기준도 마련한 것이다. 그렇게 한 이유는 최종 결정을 가능한 한 투명하고 확실하게 하려는 데 있다. 지수에 들어간 자료들의 목록은 글상자 5에 실었다. 이 목록을 보면 이 책에서 사용하는 다양한 약어略語도 볼 수 있다.

어떤 자료가 우리 조사에 포함되기 위한 한 가지 기본 조건은 반드시 국가 순위가 나와 있어야 한다는 것이다. 만일 어떤 자료가 다양한 나라들을 대상으로 조사했지만 각국마다 다른 방법을 사용했다면 그 조건을 충족시키지 못한다. 그 경우 국가간 비교가 가능하지 않고, 국가간 순위가 도출될 수 없다. 우리의 조사에 포함되기 위한 또 하나의 조건은 국가별로 전반적인 부패 수준을 측정한 자료여야만 한다는 것이다. 만일 부패의 측면이 부패가 아닌 정치 불안이나 민족주의와 같은 쟁점들과 혼합되었거나 혹은 부패의 수준이 아니라 시간 경과에 따른 부패의 변화를 측정한 것이라면 그 기준을 충족시키지 못한다.

예를 들면 PRS가 행한 ICRG의 '정부의 부패' 지수는 부패의 수준을 측정한 것으로 간주되어 연구에서 널리 사용됨에도 불구하고 전술한 요건을 충족시키지 못했다. 이 지수는 한 국가의 부패 수준을 측정한 것이 아니라 부패와 관련한 정치적 위험을 측정한 것이다. ICRG 편집자인 톰 실리Tom Sealy가 지적하듯이, 부패와 관련한 정치적 위험과 한 국가의 부패 수준은 국민들이 부패를 널리 용인하는지 아닌지에 따라 상당히 다를 수 있다. 실리는 나와 개인적으로 의견을 주고받는 과정에서 다음과 같이 설명했다.

> 국제투명성기구의 부패인식지수Corruption Index는 (부패의 개념에 관한 표준적인 국제적 정의를 바탕으로) 부패에 관하여 비교 가능한 측정치를 제공하려는 것인 데 반해, 우리 ICRG의 부패위험지수Corruption Risk는 부패와 관련한 정치적 위험을 비교할 수 있는 측정치를 제공하려는 것이다. … 그렇기 때문에 우리 ICRG의 부패위험지수에서는 어떤 측면에서 분명히 이상한 평가를 하는데, 부패 수준이 높은 것으로 보도된 국가는 부패 수준이 낮은 것으로 보도된 국가에 비하여 부패 위험이 낮은 것으로 평가했다. 왜냐하면 일반적으로 부패 측정치가 낮은 국가에서는 정부가 부패에 대해 책임을 강하게 느끼면서 부패를 그다지 용인하지 않기 때문이다. 이 때문에 일부 국가에서는 거의 사람들을 놀라게 하지 못하는 부패 사건이 다른 나라에서는 정부의 몰락을 초래할 수도 있을 것이다. … 따라서 그와 같은 국가에서는 부패의 측정치가 비록 낮다고 하더라도, 사회적으로 부패를 용인하는 정도 또한 극히 낮기 때문에 정치적 위험은 높아질 수 있다. 그 반면에 부패가 만연한 것으로 보도되는 국가에서는 정부가 부패에 대해 책임을 지려 하지 않고 부패를 널리 용인하는 분위기가 존재한다. 결국 그와 같은 국가는 부패 측정치가 높지만, 부패와 관련한 정치 위험은 낮다고 평가받게 될 것이다.

부패가 용인되지 않을 경우 부패는 정치 불안을 초래한다. 부패로 야기된 정치 불안이 정부가 계속 집권한 기간에 비례하여 증가한다는 데 대해서는 PRS도 같은 생각이다. 부패와 관련한 정치 위험 평가에서 가장 낮은 평가를 받는 것은 대개 일당독재 국가나 전제정치 국가들이다. 그러나 너무나도 분명한 것은 많은 사람들이 믿고 있는 것과는 달리 PRS/ICRG의 데이터는 부패의 수준을 말해주지 않는다는 점이다. 이 점을 고려하면, PRS 조사에서 그리스(6점 척도에서 두 번째로 깨끗한 5점)가 좋은 점수를 받고 니카라과(4점)와 콩고공화국(4점)도 그리스보다는 한 단계 낮지만 비교적 좋은 점수를 받은 반면에, 아일랜드(2점)와 홍콩(3점)은 나쁜 점수를 받은 것을 이해할 수 있다. 이들 국가에 대한 이와 같은 점수를 그 국가의 부패 수준으로 생각하면 착각인 것이다.

2005년 부패인식지수CPI에서는 표본에 따라 변수(요인)의 값이 변하는 랜덤효과(random effects, 무선효과無選效果) 때문에 일어날 수 있는 갑작스러운 변화를 줄이기 위하여 지난 3년의 평가를 종합했다. 이 지수에 들어간 II와 UNECA 같은 일부 자료의 경우 단 한 번의 최근 조사만을 담고 있다. WEF, IMD, PERC와 같은 다른 자료들의 경우 2003년부터 2005년까지 매년 조사를 실시했다. 우리는 가장 시사성 있는 자료뿐만 아니라 이러한 모든 연례 조사들을 다 포함시키기로 결정했다. 최신 데이터는 그보다 1, 2년 전의 자료와 함께 평균을 냈다.

조사 결과를 포함시킬 때 이렇게 평균을 내는 것은 타당하지만, 전문적인 위험 평가 기관들이 편집한 데이터의 경우 평균을 내는 것은 부적절하다. EIU, CU, FH, MIG, WMRC가 편집한 위험 평가 자료들은 소수의 국가 출신 전문가들이 낸 것인데 이 전문가들은 국가의 성취도를 정기적으로 분석하고 동료들과의 토론을 통해 자신들의 결론을 교차 검증하는 사람들이다. 그 전문가들은 이러한 체계적인 평가를 한 다음 지난해에 비하여 순위를 올릴 것인지, 내릴 것인지를 생각한다. 그 결과 한 국가의 점수는 잘 변하지 않고, 그 데이터에는 연도에 따른 변화가 거의 나타나지 않는다. 이 경우 점수 변화는 해당 기관의 고려가 작용한 판단의 결과이다. 따라서 과거로 돌아가 조사 시점이 다른 평가 자료를 평균하는 것은 부적절하다. 다른 한편 엘리트 기업인들을 조사한 경우 여러 해의 조사 결과를 평균하면 유용하고도 고른 결과를 얻을 수 있다. 일부 연례 조사 자료에는 상황과 응답자에 따라 우연히 발생하는 오차인 랜덤오차(random errors, 무선오차無選誤差)가 포함될 수 있지만, 이러한 랜덤오차가 반드시 다음 해로 이어지지는 않는다.

부패인식지수CPI와 관련된 연구에서 카우프만과 그의 동료들(Kaufmann et al. 1999a)도 이와 비슷하게 여러 자료로 구성된 지수로 부패의 수준을 정했다. 그들은 데이터를 규칙적으로 업데이트하고, 부패와 더불어 더 많은 거버넌스 지표들을 설정했다. 그들은 II의 데이터를 사용하지 않았는데 한 번만 실시된 기업 조사에 대하여 과거에는 더 탐탁지 않게 생각했다. 그러나 부패인식지수CPI와 달리 그들은 PRS와 일반대중을 조사한 일부 자료, 그리고 사업환경리스크평가회사(Business Environment Risk Intelligence: BERI)와 글로벌인사이트(Global Insight: Standard and Poors/DRI의 후신)가 조사한 다른 두 개의 전문가 평가 자료를 사용했다. 앞에서 설명했듯이 PRS의 데이터는 문제가 있다. BERI는 1966년에 창립된 민간 회사로 스위스 제네바에 본부가 있다. BERI의 정치위험지수Political Risk Index에서 8가지 가벼운 기준 가운데 하나는 "외국인혐오증, 민족주의, 부패, 족벌주의, 그리고 타협에 대한 적극성을 비롯한 사고방식"이다. 이러한 BERI의 자료는 여러 자료를 합성하여 부패에 관한 종합지수composite index를 구축하는 데 도움이 되지 않는데 왜냐하면 그 정의가 분명하지 않기 때문이다. 글로벌인사이트는 기업과 정책 결정자들에게 데이터와 전문적 조언을 제공하는 경제상담회사이다. 그러나 글로벌인사이트는 부패의 수준을 평가하지 않고, 부패의 수준을 0에서부터 10까지의 척도로 나눈 후에 거기서 1점이 올라갈 경우의 위험을 평가한다. 글로벌인사이트 측은 나와 개별적으로 의견을 주고받은 결과, 같은 시점에서 여러 국가의 부패 수준을 비교할 경우 자신들의 데이터를 사용하지 않는 것이 좋겠다는 의견을 보내왔다. 이상과 같은 추가적인 자료들을 포함시킴으로써 카우프만과 그의 동료들은 자신들의 지수에서 더 큰 규모의 국가들을 포괄할 수 있었다. 그러나 이러한 이점을 얻는 대신에 타당성을 상실하는 대가를 치러야 했다.

연도별 비교

과거 연도의 조사 결과와 비교할 경우에는 국가의 순위가 아니라 점수를 바탕으로 해야 한다. 새로운 국가가 지수에 들어오고 다른 국가가 나가는 것만으로도 국가의 순위는 변할 수 있다. 점수가 높아진다는 것은 응답자가 더 좋게 평가했다는 지표인 반면에, 점수가 낮아진다는 것은 응답자가 인식을 하향조정했음을 의미한다. 그러나 한 국가의 점수가 연도별로 달라지는 것은 한 국가의 개혁 성과를 바라보는 인식의 변화에서 비롯했을 뿐만 아니라 표본과 방법의 변화에서 비롯했을 수도 있다. 옛 자료가 지수에서 빠지고 새 자료가 들어가면 평가의 일관성은 흐트러진다. 지수는 1차적으로 기업인과 국가기관 분석가들의 견해를 단편적으로 보여주는 것으로서 그 초점은 연도별 추이에 그다지 맞춰져 있지 않다.

그러나 우리는 변화를 추적하기 위해 개별적인 자료에 나타난 평가의 변화까지 거슬러 올라갈 수 있는 한도 내에서 그 추이를 확인할 수 있다. 예를 들어 2004년 부패인식지수CPI에 사용된 것과 같이 상대적으로 오래된 자료를 2005년 CPI에 사용된 동일한 자료의 시사성 있는 데이터와 비교하게 되면 우리는 지난 3년간의 인식의 변화를 확인할 수 있다. CPI 점수가 2004년 CPI에 비하여 떨어지고 이러한 악화가 기술적 요인의 결과가 아닌 국가는 바베이도스, 벨라루스, 코스타리카, 가봉, 네팔, 파푸아뉴기니, 러시아, 세이셸, 스리랑카, 수리남, 트리니다드토바고, 그리고 우루과이이다. 이 국가들의 점수가 적어도 0.3 이상 상당히 떨어진 것은 기술적 요인에 의한 것이 아니다. 그러므로 인식에 실질적인 변화가 일어났을 가능성이 있다.

CPI에 일관되게 사용되고 있는 자료의 데이터를 근거로 볼 때 적어도 0.3 이상 점수가 올라가고, 또 그것이 기술적 요인에 의한 것이 아님을 관찰할 수 있는 국가는 아르헨티나, 오스트리아, 볼리비아, 에스토니아, 프랑스, 과테말라, 온두라스, 홍콩, 일본, 요르단, 카자흐스탄, 레바논, 몰도바, 나이지리아, 카타르, 슬로바키아, 한국, 대만, 터키, 우크라이나, 그리고 예멘이다.

1995년 CPI부터 2005년 CPI까지의 변화 추이는 최근 포괄적 조사에서 정해졌다(Lambsdorff 2005b; 2006). 이 조사 결과 1995년 CPI부터 2005년 CPI까지 통계적으로 유의미한 수준에서 점수가 올라간 국가는 에스토니아, 이탈리아, 스페인, 콜롬비아, 핀란드, 불가리아, 홍콩, 오스트레일리아, 대만, 아이슬란드, 오스트리아, 멕시코, 뉴질랜드, 그리고 독일이다(통계적 의미가 큰 순서). 그와 달리 점수가 떨어진 국가는 폴란드, 아르헨티나, 필리핀, 짐바브웨, 캐나다, 인도네시아, 아일랜드, 말레이시아, 이스라엘, 슬로베니아, 체코공화국, 영국, 그리고 베네수엘라이다(통계적 의미가 큰 순서).

타당성

부패는 사적 이익을 위하여 공적 권력을 오용하는 것으로 정의된다. 그러한 공적 권력의 오용으로는 예를 들면 공무원에 대한 뇌물 제공, 공공조달에서의 뒷돈 혹은 공금의 횡령이 있다. 부패인식지수에 들어가는 모든 자료는 부패에 대한 이와 같은 정의를 일반적으로 적용한다. 각각의 자료는 또한 해당 국가의 공무원과 정치인들의 부패 '정도'를 평가하기도 한다.

- CU는 다음과 같은 척도로 국가 내부의 전반적인 부패 수준의 심각성을 평가해 달라고 그 전문가 패널에게 요구한다. 낮다, 낮다/보통이다, 보통이다, 보통이다/심각하다, 심각하다.
- EIU는 그 전문가 패널에게 부패의 발생 정도를 평가해 달라고 요구하고, 개인적인(혹은 정당 정치적인) 금전적 이득을 위하여 공직을 오용하는 것으로 부패를 정의한다. 0("매우 낮은" 부패 사건을 의미)에서부터 4("매우 높은" 부패 사건을 의미)까지의 정수값이 제공된다.
- FH는 다음과 같은 사항들을 평가해 달라고 그 전문가 패널에게 요구한다. 반부패 정책의 실행, 부패의 기회를 증대시키는 관료의 과

도한 개입과 여타 통제에서 정부가 자유로운 정도, 일반대중의 부패에 대한 인식, 최고위 정책 결정자들의 기업에 대한 관심, 공직자 재산 공개와 이익충돌에 관한 법률, 행정기구와 입법기구에 대한 감시와 조사 규정, 내부고발자와 반부패 활동가와 부패를 고발하는 다른 사람들에 대한 보호, 언론의 부패 보도.

- II는 이렇게 묻는다. "이 나라 외에 지난 3-5년 동안 가장 많은 사업 경험을 한 국가는 어디입니까? 다섯 개까지 국가 이름을 말해주십시오."

   a. [국가 1]에서는 사업을 시작하거나 기타 부적절한 이점을 얻기 위하여 정치인과 고위 공무원과 판사와 같은 고위 관리들에게 주는 뇌물, 그리고 비밀리에 이루어지거나 불법이거나 혹은 추가적인 개인 지불과 같은 금전 제공이 얼마나 널리 이루어집니까?
   b. [국가 1]에서는 사업에 필요한 그와 같은 지불과 연관된 비용이 어느 정도로 중요한 장애 요인이 됩니까?
   c. [국가 1]에서는 공공계약이 경쟁입찰을 기반으로 하기보다는 동업자, 친구, 친척에게 얼마나 자주 주어집니까?

국가 2부터 5까지 똑같은 질문을 계속한다. 대답의 척도는 "매우 흔하다"[01]부터 "그다지 흔하지 않다/전혀 없다"[04]까지 있다.

- IMD는 엘리트 기업인을 조사하면서 "뇌물과 부패가 경제 전반에 만연한지 아닌지"를 평가해 달라고 요구한다.
- MIG는 그 패널panel of correspondents에게 부패의 수준을 평가해 달라고 요구한다. MIG가 정의하는 부패는 정부 장관들이 받는 뇌물에서부터 '말단 공무원'에게 지불하는 금전적 유인에 이르기까지 다양하다.
- PERC는 국외 거주 기업인들에게 자신의 고국뿐만 아니라 자신이 일하고 있는 국가에서 부패 문제가 얼마나 심하다고 생각하는지를 척도 0에서부터 10까지 평가해 달라고 요구한다.

- UN아프리카경제위원회(United Nations Economic Commission for Africa: UNECA)의 아프리카 거버넌스 보고서African Governance Report에서는 현지 전문가 패널들로 하여금 부패가 얼마나 효과적으로 통제되고 있는지를 결정하게 한다. 부패의 통제라는 변수에는 입법부, 사법부, 집행부, 그리고 세무 행정의 비리와 관련된 측면이 포함된다. 사법부와 행정부 서비스에 대한 접근 측면도 포함된다.
- WEF는 이렇게 묻는다. "당신의 산업 분야에서 회사들은 다음 항목과 관련하여 얼마나 흔하게 기록을 남기지 않는 특별 지출이나 뇌물 제공을 한다고 생각하십니까?"

1. 수출과 수입
   흔하다 | 1 | 2 | 3 | 4 | 5 | 6 | 7 | 결코 일어나지 않는다
2. 공공사업(public utilities, 예를 들면 전화나 전기)
   흔하다 | 1 | 2 | 3 | 4 | 5 | 6 | 7 | 결코 일어나지 않는다
3. 연례 세금납부
   흔하다 | 1 | 2 | 3 | 4 | 5 | 6 | 7 | 결코 일어나지 않는다
4. 공공 계약
   흔하다 | 1 | 2 | 3 | 4 | 5 | 6 | 7 | 결코 일어나지 않는다
5. 대출 신청
   흔하다 | 1 | 2 | 3 | 4 | 5 | 6 | 7 | 결코 일어나지 않는다
6. 법률과 정책, 규제, 혹은 명령이 특정 기업의 이익에 유리하도록 영향력을 미치는 것
   흔하다 | 1 | 2 | 3 | 4 | 5 | 6 | 7 | 결코 일어나지 않는다
7. 법원의 유리한 결정을 얻는 것
   흔하다 | 1 | 2 | 3 | 4 | 5 | 6 | 7 | 결코 일어나지 않는다

이러한 질문에서부터 단순 평균이 정해지고 있다.

- WMRC는 부패한 관리를 만날 가능성에 대한 평가를 제공한다. 부패는 관료에 의한 작은 부패(하급 공무원에 대한 뇌물 제공과 같

은)에서부터 대규모 정치 부패(계약을 따낸 데 대한 보답으로 거액의 뒷돈을 제공하는 것과 같은)에 이르기까지 다양하게 존재할 수 있다. 점수는 다음 값을 지닌다. 1, 1.5, 2, 2.5, 3, 3.5, 4, 4.5, 5이다. 이 점수 값들은 다음의 의미를 지닌다.

1. 이 국가는 훌륭한 사업 환경을 가지고 있고 사람들은 거의 부패를 모르고 살아갈 것이다.
2. 이 국가는 좋고 투명한 사업 환경을 가지고 있을 것이다. 부패는, 공무원의 부패이든 다른 부패이든 간에 경우에 따라 일어날 수 있지만 대부분의 사업에서는 부패와 마주치지 않을 것이다.
3. 이 국가에는 부패를 포함하여 어느 정도 중요한 작용을 하는 장애 요인이 존재할 것이다. 그러나 공무원의 부패는 비교적 널리 존재할 수 있지만, 그로 인해 사업이 지나치게 부정적인 영향을 받지는 않을 것이다.
4. 이 국가는 빈약한 사업 환경을 가지고 있을 것이다. 업계와 공무원 세계에 고질적인 부패가 자리할 가능성이 있고 계약을 주는 대가로 뒷돈이나 뇌물을 요구하는 일이 적지 않을 것이다.
5. 이 국가에는 실제로 사업을 불가능하게 할 정도로 심각하게 작용하는 장애 요인이 존재할 것이다. 부패가 만연하고 정부의 최고위 수준에도 부패가 존재할 것이다.

이상의 각 자료에서 사용하고 있는 '만연함,' '흔함,' '잦음,' '가능성,' '문제가 많음,' '심각성'과 같은 용어들은 밀접하게 연관되어 있다. 그것들은 다 모종의 부패 수준을 말하는데 그러한 부패의 수준은 부패인식지수CPI의 목표이기도 하다. 부패는 다양한 형태로 일어난다는 사실에 비추어볼 때 그와 같이 다양한 자료의 공통된 특징은 특히 중요하다. 이러한 다양한 형태의 부패를 구분해야 한다는 주장이 출간된 많은 연구들에서 제기되었는데 예를 들면 금전이 이전되는 형태의 부패와 족벌주의nepotism를 구분해야 한다는 것이었다. 그러나 CPI에 포함된 데이터 중에서 그 어느 것도 다른 형태의 부패를 무시한 채 한 가지 형태의 부패를 강조하지는 않았다. 각 자료는 동일하게 폭넓은 현상을 측정하는 데 목표를 두었다고 말할 수 있다. 각 자료는 행정 부패와 정치 부패도 구분하지 않았고, 소규모 부패와 대규모 부패도 구분하지 않았다. 2006년 국제투명성기구TI는 WEF 연례 조사의 응답자들에게 (1) 하급 공무원에게, (2) 고위 정치인과 정당과 고위 공무원에게 특별 지출이나 뇌물 제공을 어느 정도로 하는지 물어보도록 WEF에 의뢰했다. 응답자들이 의견을 드러낸 바와 같이 125개 국가에서 그 두 가지 부패는 상관계수가 0.956에 달할 만큼 강한 상관관계를 가지고 있었다. 여기서 확실히 알 수 있는 것은 전반적인 부패 수준이 여러 정보 중에서도 가장 중요하며, 이로써 CPI가 단 한 개의 숫자로 부패 수준을 나타내는 게 정당하다는 점이 입증되었다.

"부패의 정도"라는 용어는 상이한 것을 의미할 수 있다(Rose-Ackerman 1999: 4). 특히 그것은 기업이 정부와 거래할 때 뇌물의 제공 빈도나 규모를 의미할 수 있다. 그러나 뇌물의 빈도와 규모는 상관관계를 갖는 경향이 있다는 것을 우리는 CPI에 포함된 각 자료의 결과에서 알 수 있다. 부패가 잦은 국가에서는 부패의 규모도 크다. 요컨대 "부패의 정도"는 기업이 정부와 거래를 할 때 지불한 뇌물의 총액과 부패의 빈도라는 두 가지 측면을 동등하게 반영하는 것으로 보인다. 흥미로운 것은 CPI가 정부의 크기에 대해서는 상관관계를 안 보인다는 사실이다. 이와 관련된 실증적 연구에 대해서는 글상자 1을 보라. 따라서 기업이 정부와 훨씬 더 많이 거래하는 경향이 있는 곳에서조차 이것 자체로는 회사가 부패의 수준을 더 높게 평가하지 않는다. 오히려 CPI가 평가하는 것은 공무원들과 한 번 만났을 때 평균적으로 뇌물 제공이 이루어질 가능성과 뇌물의 액수이다. 비평가들은 CPI에 포함된 자료의 응답자들이 자기가 알고 있는 과거의 CPI 지수에 맞추어 응답함으로써 CPI 지수가 결과적으로 과거의 지수를 재생산할 수 있다는 우려를 제기했다. CPI의 유명세로 순환성 문제가 제기되었을지 모른다는 것이다. 응답자들은 자신의 경험적 판단을 제출하지 않고 자신이 알고 있는 과거의 CPI 지수에 맞추어 응답함으로써 결과적으로 "무리를 따라갔을" 수 있다. 이 점에 대해서 우리는 검증을 해보았다. 2006년 WEF 조사의 응답자들에게 CPI를 얼마나 잘 아는지를 물어보았다. 두 가지 다른 부패지수를 추출해보았는데 하나는 CPI를 잘 아는 사람들에 의한 지수이고, 다른 하나는 CPI를 그다지 잘 알지 못하는 사람들에 의한 지수였다. CPI를 잘 아는 사람들에 의한 지수는 CPI 2005와 상관계수 0.89의 수준에서 상관관계가 있는 것으로 나타남으로써, CPI를 그다지 잘 알지 못하는 사람들에 의한 지수가 2005년 CPI가 갖는 상관성(0.90)보다 근소하게 낮았다. 여기서 알 수 있는 것은 CPI를 안다고 해서 응답자들이 "무리를 따르지는" 않았다는 것이다. CPI를 알 경우 응답자들은 무리를 따르지 않고 오히려 자기 자신의 입장을 더욱 분명히 결정하게 될 수도 있다. 이로써 알 수 있는 것은 현재 CPI 지수를 산출하는 우리의 방법에 순환성은 없다는 점이다.

표준화

각각의 자료는 고유한 척도 체계scaling system를 갖기 때문에 각국의 평균값mean value을 결정하기 전에 데이터를 표준화하는 것이 필요하다. 표준화는 두 단계로 수행된다.

전년도 CPI(Corruption Perceptions Index: 부패인식지수) 산출 당시 이미 표준화된 과거 자료는 같은 값으로 2005년 CPI에 들어간다. 새로운 자료는 백분위수 맞추기matching percentiles를 사용하여 표준화된다. 국가들의 점수가 아니라 순위가 각 자료에서 처리된 유일한 정보이다. 이러한 방법에서는 새로운 자료와 전년도 CPI의 공통된 부표본이 결정되는데, 이는 새로운 자료와 지난 연도 CPI 중에서 한쪽에만 나타나는 국가들은 무시된다는 것을 의미한다. 그리고 CPI에서 가장 큰 값을 새 자료에서 가장 순위가 좋게 나온 국가의 표준화된 값으로 간주한다. CPI에서 두 번째로 큰 값은 새 자료에서 두 번째로 좋게 나온 국가에게 부여되고, 그런 식으로 계속 해나간다.[2] 어떤 새로운 자료에서는 단지 5개 국가의 순위만을 매기고 있다고 상상해보라. 영국(4.2), 싱가포르(3.9), 중국(2.8), 말레이시아(2.7), 인도(2.4)의 순이다. 2004년 CPI에서 이 국가들은 8.6, 9.3, 3.4, 5.0, 그리고 2.8이라는 점수를 각각 획득했다. 백분위수를 맞추게 되면 이제 영국이 가장 좋은 점수인 9.3을 받고, 싱가포르가 그 다음으로 좋은 8.6을 받으며, 중국은 5.0, 말레이시아는 3.4, 그리고 인도는 2.8을 각각 받는다.

백분위수 맞추기는 상이한 분포를 가진 지수들을 결합할 때 아주 유용하다. 어떤 자료에서 백분위수 맞추기로 처리되는 것은 서수적 정보ordinal information이지, 숫자가 의미를 갖는 기수적 정보cardinal information는 아니다. 다른 한편, 많은 다른 모수적 표준화 방법들parametric standardization methods에서는 수많은 가정들을 필요로 하겠지만, 그중에는 현실적이지 못한 것들도 있다. 그러나 백분위수 맞추기는 자료의 점수가 아니라 순위를 이용하기 때문에, 백분위수 맞추기를 하게 되면 자료에 내재해 있는 정보의 일부가 상실된다. 그럼에도 불구하고 백분위수 맞추기 방법이 유리한 결정적 이유는 모든 보고된 값을 0과 10의 한계 안에 머물게 할 수 있다는 것이다. 이것이 가능한 이유는 모든 표준화된 값을 전년도의 CPI에서 취한다는 것인데, CPI는 본래 그 범위가 0부터 10까지 한정된 지수이다. 그와 같은 특징은 다른 다양한 방법들로는 얻을 수가 없다. 예를 들면 국가들의 합동 부표본들joint subsamples에서 나타나는 평균과 표준편차를 표준화하는 방법으로는 그와 같은 특징을 얻을 수가 없다.

---

2 만일 두 국가의 순위가 같다면, 그 두 국가의 표준화된 값은 CPI의 두 개별 점수의 단순평균simple mean이다. CPI 값을 이용할 수 없는 국가들의 점수는 자료의 순위에서 가까운 나라들을 참조함으로써 결정한다. 그런 국가들의 점수에는 선형보간법linear interpolation이 적용되는데 여기서 알 수 있는 것은 만일 어떤 자료에서 그와 같은 국가보다 위에 있는 국가의 점수를 그 국가에 부여한다면 그 국가의 표준화된 값도 바로 위에 있는 국가의 표준화된 점수와 더 가깝다는 것이다. 만일 그와 같은 국가가 어떤 자료에서 가장 좋은(혹은 나쁜) 순위에 올랐다면, 그 국가와 가장 가까운 국가는 둘이 아니라 하나밖에 존재하지 않는다. 그 다음으로 가까운 국가는 그 자료의 가장 높은(혹은 낮은) 성취 가능한 점수와 CPI 값 10(혹은 0)을 사용하여 세워진다. 이러한 방법을 사용하면 확실히 모든 값은 10과 0 사이에 머물게 된다.

그림 A.1 베타 변환

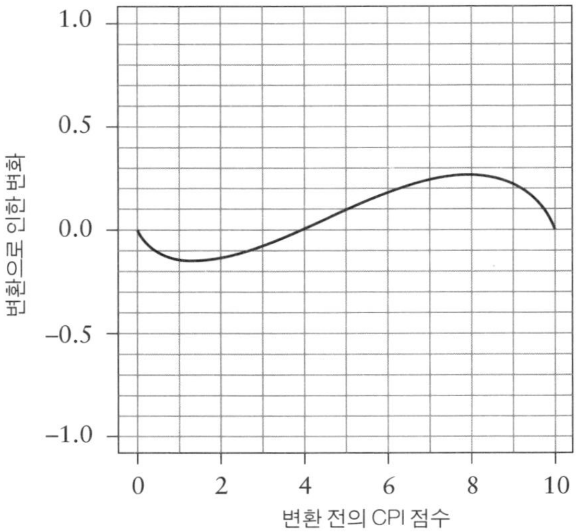

모두 보고된 범위 안에 머무는 표준화된 값을 얻고 나면, 이러한 표준화된 값의 단순평균이 결정된다. 그러나 그에 따른 지수는 이전 연도들의 CPI의 표준편차보다 작은 표준편차를 갖는다. 두 번째 조정을 하지 않는다면, 계속해서 더 작은 다양한 점수들을 향한 추이가 존재할 것이다. 만일 예를 들어 핀란드가 전년도의 점수를 반복하여 보인다면 핀란드는 모든 자료에서 가장 좋은 점수를 갖지 않으면 안 될 것이다. 만일 핀란드가 어떤 한 자료에서라도 두 번째로 좋은 점수로 나타난다면 백분위수 맞추기와 총계 내기를 해서 핀란드가 얻은 표준화된 점수는 핀란드의 현재 점수보다 낮을 것이다. 따라서 자료 간에 약간의 이질성이 존재하는 점을 고려할 때, 핀란드의 점수가 시간이 경과함에 따라 나빠지는 것은 불가피해 보인다. 그 반대의 경우에 해당하는 것은 방글라데시일 텐데, 만일 모든 자료에서 가장 나쁜 평가를 일관되게 받지만 않는다면, 방글라데시는 시간이 지남에 따라 더 좋은 점수를 얻을 것이다. 점수의 다양성이 계속해서 줄어드는 경향을 피하려면 두 번째 표준화가 필요하다.

그러나 단순평균과 표준편차 기법을 적용함으로써 단순히 점수를 늘일 경우 0에서 10까지인 우리의 범위를 넘어서는 값이 나올 수가 있다. 표준화의 두 번째 단계에는 좀 더 복잡한 표준화가 필요한데 바로 베타 변환 beta-transformation이다. 이러한 단조로운 변환의 이면에는 0에서 10까지의 범위는 유지하면서 전년도 값에 대한 표준편차를 증가시킨다는 생각이 자리 잡고 있다. 그러므로 각각의 값(X)은 다음과 같은 함수에 따라 변환된다.

$$10 \times \int_{0}^{1} (X/10)^{\alpha-1}(1-X/10)^{\beta-1}\,dX$$

표준 통계 프로그램에서 이러한 베타 변환을 이용할 수 있다. 가장 중요한 일은 매개변수parameters α와 β를 찾아냄으로써 그에 따른 지수의 평균과 표준편차가 원하는 값을 갖도록 하는 것인데 원하는 값이란 합동 부표본joint subsample 국가들의 2004년 CPI의 값과 같다. 이 일을 수행하는 알고리즘algorithm이 결정되었다. 이 방법을 2005년 CPI에 적용하면 점수의 변화는 그림 A.1과 같이 나타난다. 매개변수는 α=1.135, β=1.165이다. 그림에서 보듯이, 4.0에서 10까지는 점수가 약간 증가하는 반면에, 0에서 4.0까지의 점수는 감소한다.

신뢰도와 정확성

국가들의 순위는 그것이 마치 절대적 정확성을 갖고 한 국가의 반부패 개혁의 성취를 측정한 것인 양 오해하기가 쉽다. 그것은 확실히 사실이 아니다. 국제투명성기구TI는 1995년 출범 이래 부패인식지수를 산출하는 데 포함된 자료의 양과 표준편차에 관한 데이터를 제공하고 있다. 이 데이터를 보면 부패인식지수에 내재된 부정확성을 이해하는 데 도움이 된다. 또

표 A.1 피어슨 상관관계

	CU 2003	EIU 2005	FH 2005	II 2003	IMD 2003	IMD 2004	IMD 2005	PERC 2003	PERC 2004	PERC 2005	MIG 2005	UNECA 2005	WEF 2003	WEF 2004	WEF 2005	WMRC 2005
CU 2003	1.00	0.84	0.77	0.69	0.85	0.86	0.84	0.87	0.58	0.90	0.82	0.59	0.79	0.84	0.85	0.81
EIU 2005	0.84	1.00	0.87	0.74	0.91	0.93	0.93	0.92	0.90	0.90	0.86	0.60	0.90	0.88	0.87	0.92
FH 2005	0.77	0.87	1.00	-	0.87	0.93	0.86	-	-	-	0.82	-	0.82	0.83	0.77	0.83
II 2003	0.69	0.74	-	1.00	0.79	0.76	0.77	0.69	0.57	-	0.75	-	0.82	0.76	0.77	0.78
IMD 2003	0.85	0.91	0.87	0.79	1.00	0.98	0.98	0.95	0.94	0.97	0.88	-	0.95	0.95	0.94	0.88
IMD 2004	0.86	0.93	0.83	0.76	0.98	1.00	0.98	0.93	0.94	0.96	0.90	-	0.95	0.95	0.94	0.89
IMD 2005	0.84	0.93	0.86	0.77	0.98	0.98	1.00	0.95	0.96	0.97	0.89	-	0.95	0.95	0.93	0.90
PERC 2003	0.87	0.92	-	0.69	0.95	0.93	0.95	1.00	0.96	0.97	0.90	-	0.89	0.88	0.91	0.95
PERC 2003	0.85	0.90	-	0.57	0.94	0.94	0.96	0.96	1.00	0.99	0.94	-	0.93	0.93	0.97	0.93
PERC 2005	0.90	0.90	-	-	0.97	0.96	0.97	0.97	0.99	1.00	0.96	-	0.94	0.94	0.96	0.97
MIG 2005	0.82	0.86	0.82	0.75	0.88	0.90	0.89	0.90	0.94	0.96	0.1.00	0.52	0.88	0.86	0.85	0.83
UNECA 2005	0.59	0.60	-	-	-	-	-	-	-	-	0.52	1.00	0.63	0.70	0.63	0.60
WEF 2003	0.79	0.90	0.82	0.82	0.95	0.95	0.95	0.89	0.93	0.94	0.88	0.63	1.00	0.95	0.94	0.89
WEF 2004	0.84	0.88	0.83	0.76	0.95	0.95	0.95	0.88	0.93	0.94	0.86	0.70	0.95	1.00	0.96	0.89
WEF 2005	0.85	0.87	0.77	0.77	0.94	0.94	0.93	0.91	0.97	0.96	0.85	0.63	0.94	0.96	1.00	0.90
WMRC 200	0.81	0.92	0.83	0.78	0.88	0.89	0.90	0.95	0.93	0.97	0.83	0.60	0.89	0.89	0.90	1.00

주: 적어도 6개국과 관련된 상관관계만 제시함.

표 A.2 켄달의 순위 상관관계

	CU 2003	EIU 2005	FH 2005	II 2003	IMD 2003	IMD 2004	IMD 2005	PERC 2003	PERC 2004	PERC 2005	MIG 2005	UNECA 2005	WEF 2003	WEF 2004	WEF 2005	WMRC 2005
CU 2003	1.00	0.67	0.60	0.53	0.72	0.72	0.70	0.69	0.67	0.76	0.63	0.48	0.58	0.63	0.62	0.56
EIU 2005	0.67	1.00	0.78	0.59	0.78	0.81	0.81	0.76	0.75	0.76	0.68	0.58	0.72	0.71	0.69	0.80
FH 2005	0.60	0.78	1.00	-	0.67	0.62	0.74	-	-	-	0.55	-	0.55	0.72	0.49	0.77
II 2003	0.53	0.59	-	1.00	0.67	0.60	0.62	0.68	0.55	-	0.56	-	0.63	0.62	0.65	0.66
IMD 2003	0.72	0.78	0.67	0.67	1.00	0.92	0.88	0.81	0.85	0.92	0.74	-	0.84	0.85	0.81	0.76
IMD 2004	0.72	0.81	0.62	0.60	0.92	1.00	0.90	0.75	0.82	0.87	0.76	-	0.84	0.84	0.82	0.78
IMD 2005	0.70	0.81	0.74	0.62	0.88	0.90	1.00	0.74	0.82	0.92	0.75	-	0.83	0.84	0.78	0.78
PERC 2003	0.69	0.76	-	0.68	0.81	0.75	0.74	1.00	0.86	0.73	0.77	-	0.76	0.66	0.68	0.82
PERC 2003	0.67	0.75	-	0.55	0.85	0.82	0.82	0.86	1.00	0.88	0.86	-	0.84	0.72	0.80	0.83
PERC 2005	0.76	0.76	-	-	0.92	0.87	0.92	0.73	0.88	1.00	0.93	-	0.90	0.83	0.87	0.91
MIG 2005	0.63	0.68	0.55	0.56	0.74	0.76	0.75	0.77	0.86	0.93	1.00	0.47	0.66	0.66	0.63	0.65
UNECA 2005	0.48	0.58	-	-	-	-	-	-	-	-	0.47	1.00	0.52	0.54	0.43	0.44
WEF 2003	0.58	0.72	0.55	0.63	0.84	0.84	0.83	0.76	0.84	0.90	0.66	0.52	1.00	0.81	0.79	0.70
WEF 2004	0.63	0.71	0.72	0.62	0.85	0.84	0.84	0.66	0.72	0.83	0.66	0.54	0.81	1.00	0.81	0.69
WEF 2005	0.62	0.69	0.49	0.65	0.81	0.82	0.78	0.68	0.80	0.87	0.63	0.43	0.79	0.81	1.00	0.70
WMRC 200	0.56	0.80	0.77	0.66	0.76	0.78	0.78	0.82	0.83	0.91	0.65	0.44	0.70	0.69	0.70	1.00

주: 적어도 6개국과 관련된 상관관계만 제시함.

한 주된 표를 통해 고저 범위high-low range도 제공하고 있다. 이로써 우리 자료가 제공하는 최고값과 최저값을 알 수 있고, 그럼으로써 평가의 전체적인 범위도 드러난다. 그러나 이러한 범위만을 보고 우리가 국가들을 정확하게 측정할 가능성에 대하여 어떤 속단을 해서는 안 된다. 3개 내지 12개 자료로 평가받는 국가들은 같은 최소값과 최대값을 가질 수 있지만, 최대값에서 우리는 그 국가의 점수에 훨씬 더 신뢰감을 느낄 수 있다. 그와 같은 정도의 정확성에 도달하려면 다른 통계적 기법이 필요하다.

2005년 CPI의 전반적인 신뢰도에 관한 지표는 자료들 간의 높은 상관관계로부터 끌어올 수 있다. 표 A.1과 표 A.2에 나와 있는 일반적인 피어슨 상관관계Pearson correlation와 켄달의 순위 상관관계Kendall's rank correlation로부터 그와 같은 자료들 간의 상관관계를 볼 수 있다.[3] 평균적인 상관관계는 피어슨 상관관계의 경우 0.87이고 켄달의 순위 상관관계의 경우 0.72이다. 여기서 알 수 있는 사실은 자료들이 부패 수준에 대한 평가에서 그렇게 많이 다르지는 않다는 것이다.

신뢰 구간

우리는 이미 여러 해 동안 신뢰구간confidence range에 관한 정보를 일반대중에게 제공하고 있다. 2001년 CPI까지는 한 국가의 평균 점수에서의 표준오차standard error 결정과 그에 따른 95% 신뢰구간에 대한 모수적인 parametric 평가를 바탕으로 그와 같은 정보를 제공했다. 이러한 방법에는 먼저 두 가지 전제조건이 필요한데, 그 자료의 값과 연관된 부정확성은 존재하지 않고 이러한 값들은 서로 독립적이라는 것이다. 또 한 가지 필요한 강력한 전제조건은 오차가 정상적으로 분포된다는 것이다. 처음 두 가지 전제조건을 완화하기는 통계적으로 어렵지만, 정상적인 분포에 관한 전제조건은 완화할 수 있고 어떤 유형의 분포에도 타당한 시험을 적용할 수 있

---

3 그 상관관계는 모든 국가들에 적용되며 심지어 CPI에 포함되지 않은 국가들까지 적용된다. 약어에 대해서는 글상자 5에서 설명한다.

다. 게다가 2001년 CPI까지 사용하던 신뢰구간의 또 다른 결점은 그 신뢰구간이 0부터 10까지인 주어진 범위를 종종 위반한다는 것이다. 예를 들면 2001년 CPI에서 방글라데시는 0.4점이었지만, 그 점수에 관한 95% 신뢰구간은 -3.6에서 4.4 사이였다. 다른 한편 핀란드의 경우 신뢰구간의 상한이 무려 10.4에 달할 만큼 높았다. 이런 유형의 구간은 전문가들에게조차 혼란스럽다. 그러한 구간은 보도된 공식적인 구간과도 상충하는 것이기 때문에 일반대중도 똑같이 당황하게 된다.

신뢰구간을 미리 구체화한 범위 내로 제한하기 위하여 우리는 이제 2002년 CPI부터 다른 방법론을 적용한다. 바로 부트스트랩법[4]을 적용하는 비모수적nonparametric 방법이다. 그와 같은 부트스트랩 신뢰구간의 핵심 개념은 한 국가의 자료들을 대체하여 리샘플링하는 것이다. 5개의 자료값(3.0, 5.0, 3.9, 4.4, 4.2)을 가진 국가를 상상해보라. 이 경우 대체에 의한 리샘플링의 한 가지 경우의 수는 (5.0, 5.0, 4.2, 4.4, 4.4)일 것이다. 원래 데이터의 평균값mean value은 4.1이지만, 대체하여 리샘플링한 표본의 평균값은 4.6이다. 여기서 우리가 알 수 있는 사실은 원래의 데이터 풀에 있는 값들을 서로 다르게 임의로 선택할 경우 그 평균mean은 극히 다양해질 수 있다는 것이다.

우리의 경우 1만 건에 달할 만큼 충분히 많은 수의 그와 같은 표본을 자료 벡터vectors에서 끌어내어 이용할 수 있고, 각 경우에 표본평균sample mean이 결정된다. 그에 따른 평균들의 분포를 바탕으로 근본적인 정확성에 대한 추론을 끌어낼 수 있다. 따라서 90% 신뢰구간의 하한(상한)은 표본평균들의 5%가 이 결정적인 값 이하일(이상일) 때의 값으로 결정된다.[5]

---

4 [옮긴이] 부트스트랩법bootstrap methodology이란 자료를 통해 얻은 통계량의 표본오차를 확률분포의 가정을 두지 않고 비모수적으로nonparametrically 평가하기 위한 방법의 하나이다.

5 단지 3-4개의 자료만 존재할 때에는 경계 효과boundary effects가 나타날 수 있다. 자료가 3개뿐일 경우에는 10개의 상이한 조합만이 가능하므로, 5% 신뢰점수confidence point가 경계boundary를 '칠hit' 수 있다. 그럴 경우 BC-이론BC-approach 하에서는 신뢰구간

그에 따른 신뢰구간은 두 가지 흥미로운 특징을 지닌다.[6]

(1) 90% 신뢰구간이 필요할 때 상한은 자료가 제공하는 최고값보다 더 높지 않고 하한은 자료가 제공하는 최저값보다 낮지 않을 것이다. 90% 신뢰구간에서는 실제 값이 정해진 신뢰구간보다 낮을 가능성 5%와 실제 값이 정해진 신뢰 구간보다 높을 가능성 5%를 허용한다.

(2) 데이터, 즉 해당 국가의 표준화된 값들이 정상적으로 분포되지 않더라도 신뢰구간은 여전히 타당하다. 구간은 이러한 데이터의 분포에 관한 가정으로부터 자유롭기까지 하다.

그러나 자료를 단지 몇 개만 사용할 경우 이렇게 보고된 신뢰구간에 하향 편향이 존재할 수 있다. 단지 몇 개의 자료만 이용할 수 있을 때에는 그 자료들만으로는 전 구간에 걸쳐 나올 수 있는 값들을 완전하게 포착하지 못한다. 이용 가능한 자료가 적을수록 이러한 대표성의 결여 정도가 커진다. 이 문제는 우리의 경우에만 해당되지 않고 통계에서 일반적으로 나타

의 상한(혹은 하한) 점수가 임의로 2개의 상이한 값을 갖게 될 수 있다. 이러한 경계 효과는 확인되었고, 경계 효과가 존재할 경우 표에서 더 보수적인 구간을 기재했다.

6 여기서 설명한 '백분위수percentile' 방법 외에도 좀 더 복잡한 방법이 존재한다. 첫째, (평균적으로) 부트스트랩 표본의 평균mean이 관찰된 평균보다 작을 경우에는 신뢰 수준을 조정할 수 있다. 그와 관련된 매개변수relevant parameter를 z0라고 부른다. 또 한 가지 조정은 표준편차 또한 부트스트랩 표본의 평균에 의존한다고 가정하는 것이다. 그와 관련된 매개변수는 a라고 부른다. 또 한 가지 조정은 표준편차도 부트스트랩 표본의 평균에 의존한다고 가정하는 것이다. 그와 관련된 매개변수는 a이다. 이 두 가지 조정을 고려하는 방법을 (편향을 수정한) 부트스트랩-BC-이론bootstrap-BCa-method이라고 부른다. 에프론과 티브쉬라니(Efron B. and R. Tibshirani 1993)의 연구를 보면 그 방법에 대한 설명을 볼 수 있다. 14장 3절, 22장 4절, 그리고 22장 5절. BC-이론BCa-method의 한 가지 우려스러운 점은 그 이론이 극소수의 자료에서 많은 측면을 다룬다는 것이다. 통계적인 고려를 할 경우 단순한 방법이 더 낫다고 입증될 수 있다. 따라서 우리의 목적을 위해서는 (편향을 수정한) BC-이론BC-approach을 사용하라고 에프론은 제안한다. 이 경우 z0.는 부트스트랩 표본에서 내생적으로 결정되지만 a는 0(zero)과 같은 것으로 설정된다.

난다. 간단히 말해서 소수의 자료만 가지고는 신뢰구간을 정확히 추정할 수 없다.

이러한 편향의 규모를 파악하기 위하여 괴팅겐대학교 통계경제학연구소Institute for Statistics and Economics의 발터 주치니Walter Zucchini와 플로리안 호프만Florian Hoffmann은 짧은 미간행 연구논문을 한 편 썼다. 데이터가 베타 분포에 가깝게 분포된다는 점을 고려하면, 다양한 시뮬레이션 검증을 할 필요가 있다. 그들은 편향됨이 없는 포함확률coverage probability은 90%의 정상값normal value보다 낮다는 것을 알아냈다. 신뢰구간 추정의 정확성은 자료의 숫자(n)가 늘어날수록 증가한다. 평균 포함확률은 n=3일 때 65.3%, n=4일 때 73.6%, n=5일 때 78.4%, n=6일 때 80.2%, n=7일 때 81.8%이다. 신뢰구간은 명목상으로 90% 수준이라고 말하지만, 편향됨이 없는 신뢰 수준의 추정치는 더 낮다.

현재의 표준화 기법을 다른 방법들과 대조하기 위하여 파소대학교에서는 완전히 비모수적인 방법과 관련된 연구를 수행했다(Kleinschmidt et al. 2005). 현재의 표준화 기법에는 마스터리스트master list가 필요하지만, 완전히 비모수적인 이 방법에는 마스터리스트가 필요 없다. 여러 자료를 합성하여 도출하는 종합지수의 경우 개별 자료에서 나타나는 순위에 모순점contradiction을 부과하는데 그러한 모순점을 최소화하려는 선형순서 모델linear-ordering model을 비모수적인 방법에서는 사용한다. 여러 자료를 합성한 후 종합적인 순위를 심사하기 위해 우리의 모든 자료를 한 방에 모았다고 상상하면, 비모수적인 방법의 핵심 개념을 눈으로 보듯이 이해할 수 있다. 여기서 조정자moderator는 두 국가의 순서를 정하라고 제안할 것이다. 예를 들면 프랑스는 미국보다 순위가 더 높다는 것이다. 자료들의 리스트에 이 두 나라가 다 있다면 그 자료들은 두 나라의 순위에 투표할 자격이 있다. 현재 우리 자료들을 기준으로 살펴보면, 프랑스가 미국보다 반부패 개혁을 더 잘 이루어내고 있다는 점에 대하여 6개 자료는 거부할 것이고, 3개 자료는 무관심할 것이며, 오직 1개 자료만이 동의할 것이다. 분명한 것은 이러한 순서는 승인을 얻지 못할 것이라는 점이다. 조정자가 할 일은 159개국의 순서를 정함으로써 쌍별비교pairwise comparison에서의 불일치를 최소화하는 것이며, 예를 들어 프랑스를 다른 158개국과도 비교하는 것을 의미한다. 그와 같은 순서를 정하는 데는 정수선형계획법integer linear programming이 사용된다. 그에 따른 국가 순위는 CPI의 국가 순위와 상관계수 0.98 수준에서 상관관계를 갖는다. 이러한 높은 상관관계를 통하여 현행 방법이 정당하다는 점을 다시 한 번 확인하게 된다. 그리고 우리의 결과는 비모수적인 방법과 크게 다르지 않다는 것을 알 수 있다.

여러 데이터 자료들을 하나의 단일한 지수로 결합하면 각각의 개별 숫자each individual figure가 갖는 신뢰도가 향상된다는 개념에 CPI의 강점이 있다. 이전 연도들에서와 마찬가지로 2005년 CPI에도 적어도 3개 자료를 이용할 수 있는 모든 국가가 포함되었다. 한 자료에서는 어느 국가의 반부패 개혁의 성과가 안 나타나더라도 다른 두 개의 자료를 포함함으로써 균형을 잡을 수 있다는 것이 자료 결합의 개념이다.[7] 이리하여 한 국가를 잘못 대표할 가능성은 현저하게 낮아진다. 대체로 CPI는 인식 측면에서 부패의 수준을 효과적으로 평가하고 있으며, 그것의 도움으로 우리는 실제 부패 수준을 이해할 수 있다. 이 책의 1장 3절(부패 측정하기)에 나오는 그림 1.4는 CPI의 점수와 함께 신뢰구간을 보여준다.

가중치 부여

우리의 다양한 자료가 표본과 시기에 있어서 일부 차이점을 갖고 있다는 것을 고려하면, 그 자료들을 종합하기 전에 그 자료들의 가중치를 부여하는 여러 가지 생각을 할 수 있다. 우리는 처음부터 모든 자료에 동등한 가

---

7 자료들이 총체적으로는 서로에게 독립적이지 않은 경우, 즉 자료들 간에 부분적인 의존이 있는 경우에도 이러한 논증은 타당하다. 부패 수준에 관한 다른 사람의 인식이나 CPI에 포함되는 다른 자료들에 대해 알고 있는 응답자가 있다면 그와 같은 부분적인 의존은 나타날 수 있다.

치를 부여하는 단순한 방법을 사용하기로 결정했는데 그렇게 함으로써 신뢰도와 전문성의 기준을 충족시킬 수 있기 때문이다. 다른 절차에 그 나름의 장점이 있을 수 있지만, 이처럼 각 자료의 평균을 내는 방식이 단순하면서도 투명하다.

이러한 맥락에서 같은 자료의 여러 해에 걸친 데이터 각각에 대하여 다른 데이터와 같은 중요성을 부여해서는 안 된다고 사람들은 주장한다. 그들은 한 기관에서 제공한 데이터는 다른 기관에서 제공한 데이터에 대하여 독립적이라는 관점을 고수할지 모르지만, 같은 기관에서 제공한 모든 조사에서 같은 독립성이 유지될 수는 없다. 그러나 기관 간 데이터의 독립성에 관한 이러한 주장은 접근하기 힘든 문제를 지나치게 밀어붙이는 것일 수 있다. 왜냐하면 한 기관이 결론에 도달하는 과정에서는 다른 기관에서 생산된 데이터에 의존할 가능성도 있기 때문이다. 그러므로 독립성의 문제는 양적으로 나타내기가 어렵기 때문에, 지금까지 사용된 방법을 바꾸어야 할 명확한 논거는 존재하지 않는다. 각 조사에 동등한 가중치를 부여하게 되면 그 결과 어떤 기관들은 다른 기관들보다 더 큰 비중을 부여받게 된다. 그와 마찬가지로 조사 방법에 있어서도 확실히 정당화될 수 있는 방법들이 존재하는데 여기에도 이유가 있다. 전에 국제투명성기구TI의 부패인식지수CPI 운영위원회에서 지속적인 연례 조사가 일회성 조사보다 우리의 목적에 더 부합한다는 제안을 한 것도 바로 그와 같은 맥락이다. 즉, 지속적인 연례 조사의 경우 자신들의 서비스를 제공하기 위하여 더 많은 전문 지식을 모았을 것이고, 그러한 지속적인 연례 조사가 CPI에 들어옴으로써 CPI가 연도별로 갑작스럽게 변화하는 것을 피하는 데 도움이 된다. 그뿐만 아니라 지속적인 연례 조사는 전문가 평가보다 우월하게 보일 수 있는데, 데이터 생산 방법이 더 투명하고 명확한 절차를 따르기 때문이다.

자료에 가중치를 부여하는 또 다른 방법은 카우프만과 그의 동료들(Kaufmann et al. 1999a)이 채택했다. 그들은 각 자료가 실제 부패 수준에 대해 제각기 자기 자료가 옳다고 떠들지만 자료의 질은 연구자가 판정할 수 없는 것이라고 한다. 오차항Error term은 자료에 따라 다르므로 각 자료에 대하여 그 자료가 얼마나 정확하게 부패를 측정했는지, 즉 자료의 질을 결정하는 방법론이 제시되어야만 한다. 또한 그들은 최종 종합지수와 더 큰 상관관계를 갖는 자료들이 질이 더 높은(그리고 더 높은 가중치를 부여받는) 반면에, 최종 종합지수와의 상관관계가 상대적으로 떨어지는 자료들은 질이 낮다고 가정한다. 자료의 질은 최종 종합지수에 따라 내생적으로 결정되고, 자료의 타당성과 신뢰도에 대한 전문가의 의견이 아닌 것이다. 이러한 생각도 일리는 있지만 자칫 사람들을 오도할 수 있다. 한 자료가 전해들은 말이나 편견을 바탕으로 한 평가라면, 그 자료는 다른 자료들과의 상관관계가 높을 수 있다. 반면에 한 자료가 독창적인 통찰을 발견하려고 한 것이라면, 여타 자료의 인식과는 다른 결과가 나올 수 있다. 소문이나 편견에 근거한 전자의 자료는 다른 모든 사람들이 말하는 것을 말하는 경향이 있기 때문에 더 높은 비중을 부여받을 수 있는 반면에, 독창적인 통찰의 발견을 목표로 하는 후자의 자료는 그 독창적인 연구 때문에 저평가를 받을 것이다. 따라서 자료에 따라 가중치를 부여하는 방식은 자료의 질에 관한 전문가들의 관점과는 사뭇 다를 것이다. 확실히 자료들의 질은 다를 수 있지만, 어떤 통계적 방법을 사용하여 그와 같은 차이를 규명하는 것은 매우 곤란한 문제이다.

카우프만과 그의 동료들이 사용한 자료별 가중치 부여 방식의 또 다른 문제는 그들의 접근법이 근거하고 있는 수많은 가정들이다. 그들은 모든 자료가 정상적으로 분포된다고 가정하지만, 그들은 나와 개인적으로 의견교환을 할 때 그러한 가정을 완화하더라도 결과는 변하지 않을 수 있다고 주장했다. 그러나 여전히 모든 자료가 동등하게 분포된다는 가정은 확실히 문제가 많고, 논리적으로도 전제조건이 오류이면 결과도 맞지 않게 되는 조건법적 서술counterfactual의 한계를 지닌다. 그들이 채택한 비모수적 방법도 그와 같은 강한 가정들을 거부한다. 그러나 카우프만과 그의 동료들의 조사 결과는 국제투명성기구 데이터TI-data와 상관관계가 높은데 이로써 우리는 자료를 종합하는 방법이 달라도 조사 결과는 대체로 변함이 없다는 자신감을 갖게 된다.

참고문헌

Abbink, K., B. Irlenbusch, and E. Renner, E. (2000), "The Moonlighting Game." *Journal of Economic Behavior and Organization*, 22, pp. 265 – 277.

Abbink, K. (2004), Staff rotation as an anti-corruption policy: an experimental study. European Journal of Political Economy 20 (4), pp. 887-906.

Abed, G.T. and H.R. Davoodi (2002), "Corruption, Structural Reforms, and Economic Performance," *Governance, Corruption & Economic Performance*, ed. by G.T. Abed and S. Gupta, International Monetary Fund, Washington D.C.: 489-537.

Aburish, S. (1986), *Pay-Off: Wheeling and Dealing in the Arab World*(New York: HarperCollins Publishers).

Acemoglu, D., and T. Verdier (1998), "Property Rights, Corruption and the Allocation of Talent: A General Equilibrium Approach," *The Economic Journal*, Vol. 108: 1381-1403.

Acemoglu, D., and T. Verdier (2000), "The Choice Between Market Failures and Corruption," *The American Economic Review*, Vol. 90: 194-211.

Ades, A. and R. Di Tella (1995), "Competition and Corruption," *Draft Paper, Keble College, Oxford University.*

Ades, A. and R. Di Tella (1996), "The Causes and Consequences of Corruption: A Review of Recent Empirical Contributions," *Liberalization and the New Corruption*, ed. by B. Harris–White and G. White(Brighton: Institute of Development Studies Bulletin, 27): 6-12.

Ades, A. and R. Di Tella (1997), "National Champions and Corruption: Some Unpleasant Interventionist Arithmetic," *The Economic Journal*, Vol. 107: 1023-1042.

Ades, A. and R. Di Tella (1999), "Rents, Competition, and Corruption," *The American Economic Review*, Vol. 89: 982-994.

Adsera, A., C. Boix, and M. Payne (2000), "Are You Being Served? Political Accountability and Quality of Government," *Inter-American Development Bank Research Department* Working Paper 438. Washington.

Aidt, Toke S. (2003), "Economic Analysis of Corruption: A Survey," *The Economic Journal*, Vol. 113: 632-652.

Aizenman, J. and M. Spiegel (2003), "Institutional efficiency, monitoring costs, and the investment share of FDI," *Federal Reserve Bank of San Francisco Working Paper*, No. 2003-06.

Alam, S.M. (1990), "Some Economic Costs of Corruption in LDC's," *Journal of Development Studies*, Vol. 27: 89-97.

Alesina, A. and B. Weder (1999), "Do Corrupt Governments Receive Less Foreign Aid?," *National Bureau of Economic Research Working Paper* 7108, Cambridge MA.

Alesina, A. and B. Weder (2002), "Do Corrupt Governments Receive Less Foreign Aid?," *American Economic Review*, Vol. 92 (4): 1126-1137.

Alesina, A. A. Devleeschauwer, W. Easterly, S. Kurlat, R. Wacziarg (2003), "Fractionalization," *Journal of Economic Growth*, Vol. 8: 155-194.

Ali, A.M. and H. S. Isse (2003), Determinants of Economic Corruption: A Cross-Country Comparison, *Cato Journal*, Vol. 22 (3), 445-466.

Al-Marhubi, F. A. (2000), "Corruption and Inflation," *Economics Letters*, Vol. 66 (2): 199-202.

Anderson, A. (1995), "Organized Crime, Mafia and Governments," *The Economics of Organized Crime*, ed. by G. Fiorentini and S. Peltzman(Cambridge: Cambridge University Press): 33-54.

Anderson, C.J. and Y.V. Tverdova (2003), "Corruption, Political Allegiances, and Attitudes toward Government in Contemporary Democracies," *American Journal of Political Sciences*, Vol. 47 (1): 91-109.

Andvig, J. (1995), "Corruption in the North Sea Oil Industry: Issues and Assessments," *Crime, Law and Social Change*, Vol. 23, 289-313.

Andvig, J. C. and O.H. Fjeldstadt (2000), "Research on Corruption. A Policy Oriented Survey," Chr. Michelsen Institute and Norwegian Institute for International Affairs. Available at: http://wwwuser.gwdg.de/-uwvw/corruption.research_contributions.html.

Andvig, J.C. (1991), "The Economics of Corruption: A Survey," *Studi Economici*, Vol. 43: 57-94.

Andvig, J.C. and K. Moene (1990), "How Corruption May Corrupt," *Journal of Economic Behavior and Organization*, Vol. 13: 63-76.

Anoruo, E. and H. Braha (2005), "Corruption and Economic Growth: The African Experience," Journal of Sustainable Development in Africa, Vol.7 (1),

Appelbaum, E. and E. Katz (1987), "Seeking Rents by Setting Rents: The Political Economy of Rent Seeking," *The Economic Journal*, Vol. 97: 685-699.

Arikan, G. (2004), "Fiscal Decentralization: A Remedy for Corruption?" *International Tax and Public Finance*, Vol. 11: 175–195.

Arlen, J. (1994), "The Potentially Perverse Effects of Corporate Criminal Liability," *Journal of Legal Studies*, Vol. 23: 833-867.

Axelrod, R. (1984), *The Evolution of Cooperation*(New York: Basic Books).

Bannenberg, B. (2002), *Korruption in Deutschland und ihre strafrechtliche Kontrolle: Eine kriminologisch-strafrechtliche Analyse* (Neuwied/ Kriftel, Germany: Luchterhand).

Bardhan, P. (1997), "Corruption and Development: A Review of Issues," *Journal of Economic Literature*, Vol. 35: 1320-1346.

Barro, R. (1991), "Economic Growth in a Cross Section of Countries," *Quarterly Journal of Economics*, Vol. 96: 407-443.

Bartsch, E. and I. Thomas (1993), "Spieltheoretische Ansätze in der Rent-Seeking Theorie: Ein Literaturüberblick," *Kieler Arbeitspapiere*, Institut für Weltwirtschaft, Kiel, Germany, No. 564.

Bartsch, E. and I. Thomas (1995), "Rent-Seeking, Umverteilung und soziale Kosten," *WiSt –wirtschaftswissenschaftliches Studium*, Vol. 24: 174-179.

Bates, R. (1981), *Markets and States in Tropical Africa*(Berkeley: University of California Press).

Bavarian Criminal Division 2005, unpublished conviction, 4th Criminal Division of the Munich District Court.

Bayley, D.H. (1966), "The Effects of Corruption in a Developing Nation," *The Western Political Quartely*, Vol. 19 (4): 719-732. Reprinted in A. Heidenheimer, M. Johnston and V. LeVine, *Political Corruption - A Handbook*(New Brunswick: Transaction Publishers), 1989: 935-952.

Beck, P.J. and M. Maher (1986), "A Comparison of Bribery and Bidding in Thin Markets," *Economics Letters*, Vol. 20: 1-5.

Beck, P.J., M.W. Maher and A.E. Tschoegl (1991), "The Impact of the Foreign Corrupt Practices Act on US Exports," *Managerial and Decision Economics*, Vol. 12: 295-303.

Becker, G.S. (1968), "Crime and Punishment: An Economic Approach," *Journal of Political Economy*, Vol. 76: 169-217.

Becker, G.S. (1968), "Crime and Punishment: An Economic Approach," *Journal of Political Economy*, Vol. 76: 169-217.

Becker, G.S. (1994), "To Root Out Corruption, Boot Out Big Government," *Business Week*, January 31: 18.

Becker, G.S. and G.J. Stigler (1974), "Law Enforcement, Malfeasance, and Compensation of Enforcers," *Journal of Legal Studies*, Vol. 3: 1-19.

Benhabib, J. and Spiegel, M. (1994), "The Role of Human Capital in Economic Development. Evidence from Aggregate Cross-Country Data," *Journal of Monetary Economics*, Vol. 34 143-173.

Ben-Porath, Y. (1980), "The F-Connection: Families, Friends, and Firms and the Organization of Exchange," *Population and Development Review*, Vol. 6 (1): 1-30.

Besley, T. and J. McLaren (1993), "Taxes and Bribery: The Role of Wage Incentives," *The Economic Journal*, Vol. 103: 119-141.

Besley, T. and A. Prat (2006), "Handcuffs for the Grabbing Hand? Media Capture and Government Accountability," *American Economic Review*, Vol. 96 (3): 720-736.

Bhagwati, J.N. (1982), "Directly Unproductive, Profit Seeking (DUP) Activities," *Journal of Political Economy*, Vol. 90: 998-1002.

Bhagwati, J.N. and T.N. Srinivasan (1980), "Revenue Seeking: A Generalization of the Theory of tariffs," *Journal of Political Economy*, Vol. 87: 1069-1087.

Bhagwati, J.N., R.A. Brecher and T.N. Srinivasan (1984), "DUP activities and Economic Theory," *Neoclassical Political Economy. The Analysis of Rent-Seeking and DUP Activities*, ed. by D.C. Colander(Cambridge: Ballinger Publishing Company): 17-32.

Björnskov, C. and M. Paldam (2004), "Corruption Trends," *The New Institutional Economics of Corruption – Norms, Trust, and Reciprocity*, ed. by J. Graf Lambsdorff, M. Schramm and M. Taube, Routledge, London: 59-75.

Borner, S. and C. Schwyzer (1999), "Bekämpfung der Bestechung im Lichte der Neuen Politischen Ökonomie," *Korruption im internationalen Geschäftsverkehr, Bestandsaufnahme, Bekämpfung, Prävention*, ed. by M. Pieth and P. Eigen(Basel, Frankfurt am Main: Luchterhand).

Boycko, M., A. Shleifer and R. Vishny (1995), *Privatizing Russia*(Cambridge and London: MIT Press).

Boyko, M., A. Shleifer and R. Vishny (1996), "A Theory of Privatization," *Economic Journal*, Vol. 106 (435): 309-319.

Braun, M. and R. Di Tella (2000), "Inflation and Corruption," *Harvard Business School, Division of Research Working Paper* 00-053.

Bray (2004), "The Use of Intermediaries and other "Alternatives" to Bribery," *The New Institutional Economics of Corruption – Norms, Trust, and*

Reciprocity, ed. by J. Graf Lambsdorff, M. Schramm and M. Taube, Routledge, London.

Bray, J. (1999), "Beyond Compliance: Corruption as a Business Risk". Conference on Fighting Corruption in Developing Countries and Emerging Countries: The Role of the Private Sector, Organisation for Economic Co-operation (OECD) Development Centre, Washington DC, February 1999. Online version at http://www.crg.com/publications/compliance.htm, retrieved December 6, 2001.

Bray, J. (2000), "Surveying Corruption". In: Outlook 2000. Global Risk Forecast (London: Control Risks Group): 13-15

Breton, A. and R. Wintrobe (1975), "The Equilibrium Size of a Budget-maximizing Bureau: A Note on Niskanen's Theory of Bureaucracy (in Communications)," *The Journal of Political Economy*, Vol. 83 (1): 195-208.

Broadman, H.G. and F. Recanatini (1999), "Seeds of Corruption – Do Market Institutions Matter?," *World Bank Policy Research Working Paper* 2368, Washington.

Brock, W. A. and St. P. Magee (1984), "The Invisible Foot and the Waste of Nations," *Neoclassical Political Economy. The Analysis of Rent-Seeking and DUP Activities*, ed. by D.C. Colander(Cambridge: Ballinger Publishing Company): 177-186.

Brock, W.A. and St. P. Magee (1978), "The Economics of Special Interest Politics: The Case of the Tariff," *The American Economic Review, Papers and Proceedings*, Vol. 68: 246-250.

Browning, E.K. (1974), "On the Welfare Costs of Transfers," *Kyklos*, Vol. 27: 374-377.

Brunetti, A. and B. Weder (1998), "Investment and Institutional Uncertainty: A Comparative Study of Different Uncertainty Measures," *Weltwirtschaftliches Archiv*, Vol. 134: 513-533.

Brunetti, A. and B. Weder (2003), "A Free Press is Bad News for Corruption," *Journal of Public Economics*, Vol. 87 (7-8): 1801-1824.

Brunetti, A., G. Kisunko and B. Weder (1997), "Institutional Obstacles for Doing Business. Data Description and Methodology of a Worldwide Private Sector Survey," *Background paper for the World Development Report 1997*(Washington D.C.: The World Bank).

Brunetti, A., G. Kisunko and B. Weder (1998), "Credibility of Rules and Economic Growth: Evidence from a World Wide Private Sector Survey," *The World Bank Economic Review*, Vol. 12 (3): 353-384.

Brunner, K. and W.H. Meckling (1977), "The Perception of Man and the Conception of Government," *Journal of Money, Credit and Banking*, Vol. 9 (1): 70-85.

Buchanan, J. M. and G. Tullock (1962), *The Calculus of Consent. Logical Foundations of Constitutional Democracy*(Ann Arbor: University of Michigan Press).

Buchanan, J.M. (1980), "Rent-Seeking and Profit-Seeking," *Toward a Theory of the Rent–Seeking Society*. ed. by J.M. Buchanan, R.D. Tollison and G. Tullock(College Station: Texas A&M University Press): 3-15.

Buchanan, J.M. (1993), "Public Choice after Socialism," *Public Choice*, Vol. 72: 67-74.

Bundeskriminalamt (2004): "Lagebild Korruption Bundesrepublik Deutschland 2003," August 2004. Retrieved online July 2005: http://www.bka.de/lageberichte/ko/blkorruption2003.pdf

Button, K. J. and T.G. Weyman-Jones (1994), "X-Efficiency and Technical Efficiency," *Public Choice*, Vol. 80: 83-104.

Campos, J. E., D. Lien and S. Pradhan (1999), "The Impact of Corruption on Investment: Predictability Matters," *World Development*, Vol. 27 (6): 1059-1067.

Cartier-Bresson, J. (1997), "The Economics of Corruption," *Democracy and Corruption in Europe*, ed. by D. Della Porta and Y. Mény(London: Pinter): 148-165.

Center for the Study of Democracy (1998), "Relations between Citizens and Public Administration and Public Opinion on Corruption in Bulgaria," *Draft paper*, Sofia, Bulgaria.

Chang, E. and M. Golden (2004), "Electoral Systems, District Magnitude and Corruption," mimeo, Departments of Political Science at Michigan State University and the University of California at Los Angeles.

Choi, J. P. and M. Thum (2005), "Corruption and the Shadow Economy". *International Economic Review*, Vol. 46 (3): 817-836.

Ciocchini, F., E. Durbin, and D.T.C. Ng. (2003), "Does Corruption Increase Emerging Market Bond Spreads?," *Journal of Economics and Business*, Vol. 55: 503-528.

Coase, R.H. (1937), "The Nature of the Firm," *Economica*, Vol. 4: 386-405.

Colombo, G. (1995), "Korruption als Flächenbrand. Bekämpfungsstrategien in Italien," *Korruption in Deutschland – Ursachen, Erscheinungsformen, Bekämpfungsstrategien*(Berlin: Friedrich Ebert Stiftung): 37-44.

Congleton, R. (1980), "Competitive Process, Competitive Waste, and Institutions," *Toward a Theory of the Rent–Seeking Society*. ed. by J.M.

Buchanan, R.D. Tollison and G. Tullock(College Station: Texas A&M University Press): 153-179.

Coolidge, J. and S. Rose-Ackerman (1997), "High-Level Rent-Seeking and Corruption in African Regimes: Theory and Cases," *Policy Research Working Paper*, No. 1780(Washington D.C.: World Bank).

Coronel, S. S. (?) "The Jueteng Republic". In: *Investigating Estrada: Millions, Mansions and Mistresses*, ed. Sheila S. Coroner: 26-36(Manila: PCIJ 2000).

Crain, W.M. and R.D. Tollison (1979), "The Executive Branch in an Interest-Group Perspective," *Journal of Legal Studies*, Vol. 8: 555-567.

Damania, R., P.G. Fredriksson and M. Mani (2004): The Persistence of Corruption and Regulatory Compliance Failures: Theory and Evidence, *Public Choice*, Vol. 121, 363-390.

Darroch, Fiona (2004): Lesotho – 'A sheep or a springbock? The herd boy tackles Goliath', commissioned case study, Anti-Corruption Strategies Programme, Three strikes against graft, Assessing the impact of groundbreaking corruption cases in Lesotho, Mozambique and South Africa; The implications for countering corruption in Southern Africa, 2004. www.iss.co.za/SEMINARS/2004/1503graft/lesotho.pdf

Davidson, S. (1999), "Okeahalam and Bah on Corruption: A Comment," *South African Journal of Economics*, Vol. 67 (1) March: 157-165.

De Soto, H. (1989), *The Other Path*(New York: Harper and Row).

della Porta, D. and A. Vanucci (1999), *Corrupt Exchanges, Actors, Resources and Mechanisms of Political Corruption*(New York: de Gruyter).

Dick, A.R. (1995), "When does Organized Crime Pay? A Transaction Cost Analysis," *International Review of Law and Economics*, Vol. 15: 25-45.

Di Tella, R. and E. Schargrodsky(2003) "The Role of Wages and Auditing during a Crackdown on Corruption in the City of Buenos Aires," Journal of Law and Economics 46 (1): 269-92.

Djankov, S., R. La Porta, F. Lopez-de-Silanes and A Shleifer (2002), "The Regulation of Entry," *Quarterly Journal of Economics*, Vol. 117 (1): 1-37.

Doh, J. and H. Teegen (2003). "Private Telecommunications Investment in Emerging Economies – Comparing the Latin American and Asian Experience," *Management Research*, Vol. 1 (1): 9-26.

Dollar, D., R. Fisman and R. Gatti (2001), "Are Women Really the 'Fairer' Sex? Corruption and Women in Government," *Journal of Economic Behavior and Organization*, Vol. 46 (4): 423-429.

Downs, A. (1957), *An Economic Theory of Democracy*(New York: Harper and Row).

Drew, E. (1983), *Politics and Money. The New Road to Corruption*(New York: Macmillan).

Dušek, L., A. Ortmann, and L. Lízal (2005), "Understanding corruption and corruptibility through experiments: a primer. *Prague Economic Papers*, No. 2.

Edgeworth, F.Y. (1903), "The Tariff Problem by W.J. Ashley," *The Economic Journal*, Vol. 13 (52): 571-575.

Efron, B. and R. Tibshirani (1993), *An Introduction to the Bootstrap*, Chapman & Hall: New York and London.

EIRIS (2005), "Corporate codes of business ethics: an international survey of bribery and ethical standards in companies". Publication of the Ethical Investment Research Services, London. Online version at http://www.eiris.org/Files/PressReleases/CoE%20-%20Sep%2005.pdf and http://www.eiris.org/Files/Otherpublications/CorporateCodesofbusinessethicsSep05.pdf

Elliott, K.A. (1997), "Corruption as an International Policy Problem: Overview and Recommendations," *Corruption and the Global Economy*, ed. by K.A. Elliott (Washington D.C.: Institute for International Economics), 175-233.

Esty, D. and M. Porter (2002), "National Environmental Performance Measurement and Determinants" in D. Esty and P. Cornelius, eds., *Environmental Performance Measurement*: *The Global Report 2001-2002*, NY: Oxford University Press: 24-43

Evans, P.B. and J.E. Rauch (2000), "Bureaucratic Structures and Economic Performance in Less Developed Countries," *Journal of Public Economics*, Vol. 75: 49-71.

Faccio, M. and D.C. Parsley (2006), "Sudden Deaths: Taking Stock of Political Connections". *ECGI - Finance Working Paper* No. 113/2006.

Fikentscher, W. (1987), "Ersatz im Ausland gezahlter Bestechungsgelder," *Praxis des internationalen Privat– und Verfahrensrechts*(2): 86-90.

Findlay, R. and St. Wellisz (1984), "Toward a Model of Endogenous Rent-Seeking," *Neoclassical Political Economy. The Analysis of Rent-Seeking and DUP Activities*, ed. by D.C. Colander(Cambridge: Ballinger Publishing Company): 89-100.

Fisman, R. and R. Gatti (2002), "Decentralization and corruption: evidence across countries," *Journal of Public Economics*, Vol. 83 (3): 325-345

Fisman, R. and E. Miguel (2006), "Cultures of Corruption: Evidence from Diplomatic Parking Tickets," University of South Carolina Applied Economics Workshop, April 2006.

Fjeldstad, O.-H. and B. Tungodden (2001), "Skatteunndragelse og korrupsjon i Tanzania. En studie av Tanzania Revenue Authority," *Den Ny Verden*, Vol. 34 (3).

Flowers, M.R. (1987), "Rent-Seeking and Rent Dissipation: A Critical View," *Cato Journal*, Vol. 7: 431-440.

Fons, J. (1999), "Improving Transparency in Asian Banking Systems," *Internet Center for Corruption Research*, Contribution No.4: http://wwwuser.gwdg.de/-uwvw/corruption.research_contributions.html.

Foreign Policy (2001), "Measuring Globalization," *Foreign Policy*, available online at http://www.foreignpolicy.com/story/cms.php?story_id=2493.

Friedman, E. S. Johnson, D. Kaufmann and P. Zoido-Lobaton (2000), "Dodging the Grabbing Hand: The Determinants of Unofficial Activity in 69 Countries," *Journal of Public Economics*, Vol. 76: 459-493.

Friedman, M. (1970), "The Social Responsibility of Business Is to Increase Its Profits," *New York Times Magazine*, September 13. Reprint, L.P. Hartmann, *Business Ethics*. Chicago: Irwin/McGraw-Hill: 246-251.

Frisch, D. (1999), "Entwicklungspolitische Gesichtspunkte der Korruption," *Korruption im internationalen Geschäftsverkehr*: *Bestandsaufnahme, Bekämpfung, Prävention.* Ed. by M. Pieth and P. Eigen(Basel, Frankfurt am Main: Luchterhand).

Furubotn, E.G. and R. Richter (1998), *Institutions and Economic Theory*: *The Contribution of New Institutional Economics*(Ann Arbor: University of Michigan Press).

Galeotti, G. and A. Merlo (1994), "Political Collusion and Corruption in a Representative Democracy," *Unpublished manuscript. Universita'di Roma "La Sapienza" and University of Minnesota, Minneapolis, USA.*

Galtung, F. (1999), "BPI Framework Document". Transparency International Background Paper. http://www.transparency.org/cpi/1999/bpi_framework.html, retrieved March, 2004.

Gambetta, D. (1998), "Comment on "Corruption and Development," by Susan Rose-Ackerman," *Annual World Bank Conference on Development Economics* 1997: 58-61.

Gardiner, J. A. and D.J. Olson (1974), *Theft of the City*(Bloomington: Indiana University Press).

Gastil, R.D. (1986), *Freedom in the World. Political Rights and Civil Liberties*

1985-86 (New York: Greenwood Press).
Gatti, R. (1999), "Corruption and Trade Tariffs, or a Case for Uniform Tariffs," *World Bank policy research working paper* No. 2216.
Gerring, J. and S. Thacker (2004), "Political Institutions and Governance: Pluralism versus Centralism," *British Journal of Political Science*, Vol. 34 (2): 295-3.
Gerring, J. and S. Thacker (2005), "Do Neoliberal Policies Deter Political Corruption?," *International Organization*, Vol. 59: 233–254.
Ghura, D. (2002), "Tax Revenue in Sub-Saharan Africa: Effects of Economic Policies and Corruption," *Governance, Corruption & Economic Performance*, ed. by G.T. Abed and S. Gupta, International Monetary Fund, Washington D.C.: 369-395
Githongo, J. (1997), "Independency, Investigation and Denunciation of Corruption from the Press – The Case of Kenya," 8th International Anti-Corruption Conference, Lima, Peru, September.
Glaeser, E. and R.E. Saks (2006) "Corruption in America," *Journal of Public Economics*
Goel, R.K. and M.A. Nelson (1998), "Corruption and Government Size: A Disaggregated Analysis," *Public Choice*, Vol. 97 (1): 107-120.
Goel, R.K. and M.A. Nelson (2005), "Economic Freedom versus Political Freedom: Cross-Country Influences on Corruption," *Australian Economic Papers*, Vol. 44: 121-133.
Goetz, C. J. and R. E. Scott (1981), "Principles of Relational Contracts," *Virginia Law Review*, Vol. 67: 1089-1150.
Goldsmith, A. A. (1999), "Slapping the Grasping Hand: Correlates of Political Corruption in Emerging Markets," *The American Journal of Economics and Sociology*, Vol. 58 (4): 866-883.
Graeff, P. and G. Mehlkop (2003), "The Impact of Economic Freedom on Corruption: Different Patterns for Rich and Poor Countries," *European Journal of Political Economy*, Vol. 19: 605-620.
Granovetter, M. (1992), "Economic Action and Social Structure: The Problem of Embeddedness," *The Sociology of Economic Life*, ed. by M. Granovetter and R. Swedberg(Boulder: Westview Press): 53-81.
Grossman, H.I. (1995), "Rival Kleptocrats: the Mafia versus the State," *The Economics of Organized Crime*, ed. by G. Fiorentini and S. Peltzman(Cambridge: Cambridge University Press): 143-156.
Gupta, M.R. and S. Chaudhuri (1997), "Formal Credit, Corruption and the Informal Credit Market in Agriculture: A Theoretical Analysis," *Eco-*

nomica, 64: 331-343.

Gupta, S. L. de Mello, and R. Sharan (2001), "Corruption and military spending," *European Journal of Political Economy*, Vol. 17 (4): 749-777.

Gupta, S., H. Davoodi and E.R. Tiongson (2001), "Corruption and the Provision of Health Care and Education Services," *The Political Economy of Corruption*, ed. by A.K.Jain (London: Routledge): 111-141.

Gupta, S., H. Davoodi and R. Alonso-Terme (2002), "Does Corruption Affect Income Inequality and Poverty?," *Economics of Governance*, Vol. 3: 23-45.

Gylfason, T. (2001), "Nature, Power and Growth," *Scottish Journal of Political Economy*, Vol. 48: 558-588.

Gymiah-Brempong, K. (2002), "Corruption, Economic Growth, and Income Inequality in Africa," *Economics of Governance*, Vol. 3: 183-209.

Gwartney, J. and R. Lawson (2000), "Economic Freedom of the World: 2000 Annual Report," Fraser Institute. (Vancouver, B.C.).

Habib, M. and L. Zurawicki (2001), "Country-Level Investments and the Effect of Corruption: Some Empirical Evidence," *International Business Review*, Vol. 10 (6).

Habib, M. and L. Zurawicki (2002), "Corruption and Foreign Direct Investment," *Journal of International Business Studies*, Vol. 33 (2).

Hafner, O. (1998), "The Role of Corruption in the Misappropriation of Tropical Forest Resources and in Tropical Forest Destruction," *Transparency International Working Paper*(Berlin: Transparency International). The study can be obtained at http://www.transparency.org/working_papers/hafner/ohafner.html, retrieved March 2004.

Hall, R. and C. Jones (1999), "Why do Some Countries Produce so much more Output per Worker than Others," *Quarterly Journal of Economics*, Vol. 114: 83-116.

Hall, T. and G. Yago (2000), "Estimating the Cost of Opacity Using Sovereign Bond Spreads," Milken Institute, unpublished manuscript.

Harden, B. (1993), *Africa. Dispatches from a Fragile Continent*(London: Harper Collins Publishers, paperback edition).

Harrison, G. and St. Riley (1998), "*The Evolution of Corruption in Mozambique*". Unpublished manuscript.

Hart, A.G. (1970), "Fiscal Policy in Latin America," *The Journal of Political Economy*, Vol. 78 (4) Part 2: Key Problems of Economic Policy in Latin America: 857-889.

Hart, O. D. (1987), "Incomplete Contracts," *The New Palgrave-Allocation*,

Information and Markets, ed. by J. Eatwell, M. Milgate and P. Newman, Vol. 2(London: Macmillan): 752-759.

Hart, O.D. (1991), "Incomplete Contracts and the Theory of the Firm," *The Nature of the Firm: Origins, Evolution, and Development* ed. by O.D. Williamson and S.G. Winter(New York: Oxford University Press): 138-158.

Hasker, K. and C. Okten (2004), Intermediaries and Corruption, unpublished working paper, Bilkent University, Ankara, Turkey. Forthcoming in *Journal of Economic Behavior and Organization*.

Heidenheimer, A., M. Johnston and V. LeVine (1989), *Political Corruption - A Handbook*, 2nd ed. (New Brunswick: Transaction Publishers).

Heidenheimer, Arnold and Michael Johnston (2002), Political Corruption: Concepts and Contexts, 3rd ed. (New Brunswick: Transaction Publishers).

Henderson, D.R. (1999), "Power Corrupts –Editorial Comment," *The Wall Street Journal*, April 19.

Henisz, W. (2000), "The institutional environment for multinational investment," *Journal of Law, Economics and Organization*, Vol. 16 (2): 334-364.

Hepkema, S. and Booysen, W. (1997), "The Bribery of Public Officials: An IBA Survey," *International Business Lawyer*, Vol. 25 (9): 415-416, 422.

Herrera, A. and P. Rodriguez (2003), *Bribery and the Nature of Corruption*. Unpublished manuscript, Michigan State University and The Darden School, July.

Herzfeld, T. and C. Weiss (2003) " Corruption and legal (in)effectiveness: an empirical investigation," *European Journal of Political Economy*, Vol. 19: 621-632.

Heymann, P.B. (1995), "Korruption in den USA. Rechtliche, wirtschaftliche und ethische Aspekte," *Korruption in Deutschland – Ursachen, Erscheinungsformen, Bekämpfungsstrategien*(Berlin: Friedrich Ebert Stiftung): 49-56.

Hillman, A.L. and E. Katz (1984), "Risk Averse Rent Seekers and the Social Cost of Monopoly Power," *Economic Journal*, Vol. 94: 104-110.

Hines, J.R. (1995), "Forbidden Payment: Foreign Bribery and American Business after 1977," *National Bureau of Economic Research Working Paper*, No. 5266, Cambridge MA.

Hirshleifer, J. (1976), "Toward a More General Theory of Regulation: Comment," *Journal of Law and Economics*, Vol. 19: 241-244.

Hofstede, G. (1997), "*Cultures and Organizations: Software of the Mind*," (New

York: McGraw Hill).

Huntington, S.P. (1968), "Modernization and Corruption," *Political Order in Changing Societies*(New Haven: Yale University Press): 59-71. Reprinted in A. Heidenheimer, M. Johnston and V. LeVine, *Political Corruption - A Handbook*(New Brunswick: Transaction Publishers), 1989: 377-388.

Husted, B. (1999), "Wealth, Culture, and Corruption," *Journal of International Business Studies*, Vol. 30 (2): 339-360.

Husted, B.W. (1994), "Honor Among Thieves: A Transaction–Cost Interpretation of Corruption in Third World Countries," *Business Ethics Quarterly*, Vol. 4: 17-27.

Huther, J. and Shah, A. (1998), "A Simple Measure of Good Governance and its Application to the Debate on the Appropriate Level of Fiscal Decentralization," *World Bank Working Paper Series*, No. 1894, Washington D.C.

Hwang, J. (2002), "A Note on the Relationship between Corruption and Government," *Journal of Development Economics*, Vol. 27 (2) 161-177

Isham, J. and D. Kaufmann (1999), "The Forgotten Rationale for Policy Reform: The Productivity of Investment Projects," *Quarterly Journal of Economics*, Vol. 114: 149-184.

Jagannathan, N.V. (1986), "Corruption, Delivery Systems, and Property Rights," *World Development*, Vol. 14: 127-132.

Jain, A.K. (1998), "Models of Corruption," *Economics of Corruption*, ed. by A.K. Jain(Boston, London, Dordrecht): 13-34.

Jarvin, S. (1986), "Aus der Praxis des ICC Schiedgerichtshofes," *Recht und Praxis der Schiedsgerichtsbarkeit der Internationalen Handelskammer. Schriftenreihe des Deutschen Instituts für Schiedsgerichtsverfahren*, ed. by K.-H. Böckstiegel(Köln: Heymann): 7-51.

Johnson, S., D. Kaufmann and P. Zoido-Lobaton (1998), "Regulatory Discretion and the Unofficial Economy," *The American Economic Review, Papers and Proceedings*, Vol. 88: 387-392.

Kapstein, E. (2001), "Five Basic Principles for a Worldwide Code of Business Ethics," *International Herald Tribune*, January 24.

Kargl, W. (2002) "Über die Bekämpfung des Anscheins der Kriminalität bei der Vorteilsannahme (§ 331 StGB)," in Zeitschrift für die gesamte Strafrechtswissenschaft (ZStW), Vol. 114, No. 4: 763-781.

Kaufmann, D. and S.-J. Wei (1999), "Does 'Grease Money' Speed up the Wheels of Commerce?," *National Bureau of Economic Research Working Paper* 7093, Cambridge MA.

Kaufmann, D., A. Kraay and P. Zoido- Lobaton (1999a), "Aggregating Governance Indicators," *World Bank Policy Research Working Paper* No. 2195 (Washington D.C.: The World Bank).

Kaufmann, D., A. Kraay and P. Zoido-Lobaton (1999b), "Governance Matters," *World Bank Policy Research Working Paper* No. 2196, October (Washington D.C.: The World Bank).

Khalil, F. and J. Lawarree (1995), "Collusive Auditors," *The American Economic Review Papers and Proceedings*, Vol. 85 (2): 442-446.

Klein, B. (1996), "Why Hold–Ups Occur: The Self–Enforcing Range of Contractual Relationships," *Economic Inquiry*, Vol. 34: 444-463.

Klein, B., R.G. Crawford and A.A. Alchian (1978), "Vertical Integration, Appropriable Rents, and the Competitive Contracting Process," *Journal of Law and Economics*, Vol. 21: 297-326.

Kleinschmidt, P., H. Achatz, J. Graf Lambsdorff (2005) "The Corruption Perceptions Index and the Linear Ordering Problem. Presented at the annual international conference of the German Operations Research Society (GOR), Sep. 9 2005.

Klitgaard, R. (1988), *Controlling Corruption*(Berkeley: University of California Press).

Knack, S. and O. Azfar (2003), "Trade Intensity, Country Size and Corruption," *Economics of Governance*, Vol. 4 (1): 1-18.

Knack, S. and P. Keefer (1995), "Institutions and Economic Performance: Cross–Country Tests Using Alternative Institutional Measures," *Economics and Politics*, Vol. 7: 207-227.

Knapp, W. (1986), "Sittenwidrige Vermittlung von Regierungsaufträgen durch Bestechungsgelder," *RIW – Recht der Internationalen Wirtschaft*: 999-1001.

Kofman, F. and J. Lawarree (1996), "On the Optimality of Allowing Collusion," *Journal of Public Economics*, Vol. 61: 383-407.

Kranton, R.E. (1996), "Reciprocal Exchange: A Self-Sustaining System," *The American Economic Review*, Vol. 86 (4): 830-851.

Kreps, D.M. (1990), "Corporate Culture and Economic Theory," *Perspectives on Positive Political Economy*, ed. by J. Alt and K. Shepsle(Cambridge: Cambridge University Press): 90-143.

Kreps, D.M. and R. Wilson (1982), "Reputation and Imperfect Information," *Journal of Economic Theory*, Vol. 27: 253-279.

Krueger, A. (1974), "The Political Economy of the Rent Seeking Society," *American Economic Review*, Vol. 64: 291-303.

Krueger, A. (1990), "Government Failures in Development," *Journal of Economic Perspectives*, Vol. 4: 9-23.

Kunicova, J. (2005), "Are Presidential Systems More Susceptible to Political Corruption?," Mimeo, Department of Political Science, Yale University, New Haven CT.

Kunicova, J. (2002), "When Are Opposition's Lips Sealed? Comparative Political Corruption in Democracies," Mimeo, Department of Political Science, Yale University, New Haven, CT.

Kunicova, J. and S. Rose-Ackerman (2005), "Electoral Rules and Constitutional Structures as Constraints on Corruption," *British Journal of Political Science*, Vol. 35 (4), 573-606.

La Porta, R., F. Lopez-De-Silanes, A. Shleifer and R.W. Vishny (1997), "Trust in Large Organisations," *The American Economic Review, Papers and Proceedings*, Vol. 137 (2): 333-338.

La Porta, R., F. Lopez-De-Silanes, A. Shleifer and R.W. Vishny (1999), "The Quality of Government," *The Journal of Law, Economics and Organization*, Vol. 15 (1): 222-279.

Laffont, J.-J. and J. Tirole (1993), *A Theory of Incentives in Procurement and Regulation*(Cambridge: MIT Press).

Lambert-Mogiliansky, A. (2002), "Why firms pay occasional bribes: the connection economy," *European Journal of Political Economy*, Vol. 18: 47-60.

Lambsdorff, J. Graf (1998a), "An Empirical Investigation of Bribery in International Trade," *European Journal for Development Research*, Vol. 10: 40-59. Reprinted in: *Corruption and Development*, ed. by M. Robinson(London: Frank Cass Publishers): 40-59.

Lambsdorff, J. Graf (1999), *Korruption als mühseliges Geschäft –eine Transaktionskostenanalyse*. Korruption im internationalen Geschäftsverkehr. Bestandsaufnahme, Bekämpfung, Prävention, ed. by M. Pieth and P. Eigen(Basel, Frankfurt am Main: Luchterhand): 56-88.

Lambsdorff, J. Graf (2000), "De la propension des exportateurs à verser des pots-de-vin –l'impact sur les échanges," *Revue Tiers Monde*, Vol. 41 (161): 89-116.

Lambsdorff, J. Graf (2001), "How Corruption in Government Affects Public Welfare –A Review of Theories," *Center for Globalization and Europeanization of the Economy, University of Goettingen, Discussion Paper 9*, January 2001.

Lambsdorff, J. Graf (2002a), "Making Corrupt Deals – Contracting in the

Shadow of Law," *Journal of Economic Behavior and Organization*, Vol. 48 (3): 221-241.

Lambsdorff, J. Graf (2002b), "Corruption and Rent-Seeking," *Public Choice*, Vol. 113 (1/2): 97-125.

Lambsdorff, J. Graf (2002c), "How Confidence facilitates illegal Transactions". In: *American Journal of Economics and Sociology*, Vol. 61 (4): 2002: 829-854.

Lambsdorff, J. Graf (2003a), "How Corruption Affects Productivity," *Kyklos*, Vol. 56 (4): 459-476.

Lambsdorff, J. Graf (2003b), "How Corruption Affects Persistent Capital Flows," *Economics of Governance*, Vol. 4 (3): 229-244.

Lambsdorff, J. Graf (2005a), "Between Two Evils – Investors Prefer Grand Corruption!," *University of Passau Discussion Paper* V-31-05, January.

Lambsdorff, J. Graf (2005b), "Determining Trends for Perceived Levels of Corruption," Passau University Discussion Paper, V-38-06.

Lambsdorff, J. Graf (2006), "Ten Years of the CPI: Determining trends" in: Global Corruption Report 2006, Transparency international.

Lambsdorff, J. Graf and M. Nell (2005), "Let Them Take Gifts, and Cheat Those Who Seek Influence". Discussion Paper of the Economics Faculty of Passau University, No. 41-05, December 2005

Lambsdorff, J. Graf and P. Cornelius (2000), "Corruption, Foreign Investment and Growth," *The Africa Competitiveness Report 2000/2001*, ed. by K. Schwab, L. Cook, P. Cornelius, J.D. Sachs, S. Sievers and A. Warner, joint publication of the World Economic Forum and the Institute for International Development, Harvard University. Oxford University Press, 70-78.

Lambsdorff, J. Graf, M. Schramm and M. Taube (2004), *The New Institutional Economics of Corruption – Norms, Trust, and Reciprocity*, Routledge, London.

Lancaster, T.D. and G.R. Montinola (1997), "Toward a Methodology for the Comparative Study of Political Corruption," *Crime, Law and Social Change*, Vol. 27: 185-206.

Landes, W.M. and R.A. Posner (1975), "The Independent Judiciary in an Interest-Group Perspective," *Journal of Law and Economics*, Vol. 18: 875-901.

LaPalombara, J. (1994), "Structural and Institutional Aspects of Corruption," *Social Research*, Vol. 61: 325-350.

Lederman, D., N. Loayza and R. Reis Soares (2001), "Accountability and Corruption. Political Institutions Matter," *The World Bank Working Paper* No. 2708.

Lee, C.M. and D. Ng(2004), "Corruption and International Valuation. Does virtue pay?" Unpublished manuscript, Cornell University.

Leff, N.H. (1964), "Economic Development Through Bureaucratic Corruption," *American Behavioral Scientist*, 8 (3): 8-14. Reprinted in A. Heidenheimer, M. Johnston and V. LeVine, *Political Corruption - A Handbook*(New Brunswick: Transaction Publishers), 1989: 389-403.

Leite, C. and J. Weidemann (1999), "Does Mother Nature Corrupt? Natural Resources, Corruption, and Economic Growth," *International Monetary Fund Working Paper*, 99/85, July.

Levinson, M. (1999), "Competitiveness and Globality". In: *The Global Competitiveness Report 1999*, World Economic Forum, Oxford University Press: New York, Oxford, 82-85.

Li, H., L.C. Xu and H.-F. Zou (2000), "Corruption, Income Distribution, and Growth," *Economics and Politics*, Vol. 12 (2): 155-182.

Lien, D.H.D. (1986), "A Note on Competitive Bribery Games," *Economics Letters*, Vol. 22: 337-341.

Lindstedt, C. and D. Naurin (2005), "Transparency and corruption. A cross-country study of the significance of a free press." Paper prepared for the 3rd ECPR Conference, "The Quality of Democracy," Budapest, September.

Lipset, S. M. and G. S. Lenz (2000), "Corruption, Culture, and Markets". *In Culture Matters*: *How Values Shape Human Progress*, edited by L. E. Harrison and S. P. Huntington. New York: Basic Books: 112-124.

Lui, F.T. (1985), "An Equilibrium Queuing Model of Bribery," *Journal of Political Economy*, Vol. 93: 760-781.

MacGuire, M.C. and M. Olson (1996), "The Economics of Autocracy and Majority Rule: The Invisible Hand and the Use of Force," *Journal of Economic Literature*, Vol. 34: 72-96.

Macneil, I.R. (1974), "The Many Futures of Contracts," *Southern California Law Review*, Vol. 47: 691-816.

Macneil, I.R. (1978), "Contracts: Adjustment of Long Term Economic Relations under Classical, Neoclassical and Relational Contract Law," *Northwestern University Law Review*, Vol. 72: 854-905.

Magee, St.P. (1984), "Endogenous Tariff Theory," *Neoclassical Political Economy. The Analysis of Rent-Seeking and DUP Activities*, ed. by D.C. Colander(Cambridge: Ballinger Publishing Company): 41-54.

Mankiw, N.G. (2000), *Principles of Economics*, 2. edition(Harcourt College Publishers: Fort Worth).

Manow, P. (2005), “Politische Korruption und politischer Wettbewerb: Probleme der quantitativen Analyse”. In: Dimensionen politischer Korruption, ed. by U. von Alemann, PVS – Politische Vierteljahresschrift, VS Verlag für Sozialwissenschaften: Wiesbaden, 2005, Sonderheft 35: 249-266.

Marcoullier, D. and L. Young (1995), “The Black Hole of Graft: The Predatory State and the Informal Economy,” *The American Economic Review*, Vol. 85 (3): 630-646.

Marshall, A. (1897), “The Old Generation of Economists and the New,” *Quarterly Journal of Economics*, Vol. 11 (2): 115-135.

Mauro, P. (1995), “Corruption and Growth,” *Quarterly Journal of Economics*, Vol. 110 (3): 681-712.

Mauro, P. (1997a), “The Effects of Corruption on Growth, Investment, and Government Expenditure: A Cross–Country Analysis,” *Corruption and the Global Economy*,ed. by K. Elliott (Washington D.C.: Institute for International Economics), 83-107.

Mauro, P. (1997b), “Why Worry about Corruption?,” *Economic Issues No. 6*(Washington D.C.: International Monetary Fund).

Mauro, P. (1998), “Corruption and the composition of government expenditure,” *Journal of Public Economics*, Vol. 69: 263-279.

Mbaku, J.M. (1992), “Bureaucratic Corruption as Rent-Seeking Behavior,” *Konjunkturpolitik*, Vol. 38: 247-265.

Mbaku, J.M. (1998), “Corruption and Rent-Seeking,” *The Political Dimension of Economic Growth*, ed. by S. Borner and M. Paldam(London and New York: Macmillan Press and St. Martins Press): 193-211.

McChesney, F.S. (1987), “Rent Extraction and Rent Creation in the Economic Theory of Regulation,” *Journal of Legal Studies*, Vol. 16: 101-118.

McChesney, F.S. (1997), *Money for Nothing. Politicians, Rent Extraction, and Political Extortion*(Cambridge: Harvard University Press).

McGuire, M.C. and M. Olson (1996), “The Economics of Autocracy and Majority Rule: The Invisible Hand and the Use of Force,” *Journal of Economic Literature*, Vol. 34: 72-96.

Méon, P.-G. and K. Sekkat (2004), “Does the Quality of Institutions Limit the MENA’s Integration in the World Economy?” *The World Economy*, Vol. 27 (9): 1475-1498.

Méon, P.-G. and K. Sekkat (2005), “Does Corruption Grease or Sand the Wheels of Growth?," *Public Choice*, Vol. 122: 69-97.

Miller, W.L., Å. Grødeland, and T.Y. Koshechkina (2001), *A Culture of Corruption –Coping with Government in Post-communist Europe*(Budapest: Central European University Press).

Mo, P. H. (2001), "Corruption and Economic Growth," *Journal of Comparative Economics*, Vol. 29: 66-79.

Mocan, N. (2004), "What determines corruption? International evidence from micro data," *NBER working paper* 10460.

Moe, T.M. (1984), "The New Economics of Organization," *American Journal of Political Science*, Vol. 28 (4): 739-777.

Montinola, G. and R.W. Jackman (2002), "Sources of Corruption: A Cross-Country Study," *British Journal of Political Science*, Vol. 32: 147-170.

Moody–Stuart, G. (1994), "Grand Corruption in Third World Development," *Transparency International (TI) Working Paper*(Berlin: Transparency International).

Moody-Stuart, George (1997), *Grand Corruption. How Business Bribes Damage Developing Countries*. Oxford, UK: WorldView Publishing.

Mookherjee, D. and I.P.L. Png (1995), "Corruptible Law Enforcers: How should they be compensated?," *The Economic Journal*, Vol. 105: 145-159.

Moran, Th. (2006), "How Multinational Investors Evade Developed Country Laws," *Center for Global Development* Working Paper Number 79.

Morgan, Th. (1964), "The Theory of Error in Centrally-Directed Economic Systems," *Quarterly Journal of Economics*, Vol. 78 (3): 395-419.

Moselle, B. and B. Polak (2001), "A Model of a Predatory State," *Journal of Law Economics and Organization*, Vol. 17 (1): 1-33.

Murphy, K.M., A. Shleifer, and R.W. Vishny (1993), "Why is Rent-Seeking so Costly to Growth?," *The American Economic Review Papers and Proceedings*, Vol. 82 (2): 409-414.

Myrdal, G. (1956), *An International Economy*(New York: Harper and Bros.).

Myrdal, G. (1968), *Asian Drama. Vol. II.*(New York: Random House).

Neeman, Z., M. Paserman, and A. Simhon (2003) "Corruption and Openness," *CEPR Discussion Paper* No. 4057(London: Centre for Economic Policy Research).

Nelson, W. and S.G. Winter (1982), *An Evolutionary Theory of Economic Change*(Cambridge: Belknap Press of Harvard University Press).

Neugebauer, G. (1978), *Grundzüge einer ökonomischen Theorie der Korruption. Eine Studie über die Bestechung.* Basler sozialökonomische Studien(Zürich: Schulthess Polygraphischer Verlag).

Niskanen, W. (1971), *Bureaucracy and Representative Government*(Chicago: Aldine Press).

Niskanen, W. (1975), "Bureaucrats and Politicians," *Journal of Law and Economics*, Vol. 18: 617-643.

North, D.C. (1981), *Structure and Change in Economic History*(New York and London: Norton).

North, D.C. (1984), "Three Approaches to the Study of Institutions," *Neoclassical Political Economy. The Analysis of Rent-Seeking and DUP Activities*, ed. by D.C. Colander(Cambridge: Ballinger Publishing Company): 33-40.

North, D.C. (1993), "Institutions and Credible Commitment," *Journal of Institutional and Theoretical Economics*, Vol. 149: 11-23.

North, D.C. and B.R. Weingast (1989), "The Evolution of Institutions Governing Public Choice in Seventeenth Century England," *Journal of Economic History*, Vol. 49: 803-832.

Nye, J.S. (1967), "Corruption and Political Development: A Cost Benefit Analysis," *American Political Science Review*, 61, 2: 417-427. Reprinted in A. Heidenheimer, M. Johnston and V. LeVine, *Political Corruption - A Handbook*(New Brunswick: Transaction Publishers), 1989: 963-983.

Okeahalam, C.C. and I. Bah (1998), "Perceived Corruption and Investment in Sub-Saharan African," *South African Journal of Economics*, Vol. 67 (1): March, 386.

OECD (2003): *Business Approaches to Combating Corrupt Practices*, Study prepared by the Capital Movements, International Investment and Services Division, OECD Directorate for Financial, Fiscal and Enterprise Affairs, September.

Oldenburg, P. (1987), "Middlemen in Third-World Corruption: Implications of an Indian Case," *World Politics*, Vol. 39: 508-535.

Olsen, T. and G. Torsvik (1998), "Collusion and Renegotiation in Hierarchies: A Case of Beneficial Corruption," *International Economic Review*, Vol. 39 (2), May: 413-438.

Olson, M. (1965), *The Logic of Collective Action: Public Goods and the Theory of Groups*(Cambridge: Harvard University Press).

Olson, M. (1982), *The Rise and Decline of Nations*(New Haven: Yale University Press).

Orchard, L. and Stretton, H. (1997), "Public Choice," *Cambridge Journal of Economics*, Vol. 21 (3): 409-430.

Paldam, M. (2001), "Corruption and Religion. Adding to the Economic Model,"

Kyklos, Vol. 54(2/3): 383-414.

Paldam, M. (2002), "The Big Pattern of Corruption. Economics, Culture and the Seesaw Dynamics," *European Journal of Political Economy*, Vol. 18: 215-240.

Panizza, U. (2001), "Electoral Rules, Political Systems, and Institutional Quality," *Economics and Politics*, Vol. 13 (3): 311-342.

Pechlivanos, L. (1997), "Self-Enforcing Corruption and Optimal Deterrence". *Unpublished Manuscript. Université des Sciences Sociales, Toulouse, France.*

Pechlivanos, L. (2004), "Self-Enforcing Corruption: Information Transmission and Organizational Response," *The New Institutional Economics of Corruption – Norms, Trust, and Reciprocity*, ed. by J. Graf Lambsdorff, M. Schramm and M. Taube, Routledge, London.

Pellegrini, L. and S. Vujic (2003), "Corruption, Economic Development and Environmental Policy." Political Economy of the Environment, Institute for Environmental Studies, IVM, The Netherlands.

Pellegrini, L. and R. Gerlagh (2004), "Corruption's Effect on Growth and its Transmission Channels," *Kyklos*, Vol. 57 (3): 429-456.

Peltzman, S. (1976), "Towards a More General Theory of Regulation," *Journal of Law and Economics*, Vol. 20: 322-340.

Peltzman, S. (1989), "The Economic Theory of Regulation after a Decade of Deregulation," *Brooking Papers of Economic Activity*; Microeconomics, ed. by M.N. Baily and C. Winston(Washington D.C.: Brookings Institution): 1-41.

Persson, T., G. Tabellini and F. Trebbi (2003), "Electoral Rules and Corruption," *Journal of the European Economic Association*, Vol. 1 (4): 958-989, formerly published in: *National Bureau of Economic Research* Working, 2001, Paper 8154, March.

Poirson, H. (1998), "Economic Security, Private Investment, and Growth in Developing Countries," *International Monetary Fund Working Paper*, 98/4, January.

Pope, J. (2000), *The Transparency International Source Book 2000 – Confronting Corruption: The Elements of a National Integrity System*. Berlin: Transparency International. Online version at http://www.transparency.org/sourcebook/.

Posner, R.A. (1974), "Theories of Economic Regulation," *Bell Journal of Economics and Management*, Vol. 5 (2): 335-358.

Posner, R.A. (1975), "The Social Cost of Monopoly and Regulation," *Journal*

of Political Economy, Vol. 83: 807-827.
Pritzl, R.F.J. (1995), "La Corrupción pública: una forma dinámica e ilegal de rentismo o *rent-seeking* en la lucha distributiva de los grupos de interés organizados," *Corrupción. Contribuciones.* Publication trimestral No. 4(Buenos Aires: *Konrad Adenauer Stiftung and* CIEDLA).
Pryor, F.L. (1984), "Rent-Seeking and the Growth and Fluctuations of Nations. Empirical Tests of Some Recent Hypothesis," *Neoclassical Political Economy. The Analysis of Rent-Seeking and DUP Activities*, ed. by D.C. Colande(Cambridge: Ballinger Publishing Company): 155-175.
Putnam, R.D. (1993), *Making Democracy Work. Civic Traditions in Modern Italy*(Princeton: Princeton University Press).
Rasmusen, E. and J.M. Ramseyer (1994), "Cheap Bribes and the Corruption Ban: A Coordination Game among Rational Legislators," *Public Choice*, Vol. 74: 305-327.
Robertson, C. J. and A. Watson (2004), "Corruption and change: the impact of foreign direct investment," *Strategic Management Journal*, Vol. 25 (4): 385 – 396.
Rock, M.T. and Bonnett, H., 2004. "The comparative politics of corruption: Accounting for the East Asian paradox in empirical studies of corruption growth and investment," *World Development*, 32(6):999–1017.
Root, H. (1999), "The Importance of Being Small," *Center for International Studies Working Paper* No. 99-13, University of Southern California.
Rose–Ackerman, S. (1975), "The Economics of Corruption," *Journal of Public Economics*, Vol. 4: 187-203.
Rose-Ackerman, S. (1978), *Corruption - A Study in Political Economy*(New Haven: Academic Press).
Rose–Ackerman, S. (1998), "The Role of the World Bank in Controlling Corruption," *Law and Policy in International Business*, Vol. 29: 93-114.
Rose-Ackerman, Susan (1999), *Corruption and Government. Causes, Consequences and Reform*. Cambridge: Cambridge University Press.
Rose-Ackerman, Susan (2005), *From Elections to Democracy. Building Accountable Government in Hungary and Poland*. Cambridge: Cambridge University Press.
Sachs, J. and A. Warner (1995), "Economic Reform and the Process of Global Integration," *Brookings Papers on Economic Activity*, Vol. 25 (1): 1-118.
Sandholtz, W. and M. Gray (2003), "International Integration and National Corruption," *International Organization*, Vol. 57 (4): 761-800.
Sandholtz, W. and R. Taagepera (2005), "Corruption, Culture, and Commu-

nism," *International Review of Sociology*, Vol. 15 (1): 109-131.

Sandholtz, W. and W. Koetzle (2000); "Accounting for Corruption: Economic Structure, Democracy, and Trade," *Industrial Studies Quarterly*, Vol. 44: 31-50.

Sayed, A. (2004): Corruption in international trade and commercial arbitration(The Hague et al.: Kluwer Law International).

Schrag, J. and S. Scotchmer (1997), "The Self–Reinforcing Nature of Crime," *International Review of Law and Economics*, Vol. 17: 325-335.

Schramm, M. and M. Taube (2003), "*The Institutional Economics of Legal Institutions, Guanxi, and Corruption in the PR China*". In: Kidd, John; Richter, Jürgen (ed.): Fighting Corruption in Asia. Causes, Effects and Remedies, New Jersey-London-Singapore-Hong Kong: 271-296

Schulze, G. and Frank, B. (2003), "Deterrence versus intrinsic motivation: Experimental evidence on the determinants of corruptibility," *Economics of Governance*, Vol. 4 (2): 143-60.

Schumpeter, J.A. (1942), Capitalism, Socialism and Democracy. (New York: Harper & Brothers).

Scott, J.C. (1972), Comparative Political Corruption(Englewood Cliffs, NJ.: Prentice Hall).

Shleifer, A. and R. W. Vishny (1993), "Corruption," *Quarterly Journal of Economics*, Vol. 108: 599-617.

Shleifer, A. and R.W. Vishny (1998), The Grabbing Hand – Government Pathologies and their Cures. Harvard University Press: Cambridge, Massachusetts: 1-17.

Shugart, M.S. (1999), "Presidentialism, Parliamentarism, and the Provision of Collective Goods in Less-Developed Countries," *Constitutional Political Economy*, Vol. 10: 53-88.

Smarzynska, B.K. and S. Wei (2000), "Corruption and the Composition of Foreign Direct Investment: Firm-Level Evidence," *World Bank Discussion Paper* Series no. 2360. Washington, DC: World Bank.

Smith, R.J., Muir, R.D.J., Walpole, M.J., Balmford, A.and Leader-Williams, N. (2003), "Governance and the loss of biodiversity," *Nature*, Vol. 426: 67-70.

Soskice, D. (1999), "Divergent Production Regimes: Coordinated and Uncoordinated Market Economies in the 1990s," *Continuity and Change in Contemporary Capitalism*, ed. by H. Kitschelt et al. (Cambridge University Press: New York).

Stansbury, N. (2004): Anti-Corruption Initiative in the Construction and En-

gineering Industry, Report Five: The Prevention of Bribery Through Agency Commissions, Transparency International (UK).
Stigler, G.J. (1971), "The Theory of Economic Regulation," *Bell Journal of Economics and Management Science*, Vol. 2: 3-21.
Stiglitz, J. (1998a), "Redefining the Role of the State –What Should it do? How Should it do it? And How Should these Decisions be Made?," *Paper presented on the Tenth Anniversary of MITI Research Institute.* Tokyo. An online version can be obtained: http://www.worldbank.org/html/extdr/extme/redefine.pdf.
Stiglitz, J. (1998b), "Distinguished Lecture on Economics in Government: The Private Uses of Public Interests: Incentives and Institutions," *The Journal of Economic Perspectives*, Vol. 12 (2): 3-22.
Stratmann, T. (2003): Do Strict Electoral Campaign Finance Rules Limit Corruption? CESifo DICE Report 1: 24-27
Straub, S. (2003), "Opportunism, Corruption and the Multinational Firm's Mode of Entry," *Edinburgh School of Economics Discussion Paper* No. 102.
Strausz, R. (1995), "Collusion and Renegotiation in a Principal- Supervisior-Agent Relationship," *Center for Economic Research Discussion Paper*, No. 9548, Tilburg University, Netherlands.
Sung, H.-E. (2002), "A Convergence Approach to the Analysis of Political Corruption: A Cross-National Study," *Crime, Law and Social Change*, Vol. 38 (2): 137-160.
Sung, H.-E. (2003), "Fairer Sex or Fairer System? Gender and Corruption Revisited," *Social Forces*, Vol. 82 (2): 703-723.
Sung, H.-E. (2004), "Democracy and Political Corruption: A Cross-National Comparison," *Crime, Law and Social Change*, Vol. 41 (2): 179-193.
Sung, H.-E. and D. Chu (2003), "Does Participation in the Global Economy Reduce Political Corruption? An Empirical Inquiry," *International Journal of Comparative Criminology*, Vol. 3(2): 94-118.
Svensson, J. (2003), "Who Must Pay Bribes and How Much? Evidence from a Cross Section of Firms," *The Quarterly Journal of Economics*, Vol. 118 (1): 207-230.
Svensson, J. (2005), "Eight Questions about Corruption," *The Journal of Economic Perspectives*, Vol. 19 (3): 19-42.
Swamy, A., St. Knack, Y. Lee, and O. Azfar(2001), "Gender and Corruption," *Journal of Development Economics*, Vol. 64: 25-55.
Tanzi, V. (1995), "Corruption: Arm's-length Relationships and Markets,"

The Economics of Organized Crime, ed. by G. Fiorentini and S. Peltzman(Cambridge: Cambridge University Press): 161-180.

Tanzi, V. and H. Davoodi (1997), "Corruption, Public Investment, and Growth," *International Monetary Fund Working Paper*, 97/139.

Tanzi, V. and H. Davoodi (2001), "Corruption, Growth, and Public Finances". In: *Political Economy of Corruption*, ed. By A.K. Jain (London: Routledge): 89-110.

Tavares, S. (2005), "Does Rapid Trade Liberalization Increase Corruption?" Paper presented at the conference: European Public Choice Society 2005.

Tellenbach, S (1997), "Türkei". In: *Korruptionsbekämpfung durch Strafrecht*, ed. by A. Eser, M. Überhofen and B. Huber, Max-Planck-Institut für ausländisches und internationales Strafrecht, Freiburg, Germany.

Testa, C. (2003): "Government Corruption and Legislative Procedures: Is One Chamber Better than Two?" Mimeo, Royal Holloway College, University of London

Thompson, D.F. (1993), "Mediated Corruption: The Case of the Keating Five," *American Political Science Review*, Vol. 87: 369-381.

Tollison, R.D. (1982), "Rent Seeking: A Survey," *Kyklos*, Vol. 35: 575-602.

Tonoyan, V. (2004), The Bright and Dark Sides of Trust: Corruption and Entrepreneurship. In: *Trust and Entrepreneurship: A West-East-Perspective*, ed. by H. Höhmann and F. Welter, Cheltenham: Edward Elgar. Online version at: http://wwwuser.gwdg.de/-uwvw/corruption.research_contributions.html.

Transparency International (1999), Newsletter. Berlin: Transparency International. September.

Treisman, D. (1999), "Decentralization and Corruption: Why are Federal States Perceived to be More Corrupt," Paper prepared for the presentation at the *Annual Meeting of the American Political Science Association*, Atlanta, September 1999. University of California, Los Angeles.

Treisman, D. (2000), "The Causes of Corruption: A Cross-National Study," *Journal of Public Economics*, Vol. 76: 399-457.

Tullock, G. (1967), "The Welfare Costs of Tariffs, Monopolies, and Theft," *Western Economic Journal*, Vol. 5 (3): 224-232.

Tullock, G. (1971), "The Cost of Transfers," *Kyklos*, Vol. 24: 629-643.

Tullock, G. (1975), "Competing for Aid," *Public Choice*, Vol. 21: 41-52.

Tullock, G. (1980a), "Rent Seeking as a Negative-Sum Game," *Toward a Theory of the Rent–Seeking Society*. ed. by J.M. Buchanan, R.D. Tollison and G.

Tullock(College Station: Texas A&M University Press): 16-36.

Tullock, G. (1980b), "Efficient Rent Seeking," *Toward a Theory of the Rent–Seeking Society*. ed. by J.M. Buchanan, R.D. Tollison and G. Tullock(College Station: Texas A&M University Press): 97-112.

Tullock, G. (1989), "Klitgaard, Robert, Controlling Corruption," *The Journal of Economic Literature*, Vol. 27: 658-659.

Tullock, G. (1993), *Rent Seeking*, The Shaftesbury Papers, 2(Cambridge: University Press).

Uhlenbruck, K. P. Rodriguez, J. Doh and L. Eden (2005), "The Impact of Corruption on Entry Strategy: Evidence from Telecommunication Projects in Emerging Economies," *University of Montana Working Paper*.

United Nations (1999), "Global Report on Crime and Justice," *Report by the United Nations Office for Drug Control and Crime Prevention* (New York: Oxford University Press). A full description of the methodology and the complete data can be obtained via internet at: http://www.ifs.univie.ac.at/-uncjin/.

Uslaner, E. (2004), "Trust and Corruption," *The New Institutional Economics of Corruption – Norms, Trust, and Reciprocity*, ed. by J. Graf Lambsdorff, M. Schramm and M. Taube, Routledge, London: 76-92.

van Rijckeghem, C and B. Weder (2001), "Bureaucratic Corruption and the Rate of Temptation: Do Wages in the Civil Service affect Corruption, and by How Much?," *Journal of Development Economics*, Vol. 65 (2): 307-331.

Vanucci, A. (2000), "Corruption, Political Parties and Political Protection," European University Institute Economics Department Discussion Paper, San Domenico, Badia Fiesolana.

Voigt, S. L. Feld and A. van Aaken (2004), "Power over Prosecutors Corrupts Politicians: Cross Country Evidence Using a New Indicator," Draft version, Economics Faculty, University of Kassel, Germany.

Weber, M. (1920), Gesammelte Aufsätze zur Religionssoziologie. (Tübingen, Germany: Mohr & Siebeck). Reprinted 1988.

Wedeman, A. (1997), "Looters, Rent–scrapers, and Dividend–Collectors: Corruption and Growth in Zaire, South Korea, and the Philippines," *The Journal of Developing Areas*, Vol. 31: 457-478.

Wei, S.–J. (1997), "Why is Corruption so Much More Taxing than Tax? Arbitrariness Kills," *National Bureau of Economic Research Working Paper* 6255, Cambridge MA.

Wei, S.-J. (2000a), "Natural Openness and Good Government," *World Bank Poliy Research Working Paper* No. 2411 and *NBER Working Paper*

7765.
Wei, S.-J. (2000b), "How Taxing is Corruption on International Investors," *Review of Economics and Statistics*, Vol. 82 (1): 1-11.
Wei, S.-J. (2000c), "Corruption, Composition of Capital Flows, and Currency Crises," *World Bank working paper* No. 2429.
Wei, S.-J. and S. Sievers (1999), "The Cost of Crony Capitalism," *The Asian Competitiveness Report 1999*. Geneva: World Economic Forum, 50-55.
Wei, S.-J. and Y. Wu (2001), "Negative Alchemy? Corruption, Composition of Capital Flows, and Currency Crises," *NBER Working Paper* Series 8187, March.
Weingast, B.R. (1993), "Constitutions as Governance Structures: The Political Foundations of Secure Markets," *Journal of Institutional and Theoretical Economics*, Vol. 149: 286-311.
Wellisz, St. and R. Findlay (1984), "Protection and Rent-Seeking in Developing Countries," *Neoclassical Political Economy. The Analysis of Rent-Seeking and DUP Activities*, ed. by D.C. Colander(Cambridge: Ballinger Publishing Company): 141-154.
Welsch, H. (2004), "Corruption, Growth, and the Environment: A Cross-Country Analysis," *Environment and Development Economics*, Vol. 9: 663-693.
Wheeler, D. and A. Mody (1992), "International Investment Location Decisions: The Case of U.S. Firms," *Journal of International Economics*, Vol. 33: 57-76.
Wiehen, M. (1996), "OECD Recommendations and Enquiry," *Uganda International Conference on Good Governance in Africa*(Berlin: Transparency International): 115-122.
Wiggins, S. (1991), "The Economics of the Firm and Contracts: A Selective Survey," *Journal of Institutional and Theoretical Economics*, Vol. 147: 603-661.
Williamson, J. (1993), "Exchange Rate Management," *The Economic Journal*, Vol. 103: 188-197.
Williamson, O.E. (1983), "Credible Commitments: The Use of Hostages to Support Exchange," *American Economic Review*, Vol. 83: 519-540.
Williamson, O.E. (1985), *The Economic Institutions of Capitalism: Firms, Markets, Relational Contracting*(New York: The Free Press).
Winston, G. C. (1979), "The Appeal of Inappropriate Technologies: Self-Inflicted Wages, Ethnic Price and Corruption," *World Development*, Vol. 7 (8/9): 835-845.

Wintrobe, R. (1998), "Some Lessons on the Efficiency of Democracy from a Study of Dictatorship," *The Political Dimension of Economic Growth*, ed. by S. Borner and M. Paldam(London, New York: Macmillan Press and St. Martin Press): 20-37.

Wintrobe, R. (1998), *The Political Economy of Dictatorship*(Cambridge University Press: Cambridge, UK).

Wintrobe, R. and A. Breton(1986), "Organizational Structure and Productivity," *The American Economic Review*, Vol. 76 (3): 530-538.

World Bank (1997), *World Development Report 1997*(Washington D.C.: World Bank).

Wyatt, G. (2002), "Corruption, Productivity and Transition," CERT Discussion Papers from Centre for Economic Reform and Transformation No 205, Heriot Watt University.

You, J.-S. and S. Khagram (2005), "Inequality and Corruption," American Sociological Review, Vol. 70 (1): 136-157.

옮긴이 후기

전 세계 각국의 부패수준을 보여주는 가장 대표적인 지표가 부패인식지수(CPI: Corruption Perception Index)이다. 국제투명성기구(TI: Transparency International)의 수석연구고문으로서 CPI의 창안자인 동시에 지금도 해마다 CPI 발표 작업을 이끄는 독일 파소대학교 람스도르프(Johann G. Lambsdorff) 교수의 책을 번역하게 되어 매우 영광스럽게 생각한다.

한국은 2015년 100점 만점의 CPI에서 56점을 받았다. 선진국 동아리인 OECD 34개 회원국 중 체코공화국과 함께 공동 27위였다. OECD 평균은 67.2점이었다. CPI는 당초 10점 만점으로 하다가 2012년부터 100점 만점으로 바뀌었다. 부패가 전혀 없으면 100점, 부패가 만연한 상태를 0점으로 매기는데 만점인 100점에 가까울수록, 순위가 높을수록 부패 정도가 낮다.

경제학 이론 중에는 렌트 추구(rent seeking) 이론을 비롯하여 부패허용론이 존재하지만 저자는 거기에 동의하지 않는다. 우리는 반드시 부패와 싸워야 하며, 부패를 줄이기 위해 노력하는 수밖에 없다고 저자는 단언한다. 다만 새 술은 새 부대에 담아야 한다는 것이 저자의 입장이다. 즉, 부패와 싸워 이기려면 낡은 이론을 버리고 새 이론을 적용해야 한다고 강조한다. 후술하듯이 새 이론은 신제도주의 경제학이다.

이른바 김영란법이라고 불리는 '부정청탁 및 금품 등 수수의 금지에 관한 법률'의 취지는 좋다. 그러나 뇌물과 선물을 받았다고 해서 공무원을 처벌할 경우 부패가 줄어드는 것이 아니라 오히려 역효과를 초래할 수 있다고 저자는 말한다. 그런 처벌로 인하여 공무원들은 작은 비리를 저지르고도 기업인들의 하수인으로 살아가게 될 뿐만 아니라 더 나쁜 비리를 저지르는 범죄자가 될 수 있다는 것이다.

어떻게 하면 부패를 척결할 수 있을까. 한국이 부패한 나라라는 오명을 씻을 날은 언제쯤일까. 어떤 사람들은 '보이지 않는 손'에 의한 시장 원리를 강화함으로써 부패를 줄일 수 있다고 말한다. '큰 정부'를 '작은 정부'로 바꾸고 분권화와 민영화를 확대하고 경쟁을 강화하면 부패를 없앨 수 있다는 것이다. 부패는 주로 공공부문에서 발생하므로 공공부문을 축소하자고 한다. 퍽 설득력 있는 주장이다. 그러나 이 책의 저자는 "경쟁이라는 '보이지 않는 손(invisible hand)'은 좋은 시장을 만들어내지만 좋은 거버넌스(governance)를 만들어내지는 못한다"고 단언한다.

그리고 지금까지 주로 거론된 부패 척결 방안에는 네 가지 정도가 있다. 첫째, 부패행위자엄벌론, 둘째, 공무원 임금 인상과 윤리교육을 통한 부패예방, 셋째, 정책결정과정의 투명성 제고, 넷째, 책임감과 모니터링과 보도의 측면을 아우르는 통합시스템의 구축이 다. 이 모두가 일리가 있고 일정한 성과를 거두기도 했지만 문제는 범죄자들도 나름대로 그런 방안들에 대처하며 자신들의 활동을 재조직했다는 것이다. 여기서 필요한 것은 범죄자에 대한 미시적 분석이다. 무엇보다도 범죄자들이 부패 거래를 수행하기 위해 사용하는 제도적 설계의 특수성을 중점적으로 분석해야 한다. 그리하여 이 책에서는 범죄자의 계산을 이해하면 우리가 앞으로 개혁을 추진해 나아가는 데 훌륭한 출발점이 될 수 있음을 자세히 설명한다.

그런 차원에서 부패와 싸워 이기는 방법으로 저자는 다음의 몇 가지를 제시한다. 첫째, 증인보호 입법(crown witness regulation)의 도움으로 내부고발을 장려한다. 둘째, 부패 거래에서 중개인의 존립을 어렵게 한다. 공무원이나 기업인 중에는 도덕적 염려 때문에, 혹은 단순히 부패에 소질이 없어 부패 행위를 하지 않는데 여기에 끼어드는 것이 부패 알선자들이다. 부패 거래의 알선자들에게는 자격증을 받아야만 활동할 수 있도록 등록제를 실시한다. 저자는 이 등록제에 아무 이름도 안 붙였지만 일종의 미국식 로비스트 등록제도라고 보면 될 것이다. 셋째, 정보제공자에게는 면책특권과 금전적 포상금을 제공한다. 포상금제도는 한국에서도 일부 분야에서 이미 시행 중이다. 제20대 국회의원 총선거가 끝난 2016년 5월 대도시 전철역 주변에는 불법선거비용을 신고하면 신고자에게 포상금을 최고 5억 원까지 지급한다는 현수막이 나붙어 있다. 신고포상금제도는 2004년부터 시행하고 있는데 상당한 효과를 거둔 것으로 평가받는다. 넷째, 법이 부패 계약의 이행을 보장하는 일이 없도록 해야 한다. 다섯째, 공무원이 공익과 충돌되는 사익을 추구하지 못하도록 이익충돌을 규제하는 좀 더 명확한 방법을 찾아야 한다.

저자는 이러한 대안들을 제시하면서 뇌물 제공자와 수뢰자에 대한 '비대칭적 처벌'을 고안하라고 말한다. 공무원의 경우 수뢰 그 자체에 대한 처벌은 낮추고 뇌물에 보답하기 위해 특혜로 계약이나 인허가를 주는 행위에 대한 처벌은 높이자는 것이다. 그리고 기업인의 경우 뇌물 제공 자체에 대한 벌칙을 강화하고 특혜로 계약을 체결하거나 인허가 등을 받은 것에 대한 벌칙은 경감하자고 제안한다. 부패 거래에서 양쪽 당사자 간의 신뢰를 깨뜨리고 내부고발이 쉽게 이루어지도록 하기 위해서는 이러한 지혜로운 비대칭적 처벌이 필요하다.

공무원이 뇌물이나 지나친 선물을 받으면 처벌하지 않을 수 없지만 공무원의 뇌물 수수 그 자체를 가지고 엄벌에 처하면 역효과를 초래할 수 있다. 왜냐하면 뇌물이나 선물을 주고받은 공무원과 기업인이 침묵 협약을 맺어버릴 수 있기 때문이다. 공무원이 뇌물을 받은 후에도 계약이나 인허가를 주기로 한 약속을 취소하면 기업인으로서는 공무원이 저지른 속임수에 대하여 보복하거나 고발할 수가 있다. 그러나 만일 공무원의 뇌물 수취에 대하여 약한 제재를 가하면 공무원은 그와 같은 보복을 두려워하지 않고 기업인에 대한 약속을 취소할 더 넓은 여지를 갖게 된다. 그러므로 기업인의 뇌물 제공에 대해서는 제재를 가해야 하지만 공무원의 뇌물 수취에 대해서는 제재의 수위를 낮추는 것이 바람직하다. 비대칭적 처벌을 잘 활용하면 서로 배반하지 않고 약속을 지키며 입을 다물 것이라는 부패 행위자 사이의 신뢰를 깨뜨려버릴 수 있다.

"큰 물고기를 잡기 위해서는 작은 물고기를 풀어주는 것이 필요하다. 무관용정책(policy of zero tolerance)은 효과적인 반부패 개혁 방안이 될 수 없다. 절대적인 정직성을 위하여 정치적으로 모든 수단을 다 동원하는 것도 심한 역효과를 불러올 수 있다"고 저자는 말한다.

저자의 이러한 논리는 부패를 무조건 엄벌하라는 한국의 국민정서와 괴리가 있을 수 있다. 그러나 지금까지의 엄벌 정책은 그다지 효과를 보지 못했다. 따라서 부패와 싸워 승리하기 위해서는 새로운 전략이 필요하다. 뇌물 거래가 성공하려면 공무원은 돈을 받고 기업인은 그 대가로 이권을 따내는 상호주의(reciprocity)가 성립해야 하는데 그러한 상호주의는 깨질 때가 많다. 부패를 저지르는 공무원은 원래 정직하지 않은데다가 여러 가지 제약으로 인해 돈을 받고도 특혜를 주기가 쉽지만은 않다. 뇌물을 제공하는 기업인은 뇌물 제공의 대가로 무엇을 얻을지 대부분 알지 못하는데 이것이 바로 뇌물 거래의 아킬레스건이다. 부패 행위자들은 서로를 배신하려는 유혹에 사로잡힌다. 이러한 배신은 좋은 일이다. 그러한 배신행위가 촉진되도록 제도를 설계하지 않으면 안 된다.

이처럼 부패 거래에는 언제나 취약성이 내재되어 있다. 후술하겠지만 부패 거래에는 또한 거래 비용이 발생한다. 따라서 부패 거래에 잠재된 약점을 최대한 활용함으로써 부패를 위험하고 변덕스러운 활동이 되게 해야 하고, 부패 거래에 수반되는 거래 비용을 증대시킬 때 부패와의 싸움에서 이길 수 있다. 그러니까 부패 거래의 당사자들이 서로를 믿지 못하도록, 그리하여 서로를 배신하도록 해야 한다. 부패 거래의 규모에 대한 예측가능성을 줄이고 부패 행위자 상호간에 기회주의를 부추겨야 하는 것이다. 저자는 이것을 '보이지 않는 발의 원리(principle of the invisible foot)'라고 부른다.

이것이 바로 '새 부대'요, '새 이론'이다. 즉, 이 책은 부패에 대해 신제도주의 경제학의 관점에서 접근한다. 그래서 이 책의 원제原題는《부패와 개혁의 제도주의 경제학: 이론, 증거, 그리고 정책(The Institutional Economics of Corruption and Reform: Theory, Evidence and Policy)》이다. 이 책에는 사례 연구가 풍부할 뿐만 아니라 부패에 영향을 끼치거나 부패의 영향을 받는 변수 간의 관계에 대한 기존 연구결과가 잘 요약되어 있다. 본문 중간중간에 등장하는 장문의 글상자가 바로 그것인데 그런 글상자가 무려 스물여덟 개에 달한다. 따라서 이 책은 단순한 부패 현상에 대한 서술을 훨씬 뛰어넘는다. 부패는 처벌로 억제되기보다는 부패 행위자들이 자신들의 부패 거래 상대방의 기회주의적 배신을 두려워하기 때문에 억제된다고 이 책은 강조한다.

그것이 바로 신제도주의 경제학의 시각이다. 신제도주의 경제학에서는 개인의 선택, 그리고 거래비용(transaction cost) 개념을 중시한다. 노벨경제학상 수상자인 시카고대학교 코스(R. Coase) 교수에 의하면 거래비용은 여섯 가지로 나뉜다. 첫째, 거래대상자와 거래물품과 가격정보에 관한 탐색비용, 둘째 거래를 위한 협상비용, 셋째 거래 계약작성비용, 넷째 거래조건을 준수하는지 감독하는 비용, 다섯째 거래조건 위반 시 준수하도록 실행하는 비용, 여섯째 제삼자가 재산권을 침해하지 못하게 하는 비용이다. 신제도주의 경제학을 거래비용 경제학이라고도 부르는 이유가 거기에 있다.

그러한 다면적 거래비용이 부패 거래에도 유사하게 작용한다고 이 책의 저자는 바라본다. 거래비용이 비싸면 거래는 성립되지 않는다. 정보가 완전하지 않은 상태에서 거래할 때 각 개인은 완벽하게 합리적인 행동을 하지 못하고 제한된 합리적 선택을 할 수밖에 없으며, 이 때문에 거래 상대방을 불리하게 하는 기회주의적인 배신행위도 나타난다. 이런 경우 상호 간에 협상을 하기 위한 비용이 발생하고 기회주의적 행동에 따른 부담을 지게 된다. 그러므로 부패 거래에서도 그와 같은 거래비용을 증대시켜야 부패를 줄일 수 있다고 이 책의 저자는 말한다.

이 책의 결론에 나오듯이 신제도경제학에 의하면 부패한 행위자는 최선을 다해 정직하게 국민을 위해 봉사할 수도 없고 범죄 거래의 상대방에게도 약속을 지킬 수 없다. 부패한 행위자들은 무절제하게 뇌물을 받음으로써 스스로 불확실성 속에 빠지고 만다. '보이지 않는 발'의 원리를 강화하면 사리사욕을 추구하는 공무원조차도 확실히 부패를 삼가게 된다.

1987년 민주화 이후 무려 삼십 년이 지났지만 한국사회의 부패 정도는 크게 개선되지 못했다. 수많은 대책을 세우고 실행해 보았지만 그다지 효과를 보지 못했다. 이러한 시점에서 이 책은 부패와의 싸움에서 승리하는데 꼭 필요한 영감과 통찰력을 준다. 부패문제를 다루는 공직자와 학계, 시민사회의 관계자들에게 감히 일독을 권한다.

이 책은 경제학과 통계학의 많은 전문 용어와 원리를 담고 있어 옮기기가 까다로웠다. 옮기는 과정에서 독일 파소대학교에 계시는 저자 람스도르프 교수님과도 서너 차례 이메일을 주고받았다. 의미가 애매한 부분을 명확하게 하기 위해서였다. 바쁘신 중에도 이메일 질문에 일일이 성의 있게 답변해주신 람스도르프 교수님께 감사한다.

끝으로 번역 과정에서 경제학과 통계학의 다양한 원리와 개념을 정확하게 옮길 수 있도록 번역 원고를 읽어주고 조언해주신 서울대학교 대학원 경제학과의 이용석 선생, 중앙대학교 응용통계학과의 이재헌 교수님, 정종용 교수님, 그리고 권순삼 선생께 감사드린다.

2017년 1월

옮긴이

찾아보기

'보이지 않는 발'의 원리로 부패와 싸우는

부패의 경제학

초판발행 1쇄 2017년 2월 20일
지은이 요한 G. 람스도르프
옮긴이 심양섭
펴낸곳 고려대학교출판문화원
www.kupress.com
kupress@korea.ac.kr
02841 서울특별시 성북구 안암로 145
02-3290-4230, 4232
Fax 923-6311
찍은곳 (주)동화인쇄공사

ISBN 978-89-7641-896-8 03320

값 17,000원